Heibonsha Library

［決定版］パリ五月革命 私論

ライブラリー

Heibonsha Library

［決定版］パリ五月革命 私論

転換点としての1968年

西川長夫

平凡社

本著作は二〇一一年に平凡社新書として刊行された。

目次

はじめに……9

第一章　六八年五月以前……19
1　そのとき世界は……20
2　ゴダールの世界……27

第二章　ナンテール・ラ・フォリー……55
1　ナンテールと三月二二日運動……56
2　ナンテール分校からソルボンヌへ……66

第三章　六八年五月の写真が語るもの……79
1　写真を撮るということ……80
2　前兆……85
3　長い一週間……94
4　ノルマンディーの五月……128
5　焼かれた車とバリケード……133
6　ソルボンヌとオデオン座、そして工場へ……148
7　第二の「バリケードの夜」とシャルレッティ・スタジアムの大集会……182
8　五月最後の日々……211
9　そして六月の日々……221

第四章　知識人の問題……231
1　六八年と知識人——予備的考察……232
2　森有正と加藤周一——私的回想……243
3　ロラン・バルトと「作者の死」……270
4　アンリ・ルフェーヴルと祭りの後……295
5　ルイ・アルチュセールにおける五月の痕跡……319
第五章　六八年革命とは何であったか——四三年後に見えてきたもの、見えなくなったもの……353
1　忘却と想起の抗争……354
2　一九八九年、フランス革命二〇〇年祭と東欧革命……374
3　五月「革命」と郊外「暴動」——国内植民地について……390
4　文明批判と祭り……403
あとがき……423
わたしたちの一人として　西川祐子……429
関連年表……469
主な文献……485

主な略語表

CAL（Comité d'action lycéen）高校生行動委員会
CAR（Comité d'action révolutionnaire）革命行動委員会
CFDT（Confédération française démocratique du travail）フランス民主労働総同盟
CGT（Confédération générale du travail）労働総同盟
CLER（Comité de liaison des étudiants révolutionnaires）革命的学生連絡協議会
CVN（Comité Viêtnam national）ヴェトナム全国委員会
ESU（Étudiants socialistes unifiés）社会主義学生協議会
FEN（Fédération de l'éducation nationale）全国教員組合
FER（Fédération des étudiants révolutionnaires）革命的学生連盟
FGEL（Fédération des groupes d'étudiants de lettres）文化団体連合
FMA（Féminin Masculin Avenir）女性の、男性の、未来
FNEF（Fédération nationale des étudiants de France）フランス全国学生連盟
FO（Force ouvrière）労働者の力
JCR（Jeunesses communistes révolutionnaires）革命的共産主義青年同盟
LCR（Ligue communiste révolutionnaire）革命的共産主義者同盟
MAU（Mouvement d'action universitaire）大学行動運動
MDF（Mouvement démocratique feminin）女性民主運動
MLF（Mouvement de la libération des femmes）女性解放運動
ORTF（Office de radiodiffusion-télévision française）国営放送
PCF（Parti communiste français）フランス共産党
PCI（Parti communiste internationaliste）国際主義共産党
PSU（Parti socialiste unifié）統一社会党
SDS（Sozialistischer Deutscher Studentenbund）西ドイツ社会主義学生連盟
SFIO（Section française de l'Internationale ouvrière）労働者インターナショナル・フランス支部
SNES（Syndicat national des enseigements du second degré）全国中等教育教員組合
SNESup（Syndicat national de l'enseignement supérieur）全国高等教育職員組合
UEC（Union des étudiants communistes）共産主義学生連合
UJP（Union des jeunes pour le progrès）進歩のための青年同盟
UJCML（Union des jeunesses communistes marxistes-léninistes）共産主義青年連合マルクス・レーニン主義派
UNEF（Union nationale des étudiants de France）フランス全国学生連合
VO（Voix ouvrière）労働者の声

はじめに

本書で私が描こうとしているのは、日本では広く「五月革命」と呼ばれている、一九六八年フランスのパリを中心に発生した、学生たちの抗議デモから始まって、大学の占拠や街頭のバリケード、そして遂には一〇〇〇万の労働者のゼネストに至る一連の諸事件である。すでに多くの言葉が費され、おそらく何百冊の本が出版されているこの四〇年以上も昔の歴史的な大事件については、意外なことであるが、いまだ評価が定まらず、その名称も定着していない。フランスでは最初これらの出来事は、「五—六月事件《エヴェヌマン》」と呼ばれていた。時が経ち、一〇周年、二〇周年、三〇周年、四〇周年と節目ごとに、大量の回想的な書物や研究書が出版されているが（巻末の文献表を参照いただきたい）、さまざまな呼び名の中で、次第に多数を占めるようになってきているタイトルは「六八年五月（Mai 68）」である。

この呼称は適切だろうか。年月を経てそう呼びたくなる気持は、私にもある程度理解できる。事件は六八年に突然起こったわけではなく、少なくとも六〇年代全体を視野に入れなければ事件の解明はできないだろう。また事件のピークは国によって異なり、六七年がピークの国も六九年がピークの国もある。だが六八年はとりわけフランスにおいては、他の年とは区別される特別な年であった。フランスでは「六八年世代《スワソン・チュイタール》」という言葉ができて、今ではどの辞書にものっている。

また「五月」だけを取り上げるのは事件の経過を歪めて解釈することになりかねない。「五月革命」の中心を担った「三月二二日運動」はその名称が示す通り六八年の三月二二日にナンテールで誕生している。だがフランス人にとって、とりわけパリの住民にとって、「五月」は特別な月である。それは、暗く長い冬から解放されて、街には陽光が溢れ、若葉がいっせいに芽吹き、至るところにさまざまな花が咲き始めて官能的な薫りがただよい、再生と生きる喜びが実感される季節である。五月はまた反抗の季節、「さくらんぼの実るころ」であり、パリ・コミューンの記憶が甦る季節でもある。「六八年五月」は現代の神話作りにふさわしい、快い言葉であることは確かだろう。さらにつけ加えれば、「六八年五月」と言っておけば、それが「革命」であったか、「事件」あるいは「出来事」にすぎないか、といった厄介な議論からひとまず逃れて、革命的な回想を楽しむことができるかもしれない。

「六八年五月」という言葉に心引かれつつも、私が「六八年革命」という用語にこだわっているのは、ひとつには「八九年革命」(一七八九年の「フランス大革命」とその二〇〇年後の社会主義圏崩壊につながる「東欧革命」)とのつながりを念頭に置いてのことであるが、もうひとつはあえて「革命」という文字を明記することによって見えてくるものに照明を当てたいと思ったからである。「革命」であるか否かは別として「革命」が問題であったのだ。また「六八年革命」という用語によって、私はフランスに視点を置きながら、同時にそのフランスの「五月」を、アメリカ、ドイツ、日本等々を含む世界同時多発的な動きの一環として位置づけたいという気持を示したいと思ったからである。

さらに「八九年革命」とのつながりについて言えば、フランス大革命自体がすでに孤立した革命でなく世界同時多発的な革命（アメリカ独立革命やハイチ革命、等々を含む大西洋革命）であったことは別として、フランスで大革命以来くりかえされてきた諸革命とのつながりと断絶、つまり六八年革命の新しい独自性が問われることになるだろう。そして六八年革命の「新しい革命」としての独自性は、それがもうひとつの二〇世紀における「八九年革命」とのつながりによって、より明確に示されるのではないかと思う。ここではとりあえず、六八年革命の新しさの重要なひとつの側面として、「私」の問題を提起しておきたいと思う。

「私」の革命

「六八年革命」は「私」が語り始めた最初の革命であった。そしてそのことは「革命」の概念を根底から変え、同時に「私」の概念も変えてしまう。それは新しい革命であり、既成の革命概念を当てはめて考えることも、既成の用語で語ることもできないだろう。

私は叫ぶ（Je crie）
私は書く（J'écris）

至るところに書け（Écrivez partout）

何かしら言いたいことがあるのだが（J'ai quelque chose à dire）

それが何かわからない（mais je ne sais pas quoi）

隣人に話しかけよ（Parlez à vos voisins）

自発性（Spontanéité）

創造性（Créativité）

生（Vie）

これらは「五月」の初期を特色づける「壁の言葉」であるが、「革命」に参加したそれぞれの「私」の数だけの生きられた「革命」があり、独自な「五月」があることを忘れてはならないと思う。私がこれから記そうとしているのも、私自身の目と身体と脳裏に刻まれた六八年革命の出来事であって、資料と文献に囲まれて物語の筋道を考える特権的な歴史家の記述ではない。「私」に固執すれば、視野は限られ、物語は断片的となる。議論は交錯し、相矛盾するかもしれない。だが「私」を語る以外に「五月」の真実に近づく方法があるだろうか。五月革命の正史などはありえないと思う。

突如、街頭に溢れ出した学生や若者たちは、警棒や銃をかまえる機動隊（内務省直属・共和国保安機動隊。略号の「CRS」で呼ばれている）や警官たちの暴力に対して投石を始め、やがて道路の舗石《パヴェ》をはがしてバリケードを築き、路上の車に火を放って対抗し、他方では大学や劇場を占拠して、さまざまな行動委員会《コミテ・ダクシオン》を作り、大集会《アサンブレ・ジェネラル》（総会）を開き、労働者や市民に呼びかけて大抗議デモを組織し、ついには史上例を見ない大規模（一〇〇〇万人）で長期にわたるゼネストが現出する。こうした若者たちの自然発生的な運動が、市民や労働者たちの共感と支持を得ていたことは、集会やデモの群集の中にいても感じとられることであったが、もうひとつ忘れてならないのは、彼らが世界的な連帯感の中で行動していたことであろう。

ローマ……ベルリン……マドリッド……ワルシャワ……パリ……。

これは壁に記された都市名であるが、その後に東京も含めて、壁には書ききれないほとんど無数の都市名を挙げることができたであろう。国名だけを挙げるとしても、ドイツ、フランス、イタリア、スペイン、ベルギー、オランダ等々のヨーロッパ諸国は別としても、合衆国、ブラジル、メキシコ、日本、中国、そしてアフリカのいくつかの旧植民地等々を挙げてゆけば、今では異様とも思われるこの六八年の「世界的同時性」の意味が改めて問われることになる。このとき世界は何を見出し、何に驚き、何に震撼させられ、そしてその後いかに変わったのであろうか……。

だがこの問いに対する回答は、本書の最終章で試みることにして、ここではパリの街頭にもどりたい。六八年五月のパリは、誰の予想も超えた、思いがけない出来事の連続であった。その個々の出来事については本文で詳しくたどることにして、ここでは前もってひとつの感想を記させていただきたい。それは個々の場面を振り返ってみると、それはどこかで見た風景ではなかったかという、一種の既視感にとらわれることが少なくなかったということである。彼ら彼女らはパリという都市を舞台に革命的群集を演じ、時には雄弁な革命家や自由の女神を演じているように思われた。フランス革命やそれ以後のフランスの諸革命、七月革命、二月革命、パリ・コミューン、人民戦線と大ストライキ、レジスタンスと「解放」をも含めて、過去の革命的な伝統（私はソルボンヌの大講堂の大扉に、何の説明もなく1789, 1830, 1848, 1871, 1936, 1968と書かれたノートの小さな切れ端が張られているのを見て感動した）のお手本に従い、真剣に、だが余裕とユーモアを忘れずに、あたかもマニュアル通り革命を演じているかのようであった。

これは嘲笑の種になりそうな風景であるが、私はそうは思わない。彼らは革命を演じながらも、過去の諸革命とは異なる別のものを追求していたのではないだろうか。もし彼らが権力の奪取や政権交代などではなく、国家権力それ自体の否定と、資本や国家の原理とは異なる別の原理による再生を求めていたのであれば、そしてもし既成の政治綱領や既成の政治用語では彼らの革命を表現できないのであれば、彼らはパロディで革命を行う以外にないだろう。パロディとしての革命、そこに五月革命の困難と魅力があると思う。

パリの偽学生──四〇年後の総括

ここで当時、私の置かれていた立場を記しておく必要があるだろう。私は一九六七年一〇月の末から一九六九年九月の末に至るほぼ二年間、フランス政府の給費留学生としてパリの大学都市に住み、ソルボンヌ（パリ第四大学）とオート・ゼチュード（国立高等研究院）に通っていたので、パリのいわゆる五月革命のほぼその発端から終焉に至るまでを、そのただ中で見届けることになった。もっとも私はパリに来る一年前から京都のある私立大学の専任講師の職を得ていたから、純粋な学生とは言えないが、大学の学生証をもらい、自分では偽学生と称して久しぶりの学生生活を楽しんでいた。

五月の諸事件が始まったとき、私は好奇心に満ちた傍観者であった。可能な限り、デモや集会に出かけて行き、ビラや新聞を読み、事情に詳しい友人の話を聴き、眼前に起こっている事態をなんとか理解しようと懸命であった。だが傍観者が群集の一員になるのに、それほどの時間はかからなかったと思う。私は彼らと共に叫び走っている自分を発見して時に苦笑したが、どこにいても何の違和感も疎外感も感じていなかったのは、今思えば不思議なことである。

私は外国人の偽学生を演じていたが、もともと雑多な個人や集団の集まりであるこの開かれた運動には、国籍、年齢、職業、性別等々によって異物を排除する基準がなかった。この五―六月事件のあいだほど、私はフランスの学生や若者たちに共鳴し、一体感を味わい、そして日本に残してきた学生たちをなつかしく思ったことはない。五月革命は、フランスの歴史や文学に対する私の見方を変えただけでなく、私自身の研究や生き方を根底から揺がす事件であった。そして私は今でもあの五月の気分をもち続けているのではないかと思う。私にとって五月はまだ終わっていない。

本書において筆者に期待されている役割は、現場にあった者の証言であり、事件の客観的な記述であろう。私は自分がその場で見聞きしたこと、考えたこと、感じたことを、できるだけ正直に、そして正確に書きたいと思う。だが、いくらか書いてみて分かったことであるが、法的な擬制やアカデミズムの虚構（実証主義）は別として、客観的で中立的な証人や証言はありえない。自分の目と身体と脳裏に刻まれた記憶をたよりに書かれた五月の物語が、同じ五月を生きた世代に、そしてその後に生を受けた若い世代の人々に通じる普遍性をもちうることを祈るような気持で願うしかないと思う。

六八年五―六月の間、私は目前にくりひろげられている事件と自分の置かれた状況を理解するために、そして幾分かは故国の家族や友人たちにこの歴史的な事件の記録を残しておきたいという気持もあって、事件の経過をたどる文章を記していた。その一部は、「パリ・五月の記録――ソルボンヌの内庭より」のタイトルで、雑誌『展望』の六八年八月号に掲載され、残りの半分「一九六八年五月　壁の言葉」は、三〇年後に刊行された単行本『フランスの解体？』にそのままの形で収められている。一九六九年一〇月初旬に帰国して、自分の所属している大学や日本の現状を知り、また六八年が日本でどのように扱われているかを知ってから（フランスも日本も、六八年関係の書物や記事で溢れていた）、私は時期が来るまでは、六八年についてはできるだけ沈黙を守ることにした。二、三の小さな例外はあるが、この禁止は守られたと思う。それには自己処罰の意味もあり、自己防衛の意味もあったが、何よりも自己の内部で作られつつある五月を守りたかったのだと思う。五月について語りたい衝動は、文学では戦後小説論やスタンダール論、歴史ではボナパルティズム論やフランス革命論、あるいは国民国家論や植民地主義論などの形をかりて解消し、密かに自己韜晦を楽しむようなところがあった。

だが六八年については、いつかは真っ当に書きたいと思っていた。そして自分の年齢を考えればおそらく今回がその最後のチャンスだろう。二〇一〇年の一月八日から一〇日にかけての三日間、名古屋大学で開かれた国際シンポジウム「反乱する若者たち――一九六〇年代以降の運動・文化」の報告者の一人に招いてもらい、その切っ掛けを与えてくれた名古屋大学の坪井秀人さんやスタッフの方々、この日のために素晴しいコメントを用意してくれた水嶋一憲さんをはじめ、会場に集まって私の話を聞き意見を述べてくれた方々にお礼を言いたいと思う。またわざわざ名古屋まで来て私の報告を聞き、平凡社新書の執筆を勧めてくれた平凡社編集部の松井純さんに感謝したい。新書という形式は、世代を超えた伝言という今回の私の試みにふさわしいと思う。

それにしても四十余年が過ぎてしまった。四〇年という歳月の働きは大きく微妙である。それは私の証人としての資格を疑わせ、予期せぬ困難に直面させる。記憶というものの疑わしさ曖昧さは、文章を書き始めてみれば直ちに理解されることであるが、私は結局、保存しておいた古い記録や資料の山を掘りかえすだけに止まらず、二〇一〇年の五月にもう一度パリのカルチエ・ラタンを訪れることになってしまった。長年にわたって忘却と想起の争いをくりかえす間に、私の内面に映る歴史的風景が次第に姿を変え、意味を変えてゆくということも十分ありうるだろう。それは二〇一〇年の五月に私のインタビューに答えてくれた十数人の六八年世代にも起こりうることであった。

他方、四十余年を経て新たに見えてきたものも多いのではないかと思う。天安門やベルリンの壁や、東欧社会主義圏の崩壊などで表象される「八九年革命」(それはフランス革命二〇〇周年の年でもあった)は、私には「六八年革命」とひと続きのものに思われる。私は本書では、「六八年革命」と最近のフランスにおける「郊外暴動」との繫がりに照明を当てたいと思っているのであるが、このふたつの事件の関係を最もよく言い表わしているのは、フランスの現在の大統領、ニコラ・サルコジの「六八年五月の清算」という言葉だろう。狂信的な新自由主義者(私にはそう思える）のサルコジにとって、忌むべき存在である六八年の学生や労働者や同伴的知識人は、四〇年後の今日、郊外の移民労働者や貧しい地域の反抗的な若者たち、あるいは左翼的知識人の姿をまとって現われているようである。同じようなグローバル化の末期症状の中で、展望のない格差社会における失業と貧困化に苦しんでいる日本の若者たちの現状から考えても、サルコジの妄想は意外に真実を言い当てているのかもしれない。

四〇年を経て六八年を論じることは、私たちが住む日本社会の大きな変化と落差に照明を当てることになるだろう。もっとも四〇年をかけて「革命」と「暴力」を「反社会的」として追放することに成功した私たちの社会では、もはや「六八年五月の清算」を唱える政治家を必要としていないのかもしれない。本書で私は結局、自分の中に生き続けている六八年について書くことになると思うが、反社会的な言辞として追放されないことを願うのみである。

本書の巻末に付された「年表」と「文献表」は、六七年から六九年にかけて、ほとんど同じ場所にいて同じ時間を共に過ごした西川祐子の作成になる。多忙な中、この大変な仕事を快く引き受けてくれたことに感謝したい。彼女の記録に対する情熱と資料の収集・整理にかける執念は、遠く私の及ばぬところであった。読者はこの詳細な年表と文献表が、私の記述の土台をなしていることに気づかれると同時に、そこに私の五月の物語とは異なるさまざまな物語を発見されるのではないかと思うが、それは私の望むところでもあった。

なお本書の私的な自分史的記述に不満を感じられた読者には、六八年にかんするより実証的な資料集の作成が、若い研究者たちの協力を得て現在進められていることをお伝えしたい。

第一章　六八年五月以前

1 そのとき世界は

六七年、京都―パリ

私がパリのオルリー空港に着いたのは一九六七年の一〇月二六日。それまでフランス留学は、MM(フランス郵船会社)の船でインド洋を越えスエズ運河を通ってマルセイユに上陸するのが通常であったが、この年から国費留学生には航空券が支給され、私にとっては最初の飛行機による長旅(アンカレッジ経由)であった。大学都市のオランダ館に入居が許されるまでの数日間は近くの小さなホテルで過すことになった。一〇月八日に羽田空港周辺で佐藤栄作首相の東南アジア訪問(南ヴェトナムを含む)を阻止しようとした学生(三派全学連)と警官隊が衝突、京大生の山崎博昭が死亡するという、いわゆる第一次羽田事件があった直後だけに、私は重い気持で羽田を発ち、パリに着いた記憶がある。高度成長期の最中であったが、私の実感としては日本はまだ貧しかった。一ドル三六〇円で、一フランは八〇円くらいだったと思う(因にフランスの教授の給料は日本の教授のほぼ三倍か四倍)。留学生の給費は月四七〇フラン、円の海外持出しは厳しく制限されていた。留学も海外旅行も自由にできない時代であったから、海外に出ることは大きな特権であり、それだけに外気に身をさらす不安と解放感も大きかった。またこれを書きながら思うことであるが、日本の若者たちは今日のグローバル化された時代よりも、冷戦下で一種の鎖国状態に置かれていた当時の方が、世界の政治的状況に敏感で、海外に強い関心をもち、より行動的であったのではないだろうか。

だが六八年は今では四〇年以上も昔の出来事である。現在人口の半数以上はそれ以後に生まれた人たちだ。六八年の若者たちも今では六〇歳を過ぎ、そろそろ停年を迎えるころだろう。彼らが今なお六八年に関心をもち鮮明な記憶をもち続けているとは限らない。ここで読者のために、そして六八年論を書こうとしている私自身のためにも、六八年五月に至る世界の状況の簡単な見取り図を記しておく必要があるだろう。

当時ヴェトナム戦争があり、北爆があり、世界の各地で反戦運動が行われていた。それはアメリカではスチューデント・パワーと黒人の公民権運動に連動しており、キング牧師の暗殺があった。それはビートルズとフォークとロックとヒッピーとミニスカートの時代、アングラと怪獣ブームの時代でもあった。カストロのキューバがあり、ボリビアにおけるゲバラの死があった。中南米の各地で、あるいはアジアとアフリカで独立運動が盛んな時代、そして独立を獲得したはずの新興諸国が依然として帝国主義と植民地主義の支配下にあることを認識せざるをえなかった時代。中近東では、イスラエルで挙国一致内閣が成立し、第三次中東戦争が行われた時代。他方、チェコでは自由化を求める「プラハの春」があり、中国では毛沢東の文化大革命が進行中であった……。

私たちは年表を見ながら、こうした列挙をどこまでも続けることができるだろう。しかし当時の私は、混沌の中で地殻変動の熱気を感じとって個々の事件にそれなりの反応はしていても、いまだこれら一連の事件や人名を一体のものとして関連づけて考えることはできていない。そうした一連の事件や現象を一体のものとして、いわゆる世界的同時性の意味を考えさせてくれたのは、六八年五月の到来であり、さらには八九年やそれ以後の諸事件だったと思う。

ヴェトナム戦争とフランス

ヴェトナム反戦運動と六八年革命まではほとんどひと続きの道であり、ほとんど一体のものであった。連帯と共鳴（そして少しばかりの違和感）、反戦デモに参加した若者たちの多くは世界を共有し、歴史の大きなうねりのなかにいることを身をもって感じとっていたと思う。世界的同時性という言葉は、むしろヴェトナム反戦運動について言われるべきであったかもしれない。私がパリに滞在していた六七年から六九年にかけて、世界の反戦運動はひとつのピークを迎えていた。アメリカではそれまでもくりかえし各地で反戦デモが行われていたが、六七年四月一五日にはニューヨークやサンフランシスコでアメリカの歴史始まって以来の大規模なデモ（総数五〇万人）が行われた。このデモのよびかけにこたえて、日本ではべ平連が「日米ジョイント・デモ」を東京で実施。五月二日からは、バートランド・ラッセルが提唱し、ジャン＝ポール・サルトルが議長をつとめた「ラッセル法廷」（ヴェトナム戦犯裁判）がストックホルムで開かれ、五月一〇日には有罪判決が下される。一〇月二一日のヴェトナム人民支援国際統一行動デーには、世界各地で反戦デモが行われたが、ワシントンではノーマン・メイラーやチョムスキーなどの知識人も参加して、七万五〇〇〇人がペンタゴンにデモをかけたという。そして六八年一月には、南ヴェトナム解放民族戦線に北ヴェトナム軍も加わって、南ヴェトナム全土に大攻勢（テト［正月］攻勢）

が始まり、ヴェトナム情勢に大きな変化が現われた（ディエンビェンフーの再現）。

　私がパリに着いたころにはすでに、パリで行われるはずの和平会談（北ヴェトナム政権、米国、南ヴェトナム解放民族戦線、南ヴェトナム政権などによる）が大きな話題となっていた（もっとも最初の会談が実現したのはそれから一年以上も後の六九年一月一八日のことであるが）。ヴェトナムは一九世紀末（一八八三年）以来、第二次大戦後の独立（一九四五年）に至るまでフランスの植民地であった。そして第二次大戦中は一時日本軍の占領下にあったことも、今ではほとんど忘れ去られている。だが日本の敗戦後、一九四五年にヴェトナムの独立宣言が出された後もフランスはヴェトナム介入を続け（第一次インドシナ戦争）、一九五四年五月のディエンビェンフーの戦いでフランス軍が決定的な敗北をこうむることによってフランスによるヴェトナムの植民地支配は終る。だがフランス軍の撤退後、今度は超大国のアメリカがフランスの後を継いでヴェトナム介入を図り、そして同じように決定的な敗北をこうむり、こうして信じられないような苛酷で膨大な犠牲の上に、ヴェトナムの統一と独立が実現する……。

　同じように反戦を唱え、「ヴェトナムに平和を！」と叫ぶにしても、旧宗主国フランスから見たヴェトナム戦争と、私たちが日本から見ていたヴェトナム戦争とは同じではないだろう。私はフランスに着いてからずっとその違いにとまどい、こだわっていた。イギリスに次いで強大な植民地帝国であったフランスは、ヴェトナム以後、アルジェリア戦争を戦っている。フランスによるアルジェリアの植民地支配は一八三〇年、つまり一九世紀の三〇年代から始まり、第二次大戦後も続いていた。アルジェリア独立戦争が本格的に始まるのは、フランスのヴェトナム撤退が決定的となった年、一九五四年の後半（アルジェリア民族解放戦線FLNの武装蜂起は五四年の一一月一日）であり、それは八年近い歳月を経てようやく一九六二年の三月に終る（同年七月一日のアルジェリアにおける国民投票によって独立が確認され、九月二五日に民主人民共和国の樹立が正式に宣言された）。

だがそれはアルジェリア問題の終結を意味しない。アルジェリア国内にはその後も残留を続ける軍と植民者の勢力があり、政治的分裂や社会不安が続き、フランス国内においてもOASのような秘密軍事組織をはじめ独立反対派の活動は続いていた。フランスの側から見れば、アルジェリアの独立は、政権の座についたド・ゴール将軍の独裁的な権力とカリスマ性によって辛うじて維持されているように思われた。六七、六八年になっても地下鉄や市内の人混みで賑わう場所にプラスチック爆弾が仕掛けられるような事態は続いており、六八年革命後の政治的収拾に「パラ」（かつてヴェトナムやアルジェリアで活躍した落下傘部隊）によるファシズムの可能性が論じられるような状況があった。

ヴェトナムからアルジェリアへ

パリに着いての第一印象のひとつに、ヴェトナム料理店の多いこと（安くて美味い、私たち貧乏学生に愛された場所だ）と、街頭で見かける道路工事や清掃など、いわゆる3Kの仕事をしている労働者は、その大部分がアルジェリアやモロッコ、チュニジアなどマグレブ三国から来ている肌の黒い移民労働者であって、その中に白人を見かけることはほとんどない、ということがあった。フランスによるヴェトナムやアルジェリアの長年にわたる植民地支配は、美しいパリの街頭にまぎれもないその痕跡を残している。だがそのことを街行く人たちが気にしているとは思えなかった。

植民地支配の実態は別としても、第一次インドシナ戦争とアルジェリア戦争におけるフランス軍の残虐行為は、米軍のヴェトナムにおける残虐行為に比べて、さほど見劣りのするようなものではなかった、という事実がそのころはすでにかなり知られるようになっていたのではないかと思う。今、私の手元にある本を並べても、アルジェリアにおけるフランス軍の拷問や残虐行為を記したアンリ・アレッグの『尋問』の邦訳（みすず書房）が出たのはかなり早く、一九五八年アルジェリア戦争の最中であった。一九六〇年には、モリアンヌの『祖国に反逆する――アルジェリア革命とフランスの青年』（原題「脱走兵」）が「脱走兵の証言」や「アルジェリア戦争における不服従の権利についての声明」を付して淡徳三郎の編訳で出ている（三一書房）。独立運動に荷担したテロリストとして投獄されていたジャミラ・ブーパシャを支援する『ジャミラよ朝は近い』は一九六四年に翻訳が出ている（集英社）。私自身は、フランスに行く二年ほど前に、マドレーヌ・リフォーの、ヴェトナムとアルジェリアの現地からの報告記事を集めた『あなたがたの婦人特派員より』（邦訳『解放戦争の二〇年』理論社、一九六五年）を、友人の佐々木康之と共訳で出していた。フランス共産党の機関紙『ユマニテ』に掲載されたこれらのレポートは、いずれも論理よりは感性に訴える詩的な文章であるが、しかしヴェトナムやアルジェリアにおけるフランス軍の蛮行とそれに対する住民の抵抗運動は明確に描かれていた。

戦後日本の左翼は一般に、戦中の日本軍やナチズムの蛮行を暴くのには熱心であり、ヴェトナム戦争における米軍の非人道的な行為にも敏感であったが、社会主義諸国における抑圧には無関心を装い、また自由と革命とレジスタンスの国フランス共和国の植民地主義や軍国主義を正視しようとはしなかったと思う。例えば、『真空地帯』を書いて日本の軍国主義を痛烈に批判した野間宏（私の最も尊敬する戦後作家の一人である）の、フランスの軍隊を理想化しているような文章（「日本の軍隊について」）を今読みかえすと、私はやはり違和感を禁じえないが、しかしそれはむしろ当時のフランス研究者やフランスに特別な関心を抱いている進歩的知識人の共通認識の表われであった。そしてその共通認識は多くの場合、フランスの知識人が自国に対して抱く認識＝神話（フランス・イデオロギー）にもとづいている。私自身の問題にかえって言えば、この共通認識の崩壊＝脱神話化にたどり着くためには、アルジェリア戦争とヴェトナム戦争が必要であり、六七年から六九年にかけてのフランス滞在が必要であり、五月革命が必要であった。

共鳴と違和、同じスローガンを叫びながらも、私はいつもどこか違うと感じていた。例えば「ヴェトナムに平和を！」と叫んでも、私がヴェトナムとヴェトナム人について抱いているイメージと彼らのそれとは同じではない。「ド・ゴールよ辞職せよ」とド・ゴールに引退を勧めるにしても、レジスタンスやアルジェリア問題についての実感をもたない私には、彼らが反対を唱えながらもド・ゴール将軍に対して抱いている親近感が十分には理解できない。同じようにCRS＝SSと叫んでも私はフランスの機動隊（CRS）の恐ろしさも、フランス人がもっているナチス親衛隊（SS）に対する感覚も十分に理解していないから、私の叫びは一種の翻訳だろう。

同じ反戦を叫んでも、共和国の軍隊に対する彼らの隠された信頼を理解するのは私には容易ではないが、逆に日本国憲法の戦争放棄の条項を彼らに説得的に説明するのはむずかしい。植民地と植民地主義にかんする感覚と観念のずれも大きい、等々。

私は最初、私の違和感の原因となっているこうした無数の差異を、私の国籍と出自に由来する比較文化論的な問題であると考えて、ひたすら相手を理解することに努めていたのであるが、やがてそれは違うと思うようになった。集会やデモに集まって来た人々は、全員がそれぞれ多少の違和感を抱いており、むしろそれを議論の形で主張し明確化してゆくことが共感や共鳴を生み出す原動力になっているのではないか。路上でも、ソルボンヌの中庭でも、あるいは教室や劇場でも、人々が集まるところには常にいくつかの人の輪ができて果てしない議論が続く……。共鳴とはさまざまな違和の幸運な出会いである、とでも言いたくなるような場面が作り出されようとしていた。それは「批判」や「自己批判」といった用語で想起されるものよりは、むしろ五月の後にサルトルが「言葉の爆発」と呼び、モーリス・ブランショが「爆発的コミュニケーション」と呼んだ祝祭的な状況に繋がるものであったと思う。

2　ゴダールの世界

『アルジェの戦い』と『ベトナムから遠く離れて』

六八年五月に至る時代を映す記念碑的な映画、『アルジェの戦い』（一九六五年）、『ベトナムから遠く離れて』(一九六七年)、『中国女』(一九六七年)の三本を私は六七年の京都とパリで観た。アルジェリアの苛烈な独立戦争をドキュメンタリーの手法で描いたジッロ・ポンテコルヴォ監督の『アルジェの戦い』(伊・アルジェリア合作)を観ることは、多くのフランス人にとって耐えがたいことであっただろう。グランプリを得たヴェネチア映画祭では、上演に際してフランス代表が席を立ったという。それまで活字を通してしかアルジェリアとアルジェリア独立戦争を知らなかった私は、カスバの迷路の中でくりひろげられる苛酷な闘争と一斉に蜂起する民衆の映像に圧倒されて、恐怖に似た衝撃を受けた。拷問とテロリスム。そこには私の知らない、私の理解を超えた異質の世界があった。私にとってのアラブ世界の原像は『アルジェの戦い』によって与えられたように思う。

ヴェトナム反戦運動の世界的な高まりを背景にして、多数の映画人の協力によって作られた反戦映画『ベトナムから遠く離れて』には、監督としてアラン・レネ、ウィリアム・クライン、ヨリス・イヴェンス、アニエス・ヴァルダ、クロード・ルルーシュ、ジャン=リュック・ゴダール(総編集はクリス・マルケル)、等々が名を連ねていた。この映画の製作と上映は、ヴェトナム反戦運動の歴史の中でも特筆すべき事件であった。だがこの記念すべき大作が、私の内面に『アルジェの戦い』と比べて、さほど強烈な印象を残していないのは何故だろうか。あまりに多くのことが性急に語られていて、印象が散漫になったということはありうるだろう。だがより本質的な理由は、『アルジェの戦い』が曲りなりにも抵抗するアルジェの住民の側から描かれているのに対して、『ベトナムから遠く離れて』は、ヴェトナムの住民の側からではなく、ヨーロッパの苦悩する知識人の自意識を通して語られているからではないだろうか。当時の私には、この映画は今では当事者でないフランスやヨーロッパの人々が、まさに（彼らの旧植民地）ヴェトナムから遠くにあることをさらけ出しているように思われ、そこにオリエンタリズムとは言わないまでも、一種のエグゾチスムを感じとって反撥していたのかもしれない。旧宗主国の良心的知識人のお喋り。ドキュメンタリーとニュース映画の無責任。

だが今は少し違う考えをもっていることを記しておきたい。この映画はほぼ半世紀後の今日、つまり湾岸戦争やアフガン・イラク戦争等々があり、そしてそれらの明らかに帝国主義的な侵略と戦争が、もはやヴェトナム戦争時代のような世界的な反戦運動を呼び起こすことのない時代において、もう一度、観なおす必要があるのではないだろうか。この映画を締め括る最後のナレーションは、富める者と貧しき者との戦いにおいては、富める者の社会が自らその全体的な変化をとげられない場合には、「この戦争を不可避なものとして受けいれ、敗れる以外にないだろう」という衝撃的な言葉で終わっている。

ヴェトナム戦争とはどのような戦争であったのか。この映画の冒頭は、洋上に浮かぶ第七艦隊に砲弾を積み込む運搬作業と空母の甲板を発進するジェット機のイメージから始まるのであるが、その背後に流れるナレーションを引用しておこう。

一方に、アメリカがある。いかなる時も、軍事面、産業面で最強をほこる国。エスカレーションが始まった一九六五年から、アメリカは北ベトナムに百万トン以上の爆弾を落した。

この量は、第二次大戦を通じて、ドイツに投下された全量をこえている。人口五億を抱えたインドの食費よりも、包装紙に使う金の方が多い、人口二億のこの国が自国の軍隊のためならどんなことでもできる。毎朝、トンキン湾の第七艦隊の航空母艦に爆弾が満載される。その量は実に、一日千トン。まさに、金持ちの国の戦争である。

これに対する、貧しき国の戦い。北ベトナムの一七〇〇万のベトナム人と、南ベトナムの同胞が彼らの独立のために戦っている戦争がそれだ。彼らは非常に貧しいが、非常に弱い人間ではない。人間の数は多くはないが、孤立してはいない。

ベトナムは日々の戦争遂行によって、かのゲバラがスタジアムの中央に立つ剣闘士の立場になぞらえた、孤立状態におかれているにした所で、第三世界の大部分の国は彼らがベトナムと固く結ばれているということを理解したのであった。このベトナムにおいてこそ、われわれの時代の根本的な問題が提起されるのだ。貧しい者は、彼らの生活を前進させるために、富める者の利害とはちがった基礎に立つ社会を作り上げる権利を持っているのだ。キューバのカストロは、一九六七年はベトナムの年であると宣言した。彼は信念をいだいている。米国は、一九六一年にコションン湾でキューバ革命を粉砕できなかった時、たとえいかなる所においても、革命運動なるものが勝利のうちに展開されることはいかにしても放置できない、と決心したのだった。この決意が、あのサン・ドミンゴ事件、南米における対ゲリラ戦、ベトナムにおける彼らの法外な戦争努力を生んでいるのだ。アメリカは全世界に向かって、革命的闘争に行き場がないことを示したいのだ。その証明として、アメリカはベトナムをえら

んだ。だが、この選択は誤っていた。(『アートシアター』五七号、日本アートシアター・ギルド、一九六八年四月、二九頁)

情況批判としての映画作品

この映画は著名な映画監督やジャーナリストなど多くの異なる傾向をもった人々によって作られた合作であるが、反戦ドキュメンタリーとしても作品としてもよくできていると思う。この導入部とは別に「フラッシュ・バック」の章が置かれていて、フランスの過去の植民地支配とインドシナ戦争とヴェトナム戦争に至る歴史的過程が分かりやすくたどられており、また不条理な戦争を強いられている空爆下のヴェトナム人の生活と、それと対照的なアメリカの身勝手な戦争の論理(ウェストモーランド将軍の演説と参戦した兵隊や在郷軍人たちの愛国心)。それに対する反戦運動、あの六七年四月一五日の史上最大のデモの映像も収められている。ホー・チ・ミンの登場する時間は、カストロのゲリラ戦術にかんする演説と比べれば短いが、それでも貴重な映像だろう。また一九六五年一一月二日に、アメリカに抗議して焼身自殺をとげたヴェトナムの僧侶のように、ペンタゴンの前でガソリンを浴びて焼身自殺したノーマン・モリソンの妻の回想やそれに答えるパリ在住のヴェトナム人フエンの話は、感動的であるという以上に衝撃的である。ナパーム弾で焼き殺されるヴェトナム人の存在を知って、自らガソリンを浴びて火を放つモリソンの行為は、贖罪と連帯の論理をつきつめたところにあると思う。

この映画には、ヴェトナム戦争という悪と不正義を前にして手をつかねて座視せざるをえない知識人の苦悩が直接的に語られる章もふたつ含まれている。私は、架空のテレビレポーター（ベルナール・フレッソン）に不信の時代を語らせる（おそらくアラン・レネの担当部分だろう）第四章よりも、自ら撮影機をのぞきこみながらモノローグを続けるゴダールの第八章に心を引かれた。それは映画全体のなかでは、まるで異物が挿入されているような印象を与える部分であるが、北ヴェトナムの現地で撮影することを拒否されたゴダールが、ヴェトナムから遠く離れたフランスで何ができるか、何をなすべきかについて考えたことが述べられており、映画人ゴダールの一種のマニフェストとなっている。その中の一シーンでゴダールは、「第二、第三のヴェトナムを作れ」というゲバラの言葉を引いて、「自己の内部にヴェトナムを生み出すこと」を主張しているのであるが、その部分を私は今では共感をもって読むことができそうだ。少し長くなるが『ゴダール全集3』から以下に引用したい。

ゴダール　実際われわれの心は痛み、血を流しているのだが、その血はどんな負傷者の血とも関係のない代物なのだ。そこにはある恥ずかしさがあった。平和アピールに署名するときのような気恥ずかしさがあった。

水面に浮かぶカエルの死骸。
撮影機正面のクローズ・アップ（画面はカラーに戻る）。

ゴダール　でも、だから何ができるのかといえば、われわれは映画をつくっている人間なのだが……、少なくとも、ぼくは映画をつくる人間なのだから、ヴェトナムに関してなしうる最善のことは、寛大げな人道主義を示し、実際は、事態をますます泥沼に追い込むような加担のしかたをするのでなく――

夕暮れに近い光を受けて戸外に立つ一人の北ヴェトナムの兵士。草木で体をおおっている。手持ちカメラがそのまわりをゆっくりと揺れながらまわる。遠くに沼、木立。

ゴダール　そうではなくて、逆にヴェトナムによって侵略されること、われわれの日常生活のいたる所を占拠しているヴェトナムの姿を認識することなのだ。そうすればヴェトナムが孤立しているわけではなく、アフリカ全土が、南アメリカ全土がヴェトナムであることに気づく。だからまず一人のヴェトコンを作ることから始めねばならない。ゲバラが第二、第三のヴェトナムを作れというとき、その思想をみんなが自分自身に課すべきなのだ。つまり自己の内部にヴェトナムを生み出すことなのである。ギネアにいるならポルトガルに反抗し、シカゴにいる者なら黒人と連帯する。そして南アメリカにいる者は、すっかり植民地化している国をラテン・アメリカとして甦えらせねばならない。

うつむいた植民地人の男。つづいてカメラを見つめる子供を抱いた女。

ゴダール　南アメリカはまず、スペインとフランス文明によって植民地化され、つづいて、今日ではアメリカ資本によって植民地化されてしまっているのだ。

曇り空の戸外に集まるフランスの労働者。男女の顔が、黒白の画面で短くモンタージュされる。ストライキ中のロディアセータの工場である。おそらくクリス・マルケルの撮ったフィルムの一部。

ゴダール　われわれ自身の中に、たとえばフランスにヴェトナムを作るといえば、今年や去年の夏、ロディアセータ工場やブザンソン、あるいはサン・ナゼールで起きたストライキは、深くヴェトナムと関わりをもった出来事なのだ。

「ロディアセータ」の表札のクローズ・アップにつづいて、工場の中庭に立つ労働者をとらえたパン。雨が降っている。傘。さらに広場でのデモ。手をつなぐ労働者。（『ゴダール全集3――ゴダール全シナリオIII』蓮實重彥・柴田駿監訳、竹内書店、一九七〇年）

自己の内なるヴェトナム。平和アピールに署名するのではなく、自分の居場所をヴェトナム化し闘争の場とすること。そこに「ベトナムから遠く離れて」というネガティヴなタイトルをポジティヴな意味に読みかえていくゴダールの論理があり、ゴダールはそれを映画人として実践しようとする（同じように直に「ベトナムから遠く離れて」というタイトルの小説を書き始めた小田実に当時の私は心のどこかに許せないような感情を抱いていたのであるが、小田はやはりやるべきことをやったのだと、今なら思う）。

私は映画史に詳しくないから、六八年当時の映画は革命的であった、などと言い切る自信はないが、「映画三部会」などが組織されていて、映画人には極左派的《ゴシスト》な学生の動きに共感をもっていた人が多かったのではないかと思う。これは当時の私の印象というか残された記憶にもとづいて言うのであるが、当時の学生たちにとって街に出て集会やデモに参加するのと映画館に行くことには何か共通した気分があった。少しひねくれた人なつかしさと歪んだ高揚感とでも言えようか。パリにはアングラ的なものも含めて、無数の小劇場や映画館があり、市中の至るところに散在する大小のカフェやレストランなどとともに、都市の鼓動と体温を伝える、都市の日常性の重要な部分を占めていた。文学や芸術は言うまでもなく、パリの革命的な諸事件はこうした都市の構造と都市の生活から切り離しては理解できないだろう。私にとってゴダールの映画は、そのような都市で作られ、カルチエ・ラタンかあるいはもっと場末の小さな映画館で観るのがふさわしい。私の脳裏では、『勝手にしやがれ』の最後の場面、警官に撃たれたベルモンドが、両側に車が置かれた道路の真中を走り続けて倒れる場面は、バリケードの夜の後のカルチエ・ラタンの、焼かれた車が両側に並ぶ道路のイメージに続いている。

『中国女』と文化大革命

五月革命について書いているのだから、ゴダールの『中国女』については少し詳しく触れる必要があるだろう。五月革命を理解するために何か一つを選ばなければならないとすれば、私は六八年関係の山をなす書物（文献表を参照されたい）の中から一冊を選ぶよりは、あるいはいくつかあるドキュメンタリー映画、例えば同じく『ベトナムから遠く離れて』の監督の一人であり五月の現場に居て撮影したウィリアム・クラインの『革命の夜、いつもの朝』（一九六八年）よりも、むしろ事件の一年前に製作されたゴダールのフィクション、この寓話的な映画を選びたい。クラインのドキュメンタリーがドキュメンタリーとしては優れているが、結局は事後的、回想的になってしまうのに対して、ゴダールのこの寓意劇は、予言的であると同時に、事件のより本質的な考察に私たちを誘うからである。事件の後で『中国女』を観た者は、五月の学生たちが、『中国女』の脚本通りに革命を演じたという印象を受けて驚くだろう。

ゴダールはすでに『ベトナムから遠く離れて』の第六章「カメラ・アイ」の中で、『中国女』のために準備された画面をいくつか挿入している。両者はほぼ同時期に撮影されたひと続きの作品と言ってよいだろう。だが、「カメラ・アイ」のテーマは言うまでもなくヴェトナムであるのに対して、『中国女』の背後にあるのは文化大革命であり、毛沢東主義《マオイスム》と『毛沢東語録』であり、「紅衛兵」である。六八年のフランスでは、フランスから遠く離れたヴェトナムと中国の存在の重要性は私の想像をはるかにこえるものであった。六八年のフランスにおいて、「紅衛兵」のイメージは、アメリカ帝国主義と妥協してヴェトナム戦争を黙認し、修正主義の道を歩むソ連共産党（フルシチョフ、コスイギン）と、そのソ連共産党に妥協して修正主義の道を歩むフランス共産党の双方に対する反撃であり、資本主義的・帝国主義的な既成のあらゆる体制に対する反撃であり、もうひとつの社会主義を求める反乱であった、と一応は言ってよいだろう。だが『毛沢東語録』をかかげて「造反有理」を叫ぶ紅衛兵たちにも個々人のそれぞれの思いがあったように、五月の街頭に飛び出したフランスの若者たちにも（造反有理の仏語訳は異議申し立て《コンテスタシオン》であった）同じスローガンにさまざまな思いがこめられていたことを忘れてはならないと思う。

引用からなる作品

『中国女』は、ゴダールの他の多くの作品と同様、さまざまな「引用」からなる作品である。作中にはアンドレ・ゴルツ（『困難な革命』）やルイ・アルチュセール（『マルクスのために』）など、マルクス主義者の著作からの引用があり、また作品の後半には、アルジェリア戦争時に独立運動を支援した秘密組織「ジャンソン機関」で有名なフランシス・ジャンソンとの長いインタビューなども含まれていて多様であるが、引用の大半を占めるのは『毛沢東語録』からの引用であり、『毛沢東語録』が作品の基調（言葉においてもイメージと色彩においても）をなしていると言ってよいだろう。考えてみればこれは実に奇妙な作品だ。おそらく『毛沢東語録』からこれほど多くの引用がなされている作品は他にないのではなかろうか。だが『中国女』は党派的なひとつのイデオロギーによって作られた作品ではない。

いま私の手元には『毛沢東語録』のフランス語版第二版（外文出版社［北京］、一九六七年）がある。これはパリ滞在中に入手したもので、おそらく『中国女』の登場人物たちが右手(あるいは左手)に高く掲げ、舞台の中央(マンションのベッドの上)に堆《うずたか》く山積みされていたのと同じ版の『毛沢東語録』である。濃い赤一色のビニール表紙に、タイトルの文字 CITATIONS DU PRESIDENT MAO TSE-TOUNG と星がひとつ刻まれている。文字通り訳せば「毛沢東大統領の引用集」となり、「毛沢東語録」あるいは「毛主席語録」の文字に慣れている目には、少し異様な感じがする。翻訳によってすでに西欧化がなされていると言えるかもしれない(英訳では Quotations from Chairman Mao)。「主席」と「議長」あるいは「大統領」ではすでに政治形態と権力のあり方の違いを表わしているが、「語録」と「引用集」の違いも大きいだろう。林彪の「まえがき」が示すように、「語録」は語る側(与える側)の権威を強調するのに対して、「引用」ではむしろそれを読む側の主体性が強調されることになる。『中国女』の『毛沢東語録』は明らかに「引用集」の方である。

ここで「引用理論」について深入りするつもりはないが、ゴダールの「引用」について考える切っ掛けとして、次の二点のみを記しておきたい。第一は、引用には原典回帰(権威主義的)と原典逸脱(反権威主義的)という相矛盾するふたつの動きがあるということ。第二に原典に生命力が与えられるのは引用によってであるが、そこでは引用者が誰であるのか、つまり引用者の主体と想定される読者の主体が問題になるだろう。

『中国女』における『毛沢東語録』からの引用は、多くの場合、登場人物の語り(対話、演説、朗読など)の中に現われるが、時には字幕としてあるいは主題歌的なシャンソンとしても出現する。例えば『中国女』の中で、ライトモチーフのように時に長く、時に短く省略された未完の文章として、幾度もくりかえし字幕に映し出されているのは次の文章である。

字幕（黒地に赤）
　帝
字幕（黒地に赤）
　帝国主義者
字幕（赤）
　帝国主義者
字幕（赤）
　帝国主義者は今なお生きている
字幕（赤）
　帝国主義者は今なお生きている。かれらは依然として（『毛沢東語録』）
字幕（赤）
　帝国主義者は今なお生きている。かれらは依然として
　横暴（『毛沢東語録』）
字幕（赤）
　帝国主義者は今なお生きている。かれらは依然として

アジア、アフリカ（『毛沢東語録』）

字幕（赤）

帝国主義者は今なお生きている。かれらは依然としてアジア、アフリカおよびラテン・アメリカに対して横暴の限りをつくしている。西側の世界でも、かれらは相変わらず、（『毛沢東語録』）

字幕（赤）

帝国主義者は今なお生きている。かれらは依然としてアジア、アフリカおよびラテン・アメリカに対して横暴の限りをつくしている。西側の世界でも、かれらは相変わらず、かれらの国の人民大衆を（『毛沢東語録』）

字幕（赤）

帝国主義者は今なお生きている。かれらは依然としてアジア、アフリカおよびラテン・アメリカに対して横暴の限りをつくしている。西側の世界でも、かれらは相変わらず、かれらの国の人民大衆を抑圧している。この状況（『毛沢東語録』）

字幕（赤）

この状況

字幕（赤）

この状況は

変革されねばならぬ（『毛沢東語録』）

字幕（赤）
　侵略を終わらせることは全世界の人民の任務である
字幕（赤）
　帝国主義の侵略と抑圧を終わらせることは全世界の人民の任務である（『毛沢東語録』）

　毛沢東の「新華社記者にたいする談話」の、邦訳では五行ほどの短い文章の引用は、物語の展開に呼応してこのように中断され、あるいは反復され、ヴェロニクとジャンソンの長い対話の後で、ジャンソンの忠告にもかかわらず実行されたヴェロニクのテロリスム（ソ連文化相の暗殺）とともに完結する。帝国主義者の横暴をあばき反撃を呼びかけるこの短い文章が、当時のフランスの若者たちに訴える力をもっているのは、彼らの置かれた出口のない社会における不安と怒りが、帝国主義の一語でヴェトナム戦争に結びつく状況があったからであろう。毛沢東よ、よくぞ言ってくれましたという気持が私にもあった。文化大革命とヴェトナム戦争が彼らの意識の中で一体のものとして感じ取られていることは、映画第二部の序曲のように登場するゴーゴー・ソング「マオ・マオ」によっても見事に表現されている。その全歌詞を次に引用しよう。これもまた「引用」のひとつの形である。

　ヴェトナム燃える
おいらは叫ぶ　毛沢東《マオ・マオ》！

ジョンソン笑う
　おいらははねる　毛沢東《マオ・マオ》！
ナパーム走り
　おいらは歩く　毛沢東《マオ・マオ》！
都市《まち》はくたばる
　おいらは夢みる　毛沢東《マオ・マオ》！
パン助わめく
　おいらは笑う　毛沢東《マオ・マオ》！
米は狂作
　おいらは遊ぶ　毛沢東《マオ・マオ》！
赤いポケット・ブックのおかげで
やっとすべてが動き始めた
帝国主義は至る所で横暴の限りをつくしている
革命は晩餐じゃない
原爆は張り子の虎だ
大衆こそ真の英雄
アメ公は人殺し
〔……〕

張り子の虎

もうひとつ、ゴダールが愛用している「張り子の虎」について記しておこう。これはむしろ毛沢東が愛用していると言うべきかもしれない。『毛沢東語録』の第六章は「帝国主義とすべての反動派は張り子の虎である」と題されており、「張り子の虎」にかんする一〇の文章が集められていて、先に引用した字幕の「帝国主義者は今なお生きている」で始まる文章もそのひとつである。『ベトナムから遠く離れて』では、ゴダールが自ら虎のお面をかぶって登場した。

『中国女』では、ジャン＝ピエール・レオが演ずるギョームが『毛沢東語録』を手に取って次の一節を朗読する。「帝国主義者およびその他すべての反動派は張り子の虎にすぎぬ。見かけは恐ろしくとも、実力は知れている……」。そしてここでも「張り子の虎」のお面をつけた男が玩具の機関銃を持って登場し、コスイギンに電話をかけるなど活躍する。虎は「私はヴェトナムの平和に賛成である」という台詞をくりかえす。ギョームが言うように、そこには「ソ連とアメリカの共謀」があり、両者共謀して「真の共産主義に対して戦っている」のである。血まみれになったヴェトナム娘に扮したイヴォンヌが、天井から吊された模型の爆撃機に追われて、「コスイギンさん助けて、助けて、コスイギンさん助けて！　急いで、コスイギンさん！」と叫ぶシーンは、それが漫画的であるだけに、いっそう強い印象を残すだろう。

ゴダールは後に、『中国女』についてそれは「民族学的な映画」であり、その意味で「ひとつのドキュメンタリー」のつもりであったと述べている。

私としては、この映画はむしろ、民族学的な映画のつもりでした。私は、自分がまだよく知らなかった、ある種の人たちを研究しようとしたのです。その人たちというのは、パリのマルクス・レーニン主義者の小さな党派に属していた人たちです。私はその人たちがどういう人たちかよく知らなかったのですが〔……〕。かれらには、むしろ初期キリスト教徒に似たところがあって、私の好奇心をそそったのです。(ゴダール『映画史Ⅱ』奥村昭夫訳、筑摩書房、一九八二年、三二二頁)

こうして彼はＵＪＣＭＬ(共産主義青年連合マルクス・レーニン主義派)に属していた知人のジャン＝ピエール・ゴランを介してナンテール大学に近づき、他方、当時ナンテールの学生であったアンヌ・ヴィアゼムスキーを通して、オマール・キオップという名の黒人学生を知る。映画の中で「唯一の健全な登場人物」として描かれているオマールはやがてナンテールの三月二二日運動に参加し、十数年後にはセネガルのサンゴール政権下の牢獄で獄死する(これは歴史的現実に属する話である)。

ゴダールのドキュメンタリーの考え方はきわめて独得である。彼は、これはナンテールのドキュメンタリーであるというが、大学の現場を撮影するのではなく、主要な人物を二カ月にわたってパリの大きなアパルトマンに閉じこめて、その中で自分自身の役割を演じさせる。つまり、ゴダール自身の言葉を借りれば、良家の息子や娘たちに、ヴァカンスの期間中に「マルクス・レーニン主義ごっこ」「中国人ごっこ」をさせる。ゴダールは次のように述べている。

私はこのドキュメンタリーを、実際にありそうなこととして提出しようとしました。事実、この映画は、自分の両親の大きなアパルトマンに閉じこもり、そこで二カ月間にわたって――ほかの人たちが街頭で、これとはいくらか違ったやり方でしていたのと同じように――マルクス・レーニン主義ごっこをして遊ぶある娘についての映画です。この映画には、同時に真実なものとにせものがあったのです。

だから私が思うに、この映画はきわめて真実な調子《トーン》をもっています。それにあたかも偶然からのように、この一年後にナンテールの出来事がおこりました。（同書、三二四頁）

六八年革命という歴史的な事件が、この一見、荒唐無稽なばかげて見える映画の真実性を証明してしまったのであった。それが可能であったのは、ゴダールの予見的能力といったものではなく、この映画を作ったゴダールとその協力者たちが、その荒唐無稽さも含めて、ひとつの同時代性の中にあったということであろう。因に『ゴダール全評論・全発言』では一九六七年から七四年は「毛沢東時代」とされている。

『中国女』の登場人物たち

ここで登場人物たちと彼らの物語を簡単に紹介しておこう。ナンテールの学生オマールと後半に登場する特別出演のフランシス・ジャンソンを除いては全員が、ヴァカンスで両親が不在のマンションに集って二カ月を共に過ごした若者たちである。

●ヴェロニク・シュペルヴィエル（アンヌ・ヴィアゼムスキー）。ヴィアゼムスキーは、当時パリ大学ナンテール校の学生（哲学）で、ジャンソンの授業を受けたことがある。後にゴダールと結婚。ヴェロニクは、作中ではアパルトマンの所有者である銀行家の娘、ギョーム（ジャン＝ピエール・レオ）の恋人役を演じている。作品の最後で、ナンテールの新校舎の起工式に出席するために来仏したソ連の文化相ショーロホフを暗殺する。ヴェロニクはインタビューに答えて（「ヴェロニクとの対話　その1」）、彼女がマルクス・レーニン主義をどのようにして発見したかを語っているが、これは五月革命がなぜナンテールから始まったかの理由を、事前に見事に説明した言葉となっているので、以下に引用しよう。

私がマルクス・レーニン主義を発見したのは、最初、ナンテールでは退屈していたんだけど、だって田舎の真ん中にある学部だったし、でも、だんだん、大学が郊外に、労働者地区にあるっていうことはいいことだと考えるようになったからだわ（ナンテール分校近辺の風景が次々に挿入される）。つまり、私たちは労働者と同じウサギの檻に入れられていたわけよ。ところがウサギはどんどんふえるでしょ。毎朝、学校へ行く時、私はアルジェリア人の労働者の子供たちやシムカの自動車工場の技師たちとすれちがう。ええ、もちろん、そうね。私はかれらとすれちがっていたと思ってたけど、実際は……私たちは同じ道を進んでいたわけね。それはあそこにいたからこそわかったことなのよ。資本主義体制下のというよりは、もっと正確には、フランスのド・ゴール体制下における三つの基本的な不平等が……。

それは何か、というインタビュアーの問いにヴェロニクは、⑴知的労働と肉体労働との相互的無関心、⑵都市と農村との間の相互的無関心、⑶農業と工場との間の相互的無関心、の三点を挙げ、さらに「もし私に勇気さえ出たら、ソルボンヌとルーヴル博物館とコメディ・フランセーズをダイナマイトで爆破してやろう」と思っている、とつけ加える。

●ギョーム・メストル（ジャン＝ピエール・レオ）。俳優。すでにゴダールのいくつかの作品でおなじみのこの演劇青年は、ヴェロニクの相手役を演じながら、自分の演劇理論を展開する。それはゴダール自身の映画理論と呼応し、この作品の理論的な説明ともなっている。例えばアルチュセールからの長い引用（「『ピッコロ』、ベルトラッチーとブレヒト——唯物論的な演劇にかんする覚書」）をするのはギョームであり、毛沢東が述べる政治と芸術のふたつの戦線における戦いの困難さに悩む（ゴダールと同様に）のもギョームである。顔に包帯を巻いてモスクワの中国大使館の前に現われた中国青年の話は、ゴダールとレオの映画＝演劇観を最もよく表わしたエピソードであろう。モスクワのスターリンの墓にデモをかけた中国人の若い学生たちにロシアの警官隊が襲いかかり棍棒で乱打した。翌日、抗議のために中国人学生たちは中国大使館の前に集まり、欧米各紙のジャーナリストを呼ぶ。そこに顔をすっかり包帯で巻いた若い中国人が現われ、やつらが僕にしたことを見てくれとどなり始める。欧米各国の記者たちは、この青年が包帯をはずしている間カメラのフラッシュを浴びせつづける。ところが血まみれになっていると思われた青年の顔はなんの傷も受けていなかった。当然ジャーナリストたちは怒って青年に罵声を浴せかけるが、ギョームによれば、これが役者の役割であり、芝居の定義なのである（因にゴダールによれば『中国女』は中国人には評判が悪く、とりわけこの場面は理解されなかったという）。

●オマール・キオップ。オマールは実名で登場し、アパルトマンに集まった若者たちの前で講義をするが、そこで共同生活をしていたわけではなく、唯一の黒人として幾分別格の扱いである。ヴェロニクはオマールを「ナンテールの哲学の同級生よ」と紹介しているが、実際にヴィアゼムスキーと同じナンテールの学生であった。オマールのティーチ・インのテーマは「西欧左翼の展望」と黒板に記されている。オマールの講義にも『毛沢東語録』からの引用が多く、最後は「事実求是」の説明で終わっているが、オマールはそれを自分の言葉で説明している。オマールがサンゴールの政権下で獄死したという事実は、六八年の活動家たちがたどったその後の道程を改めて考えさせる。民族独立運動の英雄とされる詩人・革命家のサンゴールは、六八年革命のアフリカへの波及をひどく嫌って厳しい弾圧を加えた人物でもあった。

●アンリ（ミシェル・セメニアコ）。この映画は、アンリの朗読の声から始められている。

第一に、フランスの労働者階級は政治的な統一体を形成することもないだろうし、一二パーセントばかりの賃上げ要求のためにバリケードの上に立つこともないであろう。予見しうる限りの将来において、労働者大衆が、その生活利益を守るために、革命的ゼネスト、または武装蜂起に踏み切るほどのドラマティックな危機は、ヨーロッパの資本主義には起こるまい。

これはアンドレ・ゴルツの『困難な革命』（一九六七年）に収められた第三章「改良と革命」の冒頭の文章であるが、このような予見は六八年五月の事件によって完全に裏切られてしまった（もっともこの書物の原題は Le Socialisme Difficile〔困難な社会主義〕であってそう訳されていればまた違った読み方ができたかもしれない）。正直言って私はいまだに、アンドレ・ゴルツの文章を冒頭に置いたゴダールの真意をはかりかねている。このような見方は当時かなり一般的であったと思う。そこに誰も予想しないような事件が起ったのであった。アンリは後に、ヴェロニクたちのグループ（ポール・ニザンにちなんで「アデン・アラビア細胞」と名づけられた）の全員から「修正主義者」と罵倒され、除名されるのであってみれば、この冒頭の文章は、アンリを修正主義に導く文章として引用された、という解釈も成り立つだろう。

物語の初めの方で、文化大革命にかんするＵＪＣＭＬの集会に出てＰＣＦ（フランス共産党）の連中から棍棒で滅多打ちにされ、血まみれになってかつぎこまれるのが、このグループの中で唯一人PCFの存在理由を認め、除名後は入党までを考えているアンリであるというのは皮肉な取り合わせである。アンリはグループの中で唯一、「ごっこ」や「おあそび」をしない真面目な青年であり、大学のキャンパスや路上でよく見かけるタイプの活動家という意味では唯一リアリティのある人物であるが、若者たちが「ばかげたことをしている」ところにこの映画のリアリティを認めようとするゴダールにとってはリアリティを欠く人物になるだろう。観客の反応も二分され、ゴダールはアンリを肯定的な人物とみなす観客が多いことに驚いている。

●キリロフ（レックス・ド・ブリュイン）。ロシアのテロリストを連想させるような人物として描かれている。ソ連文化相ショーロホフ暗殺の誓約書を書いていながら、精神的な重圧に耐えかねて、部屋の壁にペンキを塗りたくった後に自殺する。キリロフが『毛沢東語録』を手にとって朗読するのは「文芸批評にはふたつの基準がある。ひとつは政治的基準であり、ひとつは芸術的基準である」で始まる「文芸講話」の一節である。

われわれの要求するのは政治と芸術との統一、内容と形式の統一、革命的な政治内容とできるだけ完璧な芸術形式との統一である。芸術性を欠く作品は、政治的にどんな進歩であろうとも、無力である。〔……〕われわれは文学芸術問題におけるふたつの戦線の闘争を行わなければならない〔……〕。

キリロフはギョームがこだわりながら躊躇している問題を性急に押し進めようとしており、自死に至る。

●イヴォンヌ（ジュリエット・ベルト）。唯一、良家の子弟ではなく、女中としてパリに出てきた貧しい農民の娘を演じている。グルノーブルの近くの小さな村から一九六四年パリに来て、家政婦の仕事の合間に、お金がいるときには売春もやっていることを、何のこだわりもなく話す。イヴォンヌは議論に加わることはできないが、その場が気に入っており、とりわけヴェロニクとの間に何気ない友情と共感が成り立っていることが見てとれる。修正主義者呼ばわりをされたアンリは退場に際してイヴォンヌを連れ出そうとするが、彼女は応じない。この映画には農村のカットがふたつ挿入されているが、ゴダールの農村、あるいは都市と農村の問題に対する関心が示されている（もっともそれが深められているとは思えないが）。イヴォンヌは、社会階級を否定するために集った若者たちの間にも否定できない階級の存在があることを示しているが、この問題を問われたゴダールは後に次のように答えている。

イヴォンヌは議論に参加するのを肉体的に「禁じられている」のであって、精神的に禁じられているわけではない。あるいは戦術的に禁じられているにすぎない。事実、映画の終りの方ではもはや禁じられていないし、たとえば投票にも加わっている。そして結局のところ、彼女がグループのほかの者たちに向かって歩んだ道のりはおそらくは、ほかの者たちが自分自身の現実に向かって歩んだ道のりよりも長いということになるはずだ。ほかの者たちは、おそらく自分自身の現実を探索したり研究したりすべきだったにもかかわらず、それをあとまわしにしてしまったんだ。この映画のすべての登場人物のなかで最も長い道のりを踏破するのはこの田舎娘で、次がレオー〔ギヨーム〕とアンヌ〔ヴェロニク〕、その次がアンリなんだ。(『全評論・全発言Ⅱ』筑摩書房、一九九八年、二〇頁)

ゴダールは道のイメージで語り、毛沢東の「長征」を思わせる「長い道のり」という言葉をくりかえしている。それは、他者への歩み、自分自身への歩みでもある。『中国女』は若者たちの成長の記録でもある。『中国女』の筋立てを作っているのは、くりかえされる北京放送のアナウンスであり、くりかえされる『毛沢東語録』からの引用である。だがこれをマオイストの映画という批評は正確でないだろう。私はこの機会に『毛沢東語録』を再読し、同時に『中国女』のDVDをくりかえし観て、両者を隔てる距離の大きさを改めて考えざるをえなかった。『中国女』は「中国から遠く離れて」と題されてもよい映画だと思う。原典と引用との間の距離。引用の引用から成る『中国女』について、あえてマオイスムという言葉を使うとすれば、『中国女』の特色はマオイスムとアナーキスムの奇妙な混合ではないかと思う。

『中国女』の終章で、ヴェロニクは女友だちフロランスの「あなたはまったく気狂いだわ。夢見ているのよ」という批判に、「ええ、そうだわ。これはフィクションよ。だけどそれが私を現実に近づかせたわ」と答えている。これはゴダールのドキュメンタリー映画の定義をなぞった答であろう。ヴェロニクはさらにフロランスの「ともかくもよく反省した方がいいわよ」という別れの言葉に次のように答えて映画は終る。

ヴェロニク（バルコニーから室内に入り、ブラインドを閉じる。声がオフで聞こえてくる）すべては反省された。夏の終わりとともに新学期が再開されようとしていた。したがって、私にとっても、私の同志たちにとっても、それは闘争の再開だった。

しかし一面、私は思いちがいをしていた。私は大きな躍進をなしとげたと思ったが、実は、それはある大長征のひそやかな第一歩を進めただけなのだということを、今、私は確認している。

こうして「今まさにつくられつつある映画」という字幕で始まった一時間四三分の映画は終る。エンドの字幕は「ある始まりの終り」である。六七年に撮影された映画の中で、六八年の私自身と、私が出会ったなつかしい若者たちに再会するという奇妙な錯覚。映画を観終えた私の耳に、学生たちがくりかえし叫んでいた「これは始まりにすぎない、闘争を続けよう（Ce n'est qu'un début, continuons le combat）」の声の響きが残っている。

六八年五月の後、ゴダールはジャン＝ピエール・ゴランらと共に反ハリウッド―反モスクワ（反資本主義―反修正主義）のスローガンを掲げた「ジガ・ヴェルトフ集団」を組織し、六九年夏にはダニエル・コーン＝ベンディットも巻きこんでローマ近郊で『東風』の撮影に入る。『中国女』の続篇であり、五月の総括とも言えるこの「革命的映画」は西部劇のパロディの形をとっているが、最後はフィルムに刻まれた無数の掻き傷によって「映画の解体」を示すとともに、ふたつの戦線における闘争の継続の強調と「造反有理（Osez se révolter !）」の叫びで終っている。因に、「東風」というタイトルは、「東風が西風を圧倒する」という『毛沢東語録』の一節から取られている。

第二章　ナンテール・ラ・フォリー

1　ナンテールと三月二二日運動

郊外から

五月革命の発端をカルチエ・ラタンのソルボンヌでなく郊外のナンテールで捉えたゴダールはさすがだと思う。私はパリの大学都市に住み、ソルボンヌとオート・ゼチュードに通っていたから、ナンテールにおけるさまざまな出来事は、ナンテール分校（一九七〇年にパリ第一〇大学となる）に登録していた友人に聞いたり、新聞・雑誌で読んで知っている程度であり、ナンテールが五月革命の発生の地であり、コーン゠ベンディットたちの三月二二日運動が五月革命の中心的な起動力であるという認識は、事件の後になって得たものであったことを、はじめにお断りしておきたい。私がナンテールを初めて訪れたのは、一連の事件が終り夏休みに入ってからであった。当時最寄り駅だったのはナンテール・ラ・フォリー駅で、ラ・フォリーとは「狂気」の意味である。ナンテール分校は、建造中でいまだ未完の建物を残しており、学生の姿もまばらになったアメリカ風の広いキャンパスには雑草が茂り、雑草に混って紅いヒナゲシがあちこちに咲いていたことを覚えている。

大学における学生運動の形態が、その大学が置かれている場所に深くかかわっていることは、アメリカのシリコン・バレーに接したバークレー分校やニューヨークのハーレムに近いコロンビア大学の例を見ても明らかだろう。ナンテール分校もまた貧困と人種差別を抱える新興の郊外都市であった。ナンテールがどのような都市であり、またそこに通いあるいはその大学都市に住む学生たちにとってどのような都市であるかについては、『中国女』のいくつかのシーンやヴィアゼムスキーの告白によっても語られていたが、ここでは改めてさらに三つの文章を、証言としてつけ加えておきたい。

(1)は、三月二二日運動著『五月革命』の訳者、西川一郎による「訳者あとがき」からの引用。これには分校建設前の一九五九年のナンテールが記されている。(2)は高橋武智の「『五月革命』——ド・ゴール体制への挑戦」(『叛逆するスチューデント・パワー』所収)からの引用。高橋武智のパリ滞在は五月革命の直前の時期で、私とは行き違いになっていたと思う。(3)は、アンリ・ルフェーヴル『「五月革命」論——突入—ナンテールから絶頂へ』からの引用。ルフェーヴルにかんしては第四章(「知識人の問題」)で改めて触れるが、事件の発端の中心ともいうべきナンテール分校の社会学科の教授であり、この書物は五月革命のほとんど直後に書かれている。

(1)　訳者がふとした偶然の機会から、ナンテールを訪れたのは、たしか一九五九年の夏のことであった。ナンテールは、パリを取り巻く「赤い回廊」と呼ばれる、共産党自治体のひとつであった。猫のひたいほどの広場に面して、三色旗をかかげた村役場然とした市庁があった。この建物のなかで、私は市長はじめ市行政の幹部たちから、共産党自治体になってからいかに勤労者の福祉が向上したかを説明された。事実、そのあと党書記の案内で町を車でみてまわって、そのことが納得できた。おそらく荒涼たる丘であったろう場所に、美しい団地が建てられていた……。

　しかし、そこにあるアルジェリア人の部落を見たとき、私は大きな亀裂がポッカリと口をあけているのを発見した。それは文字通り「ゲットー」という語感にピッタリした一画であった。小さな——本当に小さな小屋が点在し、ウィークデーだというのに、仕事のない、ボロをまとったアルジェリア人たちが、ごろごろしていた。子供は全裸で地面をはいまわっていた。われわれの車を見て、子供が二、三人駈けよってきた。それにつづいて青年が数名近づいてきた。そのときだった、党書記は、車のドアの把手をしっかりつかんで運転手に叫んだ。「危い。走れ。はやく、はやく。」私の印象に残っているナンテールとはそんなところだった。

　ここにパリ大学の分校が出来たのは、それから五年たった一九六四年のことである。そして、ここに、既成左翼に「危い。走れ」と叫ばせた一九六八年五月の反乱の「起爆薬」が蓄積されていった。（『五月革命』合同出版、一九六八年、二一一—二一二頁）

(2)　ナンテール分校は、パリ市内カルチエ・ラタンの旧学部では膨張する学生を収容しきれなくなったパリ大学が、第二人文学部としてつくりあげたもので、新しい大学教育のモデル校たるべく「明日の大学」と呼ばれていた。ナンテールは、エトワール広場からわずか十六キロしかはなれていないのだが、もともとアルジェリア人労働者の貧しい居住地であった。パリ近郊といえばどこも緑が美しくひろがっているのだが、そこだけは、掘り返された赤土が建設中の広い敷地をおおい、ぬかるみがあったりする。何度行っても未完成なので、それで「明日の大学」と呼ばれるのか、と皮肉の一つもいいたくなるような所だ。町には、劇場・映画館はおろか、カフェーもたった一つしかない。文化的立地条件はゼロである。このような殺伐とした環境のなかでのマス・プロ授業、しかも教師は講義を終えると、さっさとパリに帰ってしまう。学生の不満はうっ積して、しばしば暴力沙汰が起こっていた。超近代的な校舎や寮と、荒廃した内面――この新しい学部は、フランスの大学が当面していた矛盾をもっとも激しく体現していたという意味において、「モデル学部」だったのであり、五月革命を先取りした点において、「明日の大学」だったのである。(『叛逆するスチューデント・パワー』講談社、一九六八年、八六―八七頁)

(3)　都市現象の分析という観点からみれば、運動はいくつかの時期にわたって展開し、ある社会的な場所からある他の場所へと移動する。それは、ナンテールの文学(および人文科学)部から出発し、パリへ、ついで地方へと転移し拡大する。ただし、カルチエ・ラタンのソルボンヌのまわりやこの聖域のなかに中心を見出すのではあるが……。

経過と脈絡をふりかえってみよう

ナンテール。パリ市外にあるパリ大学の学部。ラ・デファンス広場(事務所用ビルディング、道路のインター・チェンジ)から遠くないところ。一九八〇年ごろには、おそらく、ここはひとつの都市的中心となっているであろう。いまのところは、貧窮地であり、掘立小屋街や捨石場(急行地下鉄工事)やプロレタリア用公団住宅や諸々の工業的企業の環境である。奇妙な文脈、荒涼たる風景である。学部は、産業的な生産や生産性の、つまり新＝資本主義社会の精神的諸範疇にしたがって、しかもこの観念の論理にまで至ることなしに、構想された。建物は企図を語り、それを地所の上に刻み込んでいる。これは、中流の資格を持った知識人、この社会のため、その管理のため、社会的分業によって決定され限定された知識の伝達のための「小幹部」の生産を目的とする企業となるであろう。したがって、これは初めから、局地的・典型的な刻印された場所であって、それの意味は日のたつにつれて徐々に、運動のなかでは急速に、現われるであろう。「都市」——古代都市から西欧の歴史的都市にいたる——の上に建てられた文明のただなかにおいて、これはひとつの呪われた場所ではなかろうか。掘立小屋街をもった郊外は、たんに陰気な光景どころか、ひとつの空白として現われるのである。無規則なもの、「超社会的な社会的なるもの」が、社会のイメージに混り合っているのだ。不在、それは「不幸が形をとる」場所である。壁の上に書かれたこの文句は、それが言わんと欲することをうまく語っている。ここでは、労働はその意味を失う。この産業的時代と非都市化の所産たる「学部」のなかで、文明の不在は強迫観念へと変わる。いかにして教育がこの空白を埋めるであろうか。（『「五月革命」論』森本和夫訳、筑摩書房、一九六九年、一二六—一二七頁）

三月二二日運動の発端

ではそのような場所でいったい何が起こり、どのようにして三月二二日運動が形成されたのであろうか。三月二二日運動が結成されておそらく最初の「会報」がその間の事情を述べているので、以下その「歴史」と題された冒頭の部分を引用しよう。これはおそらく三月二二日運動の最初の自己規定とも言うべき歴史的な文章だと思う。内容はこの文書の目的を述べた短い「序文」の後に、(1)歴史、(2)運動の性質、(3)展望の三節に分かれ、最後にこの「会報」がネオナチ党員によるルディ・ドゥチュケ襲撃の翌日（四月一二日）に配布されることが記されている。

1歴史

第一学期〔一九六七年秋〕に、既成の政党、組合の枠外で起動されたストライキが、勉学条件の改善問題について一万人から一万二千人の学部学生を結集させた。結果として、部類《デパルトマン》〔学部と学科の中間にある分類〕別の同数委員会が構成されたが、これはすぐに不毛なことが明らかにされた。

第二学期には、学生のあいだに広がっている不快感の表われともいえる、一連の散発的な事件が生じた。退学を迫られた一学生との連帯のための抗議集会が、学部長によって呼び寄せられていた警官との乱闘によって終わった。いくつかの講義では教師への激しい野次が飛ばされた。等々。他方、大学都市居住者たちの行動は、二月、大学都市における内規の廃止をかちとった。

三月の終りに、新たな局面が出てきた。

――心理学科の学生による小試験のボイコット。

――数人の学生による、社会学の教育内容と就職口とを問うた文章（『なぜ社会学者を』）の配布。

――三月二十二日金曜日、反帝国主義活動をする六人の学生の逮捕にたいしてただちに、抗議集会が組織された。集会の終りに、その晩、大学の事務所のある建物を占拠することが議決された。教授会会議室に集まった二百五十人の学生たちは、朝の二時まで、多くの政治問題を討議した。限定なしにいくつかのテーマについて政治討論をもつ日が、三月二十九日金曜日に定められた。

大学当局は事件の成行き（二十九日へむけた準備の強化――ビラ、呼びかけ、学部の壁に書き記された文字、ポスター宣伝）を前にして不安を覚え、学生にたいし、職員を対立させた。学内書籍部の閉鎖と、学部管理人のストライキである。二十八日木曜日、グラパン学部長は講義と実習を翌週の月曜日まで中止する命令を出した。三百人の学生を集めた集会が開かれ、翌日の行動を予定どおり行なう、ただし、政治討論は四月二日に延期し、この討論の準備日とすることを決定した。

三月二十九日、多数の警官が配置され、キャンパスの周囲をとりまく一方、五百人の学生が、大学都市の一つの館で開かれた発足集会に参加し、ついで、予定されたテーマでの討論の準備委員会を組織した。

四月一日月曜日、社会学科の二年の学生たちが、多数決により、小試験をボイコットすることを決定した。ついで、彼らは、社会学をイデオロギーとして告発する文章《テキスト》を採択した。

他方、教師のレヴェルにおいては、場所の使用許可に賛成するリベラルな部類（人文科学、文学）と「首謀者」の逮捕を要求する反動的な部類（歴史）とのあいだの軋轢が現われてきた。

四月二日火曜日は、成功の一日であった。千五百人の学生による冒頭の集会のためのBI階段教室の占拠を当局は妨げることができなかった。建物Cの教室で委員会を開催していた利益擁護主義《コルポラティスム》のファシストたちにもこれはできなかった。八百人の学生と何人かの助手が参加したいちばん終りの総会は、運動を継続すること、そして、この運動会報を出版することを決定した。（『学生革命』海老坂武訳、人文書院、一九六八年、一四五―一四七頁）

省略が多くて分かりにくいところがあるので少し説明を加えたい。まず、ヴェトナム反戦運動とのつながりはこの場合も明らかに認められる。六六年五月と一〇月にパリで行われた「ヴェトナムのための六時間」集会の成功を経て、ヴェトナム全国委員会（CVN）が成立したのは六七年の四月であるが、六八年の三月二〇日、CVNはパリにあるアメリカン・エクスプレスなどアメリカ系の会社に無届けのデモをかける。この事件で数人の活動家がデモの現場でなく「自室」で逮捕される。この逮捕に抗議して、CVNとデモに参加したメンバーが中心となって二日後の三月二二日の夕刻、ナンテール分校の階段教室の授業を中止させて集会を開き、さらに事務局の建物を占拠する。この集会は一週間後の三月二九日に反帝国主義闘争のための集会を開くことを決定し（「一四二人宣言」）、翌二三日の午前二時に解散する。三月二二日運動の誕生である。

組織なき運動

だが三月二二日運動を成立させたより本質的な条件は、ナンテール分校の学生たちが置かれていた大学における抑圧的で展望のない日常生活と不快感（コーン＝ベンディットを含め三月二二日運動は身体的な不調と同時に心理的・社会的な不安や不満を表す malaise という言葉を用いている）であったと思われる。三月二二日運動に結集してきた活動家たちの取った戦略は、その「不快感」の深い由来を明らかにすると同時に、そのより直接的な原因である大学という制度の役割とその抑圧的な権力構造を、さまざまな挑発的行動によって照し出すことに力点が置かれている。そうした文脈で考えれば、学生たちが選抜的な試験を拒否し、現在の資本主義社会において社会学（とりわけアメリカ社会学）が果たしている役割を批判的に執拗に追及することは理解できるだろう。また当時スキャンダルとしてマスコミをにぎわした、学生たちがW・ライヒの性理論にこだわりながら、学生寮の内規を拒否し、女子寮の占拠に至る行為や、コーン＝ベンディットがナンテール分校のプールの落成式に訪れた、当時の青年・スポーツ大臣ミソフにセックスの問題で噛みついた、いわゆるミソフ事件（六八年一月八日）の意味が明らかになるだろう。そして当時の任命制の学部長や大学当局が安々とそうした挑発に乗って、何と安易に警官を学内に導入し、危険人物とみなされる多数の学生のブラックリストを作り、大学や学生寮からの排除を図って（ブラックリスト事件）、大学の三月二二日運動の用語を使えば「弾圧構造」を暴露してしまったことだろう。だがこれはナンテール分校に限らない。日本をも含めて世界のほとんどあらゆる大学で見られたことであり、今もなお続いている物語でもある。

三月二二日運動の運動としての新しさは、初めから意識されていた。先に引用した「会報」第一号には「運動の性質」と題された第二節に、次の文章がある。

　起動された運動の新しさ、すくなくともフランスというコンテクストのなかでの新しさ、を強調する必要がある。まず第一に、小数グループの対立をこえて、作業は共同ではたされたということがある。彼らの対立の無効性を勝手な仕方で非難することは問題にならない。ただ、コップのなかの嵐にもひとしい言葉の争いではなく、現実との、理論的・実践的な対決から意見の衝突が生まれてくるような一つの過程が進行しているということだ。科学的な分析の道具としてではなく、他の少数グループから自分を区別する手段として機能する、硬直した、変化のない現実知覚として、独善排他的な用語はすでに批判を受けている。他方、われわれは、特定の政治グループによっても、また大学当局、さらに、《対話》と密室での異議申立ての達人であるリベラルな教師によっても、回収されることをすまいと決意している（グラパン学部長の提案に注意）。（同書、一四八頁）

「会報」は運動の新しさの第一点として、それが小数グループ《グルピュスキュール》の対立をこえた共同作業であったことを挙げている。じっさいこの運動には、トロツキスト、アナーキスト、親中国派《プロシノワ》、統一社会党、無党派、等々、共産党員を除くあらゆる党派に属する者が党派でなく個人の資格で参加している。これは正しく運動であって、組織や綱領をもたない。「会報」は第一点を挙げたのみで第二点以下を挙げていないから、ここでは私見によって第二、第三点をつけ加えておこう。新しさの第二点としては、全員による討議という直接民主主義的な形態が挙げられるだろう。これにはドイツのSDS（西ドイツ社会主義学生連盟）とドゥチュケの例（「評議会民主主義」）が参照されている。第三点としては、以上の二点に関連して「自発性」が指摘されるべきだろう。コーン＝ベンディットは、五月の最中に行われたサルトルとの対談（「想像力が権力を取る」）で、「革命的前衛」や「指導的前衛」に対する「永続的な酵母の役割をはたす活動的少数」の役割を「自発性」に結びつけて強調し、さらに次のように述べている。

われわれの運動の力は、まさしく、この運動が「コントロールしえない」自発性に依拠し、衝撃を他に与えながらも、惹き起こされた行動を誘導したり、自己の利益のためにこれを利用しない、という点にあるのだ。（同書、一一二頁）

2 ナンテールからソルボンヌへ

運動の拡大・尖鋭化

三月二九日に予定された集会を目指して、三月二六日に配布されたパンフレットには、ヴェトナム反戦デモ参加者の逮捕に関連して、ナンテールやその他の地方の大学（ナント、カーンなど）における大学当局と警察による学生運動弾圧の具体例が述べられた後に、予定された討論会のテーマとして以下のような問題が掲げられていた。「一九六八年の資本主義と労働者の闘争」「大学と批判大学」「反帝国主義闘争」「東の諸国とこれら諸国における労働者と学生の戦い」。だが繰り返された休講措置と大学閉鎖によって、予定された集会は二九日には行われず、四月二日まで延期される。以下このあたりの記述に比較的詳しいルシアン・リウーとルネ・バックマン『五月の爆発』（邦訳『5月のバリケード』岡村孝一訳、早川書房、一九六九年）やアドリアン・ダンセット『一九六八年五月』（邦訳なし、一九七一年）などの他に二、三の年表類を参照しながら五月までの動きを追ってみたい。

三月二二日運動の結成は六八年革命にとって決定的な重要性をもっている。三月二二日運動によってさまざまな傾向をもつ小集団や未組織の学生たちを集結させる中核ができ、運動がナンテールからソルボンヌへ、さらには地方の他の大学に波及していく道筋が読みとれるだろう。三月二二日運動の呼びかけに対して、六八年の学生運動に好意的であった『ヌーヴェル・オブセルヴァトゥール』誌の記者たちは、「ナンテール分校での反応は、熱狂的といっても過言ではなかった」（『5月のバリケード』四六頁）と書いている。

三月二六日には、自然発生的に集った二〇〇人ほどの集団が、会議室で行われていたスペイン語関係の教授会に押しかけて、フランコ独裁政権を非難する声明文を読みあげ、教授たちに署名を迫り、拒む者を「ファシスト」呼ばわりする事件が起こった。そしてコンクリートの壁には赤と黒のペンキでさまざまなスローガンや落書きが始まる。「教授たちよ、あなた方は老人だ」「われわれは生きたい」「少しは現実を見つめたまえ」「クソ食らえ」等々。

二八日、分校の各所に備えつけられているスピーカーから、少数集団の煽動と破壊行為を非難し、四月一日までの授業中止を告げるグラパン学部長の声が流れる。そして問題の二九日、分校の建物への立入りを禁止された約三〇〇人の学生たちが午前一〇時、ナンテールの大学都市内のホールに集合、予定された集会の中止と順延を決める。だが事件は思いがけない方向に転回した。この日の夜、ソルボンヌで行われる予定の世界学生代表大会（MAU［大学行動運動］主催、ドイツ、イタリア、ベルギー、スペイン、オランダなどの学生代表が参加）の開始直前に、コーン＝ベンディットをはじめナンテールの活動家たちが乗りこみ、予定されていたリシュリュー講堂（階段教室）でなくデカルト講堂（階段教室）を占拠して会場を移させ、しかも各国代表の報告の問題意識の低さを批判して、途中で集会を解散に追いやるという事態が発生したのである。短い期間であるとはいえ、すでに数多くの闘争を経験し理論的にも鍛えられていたナンテールの学生にとって、学生運動の既成の概念にとらわれ、既成の枠組の中に学生運動を留めておこうとするソルボンヌの学生のやり方は、おそらく耐え難かったのであろう。リウー＆バックマンは「ナンテール派は腹をたてていた」と書いている（同書、五〇頁）。この小さな事件はしかし、五月革命という大きな流れの先行きを占うものであった。三月二二日運動はその後、ソルボンヌを中心にして展開する五月革命の批判的な尖端部分を代表することになるからである。

三月三〇日、土曜日。ナンテール分校で開かれた文学部教授会は、学生たちが要求していた学部内における政治活動をある程度認めて正常化を図る決定をする。一方、教育大臣アラン・ペイルフィットもラジオのインタビューに答えて、学生の政治的表現の自由を認め、文化的な施設の充実を図るなど、学生に対する譲歩的な発言をする一方で、少数過激派分子の策動による大学教育の危機を訴える。そしてほとんど全ての新聞が（『ユマニテ』を含めて）一斉に、ナンテールの過激派学生批判を始める。この時点では学生の間でもコーン＝ベンディットと「少数過激派分子」を非難する声は決して少なくない。その主なものは右翼団体を別とすれば、伝統的に右翼が多い法学部系学生、『ユマニテ』と党の方針に忠実な共産党系学生、親中国派学生（エコル・ノルマルを一つの拠点としていたいわゆるマオイスト系の学生は、労働者を主体とする運動を主張し、学生運動を蔑視していたが、ナンテールでは後に自己批判して三月二二日運動に合流した）、等々である。

四月二日、火曜日。早朝、大学への届出なしで、約一二〇〇名の学生によって、ナンテール分校で最も大きな階段教室が占拠され、学生集会が始められる。大学側がこれに対抗して階段教室の電源を切り、しばらくそのまま討論が続けられたが、やがて暗闇の中から「どのような事態を強制されようとも、この集会は継続される。もし一〇分以内に電灯がつかなければ、われわれは学部の教授会室に場所を移すだろう」と叫ぶ声（ダンセットによればコーン＝ベンディットの声であった）があって、数分後に場内が明るくなった。そして歓声の中でコーン＝ベンディットがマイクを握って立ち上がって演説を始める。このあたりはすでに神話化された物語に属すると考えてよいだろう。『5月のバリケード』に再録された演説は以下の通りである。

いまや、われわれは目的に向かって、ひとつに団結しなければならない。社会に大学の真の使命を示す時が来たのだ。われわれは、資本家のための、将来の要員たることを拒否する。それゆえに、いっさいの試験をボイコットすべきである。

科学は中立ではない。中立であるためには、単に中立たれと、望むだけでは無意味である。中立と称する科学が、ヒットラー、スターリン、ジョンソン等によって、虐殺に利用されてきた事実を、われわれは知っている。また中立を標傍しながら、アメリカの大学は、ヴェトナムの爆撃に協力してきた。中立は、現体制に忠実な、ブルジョア社会に固有なものである。われわれは、陰険にして高圧的な、ブルジョアのための科学を、放棄する義務がある。(同書、五一―五二頁)

占拠された階段教室における討論集会は午前中いっぱい続けられ、午後は社会学科をはじめ、哲学科、心理学科など各科の教室に分かれてさらに討論が続けられた。巻末の年表には、この日ナンテールで「批判大学の日」と短く記されているが、こうして三月二二日運動は多数の学生の支持をえて、成功裏にその第一歩を記した、と言ってよいだろう。

狙撃されたドゥチュケ

四月四日から四月一八日までは復活祭の休暇が続く。だがその休暇の最中、四月一一日に西ベルリンでＳＤＳのリーダーの一人であるルディ・ドゥチュケが自転車で走行中に頭部を撃たれて重傷を負うという事件が起こった。午後四時半まだ明るいうちの出来事で、二三歳の若者（ヨーゼフ・バッハマン）が直ちに犯人として逮捕されたが、シュプリンガー系の一新聞にドゥチュケへのテロを教唆するような記事が載せられていたようなこともあって両者の関係が疑われ、学生たちの怒りは、西ドイツの新聞コンツェルン、シュプリンガーに向けられる。その日の夜には西ドイツ各地（ベルリン、ハンブルク、エッセン、ケルン、シュツットガルト、フランクフルト、ミュンヘン等々）で激しい抗議デモが行われた。

フランスでは翌四月一二日の夕刻にカルチエ・ラタンでドイツの「ファシスト」のテロに抗議し、ドゥチュケとドイツの学生への連帯を表明するデモが行われている。私自身はこのデモに参加しているのであるが、参加者が多く、サン＝ミッシェル大通りからオデオンにかけて人波で埋められており、オデオンのダントン像が夕空に浮かびあがって見えたこと、そしておそらくソルボンヌの近くでビラを受け取ったことが思い出せるくらいで、記憶がきわめて曖昧である。リウー＆バックマンの著作に頼ることにしよう。この日のデモの主催者は私のもらったビラによるとUNEF（フランス全国学生連合）。ただしビラには「UNEFナンテール」と記されている）、ESU（社会主義学生協議会）、JCR（革命的共産主義青年同盟）、CVN、三月二二日運動（このビラにはその名はない）。無届けデモであったが、警察は周囲を固めるだけで介入はしなかった。デモ隊はビラにあるように午後六時半サン＝ミッシェル大通りのリュクサンブール寄りに集結（約二〇〇〇人）、午後七時にはサン＝ミッシェルからサン＝ジェルマン、サン＝ジャック、スフロなどの通りがすっかり埋めつくされた。プラカードには「ヨーロッパの学生はひとつ」「シュプリンガーをやっつけろ」「報道の統制化反対」「キージンガー＋シュプリンガー＝新ファシズム」「労働者のための学生」等々の文字が躍っている。そして「シュプリンガー人殺し」「失業反対。労働者のための学生」などのシュプレヒコール。オデオン座の前でＳＤＳの代表が演説、続いてコーン＝ベンディットが立って次のような発言があった。

ドイツ・ジャーナリズムの動向に効果的な反抗を見せているのは、ベルリンとフランクフルトの学生と労働者だけである。ここパリにおいては、ナンテール分校だけが、学部への政治的介入をかちとった。これで満足してはならない。行動的な闘争を遂行するためには、それがより大きな規模で、一般化しなければならない。（同書、五五頁）

午後八時、これといった混乱もなく（私の記憶ではオデオンのダントン像の前で）静かに解散した。

四月一四日、日曜日。ソルボンヌの地下階段教室を使って、ＵＮＥＦの総会が、全国から二六の学生団体の参加をえて開催される。ジャック・ソヴァジョの名とともに五月革命を押し進める中心的な組織と見なされることになるＵＮＥＦは、しかしこの時点では、長年の内部分裂や登録者の減少、資金不足などが重なってほとんど解体の危機にあった。内部分裂の大きな契機としては、次第に反政府・反体制的な傾向を強めて行くＵＮＥＦに対して、より穏健な、あるいは右翼的地域や集団が、政府の援助を得てＦＮＥＦ（フランス全国学生連盟）を設立し、フランス南部

（エクス＝アン＝プロヴァンス、ニース、モンプリエ、トゥールーズなど）、さらにはパリでも、医学部、法学部やグランド・ゼコルの右翼的ないくつかの部門に勢力を伸ばしていたことが挙げられる。だが同じUNEF内でも、右寄りの「多数派《マジョ》」と実際は今では多数派の「少数派《ミノ》」と呼ばれるグループの勢力を二分する対立があり、それに加えてさまざまな小集団《グルピュスキュール》との対立があった。三月二二日運動も初めはUNEFに対して極めて厳しい態度を取っていた。

四月一四日のUNEFの重要議題の一つは、委員長ミシェル・バローの辞任に伴う、委員長の選出で、ディジョンの法学部を出て、当時は美術史科の第三課程に在籍中のジャック・ソヴァジョ（二五歳）が選出される予定であった。だが総会の途中で、約五〇名の棍棒やナイフで武装した「オクシダン」が乱入して会議は中断し、正規の手続きを経た投票は行われなかった（ソヴァジョは五―六月の事件の間も、正式には委員長代理であったと思う）。

四月二二日、月曜日。カルチエ・ラタンを中心に共産党系のUEC（共産主義学生連合）主催のヴェトナム反戦デモが行われる。各所で「オクシダン」の暴力的介入があり、『ユマニテ』がこうした暴力を放置する政府批判の文章を掲載する。

四月二五日、木曜日。ナンテールで学生主催のティーチ・インが行われ、共産党議員のピエール・デュカンが極左グループの学生によって会場から追い出されるという事件が起こった。

同日、トゥールーズ大学で行われていた「ヴェトナム反戦」と「ファシズム打倒」をテーマとした討論集会に約一〇〇名の「オクシダン」が乱入、文相の指示で警官隊が導入されて「オクシダン」は一度は排除されるが、その後、再び校庭で激しい乱闘が日没までくりひろげられた。以後トゥールーズ大学では学内のあらゆる種類の集会が禁止される。

四月二六日、金曜日。ナンテールで三月二二日運動の総会が開かれ、運動の性格と運動方針に議論が集中する。支配階級のための大学の拒否、客観的・中立的な知識の批判、戦う労働者との連帯、等々。そして運動における傾向の多岐性と理論より実践行動重視の確認。この日会場で親中国派UJCMLによる『毛沢東語録』を引用した自己批判が行われた。

同日夜、ドイツ国境に近いストラスブールで、UNEFとCVNの呼びかけによる激しいデモ。配られたビラには、「シュプリンガー人殺し、レ・デルニェール・ヌーベール・ダルザスは共犯者だ」との文字が書きなぐってあったという。ただし、ものものしい警備が敷かれていたこの地元の新聞社への直接的実力行使は行われなかったようである。

四月二七日、土曜日。朝、コーン゠ベンディットは、国営放送(ORTF)の座談会に出席するために、パリ一五区のヴォージラール通りに近い下宿のアパルトマンを出たところを、両側から刑事に腕を取られて、そのままナンテール署に連行され、続いて隣町のピュトー署に移されて事情聴取を受ける。容疑は、二四日ナンテールで発生した暴力事件で負傷したFNEFの会員による傷害の訴えであった。続いて下宿の家宅捜査も行われたが、証拠となるものは出ず、夕刻八時に釈放される。UNEFとFNEFが直にこの件に対する批判的コミュニケを発表した。

四月二八日、日曜日。この日、サン＝ジェルマン教会の正面に見えるレンヌ通り四四番地の「国内産業振興会」のある建物の一階ギャラリーで開かれていた、「南ヴェトナム支援統一戦線」主催の「戦火の南ヴェトナム展」に、CVNに属する親中国派グループが殴り込みをかけるという事件があった。日曜日の昼時を狙って、二〇〇人ほどの行動隊が密かに建物に接近し、隠し持っていたヘルメットとゲバ棒を取り出して、いわば「全学連スタイル」で突入し、展覧会場を徹底的に破壊しつくしたという。これは親米分子とオクシダン等の右翼暴力集団に対する明らかな挑発であるが、親中国派グループは、ナンテールにおける三月二二日運動の集会でも、日本の全学連方式を取り入れる提案をしていることから考えてもこの「全学連スタイル」は意識的なものであったと思われる。

四月三〇日、火曜日。三月二二日運動は分校の大ホールの壁に、五月二、三日は「反帝国主義運動の日とする」と大書したポスターを張り、学部長自身がその撤去に向かったが多数の学生に取り囲まれて目的を果たせない。午後には学生集会が開かれて、コーン＝ベンディットが発言した。他方、ナンテールの高等学校の前でビラを配っていた三月二二日運動のメンバー八人が警察に逮捕されたという報せが会場を騒然とさせる。そしてこの日開かれたナンテールの緊急教授会では、学生運動のリーダーたちに対する処分が議題に上るが、反対意見が多く、結論を出せないままにこの日の教授会は解散した。

ダニエル・コーン＝ベンディット

以上が、ナンテールを中心にした「五月以前」の状況である。私はナンテールとコーン＝ベンディットに多くのページをさきすぎているのかもしれない。しかしナンテールがフランスにおける六八年革命の重要な震源地であり、コーン＝ベンディットたちの始めた三月二二日運動がフランスの六八年革命の独自な型を生み出していることは疑えない事実であるにもかかわらず、「五月革命」や「五月事件」という言い方が普及した結果、六八年革命関係の書物や議論の多くは、ナンテールと五月以前を省略してしまう。そのことに対する反論の意図があったことを御理解いただきたい。

自発性を重視して、固定した組織をもたず、したがって特定の代表やリーダーをもたない運動体としての三月二二日運動が、ダニエル・コーン＝ベンディットという一人のヒーローを生み出したのは、ひとつのパラドクスである。コーン＝ベンディットに対するジャーナリズムの扱い方はほとんど常軌を逸していた。まるでスター扱いであるが、しかしその記事の大半は、極右から共産党の機関紙に至るまで、悪意と人種的偏見に満ちたものであった。「ドイツ系ユダヤ人」に対する一部フランス人の、悪意というよりは、むしろ憎悪の激しさは、私のような外国人の理解を超えるものがあったと思う。これは六八年革命を考える場面に見落してはならない、隠されたひとつの側面だろう。だが今から振り返ってみると、コーン＝ベンディットは偏見に正面から戦

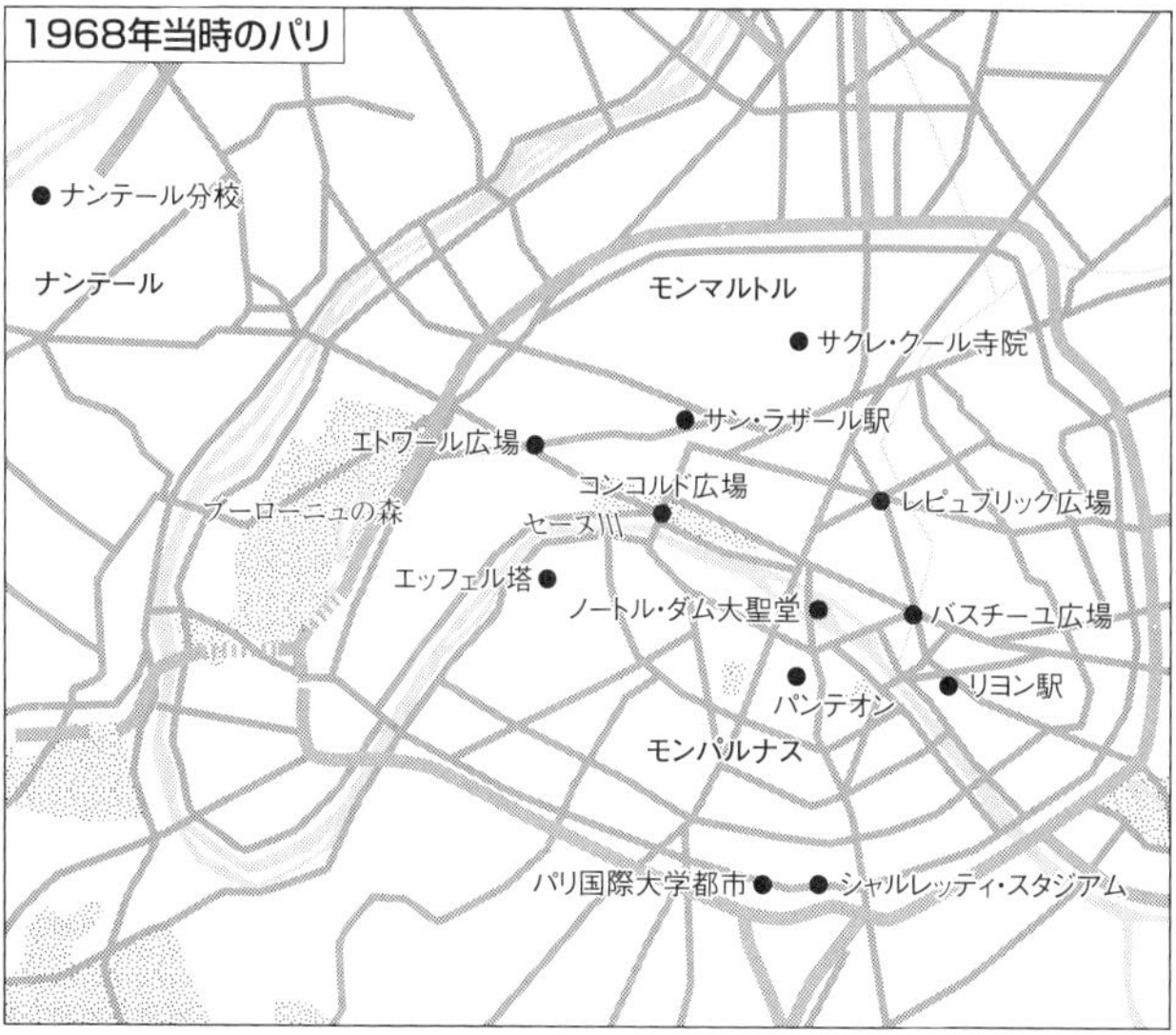

いを挑み、何と見事に苦境を切りぬけていることか。きりきり舞いをさせられたのは、古い秩序の権威に囚われた守旧派の老人たちであった。この二三歳の若造に対すると、守旧派は言うまでもなく、進歩派を自称する人々までも、いかに自分が古い秩序の中に自足して生きているかを思い知らされたのである。コーン＝ベンディットには混沌の中で状況を判断する本能的な能力があり、決定的な瞬間に出現して決定的な発言をしているといった印象が強い。不敵でしかも人懐っこい笑顔、鋭い舌鋒、機知に富んだこの天性のアジテーターがマイクを取ると、たちまち共感と笑いの渦が巻き起こる、というのが私が抱いたコーン＝ベンディットのイメージである。「その頃すでに、ダニエル・コーン＝ベンディットの名は、

ナンテール分校で知れわたっていた。彼は、もしゃもしゃの赤毛の髪にほとんど手を入れない。しかし顔の色艶は良く、明るいブルーの瞳はとびぬけて陽気に、そして同時にたとえようもなく沈痛な色を帯びて輝くのだった」(同書、四〇頁)と、リウー&バックマンは書いている。

以下、六八年の六月に出ている小冊子、アラン・ビュレールの『学生革命小辞典』(BUHLER, *Petit dictionnaire de la révolution étudiante*)からコーン゠ベンディットの項の一部を引いておこう。

ダニエル・コーン゠ベンディット、二三歳。ナンテール文学部社会学科の学生。学生革命で最も注目すべき人物である。例を見ないほど魅力的な雄弁家であり活動家であるが、彼が何を目指しているのか公衆にはまだよく知られていない。ダニエル・コーン゠ベンディットは一九三三年にナチズムから逃れたドイツ人の父の子として、一九四五年モントーバン市に生まれた。戦後、一家は西ドイツに帰り、彼は中等教育を終えてドイツ国籍を得る。フランス国籍をもつ兄(ガブリエル)はサン゠ナゼールで教師をしている。

なおコーン゠ベンディットは、アナーキストの理論家としても知られている兄ガブリエルの強い影響を受けているようで、六八年には二人で共著(邦訳『左翼急進主義——共産主義の老人病にたいする療法』)を出している。二人の署名のある「あとがきにかえて」でこの本は六八年に急いで五週間で書かれたと記されているが、当時のコーン゠ベンディットの思想的関心を知るためには興味深い必読の書であろう。

第三章　六八年五月の写真が語るもの

1　写真を撮るということ

無謀と無防備の記録

六八年五月にかんしては多くの写真集が出版されている。おそらくこれほど多くの写真が撮られた事件も少ないだろう。そしてそれらの写真集のページをめくって感心するのは、実に見事な、写真として良い写真が多いことである。そう感じるのは私の感傷や回想趣味ではないと思う。良い写真が多いことは、実は事件の本質にかかわっているのではないだろうか。写真集の分析を通して事件の神話性と同時に、これまであまり注目されてこなかった事件の真実をかいま見ることができるかもしれない。

だが、私は「私」の五月の物語にこだわりたいので、ここでは私自身が撮った写真のみを提示して、事件の進行を追いたいと思う。もっとも「私」にこだわるといっても、これらの写真を撮ったのは私だから、私は写っていない。私は日本製のカメラの背後にいて、レンズを通して対象を見つめている。フランスの六八年に対する私のポジションがそこに表われていると言えないこともないだろう。

ついでながら、当時のフランスで「日本」が存在感を示すものがあるとすれば、カメラとトランジスター・ラジオとセイコーの時計くらいであった（何と私はそれをみんな身につけていたのである）。池田首相がド・ゴール将軍に、トランジスター・ラジオの商売人と皮肉られたのは記憶に新しかった。映画や文学・美術におけるひそかな日本ブームが起こり始めてはいたのであるが、街で日本人かと聞かれたことは全くない。いつも中国人かヴェトナム人と思われていた。なにしろフランスの小学校の地理の教科書に載っていた東アジアの地図に、中国大陸から、まるで盲腸の突起のように東に突き出した朝鮮半島は描かれていたが、その先の日本列島は影も形もない、嘘のような事実がいまだ存在した時代の話である。

六八年五―六月の間、私は毎日、カメラとトランジスター・ラジオを持ってソルボンヌやオデオン座に出かけ、可能な限りあらゆる集会や抗議デモに参加し、好奇心の塊となって人々の発言に耳を傾け、写真を撮り、ビラや新聞や壁に書かれた落書きを集めていた。この歴史的瞬間を何とか記憶に留めたいと思っていたのだが、未完の物語の進行中に目前に展開する情景の意味を正しく捉えることは不可能に近い。それだけひたすら記録に専念していたのであろう。今振り返って見れば、五月一日のメーデー、カルチエ・ラタンのバリケード、ソルボンヌ大学やオデオン座の内部と外部、シャルレッティ競技場の集会、機動隊の隊列や軍用トラックの兵隊たち、等々、事件を再現するための手掛かりとなる場面の多くは写されているようである。

以下、本章ではこれらの写真を手掛かりに五―六月事件の展開を時間的に追ってみたい。もっともそうした作業の前に、この件にかんしておそらく読者がすでに抱かれているであろう疑問に前もって答えておく必要があるかもしれない。その第一は、このような多くの現場の写真を写すことがどうして可能であったのか、またそれは許される行為であったのだろうかという問い。これは現在の私自身が抱いている疑問でもある。デモや集会の中に入って報道関係者でもない学生らしき無名の若者が、隠し撮りでなく公然と現場の写真を撮ることがどうして許されたのであろうか。当然、私服の警官も多数入りこんでいたはずである。今思い返すと、私の無謀と学生たちの無防備は驚くべきことだろう。

このことについて、これはすでに一度書いたことであるが（『フランスの解体?』四〇頁以下）、改めてひとつのエピソードを記しておきたい。それはソルボンヌ占拠中のことであるが、学生や市民、観光客などで混雑しているソルボンヌの中庭で、壁に張られている毛沢東の大きな肖像をカメラにおさめていると頬からあごにかけて見事なカストロ髭を生やした長身の青年に呼びとめられた。「写真を撮るのは反革命的な行為だ。カメラを壊されるおそれがあるから止めてほしい」。私はいくらかやましい気持でいたのであるが、あえて抗弁を試みた。「私は日本から来ている留学生だが、現にソルボンヌで行われていることを日本の若者たちに伝えたいと思って写真を撮っている。だから自分の行為を反革命とは思わないし、むしろ自分の義務だと考えているが、どうだろう」。その青年は直ちに納得して、「そうか、日本の学生ならぜひ「全学連」と書いたプラカードを掲げて写真を撮ってくれ、きっと喝采をうけるだろう」と言う。思いがけぬ雲行きに弱ってしまい、私はあわててその場を逃げ出したのであるが、その青年はなおも追いかけてきて「全学連の活動を写した写真があったら展示したいのだが」と再度の提案を受けてしまった。

残念ながら私はその提案に応えることはできなかったが、その直後にもう一度別の学生から撮影を咎められるようなことがあって、私は結局さまざまな行動委員会が陣取っているソルボンヌの建物の二階に置かれていた「報道委員会」に出かけてゆき、「許可証」をもらうことになった。

それはふだんは教授が学生などに会う小さな部屋のひとつであるが、煙草の煙がたちこめ出入りの激しい部屋の中央に大きな机がひとつ置いてあり、ちょっとサン＝ジュストを思わせるような美青年が、ノートの切れはしのような紙に、ボールペンでさっと「Autorisation Presses-Photo, Nishikawa」と書き、Marie-Paul と署名してくれた。……こうして私は占拠中の学生たちの公認カメラマンの資格を与えられたわけであるが、その後はカメラを咎められたことは皆無だったので、「許可証」を使うことは一度もなかった。

それにしても「禁止することを禁止する」と書かれたビラを至るところに張り出していた学生たちから「許可証」をもらうことになったアイロニーに、私は苦笑せざるをえなかった。学生たちが、占拠中のソルボンヌやその周辺のカルチエ・ラタンの秩序維持にいかに心を砕いていたことか。警備係や警官たちも姿を消してしまったソルボンヌ近辺では、通りの交通整理まで学生のボランティアに委ねられるという有様であった。ソルボンヌの構内やオデオン座では度々、右翼の暴力集団（オクシダン、カタンゲ、等々）の襲撃の情報が流され、対抗策が取られていた。

学生たちの無防備については、むしろそこに五月革命の特色を見出すべきかもしれない。学生たちは顔面を布で覆うことはせず（マスクを掛けるのは催涙弾対策であった）、ヘルメットもかぶらず、ゲバ棒も持たなかった（先に述べた親中国派のような場合もあるが、主としてそれをしたのは「オクシダン」のような右翼の暴力集団か、あるいはそれに対抗する限られた場合であった）。学生たちはむしろ自分の顔を晒すことを、あるいは自分の個性的な服装やスタイルを誇示することを望んでいるように思われた。それは祝祭の呼びかけであり、正にデモンストレイションであったという印象が強い。ふだんはプライバシーの侵害に敏感で、写真を撮られることをひどく嫌うフランス人が、このときはむしろ写真を撮られることを喜ぶとは言わないまでも、非常に寛大であった。それはこれから見ていただく写真に写っている人々の表情からもある程度言えることではないかと思う。

だが私はこれらの写真を表に出すことには強いこだわりをもっていた。ここに写っている人たちに迷惑がかかる事態も全くないとは言えないだろう。私はフランスで現像して、自分用のアルバムを一冊作ったほかは、一〇〇本ほどのフィルムを門外不出の大切な宝のように四〇年間私(死)蔵していた。二〇〇九年の秋に、名古屋大学の国際シンポジウム「反乱する若者たち」が開かれた際に、私の集めた資料や写真のために特別展示室を作ってみようという提案があって、藤木秀朗、坪井秀人、茂登山清文の三氏が京都の拙宅を訪問されたとき、私はようやく決心して、手元の資料やフィルムをまとめて渡し、展示のための選択や展示の仕方については一切をおまかせすることにした。シンポジウムの当日、私は初めて展示室に入って「写真と資料から見る「パリ五月革命」」と銘打たれた特別展示が、細心の注意と美的な配慮によって実に見事に行われていることを知って驚いた。とりわけ展示されている三〇枚ほどの写真のパネルは私にとって衝撃的であった。四〇年間死蔵されていたフィルムが、見事に再生され、長年の色褪せた私の記憶に残されたものとは全く異なる輝きを放っていたからである。私は四〇年前の亡霊に出会ったのであるが、それにしても何という魅力的な亡霊であったことか。なお展示室の片隅に置かれたテレビには、私がお渡ししたすべてのフィルムが編集されデジタルデータ化されていて、バックグラウンド・ミュージック（「五月」をテーマにした一群のシャンソン）と共に流されていたこともつけ加えなければならないだろう。

だが一冊の書物の中で、これらの映像について言葉で語るにはどうしたらよいのであろうか。写真は忘れていた実に多くのものを思い出させてくれたが、レンズの後にいる四〇年前の自分に帰ることはできない。それに写真には、視野を限定し映らなかったものをあたかも存在しなかったように忘れさせる思いがけない力があることも今回の発見であった。ここではとりあえず展示会の用心深い観客のように、それぞれの写真に短いコメントを加えながら、架空の会場を一巡したいと思う。

2　前兆

ここに疎外始まる

（写真1）まず写真を見ていただきたい。ICI COMMENCE L'ALIÉNATION（ここに疎外始まる）と大きな文字が書かれている陰鬱《いんうつ》な壁は小学校の外壁である。パリの小学校の多くはこのような高い壁に囲まれて登校時と下校時以外、門扉は固く閉ざされている。子供たちは母親に連れられて登校し、下校時には親たちが門の前で待っている（昼食は現在は学校内の食堂《カンティーヌ》や売店ですますことも、家に帰って食べることも許されているようであるが、当時はほとんど家に帰っていたと思う。子供の送り迎えだけで母親には一日仕事だっただろう）。校庭は狭く、日本のように広い運動場はな

写真１　ジャン＝カルヴァン通りの小学校

い。私が最初にこの壁の言葉を見たのは六八年の五月よりは大分前で、どんよりと曇った冬の寒い日ではなかったかと思う。子供たちの声は聞えず、校内は静まりかえっていた。私はこの壁の言葉にすっかり感心してしまい、しばらくその場を動けずにいた。この小学校は（最初はそれが学校であることにも気づかなかったのであるが）、パンテオンの丘からセーヌの河岸に向かって坂を降りてくる途中の、ジャン＝カルヴァン通りにあって、同じ通りに留学生の給付を受ける建物があったから、私は月に二、三回はその前を通る。その何回目かに写真を撮ったのではないかと思う。この落書きが何カ月も消されずにいたのも今になって思えば不思議なことだ。

　学校、それは正しく疎外の始まる場所だ。一九世紀や二〇世紀のフランス小説の多くが（例えば『ボヴァリー夫人』）そのことをはっきり描いていた。またアルチュセールの「再生産論」やイリイチの「脱学校論」を待つまでもなく（それらの論文や書物が六八年の直後に出ているのは注目すべきだろう）、私は自分の体験からそのことをよく知っていた。この壁の文字を読んで、私は自分が小学校の入学式の日に抱いた恐怖に近い違和感を思いだした（もっとも私が入学したのは朝鮮の感興小学校で、広い校庭に柵はなく門番もいなかったと思う。それでも私は一ヵ月後には教室から逃げだしていた）。あるいは自分の二人の子供たちが、学校に適応するのにどれほど苦労をし、つらい思いをしていたことか。

小学校の壁に書かれた「ここに疎外始まる」という言葉は、私にとって「五月」の始まりを告げる言葉であったかもしれない。小学校が疎外の始まりであるとすれば、大学は疎外の極まる場所ということになるだろう。ここで「五月」以前のソルボンヌで鮮明に記憶に残っているふたつのことを書いておきたい。

そのひとつは六七年一一月九日、ソルボンヌ大学開講式の日のことである。ソルボンヌの開講式は、大統領や文部大臣をはじめ、教授たちが伝統的なきらびやかな服装で大講堂のひな壇に並び、大統領や大臣その他の来賓が列席してパリ大学の権威を誇示する厳粛荘重な儀式として知られていたから（だがそんな知識をどこから得たのだろうか、私の念頭には桑原武夫『フランス印象記』に収められていた「パリ大学開講式」の三〇年代の開講式のイメージがあったことは確かであるが）、一度は見ておこうという野次馬根性で出かけたのであった。だが地下鉄の駅を出てサン＝ミッシェルの大通りを登って行くと、ソルボンヌの周囲は多数の武装警官（驚いたことに彼らはいかにも旧式の小銃を担いでいた）ですでにびっしり固められていて、招待客以外、学生や一般人は大学の建物には近づけない。銃を構え、学生を排除して行われる開講式！　私には信じられない風景であった。もっともソルボンヌに登録している十数万の学生が全員開講式に集まったとしたら、その混乱は大変なものであったろう。

私はソルボンヌを迂回してサン＝ミッシェル大通りからスフロ通りに出てみた。面白いことに警察署の隣の建物にUNEFの本部が置かれており、パンテオンに通じるその広い通りは学生で溢れていた。バカロレア（入学資格試験）の他に、新たに大学毎の選抜試験を設けようとするフーシェ案に反対し、大学制度の改革を求める抗議集会が開かれていたのである。二〇〇〇人は超えていたのではないかと思う。その学生の流れがソルボンヌに向かうことを防ぐかのように、この通りもまた、鉄かぶとをかぶり銃を持った警官隊が取り囲み、学生たちの罵声をあびていた。私は初めて見るその旧式な小銃が気になってしかたがなかったのであるが、同行した友人が後で、小銃を担いでいるのは共和国衛兵隊（儀杖兵）で、恐ろしいのは銃をもたない機動隊なのだと教えてくれた。どうやらその通りであったらしい。

もうひとつの思い出は、開講式の何日か後で出席したソルボンヌの大講堂《グラン・アンフィテアトル》で行われていたマリー・デュリー教授の授業のことである。大講堂の講義は下級生向きの概説的な講義が多いが、たいていは有名な花形教授が行い、講義録はほぼそのままの形で出版される。当時はソルボンヌ放送で中継され学外でも聞けた。詩人でもあったデュリー教授は一九世紀文学とスタンダール研究でも知られており、私は彼女が何年か前に京大を訪れたときに講演を聞き、生島遼一先生の紹介でお会いしたこともあった。さらにデュリー教授は当時、私が住んでいた大学都市のオランダ館の北側に面した女子エコル・ノルマルの寄宿舎の校長（舎監？）でもあり、私は毎日オランダ館の三階にある私の部屋からその建物と庭を見下し眺めていたのである。しかも講義のテーマはスタンダールの小説『パルムの僧院』にかんするものであった。私は教授に対する親愛の気持と講義に対する大きな期待に胸をふくらませて、二〇〇〇人は入る大講堂にもぐりこんだのである。

だが劇場のような横の扉から講堂に入ってしかるべき席をとり、周囲を見回してみて私は驚いた。時には音楽会が開かれたりもするこの豪奢な大講堂は、二階のバルコン席も含めて、若い男女の学生たちで満席だった。だが何という混乱と無秩序。服装もさまざまだが、菓子パンを頬張りジュースを飲んでいる女子学生がいるかと思えば、かたまって友達と冗談を言い、ふざけあっている男女の学生たち。なかには抱き合ってキスをしている二人連れもいる……。

やがて正面の広い演台の奥にある大きな扉が開いて、お仕着せの守衛に導かれたデュリー教授が入ってきたが、学生たちのおしゃべりは止まず、拍手が起こるわけでもない。壇上に立ったデュリー教授も無表情に自分のノートを読み始めたが、前方で熱心にノートを取る数人の女子学生以外は、誰も講義を聞こうとせず、相変らずパンを食いジュースを飲み、抱き合ったり仲間のおしゃべりに余念がない。繊細で微妙な表現に満ちたデュリー夫人の『パルムの僧院』論は、活字になればおそらく書評誌がいっせいに讃辞を送るような一級品だろう。だがそれはここでは学生たちの心を全くとらえない。学生たちの無関心というよりはむきだしの敵意を感じて、学生でもあり教員でもある偽学生の私はぞっとした。演壇と観客席の間には冷い風が吹きぬけているのである。次週の授業も同じような状態が続いていた。そして確か三回目の授業のときだと思う。講義が始まって五分もたたないで、教授は一瞬沈黙し、そして突如「Le cours est suspendu !（授業は止めます！）」と叫んで退席した。そしてその後デュリー夫人の授業は一回も行われず、やがて「五月」が始まった。

五月一日、メーデー

六八年五月一日、晴。パリの街角のあちこちで鈴蘭《ミュゲ》の花が売られている。暗くて長い冬が終って、復活祭が訪れ、ミュゲとリラとマロニエの花の季節が始まる。明るい陽射の中を、共和国《レピュブリック》広場を埋めつくした労働者たちがバスチーユ広場に向けて整然と行進した。参加者数は主催のCGT（労働総同盟）によれば一〇万、警視庁調べでは二万とのこと（CFDT［フランス民主労働総同盟］をはじめCGTに対立的な労働組合はこれに加わっていない）。メーデーのデモが、人民と革命の歴史を刻むこのルートで行われるのは一四年ぶりだという。共和国で一四年間それが禁止されていたという思いがけない事実に私は驚いた。大学都市から同乗させてもらった友人の車をレピュブリックの近くで降りて広場に近づいたが大変な人混みで中央には近づけない。しばらく道路の脇をデモ隊に添って歩いていたが、先廻りしてバスチーユの広場で行進を迎えることにした。広い道幅いっぱいに腕を組んだ労働者の集団がまるで津波のようにひたひたと押し寄せてくるのを正面から眺めて私は感動した。初めて見るフランスの組織労働者の集団である。ここにはデモ隊を規制する警官の姿も全く見えない。労働者の集団のこのような静かな圧力をひしひしと身近に感じたのは初めての体験であった。

　だが五月一日はこの数ヵ月で一番平穏な一日であったかもしれない。ナンテールでは三月二二日以後も抗議集会やデモが続いていた。前述のように四月一一日にはベルリンでSDSのルディ・ドゥチュケが撃たれて重傷を負うという事件があり、翌一二日にはパリでもドイツの学生に連帯する二〇〇〇人規模のデモが行われている。その一方で二七日には、コーン＝ベンディットが警察に逮捕され家宅捜索を受ける。また同日、FER（革命的学生連盟、トロツキスト系）の設立集会が行われUNEFへの共闘が呼びかけられるなど、五月の騒動はすでに始まっていたのであるが、この日のメーデーはむしろ平和と平穏を印象づける祭日、闘争というよりはむしろ一日の休戦といった印象を私は受けたのであった。プラカードに掲げられていたのは、ヴェトナム反戦の言葉を別とすれば、賃上げやヴァカンスの延長、あるいは労働時間の短縮を求めるものが大半であり、移民労働者や若年失業者、あるいは女性労働者の問題に特別の関心がもたれているようには思われず、急進化してゆく学生運動を受けつけない、あえて言えば労働者の（むしろPCFとCGTの、と言うべきだろう）左翼的保守主義が示された一日でもあった。

　（写真2）行列の先頭を占める手をつないだ女性たち。当時日本でよく言われた「フランスデモ」の形がとられている。半ばお祭り的なメーデーの雰囲気がよく出ていると思う。この女性たちに限らずデモの参加者はそれぞれにお洒落で、胸に鈴蘭の花をさしている労働者も多く見られたが、後で見られる学生たちのデモと比較すれば、服装の違いは歴然としている。背後に「CGTパリ支部」の横断幕が見える。

写真２　当時の日本では「フランスデモ」と呼ばれた連帯の形

（写真３）メーデーで一際注目を浴びたのは、ヴェトナムの旗を掲げるヴェトナム人労働者たちの姿であった。とりわけヴェトナムの旗を掲げて颯爽と歩むアオザイ姿の女性は注目の的であった。またさまざまなプラカードの中で一際目立ったのは、数多くはないが、「ヴェトナムに平和を！」「USはヴェトナムから出て行け！」の文字であった。だがヴェトナム料理店の従業員たちはここに参加しているのだろうか、あるいはアルジェリアその他の移民労働者たちはどうしているのだろう、といった疑問が脳裏をよぎる。

（写真４）バスチーユ広場。かつてフランス革命で有名なバスチーユ牢獄があったこの広場の中央には、頂点に自由の守護神の像を戴く五二メートルの「七月の円柱」がそびえている。一八三〇年の七月革命と四八年の二月革命の犠牲者が祭られている円柱である（現在この広場の

写真3　北ヴェトナムの国旗を掲げて歩く女性

写真4　フランス革命を象徴する「七月の円柱」

一角を占める新オペラ座は六八年当時はまだ存在せず、この界隈は革命時代の面影をいくらか残していた)。メーデーの行進はこの広場に達して流れ解散をするのであるが、参加者たちは早急に立ち去ろうとはせず、数多くの人の輪ができて議論や話がはずんでいた。

その中には学生たちのいくつかの小集団《グルピュスキュール》が労働者に議論を挑んでいる姿が見受けられたが、残念ながら私はその輪の中に入ることができない。UNEFは先日の総会で、労働者との連帯とメーデーの参加を決めていたが、ここではやはり招かれざる客であった。

日本と比べれば、フランスは明らかな階級社会であり、労働者と学生の距離は大きく、労働者の階級的な自覚と自負、別世界に住む上層階級や知識人に対する労働者の不信は私が予想していた以上のものであった。

3　長い一週間

「五月」の幕開け

五月の最初の一〇日間は、重苦しく緊張に満ちた日々であったが、それがバリケードの夜やソルボンヌ占拠、ゼネスト等を含む歴史的な事件に発展するとは考えられていなかった。だがこの一〇日間の錯綜した動きが、その後の展開に決定的な重要性をもっていた。以下、その間の経緯を少し詳しくたどっておこう。

五月二日、木曜日。メーデーの翌日、ナンテール分校では二日にわたる「反帝国主義の日」の第一日が予定されていた。だがこの日の早朝、ソルボンヌでは、UNEFに所属するFGEL（文化団体連合）の部屋が荒され出火騒ぎがあった。残された物証から犯人はオクシダンとみなされ、ナンテールにおいてもオクシダンの襲撃が予想された。またナンテールではこの日、三月二二日運動の活動家八人（ダニエル・シュルマン、ダニエル・コーン＝ベンディット、オリヴィエ・カストロ、ジャン＝ピエール・デュトゥイユ、イヴ・フレッシュ、ミッシェル・ブールニイ、プロア、リーゼル）にパリ大学区長名で、五月六日ソルボンヌの懲罰調査委員会に出頭するように求める召喚状がとどけられていた。ナンテール分校の周辺には多数の警官が配備され、学内でもいつもとは異なる緊張感がただようなかで「反帝国主義の日」は第一日を迎えたことになる。

午後になって学部長と交渉の結果、大ホールの使用を禁止された学生たちは階段教室を占拠して、ヴェトナム戦争にかんするドキュメンタリーを上映、続いてブラック・パワーに取材した映画を上映中に、その教室で授業が予定されていた歴史学のルネ・レモン教授と多数の学生たちが入ってきて混乱が起こる。結局、教授は室外に逃れて授業は休講となったが、これをきっかけに左右の学生の対立が激しくなり、事態の悪化を恐れたグラパン学部長は文部省やパリ大学区長の了解を得た上で、ナンテール分校における講義や演習の中止を決定する。結局、オクシダンの襲撃はなく、乱闘は回避されたのであるが、学部長のこの処置は、学生たちにはナンテール分校の閉鎖と受けとめられたようである。

そしてこの日、ポンピドゥー首相とクーヴ・ド・ミュルヴィル外相はイラン、アフガニスタンに向けて旅立った。大統領や首相をはじめとする政府首脳の外遊は、この時期のフランスの外交（ド・ゴール政権の世界政策？）を知る上で興味深い。だがこうして五月の国内における混迷の条件が用意されたのも事実だろう。大学ではすでにさまざまな問題が起こっていたのに政府首脳の関心は別の所に向けられていたという印象が強い。

五月二日の夜はカルチエ・ラタンには緊迫した空気が流れていたが、まだ誰もそれが大きな事件に発展することは予想していない。私はその日の夕方、サン＝ジェルマン教会前の広場に面した建物で六時から始まるロラン・バルトのセミナーに出席している。広い教室は例によって床に座る学生も出るほど超満員であった。ただどうした訳かバルトは左の眼の上に大きな紫色の痣《アザ》を作っていて、いつもは途中の休憩時間を含めて二時間を超える授業が一時間で終ったことを覚えている（次の週からはストライキで休講になった）。

五月三日、金曜日。ナンテール分校の周囲は多数の警官隊で固められ、大学の出入りは厳しくチェックされる。学生たちは閉鎖された分校を出てソルボンヌに向かい、正午ごろから三月二二日運動を中心にした数百人の学生がソルボンヌ構内のチャペルの階段に腰をおろして抗議集会を始める。参加した諸集団の代表がマイクを取ってそれぞれの主張を述べ、三月二二日運動のコーン゠ベンディットとUNEFのソヴァジョが並んで立つ情景が見られたという（最初だろうか?）。集会を続行するために階段教室の占拠が提案されたが、大学側はすべての教室を閉鎖、そしてロッシュ大学区長は、ソルボンヌへの警官導入を要請した。

午後五時近くになって、オクシダンの乱入に備えていたソルボンヌの中庭に現われたのは、重装備に身を固めた警官隊であった。排除された学生たちは、コーン゠ベンディットやソヴァジョも含めて全員、数台の護送車に分乗させられ、近くの三つの警察署に送られる（総数五二七名）。他方、ソルボンヌへの警官導入とソルボンヌ周辺の多数の警官配備を知った学外の学生たちは自然発生的にデモの隊形をとって警官隊に対抗し、サン゠ミッシェル大通りにはバリケードが築かれて、警察側の激しい攻撃にもかかわらず、抵抗は夜の九時近くまで続く。

三日の午後、おそらく四時前後に私はソルボンヌの近くまで行っているが、警官隊に阻まれて構内に入ることができず、サン＝ミッシェル大通りとサン＝ジェルマン大通りの角にあったカフェ・クリュニーでしばらく時間待ちをする形となった。情況がよく分からないままにしばらくカフェの窓から外をうかがっていると、サン＝ジェルマン大通りの左手の方から二、三〇人のまばらな学生の集団が現われて、何か叫びながら警官隊に向かって投石を始めた。離れているのでよく聞えないが、おそらく「CRS＝SS！」とでも叫んでいるのであろう。なおもよく見ると、先頭に立ち正面から夕陽を浴びて投石をしているのはミニスカートの若い女性であった。「五月」という言葉を聞くといつも思い出す情景である。もっともその少女と学生たちの姿はたちまち私の視界から消えて、警官隊が撃ち出す催涙弾のせいで私は涙が止まらず、呼吸も苦しくなってきた。あわててカフェを

棍棒をふりかざす機動隊（CRS）のカリカチュア

とび出し、近くの地下鉄の駅に逃げこまざるをえなくなり、そのまま地下鉄で大学都市まで帰ったと思う。

警察の暴力

この日カルチエ・ラタンでは何が起こっていたのであろうか。UNEFとSNESup（全国高等教育職員組合）が編んだ証言集『五月の日々の黒書』（邦訳『五月革命の記録』江原順訳、昌文社、一九七〇年）から二、三を選んで次に引用したい。(1)はソルボンヌの中庭の集会に参加していた一学生の証言、(2)以下は通りで偶然事件を目撃した、あるいは警官の暴力の犠牲となった街の人々の証言である。翌日の新聞で報道されることはほとんど無かったが、こうした目にあまる警官の暴力行為は、その後世論が学生の側に好意的に転換する要因のひとつになったと思われる。

(1) 十五時、ソルボンヌ中庭。わたしは妻といっしょに、組織されたデモに参加した。雰囲気は平穏だった。コーン＝ベンディット、ソヴァジョ、シスレイなどいくにんかの演説。UNEFの警備委員が門番部屋のある入口やリュ・デ・ゼコル側入口を平穏裡に警備していた。ある弁士が、パリがヴェトナム平和会談の場所に選ばれたと報告した。高い拍手。参加者全部が、チャペル下の階段にすわったりして、集った。突然「かれらがきた」という報せがあった。大抵のものは、ソルボンヌ構内に侵入しようとする「オクシダン」派のことだと思った。車が一台と掲示板が、リュ・デ・ゼコル側の回廊の入口ぞいにおかれた。参加者たちは、チャペルの階段にひしめきあった。いくにんかが中庭の隅に散らばっていたこわれた古机（こわれたであって、ペイルフィット氏がいうように、こわしたのではない）の一部である木片をとった。だが、不意に側面から、オベリックス胴着をつけたチュートン族の騎士のような、鉄兜、風防眼鏡、楯をもった警官の印象的な一団がはいってきた。そのとき、雰囲気は緊張し、みんなが階段のそばでひしめいた。全学連の警備委員が静粛を要請し、ソルボンヌ中庭を立退くように要求して、参加者たちを導くために手をつないだ。それはうまくいった。だが驚いたことに、中庭をでても、「オクシダン」派の攻撃隊もほかのグループも全然目にはいらなくて、鉄兜の警官《ジャンダルム》がいる。かれらはわれわれを護送車にのせた。わたしたちは一台目の車にのった。わたしたちのまえにいた警官は、自分の椅子をまえにもちあげ、はっきりと満足の表情をうかべて、そのしたからいく本かの銅の棒（だと思う）をとりだし、車の外にいる同僚たちにわたした。車の運転手は、CRSのお歴々がやってくるから、「すぐに、ひどいことになるぞ」という。わたしたちは警官と〔車のなかの〕人群れのあいだにおしこめられた。一瞬あとに、車は出発し、他の多くの車がつづいた。わたしたちは最初サン・シュルピス警察署、つぎに、ノートル＝ダム＝デ＝シャン警察署につれていかれた。そのときは、身分証明書調べにながくまたされ、そのあとで、地下室につめこまれた。そこはすぐに二百人ほどになった。

　十八時だった。「釈放」をまつうちに、いくつかの議論するグループができた。これはもう行動委員会《コミテ・ダクシオン》だった。（『五月革命の記録』一八―一九頁）

(2) ひとりの警官が、「ル・ラタン」映画館附近のある建物の入口に逃げこんだ濃紺のスーツをきた金髪の娘に襲いかかった。かれはその娘を野蛮に棍棒でたたいた（頭と頸に激しく十回から二十回の殴打）。

その娘はふらふらになって、映画館前にあったベンチまでよろめいていき、昏倒した。すぐにだれかが呼んだ救急車は一時間もたってからしかこなかった。娘は意識をとりもどさなかった。もしこの娘がまだ生きていて告訴をしたければ、われわれはかの女のために証言する用意がある。〔……〕

わたしは一歳の子供を抱いてサン＝ミッシェル大通りをセーヌのほうに歩いていました。十八時か十八時三十分ころ、わたしはデモにまきこまれてしまいました。学生たちからはひとつもなぐられたりはしませんでしたが、ソルボンヌ広場のあたりで、CRSが襲いかかってきました。かれらは通行人を見境なしに棍棒で殴りました。老婦人、若い母親なども殴られました。わたしは棍棒でひとつ殴られました。わたしの上着でかばっていた赤ん坊も殴られて、「青痣」がのこりました。〔……〕

カフェ・デュ・デパール（サン＝ミッシェル広場にあるカフェの名）で、その日の二十時三十分に、オートバイにのっていたひとが捕って警官に殴られるのをみました。年とった紳士が「このひとをたたかないでください。警官は「とまるな、とまるな」といっていました。このひとはなにもしていません。いまきたんです。デモにはいっているんじゃありません」

といって、とめにはいりました。この紳士は先頭のCRSに殴られて顔をおおいました。二人目の隊員がわってはいって、「おれの仲間に口をだすと、こうなるんだ、覚えておけ」といって、たたきました。この紳士の奥さんが、「そんなに殴らないで、はなしてください」と泣き叫びました。かの女も殴られて、ほとんど気を失うところでした。〔……〕

わたしはリュ・キュジャスを通っていただけの若い男女とひとりの黒人をみました。かれらは、手をうしろにまわし、棍棒でこづかれて、ソルボンヌ通りから、ソルボンヌ広場に停車していた車に連行されました。黒人は他のふたりよりも倍も多く殴られました。（同書、二一—二二五頁）

この日の大きなニュースのひとつは、先の学生の証言にもあるようにヴェトナム和平予備会談がパリで行われることが正式に決ったことであった。また当然のこととしてUNEFは大学当局に対する抗議声明を出したが、さらにSNESupは学生支持を表明し、大学当局に対する抗議ストに入る指令を出している。UNEFとSNESup、ソヴァジョとジェスマールが密接な連携をとって動き始めている。ここでコーン＝ベンディットについて先に引用したアラン・ビュレールの『学生革命小辞典』から、アラン・ジェスマールの項を引いておこう。

アラン・ジェスマール、二九歳。一九六八年五月二七日までSNESupの書記長。ナンシー鉱山学校の出身で物理学博士。パリ大学理学部助手。長年PSU（統一社会党）の活動家であった。大学改革をド・ゴール体制打倒に結びつけた。学生運動の政治的首脳としてコーン＝ベンディットとは対照的に辛辣だが思慮深い。アラン・ジェスマールはジャック・ソヴァジョやダニエル・コーン＝ベンディットと共に多くのデモの先頭に立ち、テレビにもしばしば出演している。一九六八年五月二七日、SNESupの書紀局によって、ジェスマールの政治的役割が「運動の組合的な発展を阻害する」とみなされて辞職。

渦中の曽根崎心中

五月四日、土曜日。カルチエ・ラタンは一見平静を保っていた。昨夜、逮捕拘引された学生たちはほぼ全員が午後一一時に釈放され、その後もカルチエ・ラタン騒動の首謀者として拘引が続いていたコーン＝ベンディット、ソヴァジョ、ピエール・ルッセの三人も午前一時に釈放されていた。ソルボンヌを追い出された学生たちは市内の至るところで行動委員会《コミテ・ダクシオン》を結成し、夜を徹しさらに翌日も議論が続けられていたのであるが、その動きはまだ表面には現われてこない。

この日の新聞はいずれも写真入りのトップ記事でカルチエ・ラタンの事件を報じているが、大半は学生の過激な行動を非難しており、学生の主張や警察側の暴力行為に触れた記事はほとんど出ていない。各紙が写真入りでセンセイショナルな報道をしている中で、写真を一切のせない『ル・モンド』紙は、翌日には、事件の経過に直接触れることなく、ようやく五―六日付の紙面で三日夜の事件をとりあげ（第一面と第九面）、「六〇〇人近く（五九六人）が逮捕」という見出しを掲げ、六時間にわたる学生と警官の激しい攻防を時間を追って記述し、それに対する各界の反応を載せている。だが第一面から続く論説のタイトルが「冷静さの欠如」であることからも分かるように、問題の本質には迫っていない。学生たちと政府・大学当局、さらには政党やジャーナリズムとの認識のずれの大きさは今読みかえしてみても驚くばかりである。試験に象徴される大学のシステム自体を拒否している学生に対して、コミュニケを出す度にひたすら授業の再開と試験の実施をくりかえす教育大臣（アラン・ペイルフィットは後に『フランス病』と題するベストセラーを書いて、日本でも翻訳され高い評価を得たことを覚えている人はまだ多いだろう）。ひたすら少数過激派の冒険主義を非難して秩序維持を呼びかける『ユマニテ』。ジャーナリズムが世論の反応に呼応して事件の本質に目を向けるにはあと数日が必要であった。

なおこうした事件とは別に、四月末から五月の初めにかけて、世界演劇祭の一環として日本の文楽がオデオンの国立劇場で上演され、大きな話題となっていたことを記しておきたい。演目は「勧進帳」と「曽根崎心中」のふたつで、私は土曜の夜の最後の「曽根崎心中」だけを観たのだと思う。かなり複雑な気持で、舞台から遠い二階席の後方にいたのであるが、いつの間にか舞台に心を奪われていた。オデオン座の大きな舞台の上に小さくしつらえられた日本の伝統芸能が、これほどフランスの観客の心を捉え、共感と感動を呼びおこすとは思ってもみないことであった。私はすっかり魅了され一種の陶酔状態を味わったのであるが、それはさまざまな国籍の観客が集まっている異国の劇場で、感動を共にしていることの驚きと喜びに結びついていたのだと思う。私がここであえてこの夜のことを書くのは、私の記憶の中では、六八年のデモの群集の中にいて受けた感動とこの夜の劇場の思い出とがしばしば二重写しになっているからである。世界演劇祭の一〇日後に、オデオン座は学生たちに占拠され、「新しい演劇」が始まることになるのであるが。

五月五日、日曜日。日曜にもかかわらず朝から第二軽罪裁判所が開廷され、三日の夜に逮捕、その後も拘留されていた学生たち七人（一人は菓子職人）にいずれも禁固（二ヵ月から三ヵ月）と罰金刑（二〇〇フランから五〇〇フラン）の判決が下される。これに対してUNEFは直ちに抗議のビラを配布して、六月六日のゼネストと夕方六時半からのデモを提起する。今回の呼びかけは、これまでの学生や教職員に対するものとは異なり労働組合や高校生、一般市民にも向けられている（APPEL A LA POPULATION）。掲げられたスローガンは次の三つである。

警察による弾圧反対
反動的な新聞反対
ブルジョア的大学反対

夕方になって国民教育相ペイルフィットとパリ大学区長ロッシュによるコミュニケが出る。いずれも大学の正常化と各種試験の予定通りの実施の意図が述べられている。

夜一〇時、SNESupの記者会見。アラン・ジェスマールは、学生との連帯を表明。懲罰委員会の調査の打切りと拘留中の学生の釈放、大学における表現の自由、警察力の即時退去、人種差別主義の否定、全教官と学生の平等、ロッシュ大学区長とペイルフィット国民教育相の辞任、等々を要求した。直ちに、大学の教授や講師たちの間でSNESupの呼びかけに同調する動きが現われる。この後もノーベル賞の受賞者や著名な教授たちが、直接国民教育省に出かけたり、電話で大臣に意見を述べる情景が度々見られたのは、日本の場合と比べて興味深い。もっともそれはフランスの大学教授の権威の大きさと、大学がいかに国家と直結しているかを示すものでもあるが。因にフランスの大学はアメリカや日本と異なり大部分が国立であって、私学は極めて少ないことは、フランスの学生運動を論じる場合に念頭においておいた方がよいと思う。大学は正に国家装置の一部であり、そのことは学生たちも強く感じていた。ソルボンヌにおける私の指導教授のカステックス氏が、最初の面接の日に、笑顔で「私は公務員（fonctionnaire）にすぎないので……」と言った言葉が今も私の耳に残っている。

大学の対応

五月六日、月曜日。UNEFが呼びかけた大きなデモが予定されていたこの日は、大学教授資格試験《アグレガシオン》の第一日に当たっていた。ここでフランスにおける教授資格試験の重要性についても説明が必要だろう。この試験の難関を乗りきった数少ない合格者は、厳密に順位が定められ、それは将来のポストをほとんど決定するほどの重要性をもっている。フランスの大学の中央集権制は際だっていて、合格順位が低くて地方にまわされた教授資格者が最終目的地のパリに到着するには長い年月と大変な努力を必要とするだろう（もっとも資格試験に一位で合格してもあえて地方の大学を選ぶ反骨の人物も少数存在することは明記しておきたい）。また高校《リセ》の教授の間では、教授資格の有無による格差が大きいことも知っておく必要があるだろう。教授資格者は特権的なエリートなのだ。大学がほぼ全面的にストに入っているような状況で、教授資格試験が行われるか否かは大きな関心事であった。結局、この日教授資格試験は行われたが、ソルボンヌにおける授業は、法学部の一部を除いて行われなかった。またパリ市内の高校も大部分が朝からストライキに入っている。CAL（高校生行動委員会）の結成は数日遅れて五月一〇日のことであるが、多数の高校や高校生の参加があったことは五月事件の注目すべき特色のひとつであった。

六日はまた、ソルボンヌで懲罰委員会が開かれる日でもあった。コーン＝ベンディットをはじめ三月二二日運動の八人は、報道陣の待ちかまえるなかを、「インターナショナル」を歌いながら姿を現わし、定刻に懲罰委員会に出頭したということであるが、学生を支持する教授もいて委員会のなかで意見が分かれて結局は流会となる。

この日私はどこにいたのであろうか。大学都市を出て昼すぎにはカルチエ・ラタンのソルボンヌの近くにいたはずである。もちろんソルボンヌは閉鎖中で入れない。それにサン＝ミッシェル大通りはすでに学生たちで埋められていた。だがデモ隊がどちらの方向に向かうのかでグループ間の対立があった。UNEFは警官隊との激しい攻防が予想されるソルボンヌ近辺を避けて、巨大なライオン像のあるダンフェール＝ロシュロー広場に学生を集める意図をもっていたようであるが、より戦闘的なグループはむしろソルボンヌに近いサン＝ジェルマン大通りのマビヨン駅にたてこもり、サン＝ジェルマン大通りに強力なバリケードを築く。私はカルチエ・ラタンの方向の定まらないデモ隊の間で右往左往し、警官隊と催涙弾に追われて、結局は、ふたたびサン＝ジェルマン大通りとサン＝ミッシェル大通りの角にあるカフェ・クリュニーに逃げこんだのだと思う。このカフェは少し高級で普段学生はあまり入らない。二階席であればCRSも入りこんで来ないだろう。それにここからは大学都市に通じる地下鉄のサン＝ミッシェル駅にも近いから、いざという時にはそこまで走って逃げればよいという目算があった。

翌日の新聞で知ったことであるが、夜中の一時過ぎにまで及んだこの日の衝突はかなり激しく、学生の負傷者は数百人（うち入院が六〇人）、逮捕者四二二人（うち拘留三一人）。警察側は負傷者三四五人（うち入院二四人）という発表であった。

なおパリのいくつかの高校ではストライキと集会が行われ、地方の大学（グルノーブル、ストラスブール、ボルドー、レンヌ、クレルモン・フェラン、ルーアン、カーン等々）でもストライキやデモがあり、ドイツのベルリンやフランクフルト、ベルギーのリエージュでもパリの学生に連帯するデモが行われたという。

また、これも私の知らなかったことであるが、この日の午後四時すぎにSNESupは緊急指令を出し、組合員の大学教官が各自の責務を果たし、学生とともに街頭に立つことを求めている。また五時半から行われたナンテールの臨時教授会では、ギー・ミショー教授（フランス文学）が、カルチエ・ラタンで学生の流血を見た以上われわれは学生の立場に立つべきだという意見を述べ、これに賛成した四八人の教官が直ちに会議室を出て国民教育省を訪れ、大臣に面会している。そして午後八時半からラジオ・テレビがペイルフィット大臣の談話を流す。国民との対話を求めているのだが、全く新味がない。

この日、事故で六人の死者を出したロッシュ＝ラ＝モリエールの鉱山の労働者一万人がCGTの指令で二四時間ストに入る。

メディアの動き

五月七日、火曜日。午後、カルチエ・ラタンに出て、『ル・モンド』『フィガロ』『ユマニテ』『コンバ』『フランス・ソワール』など数種類の新聞を買って読む。昨夜の衝突は私の想像をはるかに超えて大きく激しいものであった。また各紙の論調の明らかな変化が読みとれる。これまでは一部の過激派による挑発や煽動、暴力行為とみなされていたものが、これだけ多数の学生が参加し、しかも自然発生的な激しい抵抗が各所に起きている現実を目前にして、認識を改めざるをえない。われわれは判断を誤っていたのではないか、という疑問と動揺は、新聞の論調だけでなく、政党や労働組合の対応にも表われていた。七日の『ル・モンド』紙の一面の記事は、「ソルボンヌの閉鎖と逮捕に抗議する、さまざまなデモとストライキが学生と教員によってパリと地方で組織された」という見出しの下で、事件の経緯をたどっているが、同じ一面から一〇面に続く「無気力と暴力の間にある学生たち」と題された論説（F・ゴッセン、G・エルツリヒ）は冒頭に「学生の怒りの爆発は全ての観察者を驚かせた」という一行を置いて、金曜日のデモの「きわめて自発的な性格」に注目するところから始められている。ジャーナリズムが学生の言葉に耳を傾け始めたことを印象づける論説であった。

新聞の論調の変化を表わすもう一つの新しい特徴は、各紙がCRS他の警察の側の、デモと関係のない旅行者や通行人に対する暴力行為を報道し始めたことである。警棒で殴られフィルムを没収されたカメラマンの証言、外国人や女性に対する警官隊の意図的な暴力などが注目されるようになる。街頭、カフェの中や映画館、あるいは外から見えない留置所における暴行、等々。それらはアルジェリア戦争の捕虜に対する残虐行為を思わせるものであった。この日UNEFとSNESup、それに新たに設立される「弾圧に反対するジャーナリスト委員会」などが加わって、研究部会が結成され、調査と資料収集が始まる（私たちはその作業の結果を『黒書』のなかに見ることができるだろう）。

『アクシオン〔行動〕』第一号の発行は、この日の特筆すべき事件だろう。タブロイド判六ページ、定価〇・五フラン、主筆はジャン゠ピエール・ヴィジェ。私はダンフェール゠ロシュローからヴァヴァンに至るデモの途中でそれを手に入れたのだと思うが、一読して「われわれ」つまりこのデモの代弁者とも言うべき新聞だと思った。『ル・モンド』紙によれば、『アクシオン』一号は、発売後二時間で六〇〇〇部売れたという。第一面は「アクシオン」という大きな題字の下に太字で「弾圧゠対決！」の見出しがあり、エリ・カガンの撮った、ヘルメットをかぶり銃をかつぎ、あるいは警棒を持って閉鎖中のソルボンヌの入口を固める警官隊の大きな写真、そしてその下の「われわれは何故闘うか」という見出しがまず目に飛びこんでくる。事件の経緯を追っている第四面には「これは始まりに過ぎない」という見出し。この号の主要なテーマの一つはロッシ

ACTION

7 MAI 1968

nº1

REPRESSION: FAIRE FACE!

FACULTE DES LETTRES

MERCI ET ADIEU MONSIEUR ROCHE

Le 3 mai, Jean Roche, recteur de l'Académie de Paris a fait donner les gardes mobiles contre les étudiants. Il a pris ses responsabilités. Page 2 le récit des six heures qui ont ébranlé la Sorbonne.

CHIENS DE GARDE

Le mouvement contre la répression a contraint tous les gardiens de l'ordre à se démasquer. Etudiants, vous êtes à la une des journaux. Voyez comment on parle de vous.

Pourquoi nous nous battons :

LA PRESSE, LA RADIO VOUS MENTENT.

Un bruit court avec persistance : ROCHE voudrait démissionner. Soutenez votre recteur, Téléphonez-lui A Odéon 24-13

Ce journal a été réalisé avec le soutien de l'U.N.E.F. du Mouvement du 22 mars (Nanterre) et des Comités d'Action Lycéens (C.A.L.). Pour que l'action continue nous avons besoin d'argent. Effectuez vos versements à P. Brumberg. C.C.P. 23.896.73 Paris.

Alain Geismar : «Nous ne maintiendrons pas l'ordre»

Une déclaration du secrétaire général du Syndicat national de l'enseignement supérieur.

『アクシオン』の第一面

ュ大学区長の罪状を明らかにし辞職を迫ることであるが、他方でSNESupのアラン・ジェスマールの談話が問題のありかと全体のテーマを示す形をとっている。以下、第三面の「反抗の理由」という小見出しが付された部分を訳出しておこう。

反抗の理由

学生たちは、ヘルメットをかぶり完全武装をした機動隊に喜んで立ち向かっているわけではない。学生たちは試験の時期に喜んで警察の暴力に対抗しているわけではない。

自分たちより強力な相手と闘うのは、決して楽しいことではない。

何年もの間、学生たちは政府が彼らに押しつけようとしている権威主義的なやり方に抗議してきた。フーシェ改革に対して、ペイルフィット案に対して、彼らは穏かに抗議してきた。

何年もの間、権力も穏かに、だが概して無関心に、学生たちの抗議を無視してきた。労働者の抗議に対しても同様である。何年もの間、こうした抗議は空しく反響もなく捨ておかれたのである。

今日、学生たちは抵抗している。

彼らの唯一の罪、それはその唯一の目的が明日の経営者と経済の従順な道具を育成することである大学を拒否することである。彼らの唯一の罪、それはあらゆる根本的な反対を拒む権威主義的で位階制的な社会システムを拒否することである。このシステムの奉仕者となることを拒否することである。

この罪だけで、彼らは警棒で殴られ投獄されるに値することになるのだ。学生や高校生たちが結集したとすれば、彼らが弾圧に立ち向かったとすれば、それは彼らが警察の弾圧とブルジョアの権力に対して身を護ることを望んでいるからだ。学生たちのやっていることは正当防衛なのである。

人々がまたあなた方に信じさせようとしていること、それはそうしたことは、ひと握りの孤立した煽動家（もちろん彼らはナンテールからやって来た）の欲求不満の気晴しにすぎないということ。諸悪はナンテールから来たというわけだ。だがナンテール主義（ナンテロイスム）のせいにしても何の説明にもなりはしない。ナンテールの「煽動家たち」は孤立していないし、孤立したこともなかったことを、権力は容易に理解するだろう。そうでなければ、全ヨーロッパで学生たちがデモをしていることの説明ができない。広範にわたる混乱は共通の原因に由来している。

この論説はこの後続いて、学生たちの同じように激しい抵抗が、フランスの各地やヨーロッパの各地、さらにはアメリカやラテンアメリカ、ヴェトナム等々、世界の各地で発生していることを指摘して、それらが同じひとつの闘いであることを強調している。これは党派間、セクト間の対立をこえて運動が展開されるためにはぜひとも必要な観点だろう。『アクシオン』の一面には、「本紙はUNEFと三月二二日運動（ナンテール）とCALの支持によって実現した」という言葉が記されているが、共通した同じひとつの闘いの基軸が形成されつつあるという印象が強い。それと同時に私が感心したのは、政治的パンフレットとしては実にスマートで洗練されており、楽しく読めるという点である。エリ・カガンの写真は一面のほか二、四、五面に一葉ずつ、デモの群集、警官の攻撃や暴行の場面など、今では古典的と言ってよいような傑作が収められており、漫画家シネの四枚の戯画、同じくヴォリンスキーの五コマの漫画も、ユーモアと風刺がきいて今見ても見事だと思う。五面にはカルチエ・ラタンの地図があって、警官の配置場所、つまり学生にとって危険な場所にマークが付されているが、これも実用的であって笑を誘う。『アクシオン』は「同じひとつの闘い」の誕生を告げると同時に、今後の機知とユーモアに富んだ戦い方の「基調」を示すものであった。いくらか誇張して言えば、この創刊号は、「解放」後のソルボンヌの中庭の「文化革命」の雰囲気を先取りしていたと思う。

午後六時過ぎ、UNEFが呼びかけた抗議集会に続々と参加者が集ってくる。学生、教員、高校生、若い労働者、ジャーナリスト、一般市民……多様な人波でダンフェール＝ロシュロー広場は埋めつくされる（約二万とのこと）。やがて大通りに溢れた群集が、最終的な目的地も知らないままに動き始め、デモが始まる。ダンフェール＝ロシュローからモンパルナスを経てサン＝ジェルマン大通りに出てさらに下院の前を通りコンコルド広場、そしてシャン＝ゼリゼのエトワール広場（現在はシャルル・ド・ゴール広場）に至るころにはデモ隊は出発時の二倍以上（約五万）にふくれあがり、ふたたびカルチエ・ラタンを目指すころにはさらに増えている（約六万）。この日のデモの目立った特色の一つは、デモの先端や両側にUNEFの警備係が張りついて警官隊との衝突を極力防いでいたことだろう。

だが共鳴と連帯の渦の中で、口々に「警官はカルチエ・ラタンから退去せよ！」「逮捕された学生を釈放せよ！」「ソルボンヌの閉鎖を解け！」と叫び、あるいは「ゼネスト」や「闘争の継続」を呼びかけ、そして時には「インターナショナル」を高唱しても、それがすべて虚空に消えていき、多くの参加者の胸の奥に何か空しいという一抹の不安と不満が残ったことも確かだろう。コーン＝ベンディットはこの日のデモについて、「ただ歩いておればよいというものではない、これは単なる散歩だ」と厳しく批判し、ソヴァジョとジェスマールは自己批判をすることになる。これは、それが学生であれ教員であれ、組合というシステムの中にある組織体が行う運動やデモの限界を突いた批判であった。私自身はデモの全体的な動きが分からず、手持のトランジスター・ラジオで得た情報をたよりに現場に駆けつけてみると、もう誰もいないといった失敗を繰り返し、疲労困憊の一夜であった。この夜、一一時を過ぎてから、モンパルナスやカルチエ・ラタンで、小規模ながら激しい衝突があり、四三四人が拘束されそのうち一七人が逮捕されている。

この日、全国の大学のある都市で同じようなデモやストがあり、またCGT傘下のタクシー運転手と一般の運転手の組合が、料金値上げと日給のベース・アップを要求して二四時間ストに入っている。

政府の対応

五月八日、水曜日。前日のデモと衝突の余韻はまだ街頭に残っていた。午前中に閣議が開かれ午後には国会が開かれてようやくナンテールとソルボンヌ、さらにはカルチエ・ラタンの事件が議題として取りあげられる。だが大統領も臨席して行われた閣議の主要議題は、ポンピドゥー首相のイラン訪問とド・ゴール大統領のルーマニア訪問、それにパリで行われるヴェトナム和平会談などの外交問題であって、カルチエ・ラタンの騒動については国民教育相の短い報告があったにすぎない。

もっともド・ゴールはこの問題について特に発言をもとめ、教育一般と大学教育改革に対する政府の熱意を強調したうえで次のように述べたという。「しかしながら、大学は大学自体のために存在するのではない。大学は、国家のためにのみ存在するのである。現下、偶発事件の発生を見るが、それらによっても、この努力が達成せられるべきであることは明らかである」。これは数日前に発せられた次の言葉とともに、ド・ゴールの強権政治と情況認識を語るド・ゴール的名言だろう。「大学内に大学に反対する者を置くべきでない。公道上の暴力行為を寛容すべきではない。いまだかつてそれらが話し合いの契機となった例は一度もない」（『5月のバリケード』九四、一〇〇頁)。閣議のあと情報相ジョルジュ・ゴルスは国民に対してヴェトナム和平会談の重要性を説き、治安維持のためにはいかなる手段を取ることも辞さないという強い調子の談話を発表する。

午後の国民議会の討論では、野党のミッテランやジュカン、等々が立って政府を追及したが、いずれも型通りの政府批判で、目前に展開している運動と弾圧の本質に迫るものではない。左右を問わず、この時点での政治家たちの無理解と危機感の欠如は驚くべきものであった。大学人や知識人たちの認識もそれほど深められていたとは思えない。だがその中でもナンテールのアンリ・ルフェーヴル、アラン・トゥレーヌ、ポール・リクール、ギー・ミショー、といった一部の教授たちは積極的に事件にかかわろうとしており、とりわけ五人のノーベル賞受賞者（フランソワ・ジャコブ、アルフレッド・カスレ、アンドレ・ルヴォフ、フランソワ・モーリアック、ジャック・モノー）の素早い反応は注目された。彼らは大統領に電報を送り、学生運動に対する早急な対応策、逮捕された学生たちの釈放、大学の再開などを求めている。また共産党が初めてUNEFに同調し、UNEF主催のデモに参加を呼びかけるビラを配布している（私はこの日カルチエ・ラタンで数枚のビラをもらっているが、共産党、親中国派、UNEFなどのビラも含めて労働者と学生の統一と団結、合同のデモ、「ひとつの同じ闘争、ひとつの同じ闘い」を強調するものが多い)。

こうした動きを受けてUNEFとSNESupは共同で記者会見を行い、自分たちのこれまでの方針の正しさを再確認するとともに、政府の強圧的な挑発に対して決して退くことなく、ストライキの続行とともに、その日の夕方予定されていたアル＝オ＝ヴァン（パリ大学理学部）の集会を予定通り開催するというコミュニケを発表する。

午後六時半、小雨の降る中をアル＝オ＝ヴァンの理学部の前に学生たちが続々と集まり始め、午後七時には人波で埋めつくされる（約六〇〇〇人）。ソヴァジョ、ジェスマール、コーン＝ベンディットの三人組が肩を並べ、カスレ、モノー、トゥレーヌなど多数の教授たちも見える。共産党やCGTからの参加者もあって一見共闘組織が成立したかのようである。だがこれまでSNESupと対立していたSNES（全国中等教育教員組合）やCGT関係の代表の発言は「日和見主義者」という野次を浴び、デモ行進の先頭に立とうとした共産党代表は学生たちの口笛や激しい抗議で後方に姿を隠すという場面があった。

CALの高校生たちも加えて、午後八時、デモ行進が始められる。サン＝ジェルマン大通りからセーヌ通り、トゥールノン通り、メディシス通りそしてエドモン・ロスタン広場へ。口々に叫ばれたスローガンは「弾圧をやめろ」「責任はド・ゴールにある」「気狂いフーシェ」「仲間を釈放せよ」「ブルジョア大学反対」「警察国家反対」「労働者と学生の連帯」「工場へ行こう」等々、そして「これは始まりにすぎない、闘いを続けよう」と書かれたプラカード。雨の中を熱気に満ちたそして統制のとれたデモ行進であった。

だがこれでよいのか、という疑問は残る。警官隊はデモ隊のソルボンヌへの接近を阻むべく厳戒態勢を敷いていた。待ちかまえている警官隊との衝突を避けるために、デモ隊は前もって定められたコースを歩み、前もって定められたスローガンを叫び、UNEFその他の活動家たちによる警備隊に導かれて無事、エドモン・ロスタン広場に到達し、平穏裏に解散したのであった。

「ソルボンヌ突入」を叫ぶ一部過激な学生たちを抑えることができたのは、UNEFやSNESupの指導者たちの功績だろう。だがそれは同時に、デモの参加者たちの自然発生的な力を秩序の側に抑えこむことではなかったのか。流血の惨事は避けなければならない。だがデモが平穏無事に終わったことを自慢するUNEFやSNESupとはいったい何だろうか。エドモン・ロスタン広場の解散地点には納得のいかない学生たちがたむろし、怒りを爆発させる者もいた。私自身も割り切れない気持で帰路を急いだのであるが、UNEFとSNESupの幹部たちはおそらくこうした学生たちの不満にきわめて敏感であった。ジェスマールはその夜のうちに（といっても午前三時）、「組合的官僚主義（la bureaucratie syndicale）」という適切な言葉を使って、組合が学生の自主性を抑圧し運動を阻害したことを、批判＝自己批判している。

この日、サルトル、ゲラン、ヴィジェなど、文学者、哲学者のグループが学生支援を表明し、負傷者救援委員会を設立する。また弾圧に反対するジャーナリストの委員会が設立され、『エクスプレス』『ユマニテ』『ル・モンド』『ヌーヴェル・オプセルヴァトゥール』などのジャーナリストが参加する。他方、地方では、ブルターニュとローワール地域で、CGTとCFDTによってデモが組織され、多数の農民、労働者、教員、学生が参加したことが報じられている。

運動の転換点

五月九日、木曜日。警官に占拠されたカルチエ・ラタンはこれといったデモの呼びかけもなく一見、静かな一日であった。平穏に終った七日、八日の学生デモの成り行きを見て、国民教育相は大学再開の可能性を示唆し、大学の管理責任者に具体策の検討を要請する。それを受けてパリ大学区長はパリ大学の全学部長を招集し、午前一〇時から四時間にわたる会議が行われる。だがその結論は、全学部の同時再開ではなく、むしろ再開に際しての教員、学生の自粛をうながす内容であって、UNEFが出した三つの要求（「カルチエ・ラタンからの警官の退去」「逮捕された学生の釈放と判決の白紙撤回」「大学閉鎖の解除」）には全く答えていない。それどころかソルボンヌ周辺の警備はいっそう強化されていた。

これに対し、UNEFとSNESupは、すでに午前一一時に共同コミュニケを発表し、学生の要求が受け入れられなければ、ストライキは続行されることを確認していた。さらにその一時間後にSNESupはそれとは別のコミュニケを発表、教員組合として学生支持の立場に変りはないが、これまでのような学生に対する指導的立場を放棄し、学生の自主的な運動を尊重することを述べている。これは昨夜以来のジェスマールの「組合的官僚主義」に対する批判＝自己批判が色濃く示された宣言であった。

この日、あまり知られていないが、五月革命の展開と独自な性格を知る上できわめて重要なふたつの集まりがあった。そのひとつは午後三時ごろから、ソルボンヌ広場とサン＝ミッシェル大通りで開かれた、予定表にない自然発生的な集まりで、私は偶然その場に通りかかって、二、三〇〇〇人はいる人波の後から眺めていたのであるが、そこで何が起こっているかを十分理解はできていなかったと思う。幸いリウー＆バックマンに的確な記述があるので以下に引用させていただきたい。

午後三時ごろから、ハプニング的な集会が、ソルボンヌ広場で開かれていた。参加者は学生を主として約三〇〇〇人。敷石の上にじかに坐っている。その背後には大学警備の警官隊の姿があった。

聴衆の中から質問がとぶ。まず、ジャック・ソヴァジョが答えた。厳しすぎるほどの自己批判であった。七日、八日のデモの失敗を、彼は全面的に認めた。同席したアラン・ジェスマールもまた、自己批判を行った。一人の学生が立って、質問にかえて発言した。「われわれは既成組合の方式なんかに興味はない。相手にしてないんだ。彼らはわれわれの運動を手中に納めようとした。学生運動が自然発生的な要素を含んでいるのが、彼らにとっては恐しいのだ。だから連中のワクの中に押しこめようとする。冗談じゃない。坊主みたいなのと組んでゲバルトができるか」参会者の間から拍手がわいた。

ソヴァジョ、ジェスマールについでマイクの前に立ったのは、作家で共産党員のルイ・アラゴンであった。ダニエル・コーン＝ベンディットがすぐ傍から質問を浴せる。開口一番、コーン＝ベンディットは、「ここにいる者は誰でも発言する権利がある。たとえその男が裏切者であってもだ」と叫んだ。（『5月のバリケード』一〇八―一〇九頁）

ここに記されている学生の発言は、ソヴァジョやジェスマールの自己批判とともに五月の学生運動の転換点を示していると言ってよいだろう。また彼らについで登場したルイ・アラゴンは、

『ユマニテ』紙上に三月二二日運動批判を書いたこともあって、コーン＝ベンディットから手ひどい批判をうけ、醜態をさらした。アラゴンがこのような場に姿を現わして学生に連帯を表明するなどということは、誰にも予想できないことであった。おそらくその愚直さがアラゴンの誠実さでもあり戦略でもあったと思う。アラゴンは学生の立場に立つというこのときの約束を守って、彼が編集長をしていた共産党の文化面の機関誌である『レトル・フランセーズ』で学生特集を行い、党の批判にさらされることになる。しかし、学生時代にアラゴンの詩や小説を愛読し、またスタンダール研究者として『スタンダールの光』に強い影響を受けた私にとっては、この情景は、わが偶像の落ちる瞬間でもあった。

もうひとつの重要な集まりは、カルチエ・ラタンのミュチュアリテ（共済会館）で開かれた、JCR主催の、さまざまな少数派グループを集めた討論集会である。だが、どうしたわけか聞いた時間（六時半）に行ってみると会場にはほとんど人気がなく私には狐につままれた感じであった。おそらく私が開会の時間を聞き違えたか、開会が大幅に遅れたのであろう。翌日はルーアンに行く計画をたてていたこともあって私はそのまま会場をあとにした。これもまた私の失敗のひとつであった。集会は午後九時半から始まり夜を徹して興味深い論戦が行われたことを後で知ったからである。私が行き損ねた集まりについて、これも同じ書物からの引用をお許し願いたい。この討論集会の主な目的は、それぞれ主張も戦略も異なる過激派小集団《グルピュスキュール》が、同じひとつの戦いの中で共闘を組む可能性とそのための論理を探ることであったと思われる。

午後九時、街頭の派手な動きに追われて新聞がほとんど報道しなかった討論会が、ミュチュアリテのホールで開かれていた。主催はJCRであった。ただし、セクトを超越するとの宣言があって、革命的学生運動の大部分が参集した。外国からの代表も姿を見せている。

やがて、ダニエル・コーン＝ベンディットがマイクを握った。「ここにSDSの代表も来るはずであった。しかし、フランスにとって好ましくない人物として、空港で入国を拒否された。われわれとしては、何度でもSDSの代表へ招待状を送る。必要とあらば、オルリー空港へデモをかける」会場は湧いた。熱気がみなぎる。コーン＝ベンディットはつづけた。「今、ここには、心を同じくする諸君が集まっている。この場で申し述べておきたい。スターリン主義的、セクト主義的考え方をわれわれの運動からたたき出そう。主導権を、特定のグループが云々することは認めがたい。一つの運動に向かって団結しなければならない。そしてその運動は、各行動委員会によって組織されるのだ。学部再開についてはなんら問題とするところはない。三・二二運動は明日、ナンテール分校を占拠する。ソルボンヌについても、同様のことが行われなければならない。フランス人と外国人とにかかわらず、学生、労働者が依然として釈放されない現在、われわれは全フランスの大学を麻痺させる必要がある」

ＵＪＣ（ＭＬ）の代表も立った。彼は『毛沢東語録』を片手に持ち、ユーモアたっぷりに話しかけた。「ＣＲＳはどうやらソルボンヌがお気に召したようだ。とすればどうだろう。警察にソルボンヌを進呈してしまっては？　もちろん只というわけにはいかない。サン・トワンにある機動隊の宿舎と交換するのだ。あそこをちょっと修理すれば、相当いい大学ができることは請け合ってもいい」そこで彼は急に語調を変えてUNEFを激しく非難し、ついで労働者こそこの運動の前衛であるとして、プロレタリアートとの共闘を強調した。

この、親中国派の発言に、ダニエル・コーン゠ベンディットは苛立たしげであった。彼は壇上に駆け上がると、マイクをつかんで叫んだ。「今や、各グループの主義主張を繰り返している段階ではない。要は共に闘うか否か、それしかないのだ」会場には拍手と怒号が入り乱れた。

次に、JCRの代表という形で、ダニエル・ベンサイドが登壇した。彼もまたナンテール分校、社会学科の学生であった。早くから、ダニエル・コーン゠ベンディットと並んで政治的な認識の高さが注目されていたが、それまで表面に立って発言することはなかった。彼は茶色の髪を無造作にかき上げながら話しはじめた。「ダニーの意見に、原則として賛成する。つまり、現段階でグループ間で意見のくいちがいを見ることは好ましくない。闘うために、すべての者に共通するテーマを選ぶべきだ。とはいっても、闘いの本質を外れた抽象的概念を織りこむべきではない。それは結合を破壊するばかりである。組合的メカニズムに引きずられるのにも反対である。しかし小さな集まりをマスの中に封じこめるのには賛成できない。小さなグループはそれなりに存在理由がある。もちろん前衛的性格は不可欠であるが、それらがたがいにセオリーないしはイデオロギーの研究に励み、相手の立場を認めながら、マスとしての共通の線を見出してゆくことに意義がある」

そして彼は、学生運動が現在対決しなければならない火急の問題として、弾圧、体制側のまき返しをあげ、労働者居住地域を中心に宣伝、広報活動を目的とする専門班の設立を提案した。「学部が再開され、占拠を実現したならば、批判大学の問題に専念する。学生による特別委員会を作るべきだと思う。これによりブルジョア大学に対するわれわれの争いを恒久的に可能たらしめることができる」

熱狂的な拍手のうちにダニエル・ベンサイドが降壇、次いでFERの委員がきわだって攻撃的な演説を行った。

会場には、学生以外のグループからの代表者も参加していた。SNESの少数自由派と、フランス共産党マルクス＝レーニン派からの代表とであった。両者とも、学生による運動を全面的に支援することを誓った。（同書、一一〇―一一二頁）

同じ日の夜、第一一区のアムロ通りではフランス共産党の大集会が開かれていた。カルチエ・ラタンで配られたビラには、三つのスローガン「ドイツにおけるナチズムの再生に反対」「ヨーロッパの安全と平和の保障」「ドイツ共産党の合法化」が掲げられ、書記長ヴァルデク・ロシェの司会、講演者には書記局のジョルジュ・マルシェ、UEC書記長ジャン＝ミシェル・カタラの名前が出ていた。党の幹部が顔をそろえている。だがいまこの情況の中でなぜドイツ問題を、という疑問が脳裏をかすめたことを覚えている。

小集団「グルピュスキュール」

この数日、一般にはほとんど知られていなかった「グルピュスキュール（groupuscule）」という言葉が脚光を浴びている。グループ（groupe）に指小辞の付いたこの蔑称は、政治的に好ましくない過激な極左小集団を指すものとして、主として政府や左右の政党あるいはジャーナリズムによって使われてきた。しかし五月三日以来の学生たちの大抗議運動は、さまざまなグルピュスキュールが先導的な役割を果たしており、その存在と役割に注目が集まるようになる。五月九日付の『ル・モンド』紙は論説「無気力と暴力の間にある学生たち」の第三回「引き裂かれた組織」が掲載された第六面に、「「グルピュスキュール」小辞典」と題して主要なグルピュスキュールを紹介している。必ずしも好意的な記述ではないが以下訳出しておこう。

以下に記すのは、現在あるさまざまな極左学生集団の中の最も著名なものである。

UECは、フランス共産党の学生組織。この組織は一九六一年ごろに、イタリア共産党の諸テーゼに共鳴して、党に対してより大きな自主性を求めた。だが数年にわたる分裂と除名騒ぎで弱体化したUECは、今日では月刊誌『ヌーヴォー・クラルテ』において党の「路線」を忠実に守っている。UECはとりわけ「学生の生活と勉学の条件の悪化」に抗議し、特に勤労学生の利益を守ることを重視している。

CLER（革命的学生連絡協議会）は、こうした運動のなかで最も古い。『ラ・ヴェリテ』紙の周辺に集ったランベールグループの名で知られているトロツキストの組織に属する学生集団によって、一九六一年に設立された。CLERは現在、一万一〇〇〇の活動家を擁していると称している。彼らは、彼らによればフランス共産党と東の諸国の「官僚主義」によって裏切られた「ボルシェヴィキ」の伝統の中に自らを位置づけている。〔……〕大学にかんしてはCLERは「学生たちによって獲得された諸特権」の保持を重視し、選抜主義に対する反対闘争を進めている。

JCRは、大統領選挙におけるミッテランの擁立を支持した共産党に反対する、UECのソルボンヌ文学部部会の約一〇〇人の活動家によって一九六六年の初頭に設立された。トロツキストの別派（いわゆるフランク派）に属している。だが彼らの傾向はCLERより多様で、彼らのプロパガンダは広く、「反帝国主義」と東西の学生運動との連帯に向けられている。『アヴァン・ギャルド』紙を刊行。カーンやルーアン、南仏にいくつかの活動的なグループが存在している。

UJCMLは、フランスにおける親中国派運動のひとつ。一九六六年九月、高等師範学校と法学部のUECサークルによって設立される。初めは哲学者アルチュセールの指導によって注目され、レベルの高い理論誌『カイエ・マルクシスト＝レーニニスト』を刊行した。現在の機関誌『セルヴィール・ル・プープル』には大別してふたつのテーマが認められる。ひとつは中国の実例と毛沢東の思想の紹介と分析、それに対する称讃。もうひとつはCGTにおける「官僚主義」に対する「下部」の反発とストライキの支援である。

ヴェトナム下部委員会（Comité Viêtnam de base）。UJCに近い。一九六七年秋に設立されたが、一学生運動に止まろうとはしていない。もっともパリや地方で彼らの活動家、それに三月の大会の一万五〇〇〇の参加者の大多数は、学生や高校生であった。彼らは民族解放戦線と北ヴェトナムを全面的に支持し、その資料を彼らの機関紙『ヴィクトワール・プール・ヴェトナム』に載せている。彼らは二月七日のモベール広場のデモのような「激しい」デモを組織し、四月二八日のレンヌ通りで行ったような武闘派的な攻撃を行うことがある。いくつかのアナーキスト集団がナンテールの運動に参加した。最近の学生のデモでもアナーキストの黒旗が出現している。

このリストにはUNEFやSNESupは含まれていない。UNEFは「フランス全学連」と訳されることが多いが、日本の「全学連」とはかなり異なった性格をもっており、本来はCGTやCFDT、あるいはSNESupと同様、全国の学生の学生としての利益を守る「組合」であって、政治的な目標を掲げるグルピュスキュールとは異なる。そうした組織の体質が、三月二二日運動や他のグルピュスキュールによって「組合的官僚主義」として厳しく批判され、ソヴァジョやジェスマールの自己批判を招いたのであった。だがその半面、そうした役割の異なる「組合」と「グルピュスキュール」が「同じひとつの闘い」の中で批判＝協力関係をもちえたことが五月の成功の要因であったと言ってもよいだろう。蔑称であったグルピュスキュールは運動の展開の中でむしろ主導的な位置を占め、五月六日のデモにはすでに「われわれは皆グルピュスキュールだ」というシュプレヒコールが起こっていた。

五月三日から一一日までは「長い一週間」などと呼ばれ、事件と緊張の連続であった。その間、私はほとんど写真を撮っていない。自分の置かれた情況が十分理解できないままに走り回っていて、写真を撮る余裕がなかったのであろう。またさまざまな証言からわかるように、カメラをもった外国人はCRSの警棒の恰好の標的であったから、危険を感じていたということもあると思う。この期間の写真のなかで読者にお見せできるのは、わずかしかない。ただし、写真には日付が入っていないので、日付の特定は画面から判断するしかない。

写真5　ダンフェール＝ロシュローのライオン像

（写真5）ダンフェール＝ロシュロー広場の巨大なライオン像に腰をおろして集合を眺めている学生たち。学生たちの集会やデモによく使われた広場で、よく見かけた風景である。それにしてもこれから激しいデモを始めるというのに、おしゃれな学生たち。「六八年スタイル」と言われるものがあったらしい。ダンフェールの集会だから五月六日だろうか。

（写真6）中央でマイクをもち演説しているのはおそらく

写真6　演説するコーン＝ベンディット

コーン＝ベンディットであろう。これもダンフェール＝ロシュロー広場の集会だろうか。さまざまなプラカードと共に、赤旗と黒旗が乱立するいつもの風景である。

4　ノルマンディーの五月

「バリケードの夜」と呼ばれている五月一〇日の夜から一一日にかけて、私はパリにいない。その両日だけでなく、ストライキでパリに帰る列車が動かなかったこともあって、私は結局、一四日の夜までノルマンディーに滞在することになった。決定的な日々にパリに不在であったのは大いに悔まれることであった。

ノルマンディーに出かけたのは、パリで起こっている事件について、農村や地方の都市の反応もぜひ知りたいと思ったからである。パリだけ見ていてはフランスのことはわからない。しかしどう考えてみても五月一〇日の朝パリを離れるというのは、現実の事態が十分に理解できていなかったからだろう。じっさい私は一〇日の朝には、この事件はこれで終わることはないが、しかしこれ以上の展開もないだろうと考えていた。それは平穏無事に終わった五月八日、九日のデモや集会を見ての実感でもあったと思う。

五月一一日、土曜日、ルーアン近郊のラ・ヴォパリエールはまさにリンゴの花盛りだ。リンゴの木の下で牛の群がのんびり草を食んでいる。ラジオとテレビで昨夜のカルチエ・ラタンの激しい衝突を知る。パリの新聞が地方に配達されるのは一日遅れだ。フランスの田舎に来ると急に情報から隔絶されてしまった感じになる。もう一晩ラ・ヴォパリエールの友人のお宅に泊めてもらう。

一二日、日曜日。ルーアン―パリ間の列車は動かない。

一三日、月曜日。パリに帰るつもりで午前中にルーアン駅まで行ってみたが、やはりストライキでパリ行きの列車は出ない。やむなく動いていた逆方向の列車に乗って、ルアーヴルまで行き、そこで乗り換えてオンフルールまで行って一泊。オンフルールのカフェではスト中の労働者が集まって祝杯を上げていた。

一四日、火曜日。朝、オンフルールを出てドーヴィル経由で三時頃カーンに着く。さっそく大学の場所を尋ねて行ってみる。全学集会が行われている最中であったが、満員で会場には入れない。しばらくキャンパスで時間を過ごし日が暮れてからルーアンに戻る。ようやく動き始めたパリ行きの列車に乗ることができた。

ノルマンディーでは、農村の魅力に心を奪われてかなり多くの写真を撮った。とりわけ、ラ・ヴォパリエールの農村風景は、パリとは別世界であり、そこには別の時間が流れている。私はこ

写真７　ラ・ヴォパリエールの農村風景

写真８　クヴァル家の入口

こで、その異質な時間にこだわって、農村あるいは地方から見た六八年とは何であったかを改めて問いたいという誘惑にかられていたのであるが、ここでは自制して、農村の写真を二葉とカーン大学の写真を数枚提出したい。

（写真7）ラ・ヴォパリエール。花盛りのリンゴの木の下で草を食む牛の群はこの地方の典型的な農村風景であり、道で出会った農民の一人が、ここは世界で最も美しい村だ、と自慢してみせた。フランス語の「美しい（beau）」には「良い」「豊かな」という意味もこめられている。

（写真8）友人宅の入口。クヴァル夫人の父（左側）は、かつてこの近くの町でカフェを経営していた。第一次大戦に出征、開戦直後にドイツ軍の捕虜になり、そこでドイツ語を覚えたらしい。その後各地を放浪、日本にも関心があったらしく、「横浜に美しい娘がいて」云々という当時流行ったシャンソンを歌ってくれた。

（写真9）カーン大学。新しい建造物群。ナンテール分校との類似を思わせる。コーン＝ベンディットも言っていたように、この大学には第三世界から来た学生、特に中国からの国費留学生が多い。またパリ大学と違って、地方の学生が多いこともこの大学の特色のようだ。ちょうど全学集会が行われていた。

写真9　カーン大学（1432年創立）の新しい建物

写真10　壁の落書き

（写真10）まだ新しい建物の壁に大きな文字で、落書きというよりはスローガンが書かれている。何日に書かれたのであろうか、この大きな壁面の上方には「労働者と学生の連合」、下段には「大学を学生の手に」「組合連合デモ五月一三日月曜日一一時」「学生と労働者のデモ」「五月一三日月曜日一一時」昨日のデモの呼びかけだ。そして右手

写真11　学生たちの関心の高さがうかがわれる

写真12　ミーティング後（中央はおそらくアフリカ系の学生）

には「フーシェは辞職せよ」とある。別の壁には、「われわれの仲間を釈放せよ」「気狂いフーシェ、ソルボンヌを解放せよ」「CRS＝SS」「ド・ゴール人殺し」。下の段には、「試験のストライキ」「弾圧反対」「CRS＝卐」「一三日月曜一一時デモ」等の文字が読みとれた。

（写真11）集会。満員の会場。中に入れず成り行きを注視している学生たち。

（写真12）ミーティングが終わって会場から出てきた学生たち。彼らの視線の先にあるのは、学部長といった大学の責任者か、あるいは組合の幹部か、いずれにせよ見送る学生たちの表情は厳しい。

5　焼かれた車とバリケード

ノルマンディーで見聞きしたパリの情況

私がノルマンディーで足留めを食っている間にパリで起きていたことを、新聞その他の資料で（私は主としてラジオで聞いていたのであるが）簡単にたどっておこう。

五月一〇日―一一日、金―土曜日。

五月一〇日、ナンテール分校の閉鎖が解かれる。しかしUNEFと三月二二日運動は閉鎖の続くソルボンヌの学生に連帯して、占拠によるストライキの続行を決定する。また高校生たちはCALの呼びかけに応じて抗議行動を続け、それぞれの高校の入口にピケを張る（パリで五二カ所に及ぶ）。他方、高校の教員たちも組合の指令に従ってストライキに入る。SNESup、CGT、CFDT、FEN、UGE、UNEF、等の組合の指導部は警察の弾圧を非難する共同コミュニケを発表し、逮捕された組合員の釈放と組合及び政治的活動の自由を要求して一四日火曜日の全国共同デモを決定する。

ダンフェール＝ロシュロー広場では午後五時から高校生の集会が行われ、続いて六時からUNEFとSNESupの集会。参加者の数は三万近くにふくれあがり、カルチエ・ラタンの占拠を叫んでサン＝ジェルマン大通りの行進を始める。これに若い労働者が加わって、深夜には至る所でバリケードが築かれ始めた。すでに幾度かくりかえされてきたように、予想される事態は明らかであり、代表格のジェスマール、ソヴァジョ、コーン＝ベンディットの三人がロッシュ・パリ大学区長の仲介でペイルフィット国民教育相との交渉に臨む。午前一時、総長室を出てきたコーン＝ベンディットは交渉の決裂を告げる。大臣は「三つの条件」を拒否し、警察力による解決を選んだのであった。一一日の午前二時、警視長官モーリス・グリモーの命令によって警察の実力行使が始まるが、デモ隊の激しい抵抗は午前六時、夜が明けるまで続いた。後に報道された数字によると、負傷者三六七人、拘留四六〇人、壊された車一八八台、そのうち完全に焼かれた車は約六〇台。「夜のバリケード」には学生や教員の他に一般の市民やジャーナリスト、芸術家たちのグループも多数参加していて、ゴダールの現場の発言やヴィアゼムスキーやレオなど『中国女』のスタッフの写真も残されている。

デモ隊とバリケードに対する排除命令が出て以後の警察側の「鎮圧」が、常軌を逸したものであったことは、翌日の新聞の記事や後に『黒書』に収められた多数の証言によっても明らかだろう。攻撃用の催涙弾が使われ、多くの負傷者を出しているが、催涙弾は警官の暴行に抗議する住民の部屋にも打ちこまれる。機動隊は逃げる「暴徒」を追って住民のアパルトマンに乱入し暴力をふるうだけでなく、大学や研究所に急設された救護施設にも乱入する。こうした「事件」の経緯を追う報道は、ORTFでは一切禁止されていたが、パリの住民やデモの参加者たちは、「ラジオ・リュクサンブール」や「ヨーロッパ1」などといった小さな民間・周辺放送から、現場中継その他によって刻々と情報を得ることができた。こうした小放送は、時にはデモ隊の側の呼びかけを流し、時には警察の電波を受信して得た機動隊の動きに関する情報を前もってデモ隊に伝えることもありえたのである。六八年に「トランジスター・ラジオ」が、現在の「ケータイ」の役割を果たすことができたのは、こうした小さな民間・周辺放送局の存在によるところが大きいだろう。言論の自由のシンボルとも言えるこうした小放送局は、乱立による電波配分の困難という問題もあって、その後大幅に制限されることになった。

『ル・モンド』紙は、五月一二（日曜日）―一三日（月曜日）付の紙上で一面の大半と二、三面を使い五月一〇―一一日の事件を大きく取り上げ、更に五、六面のすべての頁を使って各界の反応を伝えている（『ル・モンド』は午後に発売される夕刊紙で、日曜は休刊だから、一、二日の遅れがあり、その分、記事は正確になるだろう）。一面冒頭の大見出しは「カルチエ・ラタンのドラマティックな夜」とある。この「ドラマティック」というフランス語には「劇的な」という意味の他に「重大な、深刻な、悲惨な」という意味もあるから、写真を一切載せない方針からも分かるように、一時的な感情に流されることなく厳正中立を誇る『ル・モンド』にしては、一瞬首を傾げさせるタイトルであった。大見出しは続いて「学生たちとの遅れた交渉は失敗、警察は六〇のバリケードを攻略する」とあり、さらに「三六七負傷、四六〇逮捕、一八〇台破損――CGTとCFDTは日曜のゼネストを呼びかける」の言葉が続く。この記事の一面、前半の部分を以下に訳出しておこう。

高校生も含むパリの学生たちによって金曜日カルチエ・ラタンで組織されたデモは、平穏に始められたが、夜の間に劇的な展開をみせた。

デモの参加者たちは彼らが築いたバリケードで、午前二時二〇分、治安回復の命令を受けた強力な警察力に対して四時間にわたる激しい戦いを交えた。この騒乱《エムート》の間に三六七人が負傷、そのうち約二〇人（学生四人と警官一八人）が重傷のようである。

事物の損害にかんしては、荒された道路やショー・ウインドウのガラスを割られた商店は言うまでもなく、六〇台の車に火が放たれ、一二八台が破損した。

五月一三日月曜日の二四時間ゼネストの指令が、労働組合（CGT、CFDT）、教員組合（FEN）によって出され、野党の政治組織（共産党、PSU、左翼連合）、「労働者の力」〔……〕等がこれに同調している。

土曜日〔一一日〕の午前中、労働組合や左翼政党の指導部は会合を開き、学生デモに対する暴力的な弾圧に強く抗議するために相互の連絡をとることを決める。ヴァルデク・ロシェ〔共産党〕、ガストン・ドフェール〔社会党〕、ジャック・デュアメル〔民主主義中道派〕の諸氏は、シャバン＝デルマス〔国会議長〕氏に電報を送り、国民議会の招集を要請した。

SENSupとFNEFは、土曜の朝、ゼネストの指令を再確認した。夜の事件は地方の各地にさまざまな反応を呼び起こしているが、とりわけストラスブールでは、翌朝大学のほとんどすべての場所が占拠され、「現在の権力のあらゆる権威を否定する大学自治《オトノミー》」を宣言した。パリとパリ首都圏では、土曜の朝にもさらに多数の高校生たちのデモが行われている。

パリ大学理学部教授ロラン・シュバルツとアンリ・カルタンの両氏、さらに作家でパリの高校の哲学教授であるモーリス・クラヴェル氏は共に辞職届けを提出した。パリ大学法学部長とその補佐の職にあった人々は、大学の決定機関が、外部の権威に干渉されることなく自分自身の意志で決定する権利を要求した。他方、同学部の教員と学生たちは、学生と政府間の対話を再開するために、学生と政府間の調停委員会が設立され、ノーベル賞受賞者で生物学者のモノー氏や前法学部長のヴェデル氏、さらには前大臣のシュドロー氏によって構成されることを提案している。

ソルボンヌの三〇〇人の教授は試験の採点を行わないことを決定した（教授資格試験の筆記試験が始まっていた）。土曜の朝、古典と近代文学の受験生の大半が、筆記試験を拒否した。

（第四面、第五段に続く）

『ル・モンド』の論説

『ル・モンド』の二―三面通しての見出しは、「カルチエ・ラタンのドラマティックな事件と大学の危機の進行」、第三―四面を通しての見出しは「学生デモ後の諸反応と態度表明」となっており、事件の経過や地方の動き、警視庁長官の談話や政府のコミュニケ、大学や組合、あるいは諸政党の反応、あるいは「フランス修正主義者」に対する中国の批判を含めた諸外国の反応等々が収められている。冷静を欠いた記述や熱に浮かされたような論説の文体をも含めて、この日の『ル・モンド』紙はまさに臨場感あふれる「バリケードの夜」の特集になっており、後から事件を知ろうとするものにとっては実に貴重な資料となっている。ここで詳しい説明を続けることはできないが、同じ紙面に事件に異なる角度から照明を与える記事が載っているので次にそれを紹介しておきたい。

そのひとつはヴェトナム和平にかんするもので、「ヴェトナムにかんする交渉は月曜に本格的に始まるだろう」という見出しの下に、サイゴンで新たな戦いがあったことを伝えている（一面）。後で読みかえすと、ヴェトナム和平予備会談の記事は、学生運動やカルチエ・ラタンの事件と常に対になるような形で紙面を分け合っている（これは各紙同様で『ル・モンド』に限らない）。中東やアフリカをも含めた第三世界の視線が、意識的無意識的にそこにあったという印象が強い。

第二は「一九五八年五月の日々」と題する論説が、明らかに六八年五月の日々との対照を意識してこの日から掲載されている（第七面）ということ。五八年五月の日々とは、言うまでもなく現ド・ゴール政権の誕生にかかわる事件であった。五八年五月一三日、アルジェリアの独立に反対する植民者（コロン）とフランス現地軍の反乱が起こり、現地軍がフランス本土に進行してクーデタを行う事態が現実的となった。これを阻止するために、ド・ゴール将軍の再登場が要請され、ド・ゴールは全権委任と憲法改正を条件に、五月一六日に出馬表明、六月一日には挙国一致のド・ゴール政権が成立する。九月二八日には、ド・ゴールの提案した新憲法が国民投票の圧倒的多数を得て承認され、一〇月五日には公布される。第四共和政の終焉と第五共和政の誕生である。新憲法によれば大統領の任期は七年に延長された。立法府（議会）に対する行政府（大統領）の優位を特徴とし、議会よりも国民投票に直接訴えるという点でも、また軍を背景にしている点でも、ナポレオン三世のボナパルティズムによく似た構造をもつ強権的な体制の成立であった。ド・ゴール政権から一〇年、学生たちがデモで「一〇年は長すぎる！」と叫んだ言葉の裏には、ド・ゴール政権成立のそのような歴史的背景が秘められている。また五月に入って、ド・ゴールは五八年五月の日々を思い出すべきである、といった発言がしばしば聞かれるようになっていたが、じっさいド・ゴールは最後には五八年五月をわれわれの予想とは異なる形で想起することになるだろう。

第三はマルクスについて。一九六八年はマルクス生誕一五〇年にあたる。パリのユネスコ本部では五月の初めから世界の著名な学者を集めて（中国からは不参加）マルクスの現代性を問うシンポジウムが開かれていた。五月一二―一三日付の『ル・モンド』紙の第六面は、「マルクス生誕一五〇年。ユネスコのシンポジウムはヘルベルト・マルクーゼのテーゼをめぐる討論で閉幕」の見出しの下に、ジャン・ラクチュールの署名入りで、その最終日（一〇日金曜日）の模様を伝える記事が掲載されている。このシンポジウムの花形は、学生反乱のイデオローグとみなされていたマルクーゼであったようで、最終日の最終報告者マルクーゼの、文明の進歩に対する悲観的で無政府主義者的なテーゼに対して、ガロディなど正統派的なヨーロッパのマルクス主義哲学者やソ連の学者たちの批判的な追及とマルクーゼの回答が紹介されている。引用されているマルクーゼの回答の部分を以下に訳出しておこう。

革命的な勢力に対する私の記述は限定的だろうか。私はそうは思わない。私は「第三世界」の解放運動の役割に力点を置いている。だが産業化した諸国の労働者階級の中に革命的な意識を見出すことが問題であれば、私は否定的である〔……〕。

私はアナーキストであろうか。否である。もっとも私はクロポトキンやバクーニンに対していかなる反感ももっていない。だがもし私が自分の先駆者を一人選ばなければならないとすれば、それはむしろフーリエである。私は反抗のための反抗は信じない。だが反抗にはそれ固有の力があると思う。さらにつけ加えれば、私はヘーゲルにあまりにも強く結ばれているので、否定のなかに否定的側面しか見ないですますことはできない〔……〕」。

四〇年後にこれを読みかえしてみて、私は所を得た発言だと思う。しかし当時はこうした高尚な議論にむしろ反感を抱いたのではないかと思う。その前日のマルクーゼの発言として、「皆さんの抗議運動に私は強い共感をもっている。だがこれは革命ではない」という言葉が伝えられていた。因に、フランスにかんする限り、マルクーゼが六八年五月に何らかの影響をもちえたというのは作られた神話だと思う。

パヴェの下には砂浜が……

以下に提示する、バリケードと焼かれた車の写真は、五月一五日以降に撮影されている。いわば事後の、戦場の跡の写真であることを前もってお断りしておきたい。

（写真13）パヴェ（敷石）。ひとつの稜が一〇センチほどの立方体に削られた砂岩。パリの石畳の基材であると同時にバリケードの基材でもある。都市文明の象徴であると同時に反抗と革命のシンボルでもあった。パリ・コミューンの半年後にパリに入った岩倉使節団が最初に心を奪われ

写真13　石畳からはがされたパヴェ

たのが、パリの石畳とその上を走る馬車の響きであったことが思い出される。良い訳語が見出せないのでここでは「パヴェ」と仮名で表記させていただきたい。

パヴェは六八年五月のひとつのシンボルとなり、学生たちは親しみをこめた特別な口調で、パヴェと言う。最初の衝突の日に、パヴェを顔面に受けた警官が失明を危ぶまれる重傷であったことから、警察側は学生の暴力を宣伝した。しかし、学生が銃やその他の武器をもち出さず、もっぱらパヴェで対抗したことは記憶に留めておきたい。五月の後半になって革命情報委員会が『パヴェ』というタイトルの小さな新聞を出している。これは一号で終わってしまったが、○・五フランで飛ぶように売れていた。一面冒頭にはローザ・ルクセンブルクの「創造的な力」にかんする一節を置いて、バリケードにかんする解説がのせられている。パヴェにかんする壁の言葉は実に多いが、以下にそのいくつかを紹介したい。

最も美しい彫刻、それは砂岩のパヴェ、立方体の重いパヴェ。ポリ公の口をめがけて投げつけるのはこのパヴェだ（La plus belle sculpture, c'est pavé de grès, le lourd pavé cubique, c'est le pavé qu'on jette sur la gueule des flics）

あらゆる思考のゆきつくところ、それはパヴェ（L'aboutissement de toute pensée, c'est le pavé）

あなたが好き!!!　ああ、その言葉をパヴェを片手に言って下さい!!!（Je t'aime !!! Oh, dites-le avec les pavés !!!）

先に述べた『パヴェ』紙には囲の中にこんな言葉が記されていた。あえて訳せば「パヴェに囲まれていい気持（Je jouis dans les pavés）」とでもなるだろうか。

パヴェにかんする壁の言葉で、おそらく最もよく知られているのは次の一句であろう。これはソルボンヌ以外でもカルチエ・ラタンの何カ所かに書かれていた。

パヴェの下（Dessous les pavés）

それは砂浜……（C'est la plage…）

この美しいシュールレアリスト的な一句は、しかしバリケードを作るために石畳をはがした若者たちの実感を表わしている。実際、パヴェをはがしてみると、思いがけずどこまでも続く白い砂の層が現われたのであった（因に、フランス語のストライキ grève にはもともと「砂浜」の意味がある。セーヌ河岸近くにあるパリ市庁舎前のグレーヴ広場に労働者が職を求めて集まってくるところからグレーヴにストライキの意味が発生したのであった）。セーヌ川の岸辺がかつては砂地であったことを私たちは忘れている。バリケードを築く行為を通して、いかに多くの思いがけない発見があったことだろう。

写真14　カルチエ・ラタンのあちこちにパヴェで築かれたバリケード

（写真14）カルチエ・ラタンのバリケード跡。一九六八年五月一〇日の「バリケードの夜」は、パリのバリケード伝説に新しい一頁を加えることになった。おそらく私はこのバリケードを五月一五日か一六日に写している。一〇日夜から一一日朝にかけてゲー・リュサック通りを中心に築かれた六〇あまりのバリケードはまだ半ばしか片付けられていない。バリケード跡の写真からも分かるように、バリケードを築く材料は、ほとんど顔の高さまで積み上げられたパヴェと街路樹の根本に置かれていた鉄柵、工事現場の木材、等々であるが、道路脇に置かれていた車を横倒しにして置く（そして時には火を放つ）というのは、車の時代の新戦術であった。それにしてもこれだけ多くの見事なバリケードを築くには多くの人手とかなりの時間を要したはずである。長びいた交渉の産物でもあった。
バリケードにかんする壁の言葉をいくつか次に引用しておこう。

一九六八年五月一〇日のコミューンばんざい！（Vive la Commune du 10 mai 1968 !）

バリケードは通りを塞ぐが道を開く。（La barricade ferme la rue, mais ouvre la voie.）

バリケードは革命的高揚の最もたしかなしるしである。（トレーズ、一九三一年六月ルーベのバリケード）（La barricade est l'indication la plus sûre de l'essor révolutionnaire. (Thorez, juin 1931, Barricades de Roubaix)）

都市ゲリラ、（Guerilla urbaine,）

焔（砲火）がそれを実現する！（Le feu réalise !）

バリケードにもパヴェと同様さまざまな象徴的意味がこめられているが、それが「都市計画」つまり現存する都市自体に対する攻撃、破壊活動であることを示す壁の言葉をいくつか見かけたことも報告しておきたい。

（写真15）（写真16）焼かれた車。背後に警察の護送車が見える。五月一六日の午後、ソルボンヌに行く途中で、ゲー・リュサック通りからサン＝ミッシェル大通りにかけて焼かれて放置されている車の数を数えてみて二八台までは確認できた。謎も多い。誰が放火したのか。『五月の日々の黒書』に収められた証言には、警官が放火していたのを見たという複数の証言もある。またそういう場面に出没する黒ジャンパーの煽動家や右翼たちであるという説もある。しかしそれはあり得てもその数は少ないだろう。私はむしろデモの参加者の中にそれなりの理由をもって放火した者がいたと考えて、その理由を考えるべきだと思う。車を燃すことは、バリケードを持ちこたえ、警官隊に対抗するために必要であったことは確かだろう。バリケードと同様、それは武器をもたない者たちの反抗の手段である。そしてバリケード

写真15, 16　この後、大都市の郊外では、車に火を放つ行為が一種の伝統として受け継がれてゆく

が築かれるような比較的狭い道路の両側にも、いつも路上駐車の車の列が、まるで使って下さいと言うかのように置かれていたことも事実である。

もうひとつの謎。パリの市民は車を焼かれたことになぜあれほど寛大なのであろうか。もし日本であれば車に火を放つという行為に対しては一斉に非難の声が上ったであろう。だが私の知る限り、「バリケードの夜」を境に世論は学生の側に傾き、車を焼かれたことに対する非難の声もたかまりはしなかった。それはひとつに衝突の現場に立ち合った住民たちが、警官の暴力を目撃し、それがどちらから仕掛けられた暴力であるかを判断したからであろう。もうひとつは、車に対する愛着のもち方がちがうのかもしれない。フランスは日本よりもひと足早く車社会になっていた。馬車の時代の都市計画によって作られた石造りの街の建物や道路の大半がそのままの形で残っているパリ市内には、駐車場の設備も少なく、夜の一定時間以後は路上駐車が認められており、道路の両側は車の列で埋められている。そしてよく見るとどの車も汚れ放題で、発車のときにはあるいは駐車のときにも乱暴に前後の車にぶつけて、他の車に傷をつけることも意に介さない。そんな情景は、車をぴかぴかに磨きあげ小さな傷にも大騒ぎする日本では、想像もできないことであった。ある日ソルボンヌの集会場で「ジェスマールの車も焼かれました」というアナウンスがあり、会場が笑いでどよめいたことを思い出すが、あの陽気な笑いはそのときの私にはきわめて印象的であった。

「焼かれた車」、あるいは車に火を放つことの象徴的な意味は、桁違いに多くの車が焼かれた、二〇〇五、六年のいわゆる「郊外暴動」に照して見ると一層明らかになるかもしれない。「郊外暴動」の主役はもはや市中に住む学生や若者たちではなく、郊外《バンリュー》に住む移民たちの二世、三世の子どもや少年たちであった。サルコジ政権の対移民政策を背景にした警察の過剰な取り締りに端を発して「郊外暴動」はたちまち国内の各地にひろがり、何千、何百台の車が焼かれたのであった（この事件は、一九七〇年に「第三世界は郊外に始まる」［原題は「資本主義とその国内植民地」］というタイトルの文章を書いたサルトルの先見性を改めて思い出させる）。バリケードを築くことのできない郊外の若者たちは、車に火を放つことで抵抗と抗議の意志を表わしたのだと思う。二〇〇五年秋の郊外で焼かれた車の炎は、六八年五月の焼かれた車の炎が予感していた未来の現実を示しているのかもしれない。事件からほどなくして日刊紙『リベラシオン』に掲載されたジャン・ボードリヤールの文章は、次の言葉で始められている。

たった一晩で一五〇〇台の車が焼かれ、それから台数は一晩ごとに、九〇〇台、五〇〇台、二〇〇台と減ってゆき、日常的な「標準値」に達したわけだが、そうなってみなければ、私たちの美しきフランスでは毎晩平均して九〇台の車が焼かれている事実を知ることはできなかったのだ。凱旋門の炎のような、永続的な炎が、無名移民に敬意を表しながら燃えている。激しく議論された後で、移民の存在は認知されたがすべてはまやかしである。

一つだけ確実なことがある。それはチェルノブイリとともに始まった「フランス的例外」がもはや通用しなくなったということである。［……］（「母さんとやれよ！　燃やされた車と国民投票における反対は、どちらも、終わりなき反抗の表現である」昼間賢訳、『現代思想』二〇〇六

写真17, 18　いまや「焼かれた車（voiture brûlée）」は、こうした事件の代名詞でさえある

年二月臨時増刊号、総特集「フランス暴動 階級社会の行方」二四頁）

（写真17）同じく、ゲー・リュサック通りであろう。読みにくいが左手の二人の人物の後の壁に「神もなく主人もなく（NI DIEU NI MAITRE）」と書かれている。

（写真18）サンドイッチ・バーや乳製品《クレムリー》の店の看板が見える街角で、焼けた車の後からこちらを向いてふざけている、おそらく学校帰りの二人のいたずら小僧。四〇年を経て、彼らはその後どんな人生を送ったのだろうか。

6　ソルボンヌとオデオン座、そして工場へ

学生と労働者、統一行動の広がり

五月一三日、月曜日。統一デモとソルボンヌの再開。アフガニスタンとイラクの訪問の旅から帰国したポンピドゥー首相は、一一日深夜、ソルボンヌ再開と逮捕学生の釈放を決める。

午前八時三〇分、ロシェ大学区長はソルボンヌの開門の命令を下し、門前に詰めかけていた学生たちは、開門と同時にソルボンヌを占拠。他方、同じ時刻に、CGT、CFDT、UNEF、SNESup等が主導する二四時間ゼネストが開始され、官公庁、国鉄、パリ交通社、フランス電力、等々、広範な参加があって、それぞれの組合連合体がストの成功を発表する。労働者＝学生の統一行動は地方にもひろがり、マルセイユ（五万）、トゥールーズ（四万）、リヨン（三万五〇〇〇）、ナント（二万）、レンヌ（一万二〇〇〇）、カーン（一万）などが報告されている。パリの一〇〇万（主催者発表、警視庁発表は二〇万）と合わせて戦後最大の動員数であった。

年表風に書けば、五月一三日、ゼネスト、レピュブリック広場からダンフェール＝ロシュロー広場に至る一〇〇万のデモ。夜八時過ぎ、多数の学生がカルチエ・ラタンにもどりソルボンヌを占拠、となるだろう。しかしこの統一行動はかなり複雑で組合間の対立、学生と組合間の対立、学生間の対立、学生・組合・政党間の複雑な協調と対立の関係を包みこみながら、それぞれの意図を越えた巨大な人間の流れがデモの性格と方向を決めたようである。私が立ち合うことのできなかったこの日の統一行動について、おそらくその場に立ち合っていたと思われる二人の証言を次に引用したい（最初はロトマン、次はすでにおなじみのリウー＆バックマン）。

五月一三日、月曜日。学生の集合場所である東駅の鉄柵には「五八年五月一三日—六八年五月一三日。将軍、政権一〇周年おめでとう」と書かれた横断幕が結びつけられていた。一つの五月一三日からもう一つの五月一三日へ。ド・ゴール将軍の政権復帰のプレリュードとなったアルジェの騒乱の一〇周年記念日に、コーン＝ベンディットと彼の仲間たちは素晴しい贈り物を用意した。まだ傷の手当がなされていないカルチエ・ラタンを三万人のデモ隊が行進したのである。第一列には、互いに腕を組んだ三人組のリーダーたち、ソヴァジョ、ジェスマール、コーン＝ベンディットがいて先頭を切っている。この反ド・ゴール派の人波のはるか後方に、ヴァルデク・ロシェやジョルジュ・マルシェに率いられた共産党の代表団。その後にミッテランとエルニュなど左翼連合の代表。そしてさらにはるか後方にマンデス＝フランスとPSU〔……〕。

学生たちの勝利は全面的だ。一週間で彼らはド・ゴール政権とその老首領を屈服させた。「二〇年でうんざりだ」、何千の学生が声を合わせて叫ぶ。何万の賃金労働者や組合員がこの春の狂おしい空気を吸う。数日前まで少数派であった反抗という観念が、自分たちがかくも多数でかくも強力であることを知った精神に伝染する〔……〕。

五月一三日は暴力の日ではなく、ましてや反乱の日ではない。この日は単に学生運動と労働者階級の間をつなぐ連携の日だ。学生たちは、その身分や大胆さから、暴力や衝突を受け入れやすく、政府を後退させた。学生たちは、規則的な行動や要求をくりかえす日々に疲れた労働者たちを行動に誘う。(ROTMAN, Patrick et Charlote ROTMAN, *Les Années 68*, Seuil,

2008, p. 171-172）

リウー＆バックマンは、党派間の主導権争いや、街頭においてもなおコーン＝ベンディットを排除しようとして失敗するCGTとセギーのかたくなな態度や、地方のストライキの実状などを詳しく描きだしているが、ここではソルボンヌ占拠の部分を引用したい。

五月十三日、午後六時、労働者、学生合同の統一デモがおわりに近づいた頃、ソルボンヌは学生の行動委員会の手で完全に占拠された。ただちに大学占拠委員会が設置される。旧館のチャペルの丸天井の頂上には、フランス国旗から青と白の部分を破り取って作られた赤旗がひるがえった。見物人を交えて万にのぼる群集が、大学の中庭に集まった。臨時に編成されたバンドが狂ったようにジャズを演奏する。踊る者、歌う者、喚く者。一歩校舎に足を踏み入れると、すでに前日学生が占拠をおえたサンシエの文学部同様、壁という壁に短い文句を書いた「新聞」が貼り出されていた。「現実に目を開け」「想像力が権力をとる」という二つの有名な文章も、この頃に現われた。ほかに、その後ジャーナリズムがさかんに利用したいわゆる語録には、次のようなものがある。

「無関心は棒がたたき直す」「おい、勉強しろよ。老いぼれの先生《センテキ》が待ちかまえてるぞ」「都市計画、住宅、セックス、そんなものは関係ないね」「幸福なんて、クソくらえ」「暴力で押えなきゃどうにもならないんだから、そんな高みにいるのはやめにしろよ」「役人をぶっ殺せ。法律だの演説だの、そんなものはもう沢山だ」「生き残りの官僚の首に、生き残りの社会学者の腸を巻きつけて消したら、もうもめ事はなくなるんじゃないかな?」「新聞屋、くたばれ」「答案に点をつける奴なんて、馬鹿の見本だ」「自由とは、全ての悪の源。そしてわれわれにとっては、最大の武器」

一夜あけると、ソルボンヌの中庭は市場に変わっていた。政党を含めて各派がテーブルを持ち出し、雑誌、新聞、パンフレットを山と積み、資金カンパをかねて販売合戦を展開した。テーブルの後方は赤旗に飾られ、その間にレーニン、トロツキー、カストロ、ゲバラ、毛沢東の大きな顔写真が並んでいる。赤旗にまじって黒旗も多く見られた。

教室では時間に関係なく討論会が開かれていた。学生はもちろん、希望すれば一般市民にも発言は許された。街では革命紙『アクション』が飛ぶように売れていた。自主管理大学を見物に集まるパリ市民が、売り子の学生を呼び止める。サン＝ミッシェル大通りは、七月十四日のフランス革命記念日以上の人の波でごったがえした。交通がストップする。サン＝ジェルマン大通りとの交叉点に、学生の委員が出て車が乗り入れないように整備にあたった。

ソルボンヌを含めてその周辺にまでおよんだこのお祭り騒ぎを、『エクスプレス』誌は「まるで見せ物のような」と評した。一面、これは的を射ている。しかし「見せ物」的な要素だけがすべてではなかった。学生たちは占拠を完了すると、総会をまず第一に設置した。パリ大学の学生なら誰でも参加できるこの総会は、一日一回、定期的に開かれ主として占拠委員会の選出、方針の決定を行った。こうして占拠委員会は毎日メンバーを入れ替え、総会で決定された大綱にもとづいて細目を作成、実行に移した。占拠委員会は十五人を定員とした。

五月十三日、占拠委員会は規約を発表してその性格を明らかにした。「パリ大学は人民による自主管理大学であることを宣言する。大学は昼夜の区別なく、すべての労働者に開放される」「パリ大学は今後、占拠委員会が運営にあたり、労働者、学生、教官が管理する」そして、その夜のうちに実行委員会ができ、討論のテーマとして、批判大学、労働者の闘い、学生の闘いが採択された。（『5月のバリケード』一六四―一六五頁）

五月一三日、学生デモの一部がカルチエ・ラタンに向かい、ソルボンヌが解放の喜びで沸きかえっているころ、シャン＝ゼリゼ通りでは一〇〇〇人ほどの右翼（オクシダンとフランス行動隊）のデモがあり、凱旋門の無名戦士の墓に詣でた後、「フランスをフランス人の手に」「コーン＝ベンディットを銃殺せよ」「サランを釈放せよ」「UNEFは北京へ行け」、などと口々に叫び、その一部は中国大使館にデモをかけて投石している。

闘いは続く

五月一四日、火曜日、早朝、ド・ゴール大統領はルーマニア公式訪問のためパリを発つ（五月一八日まで不在）。午後四時過ぎ、国民議会の本会議が招集され、スーシャル議員（アルジェリア戦争当時の右翼の中心人物の一人）が立って、「第一次、第二次大戦で、コーン＝ベンディット氏の友人のために殺されたフランス愛国者の冥福を祈って一分間の黙禱をささげる」動議を提出し、それに対して「恥ずべき行為だ」と言ったミッテランにド・ゴール派の議員が食ってかかるという場面があり（五月一六日の『フランス・ソワール』紙には乱闘寸前の写真が、第一面トップで大きく出ている）、また他方では、共産党と左翼連合から内閣不信任案が提出されるなど、大統領不在の議会は大荒れであったが、ポンピドゥー首相はなんとか切り抜け、学生たちとの約束である逮捕学生の特赦と大学改革の意図を表明する。

ナンテールでは、数人の教授のイニシアティヴで「立憲」集会が開かれ、学部の「自由と自治《オトノミー》」が宣言された。ソルボンヌでは二〇〇を越える行動委員会が設立された（一日一回開かれる全員参加の総会に対し、既成の学生団体やセクトに属さない行動委員会は自発性を重視し、二〇—三〇名で構成されることになっていた）。

各地のストライキや抗議行動も続行され、ナント郊外にある航空機メーカー「シュド・アヴィアシオン」では二〇〇〇人の労働者が工場を占拠し、工場長や管理職を軟禁状態に置く。

国外ではミラノ大学が一四日夜から一五日にかけて占拠され、学生たちは「パリ型の活動的な占拠」を主張する。ジュネーヴやローザンヌでもパリの学生に連帯するデモが行われる。

五月一五日、水曜日。

美術学校の生徒たちが学校を占拠し、「人民アトリエ」では多数の芸術家たちも合流して、無署名・共同制作による大量のビラやポスターが印刷されることになった。

約一〇〇〇人の学生が国立劇場オデオン座を占拠（ポール・ヴィリリオ他「文化活動委員会」のメンバーを中心に。UNEFはこの占拠に反対）。

ソルボンヌで「映画委員会《コミッシオン・シネマ》」設立。

パリと地方の学生の動きとゼネストの情報を伝える五月一五日付の『ル・モンド』紙一面の見出しに「文化革命」の文字が見える。

ルーアン郊外にあるルノーのクレオン工場の労働者が作業を中止し工場占拠を始めた。

ORTFでは報道の客観性を護るためのジャーナリスト委員会が設立される。パリではタクシー運転手のストが始まった。

五月一六日、木曜日。

ソルボンヌでは昼夜を問わずさまざまな集会が開かれ、労働者や市民の参加者の数も増えてゆく。CFDTが学生運動に対する共感を表明。UNEFが四つの闘争目標を提起する。(1)学生権力（学部内のすべての決定に対する拒否権を伴う現実的な学生権力の樹立）。(2)大学の自治。(3)支配的なイデオロギーをまき散らすすべての部門（ラジオ、テレビ、新聞、等々）に対する闘争の拡大。(4)学生の闘争と労働者・農民の闘争との結合。

夜八時二〇分からの国営放送のテレビ番組にコーン＝ベンディット、ソヴァジョ、ジェスマールの三人が出演。待ちかまえていた三人の保守系の新聞（『フランス・ソワール』『フィガロ』『パリ・プレス』）の記者の質問に見事に答える。リウー&バックマンはその様子を次のように述べている。

番組は討論会の形式ですすめられたが、公式的な用語で公的な発言の域を出ない三人のジャーナリストは、終始「革命家」にほんろうされつづけ、ついに一矢をもむくいずに放送をおえた。革命家たちが難解な表現をしたりせず、まじめな態度でしかも皮肉とユーモアの交った意見を堂々とのべたことが、視聴者に強い印象を与えた。（同書、一六八頁）

これは注目してよいことだろう。私の知る限り、この時期に数多く行われた記者や知識人との対談や討論で、理論的につねに優位に立ち説得的であったのは学生であった。サルトルとコーン＝ベンディットの対談をも含めて、それは言えると思う。テレビでは（おそらく意図的に）この放送の直後にポンピドゥー首相の談話が放送されたが、それは全く新味のない対応策のくりかえしで、逆に学生たちの主張の正当性をひきたてるようなものに終わった。

この日、労働者によるストライキと工場占拠はフランス全土に波及し、ナントのシュド・アヴィアシオンとルーアンのクレオン工場に続いて、ボーヴェのロッフィード工場、オルレアンのUNELEC工場、フランとル・マンのルノー工場、さらにパリ近郊、ビアンクールのルノー工場、等々のストライキと占拠が続く。

夜八時半、ソルボンヌ広場に集まった約一〇〇〇人の学生たちが、「ルノー工場労働者の闘争支持」を叫んでビアンクールまで駆けつけ、占拠中の労働者に連帯と支援を申し出るが、CGT

の拒否にあって工場の中に入ることはできなかった。

SNCF（国鉄）のストが始まる。

工場占拠と大学占拠の動きは止まるところを知らず、ストライキ参加者は、一七日にはまだ数十万人であったものが、ピーク時の二四日には、九〇〇万から一〇〇〇万人に達する勢いであった。国内情勢の急激な変化を知って、ド・ゴール大統領はルーマニア訪問を急遽切り上げて一八日夜帰国する……。

だが時を追って事件の経過をたどることはここで中断して、解放直後のカルチエ・ラタンとソルボンヌに戻ることにしよう。ソルボンヌ解放時のソルボンヌの情景（一三日、一四日）についてはすでにリウー＆バックマンの記述を引用した。これは私にとって十分に納得のいく文章である。だがその情景はその後どう変化していくのか。私がここに提出できる「写真」は、おそらく一六日か一七日に撮られている。ここで写真を提出する前に当時、一七日の日付で私自身が書いている文章を以下に引用したい。四〇年以上も前に書いた稚拙な文章だが、今では貴重な証言のひとつかもしれない。五月一六日午後のソルボンヌの情景である。

解放直後のソルボンヌ

赤旗と黒旗の下で

午後三時すぎにゲー＝リュサック通りからサン＝ミッシェル通りに出る。ゲー＝リュサックはあの劇的なバリケードの夜(十日夜から十一日朝にかけて)、もっとも激しい衝突が行われたところだ。バリケードのあとはだいたいとりのけられ、敷石《パヴェ》がはがされた場所にも一時的な処置がほどこしてある。だが焼けただれた車だけはそのまま道の両側に放置してある。数えてみるとサン=ミッシェルに出るまでに二十八台あった。青色の大きなビラの前に人だかりがしているのでわりこんで見ると、警察が有毒の催涙ガスを使った、ヴェトナムで使われたのと同じもので失明のおそれがあると書いてある。サン=ミッシェルはいつものように学生と観光客の人波。

サン=ミッシェルを下ってソルボンヌ広場の前までくると、ソルボンヌのチャペルの塔に赤旗が三本、黒旗が一本ひるがえっているのが見える。〔……〕

ソルボンヌ広場は首に赤いマフラーをかけられたオーギュスト・コントの像を中心にあちこちに人だかりがして今や市民の自由討議場だ。「CGTはオポチュニストだ」「いや学生は破壊しか考えないが……」といって論争している学生と労働者のグループ。中年の紳士とサラリーマン風の青年を中心にして、新聞が真実を伝えるかどうかといった論争。「私はこの十年らい『ル・モンド』の経済欄のスクラップをつくっているが、これは重要なことです……」という中年の紳士の声。オーギュスト・コントの背中では、「教師がストライキをするのはけしからん!」と叫んでいる買物かごをさげたおかみさんを中心に、議論は「ヴァカンスは何のためにあるか」といったところにまでひろがっている。

お祭気分の中で

広場をぬけソルボンヌ通りからせまい門を通って大学の内庭《クール》に入ると、ここでもまず人間でいっぱいなことにおどろかされる。それに何という多様性だろう。カストロひげ、長髪、ボヘミアンスタイル、中国帽、ボネ・ルージュ、ジーパン、背広、皮ジャンパー、ミニスカート、真っ赤な長ズボン、とっくりのセーター、ブロンド、黒、褐色、フランス人のほかにスペイン人、ドイツ人、アメリカ人、なまりの強い東欧の人たち、アフリカ、ヴェトナム、中国人、日本人も含めて世界の人種と世界の服装。主として学生だが一目でそれとわかる老教授や研究者、労働者、幼い感じのリセの学生、カメラをぶらさげた観光客までまじっている。内庭にあるヴィクトル・ユゴーの石像は赤旗と黒旗を抱き、パストゥールの像の胸には毛沢東の肖像がかけられている。内庭をとりまく壁には、たれ幕や赤旗、中国とヴェトナムの旗、チェ・ゲバラ、毛沢東、トロツキー、レーニン、マルクス、スターリンなどの肖像。それぞれの写真の下で各派の学生たちが机をもちだし、赤表紙の北京版『毛沢東語録』（仏訳）をはじめ、さまざまなパンフレットや新聞、テキストなどを売り、ビラを手渡している。ここもソルボンヌ広場と同じくあちこちに人だかりができて議論がふっとうしている。

ときどきラウド・スピーカーが各地の大学の情況、労働組合や政府の声明などを流し、これから行われる集会やデモの予定などを伝えている。呼びだしや、「アロー、アロー、電話が故障したので直せる人はC階段三階まで来て下さい」といったこともののんびりした調子で言っている。

〔……〕いまここに見る学生たちの表情が底ぬけに明るいといっては間違いだと思う。石段に腰をおろしてこの人混みをいつまでも憂うつそうに眺めている学生も多い。しかし全体の雰囲気はやはりなにかうきうきした気分。ルフェーヴルがパリ・コミューンをお祭にたとえるような意味でのお祭気分が支配している。パンフレットを立ち売りしている学生が「今やすべてが可能なのだ！」と大声で叫んでいる。〔……〕

内庭からうす暗い回廊に入るとここも人でいっぱい。赤毛の長髪をぼうぼうにしたボヘミアン・スタイルの小男が、人波にもまれながら笑って小さなプラカードをかかげている。見ると「カルチエ・ラタンに部屋を一つ探しています」と書いてあり、これがなかなか喝采をうけていた。壁にはやはりビラと落書き。歴史とか英文といった専攻ごとの集会場と日時を記した表が張ってある。いくつかある講堂《アンフィテアートル》では、「試験」とか「大学制度」といったテーマにわかれて昼夜の別なく討論が続けられ、いずれも超満員。かつてソルボンヌにこれほど多くの学生が集まったことはなかったし、労働者は別としても地方からやってきた学生のなかにははじめてソルボンヌの建物に入った人が多いとみえて、係員に「デカルト講堂はどこですか」などと聞いている。

大講堂《グラン・アンフィテアートル》の演壇に通じる貴賓室《サル・ドトリテ》に入ってみた。ふだん講義に出る教授がひかえている部屋で、学生の立ち入りは禁止されている。天井が高く部屋というより回廊といった感じ。意外に広いが、ここも大勢の人だ。教授たちは、いかめしい制服を着た数人の守衛《アパリテール》が大講堂の、時には数千にたっする学生をしずめ終ると、待ちかまえる学生たちの前にこの中央の扉をおして悠然と現われるのだ。だがきょうは守衛たちの姿はなく、その演壇の中央に面した扉にまで学生があふれている。幾世紀のあいだ保たれてきたソルボンヌの権威が今や完全にくつがえされたことをつくづくと感じた。扉に小さな張紙がある。「1789, 1830, 1848, 1871, 1936, 1968」という数字だけがつみ重ねて書いてあり、下ほど、つまり一九六八年に近づくほど大きく書いてある。学生たちの脳裡にいま輝かしい革命の歴史がどのようなかたちをとって蘇っているのであろうか。「一八四八年いらいの大掃除」と書いたビラ。「真実のみが革命的だ」という大きな落書。

正面入口のホール《グラン・ヴェスティビュール》では、やはり大きな赤旗をかかげた下で、日本でなら炊き出しというところだが、学生たちがサンドイッチとジュースを売っている。ずっと泊りこんでいる学生たちは、このサンドイッチとジュース以外にはほとんど食べていないらしい。正面の円柱に張られたビラの一つには「毎夜十二時からリシュリュー講堂でシャンソンと詩の朗読会が開かれる、出演者をつのる」と書いてあった。

きょうは十一時すぎにもう一度ソルボンヌに行ってみた。夜中だというのにやはり大勢の人だ。大講堂は満員で入れないのでリシュリュー講堂の方にもぐりこんだ。階段教室というよりは、壁面で飾られ円形劇場に近い。明るいシャンデリアの光の下に二千人も入っているだろうか、煙草の煙と熱い人いきれが丸い天井にむかって立ちのぼっている。

ちょうど二、三列むこうの女子学生がのびあがって発言をもとめていた。ピンクのネッカチーフ、紫の半袖セーター、茶のズボンをはいている。早口で「結論のない議論が多すぎる。

ここで具体的な提案を出さないと世論は学生をどう思うだろうか……」とまくしたてる。なかなか雄弁で喝采をうけていたが煙草をもつ手が神経質にふるえている。次に立った労働者風の男は、「わたしは簡単明瞭な提案をする」と前置きして、「労働者と学生の連絡委員会をつくれ」といいこれも拍手でむかえられたが、「CGTの指示のもとに運動をすすめるべきだ」という言葉が発せられると、たちまち口笛や不満の声があがり発言が続けられない。立ち上がった学生の一人が「この運動のそもそもはコーン＝ベンディットたちの「三月二二日運動」がきっかけを作ったのだ！　CGTも大学制度と同じ一つの制度《システム》にすぎない！」と大声で叫び、拍手と賛成の声が会場を圧した。次に立った黒人の学生はうれしそうに「カマラード」と呼びかけたがなまりがひどくてよくわからない。それでもみなしずかに終りまで耳をかたむけ、「自分たちもフランスの学生と連帯する」という結びの言葉に拍手を送った。先ほど発言した女子学生がまた発言を求めている。彼女は問題を社会改革よりも教育制度の方へもっていこうと努力しているのだが、討論はむしろ運動の組織や学生の社会的身分についての反省に進みがちだ。そのとき討論を中断して一人の学生がマイクに進み寄った。「カマラード、さっきポンピドーがラジオで放送したが知っているか？」「まだだ」「読みあげようか」「賛成」。

「フランセ、フランセーズ」という呼びかけではじまり、政府は混乱にたいして非常手段をとる覚悟がある、という意味の演説が読みあげられ、人びとは沈黙をまもって聞いている。その沈黙の中で、さまざまな主張をしてきた人びとがいま互いに連帯を感じているということがはっきりとわかる一瞬だった。

大学の占拠《オキュパシオン》と自治《オトノミー》宣言は、ナンテール、ソルボンヌの他にストラスブール、モンペリエ等々各地の大学に波及し、学部とは独立の研究所《アンスティチュー》なども学生、教授、職員の代表から成る委員会が作られて独自の運営をはじめている。授業はほとんど中止され、試験も行われていない。(『フランスの解体?』四七―五一頁)

以下に提出する写真をこのような記述の文脈に位置づけると同時に、そうした文脈をはみ出すものにも注意して見ていただければありがたいと思う。

ソルボンヌの外側から

(写真19) ソルボンヌのチャペルの塔に翻る赤旗と黒旗。

(写真20) ソルボンヌ広場の立木につながれたロバ。ロバは愚鈍つまり愚者の象徴。木の幹に張られた紙には「まぬけなパリ大学区長」に対する「讃辞」が書かれていると思ったら「大学区長にえさをやって下さい」とだけあった。六八年五月流のユーモアだろう。ロバこそいい迷惑ではあるが。

(写真21) OCCUPATION (占拠) の垂れ幕。よく見るとソルボンヌではなく隣の建物の六階のベランダから掛けられている。

写真19　ソルボンヌのチャペルの塔に翻る赤旗と黒旗

写真20　ソルボンヌ広場に現れたロバ

写真21　「占拠」の垂れ幕

ソルボンヌの中庭

（写真22）さまざまな政党、組合、グルピュスキュールの出店で賑うソルボンヌの中庭《クール》。この壁面はトロツキスト系のＪＣＲが支配的で、赤旗とヴェトナムの旗、トロツキーとゲバラの顔写真が掲げられている。

（写真23）同じく中庭の風景。こちら側には毛沢東とスターリンの大きな顔写真。左手、スターリンの写真の下には、パレスチナとの連帯を呼びかけるビラ、ミュチュアリテにおける集会の日時が記されている。

写真22　さまざまな団体の出店で賑わう中庭

写真23　スターリンと毛沢東

（写真24）中庭のパスツール像の横に座った二人は何を語っているのであろうか。右手には「各国のプロレタリアよ団結せよ」の文字が読みとれる。写真には写っていないが、その右には毛沢東の大きな写真が二枚掲

写真24　パスツール像の傍らで語り合う学生たち

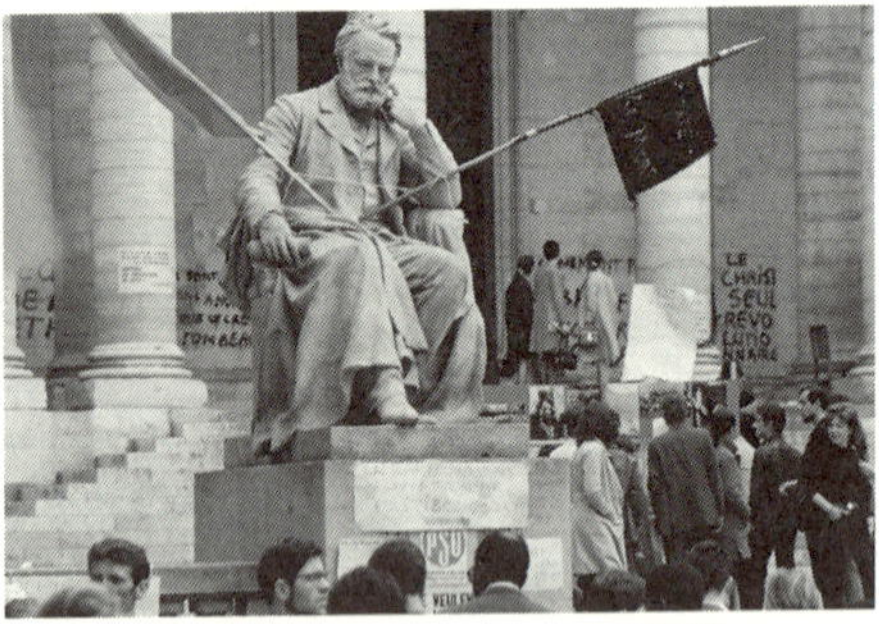

写真25　ユゴー像の下にはオクシタニアの声明が

げられている。マオ派のグループであろう。

（写真25）赤旗と黒旗を抱かされたヴィクトル・ユゴー像。台座にPSUのビラの上部を隠すように張られた紙には、「ソルボンヌはツーリスムの場所ではない、自らを政治化せよ」と書いてあり、その下の赤い小さな文字は「自由オクシタニア」と読める。もしそうだとすればオクシタニア（南フランス）の独立にかかわることであろうか。後方のチャペルの外壁にもさまざまな文字が記されている。左端は「キリストは唯一の革命家だ」と判読できるが他はよく読めない。ヴィクトル・ユゴーの厳しい表情がいっそう厳しく見えないだろうか。

（写真26）中庭のもう一つの座像はルイ・パスツールであるが、こちらはブルターニュの旗をもたされている。これは明らかにブルターニュ独立運動の活動家によるものだろう。六八年五月には注意深く耳をすますと、抑圧された若者たちの声に隠されるようにしてではあるが、抑圧された周辺部の住民の反抗の声が聞こえてくる。

（写真27）中庭における教官と学生の対話（?）であろうか。壁には占拠中の試験やその他の情報を書いた紙が張られているが、女性の背後のビラには次の文字が読みとれる。「革命を中途半端に行う者は自ら墓穴を掘る（サン＝ジュスト）」。フランス革命の守護天使と呼ばれたサン＝ジュストは五月革命の守護天使でありうるだろうか。

写真26　ブルターニュの旗を持たされたパスツール像

写真27　「ロベスピエールの右腕」サン＝ジュスト

（写真28）ソルボンヌの中庭に張られた壁新聞を熱心に読んでいる学生たち。右手の赤字の記事は「北京発五月三日」、左手の青字の記事は「北京発五月七日」、いずれも「新中国通信（新華社?）」とありフランスの学生デモにかんする中国の報道の記事のようである。ゴダールの『中国女』にく

写真28　中庭に張られた壁新聞

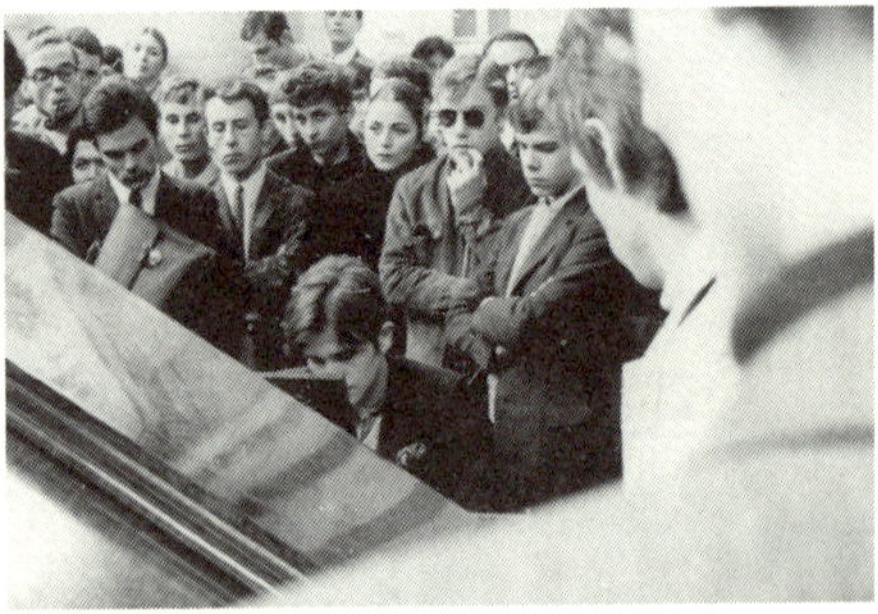

写真29　中庭のジャズ・ピアニスト

りかえされる北京放送にすでに示されていたように、中国はフランスの学生運動に熱烈な支援を送り、ソ連とフランス共産党は厳しい批判の態度を取るという対立構図は、この時点まで続いていた。壁の上の方に張られているのはJCRのビラで、すでに述べたミュチュアリテにおける五月九日の「国際ミーティング」（ついでながら当時のフランスの学生は政治集会や討論集会にはほとんどこのミーティングという英語を使っている）への参加を呼びかけている。

（写真29）ソルボンヌ解放の夜、お祭り騒ぎの中で中庭にグランドピアノが引き出され、ジャズが演奏されて喝采を浴びた、というのは今ではひとつの伝説になっている。私がこの写真を撮ったのは、おそらくその五、六日後であるが、ピアノはまだ中庭に置かれており演奏者も後を絶たなかったのであろう。だがどんな曲が弾かれていたのであろう。私の記憶によれば、このときはガーシュインの「パリのアメリカ人」であった。だが写真を見れば、ピアニストもそれを取りまく聴衆も真面目な顔をして、お祭り騒ぎの一齣のようには思えない。「サン・クラバット（ネクタイ無し、ノータイ）」というのが五月の合言葉のひとつであったが、ピアノの近くにはネクタイを付けた背広姿の男が二人並んで立っている。

この写真には後日談がある。私は長年このピアノを弾いた若者に会いたいと思っていた。二〇一〇年一月に名古屋大学で「反乱する若者たち――一九六〇年代以降の運動・文化」のイベントがあったとき「写真と資料から見る「パリ五月革命」」の展示の作業をしてくれた杉淵洋一さんが、数年前にソルボンヌ大学で学んだとき、一人の教授が授業のときに六八年五月のソルボンヌ中庭のピアノに関する思い出話をしていたことを覚えていて、その教授に連絡をとってくれた。彼は今ではソルボンヌの文学部の教授でプルースト研究の専門家としても名の知られた研究者であった。私は二〇一〇年の五月、パリに一〇日ほど滞在したときに連絡をとり、ソルボンヌの研究室で教授に会うことができ、おまけに彼の授業の教室で一時間ほど、用意していたパソコンの写真を見せながら、大部分は当時まだ生まれていなかったであろう若い学生たちに六八年五月の話をすることになったのである。教授はあのときピアノを弾いていた人物ではなく、ピアノの囲りでピアノを聴きいっしょに歌い踊っていた学生の一人であった。しかし教授の話から、私は中庭で演奏したピアニストは何人も存在し、そのうちの一人は今では有名なミュージシャンになっていることを知った。考えてみれば当然のことであるが、ピアノを弾いたのは一人や二人ではなく、おそらく一〇人か二〇人か、あるいはさらに多くのピアニストがいたのである。一枚の写真が残した固定観念から、私は一人のピアニストしか考えられなくなっていたのであった。

（写真30）ソルボンヌのチャペル前の石の階段に座って中庭の混雑を眺めている学生や教員、おそらく一般市民も交っているだろう。ソルボンヌに初めて警官が導入された五月三日の午後、ソヴァジョとコーン＝ベンディットを含む約四〇〇人の学生たちがこの石段を利用して抗議集会を開いていたのであった。いまこの石段に座ってのんびりと時を過ごしている彼ら彼女らは何を眺め何を考えているのだろうか。新聞を読んでいる者がいる。カメラを持っている者、トランジスター・ラジオを持っている者、何も持たずに友人と話をしている者、一人で途方に暮れてただ眺めている者、ノンポリの学生、右上の方に並んで座っている二人は会議場から抜け出して一服している活動家だろうか、一人はあのオーギュスト・コント像が首に巻かれていたのと同じ赤いマフラーをつけている。……ここに写っているのは広い石段の一部だから、広い石段にはもっと大勢のさまざまな服装をした、多様な人々がいたはずである。群集や熱狂から少し離れて個に還る時、「私」が一瞬姿を見せるときでもあるだろう。私にとっては気になる写真だ。

写真30　ソルボンヌの石の階段で

写真31　正面入り口に展示されていた芸術作品

（写真31）これは中庭ではなくて、エコル通りの正面入口から入ったところにある広間《ヴェスティビュール》の一角に展示されている作品。占拠されたソルボンヌでは演劇や音楽などと共に前衛的な芸術活動も行われていたことの証拠として出しておきたい。また、これは暗くて写っていないのだが（私のカメラにはフラッシュが付いていなかった）、広間の一角では、教育的な芸術活動も行われていた。たしか、「デッサンの授業反対、創造的教育」というような看板が掲げられ、幼い子供たちが来て自由画的なものを描いていたと思う。

　占拠中のソルボンヌで特筆すべきことのひとつとして、これも写されてはいないが、託児所が作られていたことがある。これはサンシエ分校にもあって、小規模ながら活用されていたようである。医学部の学生や心理学科の学生が参加し、小さな子供をかかえた母親や育児経験のある女性の協力もあり、占拠中の学生の憩の場にもなっていた。六八年とウーマンリブが話題になり、「女性解放ゼロ年」という言葉が流布してから、私はよくこの託児所のことを思い出す。

国立劇場オデオン座の占拠にかんする補注

　オデオン座の占拠は、この劇場の責任者がジャン＝ルイ・バローとマドレーヌ・ルノーという二人の著名な俳優であり、また学生たちによる劇場占拠という思いがけない事件であったこともあって、世間の注目を引き、ジャーナリズムに恰好の話題を提供した。それは「フランス史上最大のハプニング」であっただろう。UNEFは総会にかけずに行われたこの占拠とその中心になったCARを非難している。だがそれは政治的に無意味な行動であっただろうか。私はそうは思わない。劇場が学校あるいは大学と並ぶ国家の重要なイデオロギー装置であるとすれば（とりわけフランスにおける国民教育の場としての劇場の重要性を考えれば）、またもし「文化革命」という概念に何らかの内実を与える必要があったとすれば、大学を占拠した学生が近くに位置する国立劇場の占拠に向かうのは、むしろ当然な行為ではなかったか。オデオン座占拠の意味はもう少し別の角度からまっとうに考えられてよいのではないかと思う。以下、写真を提示する前に、五月一五日のオデオン座占拠の顚末を述べたリウー＆バックマンの文章（1）と、その数日後にオデオン座を訪れた私自身の文章（2）を続けて引用しておきたい。

(1)　カルチエ・ラタンでの学生の言論戦が、ソルボンヌの占拠によって一段と華やかさを増した五月十五日、ソルボンヌから目と鼻の位置にある国立劇場オデオン座が学生、大衆の手で占拠された。その日午後一一時、オデオン座ではアメリカのポール・テーラー・バレー団の定期公演が幕を閉じようとしていた。その時、約一〇〇〇人のデモ隊がソルボンヌから劇場正面に到着した。行列の先頭には、フランスのハプニングの教皇と称されるジャン＝ジャック・ルベルが立ち、学生の委員会の一つ「文化活動革命委員会」の闘士の面々、三・二二運動からはコーン＝ベンディットの親友と自称する過激派ポール・ヴィリリオ等がその後にしたがった。一見して種々雑多な一団と知れる。その主張するところは、「ド・ゴール主義的文化のトリデを占拠し、真に民衆のためになる文化を具現する」であった。

デモ隊はなんの抵抗も受けずに、劇場に入った。やがて座長のジャン＝ルイ・バローが姿を見せた。それをびっしり押しつつんだ学生の群の中から激しい声がとんだ。「この劇場は今後、ブルジョアジーに対する闘いの一手段となるべきではないのか！」バローが答える。「あなた方を失望させては申し訳ないが、私はまったくあなた方と同感である。バローはもはや劇場の長ではない。仲間と少しも変わらない一俳優なのだ。バローは死んだ」つづいて夫人で女優のマドレーヌ・ルノーが口を開いた。彼女のことばは夫のそれのようにむやみと情熱的ではなかった。「私たちはジュネやイオネスコやベケットを上演しました。パリにはオデオン座よりずっとブルジョア的な劇場があります」

国立劇場を管轄している文化情報相のアンドレ・マルローは、このニュースを知るとすぐに親友ジャン＝ルイ・バローに訓令を送った。マルローは学生の良き理解者であったのか、訓令には、劇場はそのままにし、貴下は帰宅されよ、とあった。バローは舞台の片隅に腰を下したまま動こうとしなかった。ド・ゴール体制の文化人実力者アンドレ・マルローの命令は無視された。

数日後、マルロー文化相は劇場の電気を止めるようフランス電力に指示せよ、という新たな通達をバローの許へ送った。バローはこれも拒絶した。今電気を停めては、劇場内は大混乱におちいる、と彼は回答した。事実ジャン＝ルイ・バローは占拠以来ずっと劇場に留まって、機械関係の技師とともにオデオン座の管理に没頭していた。そのためか、バローの事務所へは学生たちは一歩も足を踏み入れなかった。マルロー文化相は声明を出してバローが指示に従わぬことを公表した。バローも答えた。「文化相は私と会おうとしない。アンリ・ラングロア（前シネマテーク館長）などと同様、追放しようと考えている人間と彼は会いたがらないのだ」

大家同士の古い友愛の絆などには少しも関心を持たない学生たちは、占拠後ただちに劇場の改革に着手した。正面の「フランス劇場」の文字の前には「元《もと》」という文字が書き加えられた。屋根には赤旗と黒旗とが掲げられた。「学生、労働者」「オデオン座は解放された」という二枚の大きな横幕も吊られた。内部では、舞台と客席で昼夜ぶっとおしで、誰かが何かを公演していた。正面入口の扉には、「想像力が、元《もと》オデオン座の権力を取る。入場無料」と書かれたポスターが貼り出された。

ソルボンヌと同様であった。あらゆる空間がポスターや標語で埋った。「塩でいこう。砂糖はいけない。革命はイニシアティブである」「誰のために話すのか？　言論から行動に移るには、どうしたらいいのか？　国民議会は芝居小屋となった。とすれば、すべてのブルジョア劇場は国民議会となるべきだ」「誰が、誰のために創るのか？」「まず孤独。次はまた孤独。おしまいも孤独」「革命は委員会のためにあるのではない。あなたのためにある」「恋人を抱きしめたまえ。ただし、銃は手放すな」「一日のうち五時間ぐらいは眠りたい。たよりにしてるよ。革命のために」「紙くずをそこらに捨てないで欲しい。元《もと》国立劇場はは き溜めじゃない」「予断する人は、文明にとって抗である――ジード」「何から何まで、ダダ」「セックスしろよ。終ったらまたやれよ」「現代を生きる」「ビタミンCが不足」「芸術なんて、クソだ」「どうかお願いです。クーデターを！」「警察官の皆様、私服でご来場の節は、足元にご注意下さい」

（『5月のバリケード』一八六―一八九頁）

(2)　きょう午後三時のオデオン座。舞台正面に「『旧』オデオン座は解放された演壇である」と大きく書いた白布がかかげられ討論がはじまっている。「革命は委員会のものではなくなによりも諸君のものだ」「革命行動委員会は興味ある示唆をまつ、そして諸君の参加をねがう」といったビラも張られている。その下に「車をもっている同志があなたの用を足します」とも書いてある。「禁止禁止令」という落書が流行しているが、この劇場はあらためて禁煙らしく、そう書いてある。「討論の場か、あるいは疎外されたままのお喋りの場か？」という運動の自己検討を公衆の前に無造作に投げかけた大きな張紙が面白いと思った。

一人の発言者が立つごとに、平土間の真中に立っている金髪の少年が、両手をひろげて静かにという合図をする。これが議長らしい。そのたびに天井桟敷までいっぱいに入った人々がいっせいに沈黙を守る習慣がもうできている。そうするとマイクなしでもささやき声さえ聞えそうだ。その一方では野次もかけ声も自由にとびかう。どうやら「革命的とはどういうことか」という問題からはじまって今は「ブルジョア的とは何か」を定義しようとしているらしい。喋っているのは事務屋らしい髪のうすくなった中年の男。「あたしはずっと今までブルジョアのカテゴリーを一歩も出ない生活をしてきたんだ。だけど、あたしは考えは一つ別にもっていた。そっちの方は革命的だ、だからここに来た。諸君これをどう思う？」

そうするとさっそく、「月給二千フラン以上はブルジョアだ」といいだす者がいた。「じゃこの中にブルジョアは何人いるだろう」という声。赤いネクタイをした学生がとび上がって「ぼくはブルジョアの息子なんだ、だけど革命に参加できると思う」という。つづいてもう一人の学生が発言した。「労働者に子供が生まれるだろう。そうすると子供は彼にとって神のごとき存在になる。ぼくのおやじは労働者だ。だからぼくは神だ」、笑い声が起こった。彼はつづける、「ぼくは車さえ買ってもらった」、ヒューと口笛が鳴り、ウーウーという声があがる。「おやじはぼくにきくんだ。お前はそんなら一体何が欲しいんだ、ときくんだ。でもぼくがほしいのは自由だ、それも全的自由だ」はじめて拍手が起こった。

職人風のひげだらけの大男が立ちあがると「革命的とブルジョア的のちがいは、変えてしまいたいのと、このままにしとこうとのちがいさ」と言ってのけた。するとジャケツの黒いとっくり首を背広の下にのぞかした男が「つまりは、これは精神状態のことだ」といい、それから思いがけず、「だからこれは教育の問題だ」とつけ足した。

そのとき理学部に右翼団体「オクシダン」がなぐりこんだというニュースが読みあげられ、緊張した空気が流れる。数人の学生が立ちあがって出ていったのは理学部に応援に行くためらしい。またルノーの工場に支援に行く学生の一団がある。「車を二台だしてくれる人はいないか」という声があがると、ただちに提供者が名乗り出た。議長が交代する。このもみ上げの長い青年は、つま先だって手を高くあげる身振りからオデオン座所属の若手俳優の一人ではないかと思われる。

「話題をかえよう、今朝ルノーの工場でセギーのやった演説をどう思う」。二階の桟敷から青い労働服の男が立って、「CGTは何かすることのできる唯一の組織だぞ！」と叫ぶと、平土間の後から青年がおどり出して「今の左翼が政府をつくったら、ド・ゴールと同じことをやるぞ、利用されるな！」とどなりかえした。すると向い側の二階席から襟の大きなトレンチコートに鳥打帽の男が割って入って「議論ばかりで無駄が多いぞ、オクシダンがきたというのにどうする気だ」と言う。それに対して「大丈夫だよ」という声がかかる。「頭の中の大掃除をすることだって大事なんだ」。これを聞くとさきほどの鳥打帽をかぶった男は、大きくひざをうって「わかった」といい、それから突然「おれは五六歳だ」といいだした。何事かと思うと「おれの人生の三分の二はもう終った、おれには髪の毛もない」といって帽子を取るとほんとうに禿頭があらわれたので笑い声が起こる。しかし彼は本気らしい。「だがお前たちには未来がある、しっかりやってくれ」と結んだ。

華やかなシャンデリアが輝いている。金のふちどりに赤いビロード張りの桟敷。学生たちにまじって仕事着のままでかけてきた労働者も少なくない。彼らのうちの幾人かはきょう初めてオデオンに入ったのだ。おそらくこのような事件が起こらなければ一生このような場所に足をふみ入れなかった人もいるだろう、と思って客席を眺めていると、時計の鎖をチョッキにからませたでっぷり肥った男とその妻も並んで座り、ゆうゆうと拍手を送っている。胸を広くあけた真白のドレス、それにコートと帽子の色まであわせた中年の女性が、これは連れもなくひとりで二階桟敷の手すりにもたれて聞きいっているのが目立った。

ここでは結論を出すのが問題ではなく、議長の役目は人びとにしゃべらすこと、それを聞かせることにあるらしい。「われわれ」という一人称複数形が少なくなり、「わたし」「おれ」という一人称単数を主語にしたしゃべりかたがふえてゆき、告白調が多くなった。（五月二十日記）（『フランスの解体?』五六―五九頁）

写真32　占拠されたオデオン座（1782年創立のパリ最古の劇場）

（写真32）オデオン、フランス劇場と記されたオデオン座正面の屋根、ここでも赤旗と黒旗が組み合わされ、風にはためいていた。二つの横断幕には「学生・労働者!」「オデオンは開かれている!!!」と書かれている。

（写真33）オデオン座の正面入口付近。二本の円柱に「シアンリ、それは彼だ！」と書かれたポスターが貼られている。これには説明が必要だろう。まず「シアンリ（Chienlit）」。五月一八日夜ルーマニアから急遽帰国したド・ゴールが翌朝の閣議で発した言葉として伝えられたのが「改

写真33　LA CHIENLIT, C'EST LUI !

シアンリ、それは彼（将軍）だ！

革ウイ、シアンリ、ノン」という一言であった。だが「シアンリ」、この犬（chien）に寝床（lit）を結びつけた言葉の正確な意味は誰にも分からずさまざまな解釈が乱れ飛んだ（ド・ゴールのカリスマ性の所以だろう）。この日常に使われることのない古い言葉はラブレーの『ガルガンチュア』の二五章に出てくるようであるが、辞書によって説明もさまざまで、「カーニバルの仮面」「寝床にもぐりこんだ犬」「ごろつき」「仮装」「仮面」等々がある。アラン・ビュレールの『学生革命小辞典』によれば、ド・ゴールはこの言葉をすでに第四共和政の議会政治を評して使っている（le chienlit parlementaire）。これは「議会の馬鹿騒ぎ」とでも訳せばよいのであろうか。学生たちは直に、「シアンリはお前の方だ」と応じたのであった。このポスターは例の美術学校の「人民アトリエ」の作品であることは間違いない。私がこの写真を撮ったのは二〇日か二一日の可能性が高い。だとすればこのポスターはド・ゴールの発言のあった当日か翌日には大量に刷られ配布されていることになるだろう。素早い反応だ。左手のポスターのすぐ下の張紙には「我々を援助するために／緊急必需品……」とあるがその下はよく読めない。

写真の中央近くに立っている人物が手にしている新聞は、第一面の写真（五月一七日、ストライキ中のルノー工場に向かう学生たちのデモ）と、大見出しに「カマラード」とあるところから判断して、『アクシオン』の第三号（五月二一日）である（これ以後の号の第一面はその全面を「人民アトリエ」の迫力のある見事な作品が覆うことになった）。

（写真34）劇場の内部。舞台の中央に張られた横断幕に書かれている文字は、「前《エクス》オデオンは今や自由討論の場である／革命は委員会《コミテ》のためにあるのではなく／何よりもあなた自身のものである」と記されている。向かって左手には「革命的行動委員会……」、右手には「委員会」とあって、よく見えないが、おそらく七つの委員会名が記されている。中央左手、ここにも「シアンリとは彼」のポスター、右手には「発言席……」。議長役をしている背の高い若者は、その身振り

写真34　オデオン座の舞台

写真35　オデオン座の観客席

からしてオデオン座の俳優だろうか。左端に「禁煙」の張り紙。（写真35）オデオン座の観客席。暗くてうまく写っていないが、新オデオン座の「観客」が面白がり熱中している雰囲気は伝えられると思う。舞台のパフォーマンスや観客席からの発言は多くがたわいないものだとは思うが、二四時間開演の劇場の観客席と舞台の一体感の中で、何か新しいものが作られつつあるという印象を受けたことは記しておきたい。

7　第二の「バリケードの夜」とシャルレッティ・スタジアムの大集会

危機と連帯

五月二四日夜から翌未明にかけて発生した「第二のバリケードの夜」と二七日夕刻のシャルレッティ・スタジアムの大集会について。はじめにそこに至る数日の動きをたどっておきたい。

五月二〇日、月曜日。電気、ガス、水道を除くほとんどすべての部門がストライキに入り、スト中の労働者の数は七〇〇万に達したと推定されている。UNEFとCFDTの代表が会談し、共同記者会見が行われる。労働者と学生の協同と「自主管理」を打ちだした共同声明に対して、自主管理は「内容空疎な言葉だ」とするCGTセギー事務局長の強い反撥が報道される。

夜八時ソルボンヌの大講堂にサルトルが現われた。超満員の聴衆を前に学生たちの質問に答え、学生への共感を表明する。翌日の『フランス・ソワール』紙には「ラッシュ時のような人波がソルボンヌに押しかけた」と書いてある。私は超満員の会場に入ることができず聴講を断念したのであるが、サルトルの応答を伝える『フランス・ソワール』紙の記事はかなり正確なので以下に訳出しよう。

コーン＝ベンディットは運動を異議申し立て《コンテスタシオン》の真のプランの上に進めている。学生の蜂起が現在の労働者のストライキの動きの起原であることは明白だ。CGTは追随主義《シュイヴィスム》の立場をとっている。CGTは、諸君が創造した、そして常に諸制度を混乱におとしいれるあの野性的なデモクラシーを特に避けたかったのだ。なぜならCGTもひとつの制度だから。現在形成されつつあるもの、それは徹底したデモクラシーの上に築かれた社会という新しい概念、社会主義と自由の結合である。プロレタリア独裁はしばしばプロレタリアに対する独裁を意味する、社会主義と自由は切り離せない。わたしはSFIOや左翼連合（ミッテランに代表される）を左翼とは呼ばない。諸君の運動の意味の一つは現在の社会にくみこまれることの拒否にある。ブルジョアであること、それはある程度ブルジョアジーの犠牲者であることだ。私に一番重要に思えるのは、ブルジョアの息子たちが現に革命的な精神において労働者と結合していることだ。フランスの左翼の硬化症は、今に始まったことではない……。

五月二一日、火曜日。銀行、百貨店が無期限の閉店。パリの中央市場もストに入り、日常生活への影響が現われ始める。交通機関の停止、ガソリンスタンドや銀行前の行列、スーパーの商品

「われわれはみなユダヤ人でありドイツ人である」（*Les 500 affiches de Mai 68,* 1978）

不足、路上に放置されたゴミの山、等々。

国民議会では政府の社会、経済、教育政策に対する問責動議の審議が始まった。北京でフランスの学生と労働者に対する連帯デモ。ベルギー、西ドイツ、イギリスでも。

五月二二日、水曜日。政府に対する問責決議は、二三三票対二四四票、一一票の僅差で否決される。一時出国（二〇日からアムステルダム）していたコーン＝ベンディットの再入国が禁止される。この噂はたちまち占拠中の大学や高校にひろまり直ちに午後七時からの抗議集会が、ＵＮＥＦ、ＣＡＬ、ＳＮＥＳｕｐ、三月二二日運動などの呼びかけで組織され、その後数千人のデモがサン＝ミッシェル大通り、モンパルナス、さらにサン＝ジェルマン大通りへと駆け抜ける。「われわれはみなドイツ系ユダヤ人だ」というシュプレヒコールがこの日最初に叫ばれた。他に、「コーン＝ベンディットをパリへ」「ド・ゴール入国禁止」「革命だ」「警察権力を倒せ」「政府を倒せ」等々。

ストライキはさらに拡大して、ガソリンスタンド、サービス業、中小企業に及び、農民や自由業者のデモが行われる。他方でド・ゴールと第五共和政を支持する全国委員会の設立、「アクション・フランセーズ」など右翼の活動も目立ち始める。

警察官組合連合会が政府の無定見、無政策を非難し、労働者を支持する声明を発表、警察官のあいだにも左右の対立があり、政府に対する不満がたかまっている。

リール、レンヌ、トゥールーズなどで工場再開の動き。北京、マンチェスターで連帯デモ。

五月二三日、木曜日。

ド・ゴール大統領は臨時閣議を招集し、四時間にわたって閣僚の意見を聴取。

午後、ソルボンヌで一五〇の行動委員会を集めた総会が開かれ、最後に明日二四日のデモが決議される（三月二二日運動主導、UNEF、SNESup、CAL支持）。これとは別個に開かれたSNESupの総会ではジェスマールの報告が賛成多数で承認される。一方、労働組合連合は政府との交渉に応じる用意があることを表明。

夕刻、右岸に向かう橋を閉鎖した警官隊と自然発生的に集まった数百人の学生が対峙。UNEFやSNESupの整理員たちの懸命の制止にもかかわらず、激しい衝突となり、学生はほとんど全員が負傷、重傷者約一〇〇人、警官も七八名が負傷する。リヨンとカーンでも激しいデモ。イギリスのロンドン・スクールの経済学部ではフランスの学生に連帯して占拠が行われ、二六日のデモが提起された。

各派入り乱れる

五月二四日、金曜日。二つの対照的なデモが組織される（二枚のビラを比較して見ていただきたい）。CGTは午後四時から左岸（バラール広場からオステルリッツ駅まで）と右岸（バスチーユ広場からオスマン大通りまで）に分けて集会を行い、赤旗を掲げて整然と行進した（約一万五〇〇〇人）。主な要求は労働条件の改善と政府と経営者が交渉の座につくことである。他方、UNEF、SNESup、CAL、三月二二日運動、JCR、等々の学生にCFDTの青年労働者を加えたUNEF系のデモは、赤旗と黒旗を掲げ、市内数カ所から出発して午後七時すぎリヨン駅前に結集する（約三万人）。学生たちのデモ隊が口々に叫んでいたのは、コーン＝ベンディットの入国禁止に対する抗議、政府の弾圧や学生と労働者の分断に対する皮肉、CGTと政府の妥協批判、ド・ゴールの退陣要求、等々である。

午後八時、ラジオ、テレビを通じて、予告されていたド・ゴールの全国民に向けた演説が始まる。社会や大学の改革の必要性を認め、「国民参加《パルティシパシオン》」の政治を説き、六月中に改革案に対する国民投票《レフェランダム》を行う、というのが主旨であるが、わずか七分で終わる。

リヨン駅からバスチーユ広場に向かったデモ隊は、強力なCRSに阻止されてバスチーユに入ることができない。しばらく睨み合いの状態が続いている間にバリケードが築かれ、ド・ゴールの演説の終わるのを待つようにして衝突が始まる。リウー＆バックマンはそのときの状況を次のように記している。

午後八時四五分、警官隊は赤い発煙筒を二発打ち上げた。暴徒に対する解散勧告と、予備部隊への攻撃開始の通知の二つの合図を兼ねていた。学生たちがその意味を理解するより早く、警官隊は攻撃を開始した。現位置に留まったまま、彼らは無数の催涙弾を無人地帯から第一のバリケードに向かって投げつけた。二、三分後、リヨン通りのバスチーユ寄り一帯は青白い催涙ガスで充満した。最前線の学生たちは呼吸困難に陥った。警察側は必要量以上の催涙弾を投げ、十二分の地ならしを終えると同時に、突撃を敢行した。駆け足で前進する。デモ隊は道路わきに放置されていたゴミ箱の中身を車道いっぱいにぶちまけ、箱には火をつけて警官隊の進路に放った。だが、そのくらいで彼らの前進を阻むことはできなかった。第一のバリケード、第二のバリケード、第三のバリケードが次々に切り崩されて、デモ隊は出発点のリヨン駅方向へ追い立てられていった。この間、学生側からはすでに多数の負傷者が出ている。そして、例によって警官隊は、赤十字の大きなマークをつけた学生救護班から餌食にしていった。車のガラスはたたき割られ、収容されたばかりの怪我人は路上に放り出され、運転席で待機中の医師、医学部学生は身分証明書を提示する余裕も与えられずに連行された。（『5月のバリケード』二〇二頁）

この日の学生たちの目標のひとつは、資本主義のシンボルである株式取引所《ブルス》であった。十数名の行動隊が結成されて、警官隊が到達するまでに取引所の内部に侵入し火を放つことには成功している。またカルチエ・ラタンに戻ってサン゠ミッシェル大通りにバリケードを築き、パンテオ

ソルボンヌ周辺図

R1 クロード・ベルナール通り
R2 ロモン通り
R3 ユルム通り
R4 スフロ通り
R5 ムッシュー・ル・プランス通り
R6 トゥールノン通り
R7 ジャコブ通り
❶ 高等師範学校
❷ アンリ四世高校
❸ アル・オ・バン(現ジュシュー)
❹ コレージュ・ド・フランス
❺ クリュニー博物館
❻ 美術学校
❼ 医学部
❽ ルイ・ル・グラン高校
❾ 共済会館(ミュチュアリテ)
❿ パンテオン
⓫ ソルボンヌ広場
⓬ サン=ジェルマン=デ=プレ教会

バリケード(1968年5月10-11日)

ン前にある第五区の警察署に先制攻撃をかけることにも成功した。しかし第一のバリケードの夜と異なっていたのは警察の側にすでにデモ隊やバリケード対策が出来ていたことだった。バリケードはブルドーザーで排除され、増強された警官による掃討作戦はさらに徹底していた。リウー＆バックマンは「占領下のドイツ軍以上の残虐行為が堂々と行われた」（同書、二〇六頁）と書いている。

バリケードと学生の抵抗が完全に排除されたと思われた午前三時、フーシェ内務大臣の記者会見が行われた。内相は少数の「訓練され、組織化されたアナーキストたち」を非難し、学生たちを「ぐれん隊《ペーグル》（pègre）」と呼んだが、ド・ゴールの「シアンリ」と同様「ペーグル」も学生たちが愛用するお返しの言葉となった。

この日の衝突で死者が二名出た。犠牲者の一人はパリの二六歳の若者（フィリップ・ヌトゥロン）で、刃物による傷と見なされていたが、後に、飛来した金属片によるものと判明。もう一人の犠牲者は、この夜激しい衝突のあったリヨン市の警察署長（ルネ・ラクロワ）で、デモ隊が押し出したトラックにはさまれた圧死であった。

五月二五日、土曜日。朝、軍用車（工兵隊）が出動し、バリケードの撤去や街路の復旧作業に当たる。正午、ポンピドゥー首相の声明、昨夜の治安当局の行動を支持し、今後一切の集会やデモを取り締る方針を明言する。午後三時からグルネル通りにある社会問題省の建物で、ポンピドゥー首相をはじめとする政府側とセギー他の労組連合体（CGT、CFDT、FO）代表との交渉が始まり、一三時間に及ぶ。

五月二六日、日曜日。午後六時からグルネル通りで政府と労組連合体との協定をめぐる会談が再開され、翌朝未明（二時）に及ぶ。

五月二七日、月曜日。午前七時、交渉が妥結し、最低賃金の引上げや労働時間の短縮を骨子とするグルネル協定の議定書が仮調印される。セギー事務局長はCGTの幹部とこの議定書をもって直ちにビアンクールのルノー工場に赴くが、占拠中の労働者たちの反応は厳しく、セギーの提案を拒否するとともに、満場一致でストの継続を決議する。他の多くの工場（シトロエン、ベルリエ、シュド・アヴィアシオン、ローディアセータ、等々）も同様であった。こうしてグルネル協定にもかかわらず、ストライキ参加者は一〇〇〇万人（賃金労働者の半数を超える）に達した。

午後五時、UNEF主催のデモと集会。デモがゴブラン大通りからシャルレッティ・スタジアムに達するころには約三万五〇〇〇人の大群衆となりスタジアムを埋めつくす。参加した組織は、UNEFの他にSNESup、FEN、CFDT、PSUなど。集会ではソヴァジョ、ジェスマール、二五日にCGTとPCFを辞めたアンドレ・バルジョネ、他、さまざまなグループの代表が発言するが、注目されていたマンデス＝フランスは出席していたが発言はしない。PCF、CGTは参加拒否、コーン＝ベンディット不在の三月二二日運動も、この集会の性格の曖昧さと組合主義を批判して参加しない。ジェスマールはこの日、SNESupの書記長を辞任。

二枚のビラ

以上が、五月二〇日から五月二七日までの、第二の「バリケードの夜」を経て「シャルレッティ」に至る五月後半の大まかな経緯であるが、この段階に来て五月を通して複雑に入り組んでいた三つの大きな流れが明らかになってきたと思う。第一は、これまで「冒険主義者」や「無政府主義者」のレッテルを張って批判し続けてきた学生運動の思いがけない展開に直面して、その状況を政府や経営者に対する条件闘争に利用しつつ、早期に終息を図ろうとするPCF（ロッシェ＝マルシェ）やCGT（セギー）に代表されるような流れ。第二は学生運動に共感を示しながらも一定の距離を置き、この混乱を利用して、反ド・ゴール勢力を結集して社会党系の左翼連合政権を打ち立てようとするマンデス＝フランスやミッテランに代表されるような流れ。第三は、占拠と街頭における闘争を続けながら、体制の根底的な変革をどこまでも押し進めてゆこうとする三月二二日運動（コーン＝ベンディット）やJCR（アラン・クリヴィーヌ）、あるいは親中国派に代表されるような学生運動と、既存の政党や労組に飽き足らない若い労働者たち。この第三の流れにとっては、第一、第二の流れはいずれも既存の秩序を守る体制派であり、日和見主義者か修正主義者であるが、しかしこの第三の流れも互いに対立し分裂をもたらす要素を含んでいる。そのことは運動の後退期にいっそう顕著になるだろう。

写真を見ていただく前に、恐縮だがさらにふたつの前置きをお許し願いたい。そのひとつは五月二四日の集会にかんする二枚のビラ、これは私にとっては「バリケードの夜」への二枚の招待状であった。私がそのどちらを選んだかはその日の私の記録を読んでいただければおわかりいただけると思う。

第一のビラ

女性労働者、男性労働者

勤労者住民

パリの人民へ

一週間以上も前から幾百万の労働者が、彼らの正当な諸要求の獲得を目指してストライキに入っている。

政府と経営者は、労働者の緊急かつ不可欠な諸要求にかんする議論をためらい引きのばしている。

この怠慢を前にして、またストライキの組織を強化しつつ、

パリCGT組合連合は労働者と住民に

五月二四日金曜日一六時

大示威運動を呼びかける

●左岸の全企業と全区民は

バラール広場（シトロエン工場）から

le 24 mai

TRAVAILLEUSES, TRAVAILLEURS
POPULATION LABORIEUSE
PEUPLE DE PARIS

Depuis plus d'une semaine des millions de travailleurs sont en grève pour exiger la satisfaction de leurs légitimes revendications.
Le pouvoir et le patronat tergiversent et tardent à engager les discussions sur les revendications urgentes et essentielles des travailleurs.
Devant cette carence, et tout en consolidant l'organisation de la grève,

L'UNION DES SYNDICATS CGT DE PARIS
appelle les travailleurs et la population
A MANIFESTER MASSIVEMENT
vendredi 24 mai à 16 heures

● POUR LES ENTREPRISES ET LES ARRONDISSEMENTS DE LA RIVE GAUCHE
de la place Balard (usines Citroën)
à la gare d'Austerlitz

● POUR LES ENTREPRISES ET LES ARRONDISSEMENTS DE LA RIVE DROITE
de la Bastille au boulevard Haussmann
(quartier des grands magasins)

pour imposer au pouvoir personnel et au patronat la négociation immédiate pour la satisfaction des revendications.

UNION DES SYNDICATS C.G.T. DE PARIS, 85, rue Charlot, PARIS-3e

労働組合による第一のビラ

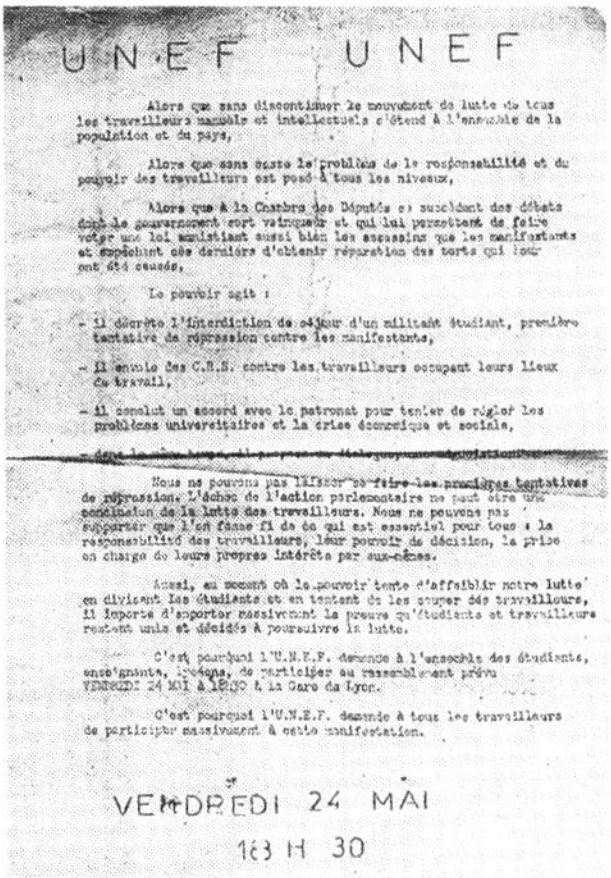
UNEF　UNEF

Alors que sans discontinuer le mouvement de lutte de tous les travailleurs manuels et intellectuels s'étend à l'ensemble de la population et du pays,

Alors que sans cesse le problème de la responsabilité et du pouvoir des travailleurs est posé à tous les niveaux,

Alors que à la Chambre des Députés se succèdent des débats dont le gouvernement sort vainqueur et qui lui permettent de faire voter une loi amnistiant aussi bien les assassins que les manifestants et empêchant ces derniers d'obtenir réparation des torts qui leur ont été causés,

Le pouvoir agit :

- il décrète l'interdiction de séjour d'un militant étudiant, première tentative de répression contre les manifestants,

- il envoie des C.R.S. contre les travailleurs occupant leurs lieux de travail,

- il conclut un accord avec le patronat pour tenter de régler les problèmes universitaires et la crise économique et sociale,

Nous ne pouvons pas laisser se faire les premières tentatives de répression. L'échec de l'action parlementaire ne peut être une conclusion de la lutte des travailleurs. Nous ne pouvons pas supporter que l'on fasse fi de ce qui est essentiel pour tous : la responsabilité des travailleurs, leur pouvoir de décision, la prise en charge de leurs propres intérêts par eux-mêmes.

Aussi, au moment où le pouvoir tente d'affaiblir notre lutte en divisant les étudiants et en tentant de les couper des travailleurs, il importe d'apporter massivement la preuve qu'étudiants et travailleurs restent unis et décidés à poursuivre la lutte.

C'est pourquoi l'U.N.E.F. demande à l'ensemble des étudiants, enseignants, lycéens, de participer au rassemblement prévu VENDREDI 24 MAI à 18H30 à la Gare de Lyon.

C'est pourquoi l'U.N.E.F. demande à tous les travailleurs de participer massivement à cette manifestation.

VENDREDI 24 MAI
18 H 30

学生組織による第二のビラ

オステルリッツ駅へ

●右岸の全企業と全区民は

バスチーユからオスマン大通り（百貨店街）へ

諸要求の獲得を個人権力と経営者に認めさせよう。

パリCGT組合連合、パリ三区、シャルロ通り、八五番地

CGT―パリ

第二のビラ

UNEF　UNEF

あらゆる肉体労働者と頭脳労働者の闘争の動きが地域と国の住民の全体に絶えることなく拡大している時に、

労働者の責任と権力の問題があらゆる水準において絶えず提起されている時に、

議会において討議が続くなかで、ド・ゴール

派の政府が勝利を収め、殺人者とデモ参加者に等しく特赦を与える立法を許しながらも、デモ参加者の被害の補償は妨げるような事態が続いているときに、

権力は働きかける。

——権力は、一活動家学生の滞在を禁止する。これはデモ参加者に対する弾圧の最初の試みである。

——権力は自分たちの労働の場所を占拠している労働者に対してCRSを送る。

——権力は大学の諸問題と経済的社会的危機を解決するために経営者と協定を結ぶ。

——それと同時に、権力は対話と交渉を提案する。

われわれはこうした弾圧の最初の試みを放置することはできない。議会における行動の失敗は労働者の闘争の終結ではありえない。われわれは、労働者の責任、労働者の決断力、労働者自身による自己の利益の保証といった、すべての人にとって重要な問題を無視することはできない。

こうして権力が学生を分裂させ、学生を労働者から分断することによってわれわれの闘争を弱体化しようとする時に当たって、学生と労働者が闘争を推し進めるために団結し、決意していることを多数によって証明することが重要である。

それゆえ、UNEFは、学生、教員、高校生の全員に以下に予定された集会への参加を求めたい。

五月二四日金曜日一八時三〇分、リヨン駅。

それゆえ、UNEFは全労働者にこのデモに多数参加することを求めたい。

五月二四日　金曜日

一八時三〇分

二枚のビラの違いは一目見て明らかだろう。これはいつものことであるが、CGTやPCFのような大きな組織から出るビラは手慣れた活版印刷で文面も分かりやすい。これに対してUNEFや他の学生組織のビラは、いかにも手作りのタイプ印刷で、多くのことが書かれており読みにくい。CGTのビラのキーワードは諸要求（賃上げ、労働時間の短縮、等々）で、ほとんどそれに尽きており、労働者の他に住民への呼びかけはあるが、学生への呼びかけはない。

これに対して学生と労働者の連帯を呼びかけるUNEFのビラは、第一項目にコーン＝ベンディットの名前を出してはいないが、仲間の一人の入国禁止に対する抗議を掲げ、その他いくつかの問題が記されており、一般人にはほとんど読めないような生硬な文章である。労働者に呼びかけながらも、彼らが労働者に通じる言葉をもっていないことを露呈している文体と言ってもよいだろう。この二枚のビラを読みくらべただけでもフランスにおける学生と労働者の距離の大きさを思わざるをえない。だがそれにもかかわらずUNEFのデモはCGTのそれ（約一万五〇〇〇）に倍する、あるいはそれ以上（約五万）の参加者を動員することができたのであった。「偽学生」を自称する私にとってはCGTの集会ははじめから拒まれた招待であり、UNEFのビラはほとんど読まずにリヨン駅に出かけたのではないかと思う。

四〇年はやはり遠い昔である。以下、写真の説明に入る前に事件の直後に書いた当時の私の個人的な記録を引用させていただきたい。

第二の「バリケードの夜」

激突

昨夜から未明にかけて激突があった。シテ島からカルチエ・ラタンに通じる橋のたもとに多数の警官隊が派遣されたのに刺激されて、学生や若い労働者たちが集ってきたのが発端らしい。全く自然発生的なものだ。そのうち「CRS＝SS（ナチの親衛隊）」「ド・ゴール・人殺し」とか、コーン＝ベンディットの追放に抗議して「われわれはみんなドイツ系ユダヤ人だ！」とくちぐちに叫ぶ若者たちの数がみるみる数千人にふくれあがり、警官隊も続々と増強され、バリケード、催涙弾、投石、掃討（ヴェトナムで使われた言葉だ）というおなじみの経過をたどった。ただこれまでとはかなり性質が異なっていて、ピストルが発射された、カクテル・モロトフ（火焔ビン）が投げられた、職業的煽動家（暴力団）が加わっているといった情報が伝えられ、抗議側の無統制が目立っていた。UNEFは翌日に抗議デモを計画していたから、最初は学生に解散をよびかけ、警官の退去を求め、衝突を避けるために現場で必死の努力をしていたが、ついに失敗に終った。指揮官の命令をまたずに行動を開始した警官の無秩序ぶりもひどかったらしい。

午前十時ごろ友人の車にのせてもらってカルチエ・ラタンに出る。まだ催涙ガスが残っていて目をあけていられないほどだ。ハンカチで鼻と口をおおい泣きながらサン＝ミッシェルをセーヌの方に下っていく。主要なバリケードはトラクターが出てどうにか車が通れるていどにかたづけられている。通りの両側にはまだ積みあげられた敷石《パヴェ》がそのまま残され、焼け残った材木、ゴミ、ガラスの破片、ゆがんだ鉄柵。あちこちに焼けただれた車が横だおしになっている。切り倒された街路樹。直径五十センチはありそうな大きなプラタナスだ。バリケードのあとに人だかりがして論争がはじまっている。リセ・サン＝ルイの正面玄関にべっとりと血のりがついていた。近くの病院のほかにソルボンヌにも多数の負傷者が収容されている。めずらしく朝の強い日ざしが射しこんでいる内庭に医薬品が運びこまれてあわただしい雰囲気だ。

警察側の第一回の発表では昨夜の負傷者は、警官七八（うち重傷五）、デモ隊の負傷者一一〇（うち入院三〇）、逮捕者数二〇七（うち学生四四）。学生が少ないことに注意。

コーン＝ベンディットの入国禁止は内務大臣の決定という公式発表があり、一方フランクフルトにいるコーン＝ベンディットはドイツとフランス両国の学生の支持のもとに今日二十四日に国境を越えると宣言した。今日の午後、ド・ゴールの演説の時間にあわせて行われる学生の抗議デモは平穏には終らないだろう。（二十四日昼）

道が赤く燃えている

午後ひと眠りしてから、携帯ラジオを肩にストライキが続きゴミや紙くずで汚れた街を通ってカルチエ・ラタンにむかう。メトロ、バス、タクシーなど公共の交通機関は一切動かないから、軽装で歩く学生やオートストップの姿が目立つ。だが車の数もガソリン不足で少なくなった。四時から行われたCGTのデモは平穏に終ったらしい。一時間近く歩きとおしてサン＝ミッシェルの橋のたもとのカフェで一服。八時からのド・ゴールの演説を聞くことにする。七分間の短い演説だが、なんとも要領をえない演説。ド・ゴールがこんなぶざまなしゃべりかたをしたのは初めてだろう。社会問題と大学制度の改革の必要を認め、国民投票によってその改革の責を負うかあるいは退陣するかを決めるというのが要点。カフェーのラジオのまわりに集っていた人びとはほとんど反応を示さずにすぐ散ってしまった。

コーン＝ベンディットのフランス国内滞在禁止に抗議し、労働者と学生の連帯を呼びかけるUNEF系のデモに合流するために店を出て、橋を渡ろうとしていると、オートバイを先導に武装警官を満載した大型警察車が十数台サン＝ミッシェルの広場に集結しはじめた。たちまち黒山の人だかりができて口々に「CRS＝SS」の合唱、「サロー」と叫ぶ者も多い。携帯ラジオがデモ隊がサン＝ラザールからバスチーユ広場にむかったと伝えている。こんどほど携帯ラジオが役立ったことはない。多くの学生がラジオを聞きながら歩いている。携帯ラジオが学生の集団に驚くほどの機動性を与えた。だがついに政府は昨夜のさわぎの途中でラジオ＝フォンによる現場中継を禁止した。それで現場報道員は近所の電話を使ってニュースを送らなければならない。

バスチーユに向かうリヴォリ街はいつもなら明るいショーウィンドーが輝いている時刻だが、今日はすでに鉄のよろい戸をおろし人通りもまばらだ。あちこちに白いビラが散乱し急ぎ足の人にふまれている。パリ市庁の周囲には治安警官がつめている。バスチーユ広場の数百メートル前からバスチーユにむけて二十台ほど警察車が一列縦隊に並べられている。思いきってその横を通ってバスチーユにぬけようとしたら、広場のすぐ手前で武装警官の厚い壁にぶつかった。しかたがないから他の道をとおって広場に出ようとしたが、ここも警官が固めている。要するにバスチーユ広場には一切近づけない方針らしい。よしそれでは大きく迂回してやろう、と考えている足元で突然、催涙弾が大きな音をたててはじけた。集って来た野次馬を散らす目的らしい。曲りくねった露路をぬけてレピュブリック広場に通じる大通りに出た。警官隊を遠まきにしてかなりの群集が集っている。遠くで一斉に催涙弾の音がした。ときどき喊声が風にのって伝わって来る。デモの本隊と衝突したらしい。救急車が一台、全速力でかけぬけていった。いきなりまわりの人たちが駆け出したので、つられて十メートルほど走ってふりかえると、警官隊の鉄カブトの銀の前立がにぶく光るのが見えた。催涙弾が続いて数発いっせいにはじけて群集がまたいっせいに走り出した。投石もはじまらないのになぜ警官隊が行動を開始したのかよくわからない。だれかが「敷石《パヴェ》をはがせ」と叫んだ。黒シャツを着て顔色の悪い男だ。なんとなくうさんくさい。「何いってるんだ、やめろ」と声がかかる。男は「だって教えてやらなきゃ、この餓鬼《ゴス》どもは何も知らんのだ」と言っていたが、いつの間にか姿を消した。警官隊を遠まきにして投石がはじまった。

トランジスター・ラジオがデモ隊はリヨン駅とバスチーユの間で包囲されてバリケードを築きはじめ、バスチーユのあたりで火災が起りだしたことを伝えている。デモ隊の一部は株式取引所《ブルス》に向ったらしい。デモの本隊に合流することをあきらめて、裏通りをぬけてカルチエ・ラタンにひきかえすことにする。角をまがると、前方がぱっと明るくなって、数人の男たちが走ってくる。道が赤く燃えている。道に積みあげたゴミの山に誰かが火をつけたらしい。せまい露路の暗やみから突然窓がひらいて、おばあさんが「あのあたりは静かですか」ときく。「静かとはいえません、ついそこで火事がありました」。老婆は両手を天にあげて「まあ」と言った。おびえた表情だ。

急に道がひらけて市庁の前に出た。さっきこの一帯をかためていた警察車が一台もいない。警官も一人もいない。人影の絶えた市庁前の広場を、黒旗をおしたてた五〇人ほどの集団が横ぎっていく。株式取引所に向かうのだろうか。シテ島をはさんだ橋を渡る。セーヌの黒々とした水面に街灯の灯が映っている。澄みわたった星空。右岸のむこうバスチーユあたりで続けさまにはじける催涙弾の音が、ふと夏祭りの花火を連想させた。周囲の沈黙を破ってどこかの教会が鐘を乱打しはじめた。ノートルダム寺院はあいかわらず照明にてらしだされ夜空に聳えている。だが左岸にたどり着くと、そこには右岸よりさらに緊迫した空気がみなぎっていた。

サン＝ミッシェルの橋のあたりで衝突が始まったらしい。セーヌぞいの大通りは逃げ出す人と駆けつける人で混乱している。露路づたいにサン＝ミッシェルの広場に近づく。鼻をつくガスのにおい。警官をののしる叫び声。広場が燃えているらしいが白いガスの幕でよく見えない。煙の中から足に負傷したらしい学生が両わきからかかえられるようにして現われた。

背中に大きな十字を張りつけた赤十字の看護人が二人「どこだ！」と叫びながら走って行く。露路に投げこまれた催涙弾が一発シュルシュルと音をあげ煙を吹きながら地面を速い速度で這って来る。爆発して赤い焔があがり、前を走る人びとの黒い影がうきあがる。

急いでソルボンヌに行く。学生たちがピケを張っていて、「街に出て闘え！」と叫んでいる。サン＝ミッシェルの大通りには、すでに昨夜のあとに新しいバリケードが築かれている。はがされた敷石《パヴェ》が次々と手渡され、バリケードは見ているうちに高くなる。女子学生の活躍が目立つ。サン＝ミッシェルには五十メートルほどの間隔をおいて背丈ほどのバリケードがすでに三つできている。CRSの攻撃をうければこちらのバリケードは一時間ももたないことは確実だ。それなのに学生は何故バリケードを築くのか？　CRSが国家権力の象徴とすればバリケードは抵抗の象徴だからだろうか。バリケードの中央に丸い鉄板の交通標識が立てられている。通行禁止のしるしだな、と近づいてみたら jusqu'au bout（最後まで）と書いた紙が張ってある。こんな時にもユーモアは忘れないらしい。

十二時すぎに大学都市にたどりついた。夕飯も食べずに歩き続けていたので、ベッドにへたりこむと立ちあがる元気もない。ラジオが、株式取引所にむかった一団は、所内に乱入し火を放ったと伝えている。アナウンサーの質問に、資本主義の象徴に学生がデモをかけるのは当然だ、というようなことをアラン・ジェスマールが答えている。カルチエ・ラタンではついに全域にわたって衝突がはじまったらしい。一時間前に通りすぎた時はむしろひっそりしていたスフロ通りに大きなバリケードが築かれているという。右岸と左岸の交通は一切遮断されたらしい。もう少しで帰れなくなるところだった。スフロ通り、パンテオンの前にある警察署が襲われ、署の前に置いてあった警察の車が二台焼かれた、警官は署内に避難している、というニュース。ぼくが通ったとき十人ほどの警官が表に出てのんびり世間話などをしていたのを思い出した。さぞ驚いたことだろう。

UNEFのデモは、パリだけでなく、リヨン、ナント、ボルドー、ストラスブール等々、フランス国内の大学のあるほとんどの都市で行われて、いずれも警官隊とはげしく衝突している。とくにリヨンは激しく、二時すぎ、警官が一人、トラックが積んでいた石の下敷になって死んだという情報がはいる。だれか石を積んだトラックを警官隊に向けて暴走させたのだろうか、情況がよくのみこめない。明け方、パリにも死者が出たという知らせ。青年が一人ナイフで刺し殺されたという、これもよくわからない話だ。激しい衝突は朝方まで続き、ついにこんどの事件はじまっていらい最大のものとなった。CGTを中心としたデモも解散後かなりの数の若い労働者が学生デモに合流したらしい。また地方では労働者のデモも必ずしも平穏に終ってはいない。五月十日のバリケードはゼネラル・ストライキと百万人の大示威運動と結びつき、大学閉鎖が解かれた。ストライキの最中に行われ五月十日を上まわる今夜のバリケードは、はたして何をもたらすか。人びとは「五月革命」という言葉を使いはじめている。(五月二十五日夜)(『フランスの解体?』六三―六八頁)

(写真36)二三、二四日の「第二のバリケード」の特色のひとつは、電気鋸《のこぎり》が持ち出されて街路樹が切り倒され、バリケードに用いられた（おそらくは車の代りに）ことである。五月二九日発表の警視庁の被害報告によれば、敷石のはがされた道路の面積は一二〇〇平方メートル、切り倒された街路樹は七二本、焼かれた車五二台、大破二八台、交通標識七五、信号二〇、病院に収容された負傷者五〇〇、警察に連行、留置された学生、青年労働者は八〇〇人。

（写真37）第一のバリケードの夜と同様に、敷石《パヴェ》の下には白い砂浜がひろがっている。若者がその上を歩いてみて足の感触を確かめている。

写真36　切り倒された街路樹

写真37　敷石の下には白い砂浜が

写真38　軍隊の出動

（写真38）軍隊（工兵隊）の出動。国民皆兵の国の住民はむしろ冷静に眺めていた。

シャルレッティ・スタジアム

私は今でもデモの隊列の中で組み合わされた腕の感覚や、「アディユー・ド・ゴール」をくりかえした古い民謡の調べをまざまざと覚えているが、その数時間の詳細を全て思いだすことはできない。ここでも私の記憶力の代わりに私の残した記録の助けを借りたいと思う。もっとも私はあのとき、群集の中で新しい可能性を信じ始めており、これが「五月」の最後の輝きの瞬間であるとは思っていなかったはずである。おそらく訂正すべき部分があると思うが（例えばこの集会をボイコットしたはずの三月二二日運動の代表がここでは発言している。だがこれは筆者の誤認だろうか。三月二二日運動の性格としてありえないことではないだろう）、そのまま引用したい。

昨日（二十七日月曜日）学生と労働者の連帯を呼びかける大示威運動が行われた。このデモはUNEFの賭だといわれていた。PCFとCGTが、このデモは労働運動の枠外にある暴走であるという理由から、積極的に不参加を呼びかけたからである。一方、先日の大衝突のあとでUNEFがどのようにして学生を結集しどのような新しい方針をうち出すか、大いに注目されていた。

朝から小雨が降っていた。三時頃カルチエ・ラタンに出たが人通りも少なくデモを呼びかけるビラさえ配っていない。ソルボンヌの内庭がこれほど活気を失って見えたのもはじめてだった。学生は孤立して疲れ果てたのだろうか？　だが定刻三〇分前に集合場所であるゴブランの交叉点へいって見ると、それが杞憂にすぎなかったことは明白だった。そのあたり一帯はすでに人波でうずまっていた。学生、労働者、教授、外国人の学生も多い。先頭の集団にはマンデス＝フランスが加わっているという。

五時、定刻になると誰いうともなく腕が組み合わされ行進が始まった。雨は上り青空がのぞいている。赤旗と黒旗、プラカードが林立し、あまりの大群集に、自分がどこにいるのか、先頭も後尾もわからない。「労働者と学生の連帯を！」「これは始まりにすぎない、戦いを続けよう！」「われわれはグルピュスキュールだ」という誇らしい反語の叫び。拳をかかげて歌うインターナショナル。「CGT、われらと共に戦おう」。通りの郵便局からスト中の従業員が数人屋根に上って赤旗を振っている。デモ隊のどよめきが静まった一瞬、屋根の連中が声を合わせて叫びはじめた。「われわれは君たちと一緒だ、われわれは君たちと共にいる」。歓声があがり拍手がまき起った。ストライキや占拠の行われている工場や企業の前では、必ず連帯を呼びかけるシュプレヒコールが続き、それに答えて窓や露台から赤旗が振られ拍手が起る。「CGT、われらと共に戦おう」。だが「セギイ・裏切者」というCGTの事務局長を非難する叫びに対しては、労働者の反応は、首を振って否定してみせる者と「そうだそうだ」と手を振って応える者と、はっきり二つに分かれていた。

インターナショナルについで古い民謡の調べが流れはじめる。「アデュー・ド・ゴール、アデュー・ド・ゴール」、海に行ったきり帰らなかった小さな船を歌った民謡の替歌だ。「アデュー・ド・ゴール、アデュー・ド・ゴール」、学生たちはポケットからハンカチを取り出して振りはじめる。雨上がりの夕空に若葉をつけた街路樹が美しい。通りに面した窓という窓から顔がのぞいている。デモ隊に応えて手を振る人、拍手をかえす人、わざわざ赤い布をもってきて手すりにかける人もいる。七階の屋根裏部屋から手を振っている少女がいる。「われわれはみんなドイツ系ユダヤ人だ」というコーン＝ベンディットの追放に抗議するシュプレヒコール。「国境線を取り払え！」金曜日の午後、コーン＝ベンディットは独仏両国の学生に守られ白昼に堂々と国境の橋を渡ってフランス国内に入り、そこで正式に追放の書類をうけとり、そこからドイツに送りかえされた。彼はこんどはひそかに入国すると宣言している。

シャルレッティ・スタジアムに到着する。二、三万は収容すると思われる大スタジアムも超満員だ。観覧席はもとよりへいの上、屋根の上、グランドンの芝生も群集で埋めつくされた。トラックの上を「CGT・ORTF支部」と書いた旗をかかげた数人の若い男たちが走り出した。放送関係の組合でCGTの指令を破って参加したのだ。スタジアムをうめた数万の人びとの熱狂的な拍手。続いて「CGT・FO」。シトロエン、リヨン銀行、化学工業組合、鉱山組合などがトラックを一周して同じように熱狂した群集の歓呼をあびる。黒旗の一団が走りだした。皮ジャンパーを着た金髪の少女が男の学生の肩車に乗って黒旗を高くかかげている。拍手と口笛が半ばしてこれも大変な騒ぎになった。負けじと走り出した赤旗組が途中で黒旗を追いぬこうとしている。「ガンバレ！」と野次がとぶ。リセの学生たちもそれぞれの旗やプラカードをかついで走りだした。キング師の写真をかかげ「非暴力」と書いたプラカードを持った牧師の一団まで走り出した。

ようやくデモ隊の最後尾がスタジアムに入ったところで、UNEFのソヴァジョが大きくはっきりした声でしゃべりはじめる。「徒党《ペーグル》（文部大臣が極左学生をののしった言葉）はこんな多数になった。暴力はあるときは必要であり、また正当づけられるが、われわれは今の時点では暴力は効果がないと考える。われわれは他の戦術を探究しよう。すなわちこの場においては各人が意見をのべ、自己の行動を説明しよう。ここで話されるどの意見にも耳を傾けよう……」。この日参加した各労組の代表が演説し、「三月二二日運動」の代表者が「労働者であれ、学生であれ、外国人であれ、この消費社会に組み入れられることを拒否する者の団結」を呼びかけた。CGTの幹部を辞職したばかりのバルジョネは「革命は可能である。わたしが辞職した理由は、CGTの指導者たちが現在われわれが置かれている状況こそ、まさに革命的状況だということを理解しないし、理解しようとしなかったからである。今日すべてが可能なのだ」と熱烈な演説をした。そのあと、これもSNE（Sup）の書記長を解任になったばかりのジェスマールがひときわ高い拍手をあびて登場。「革命家の第一の義務は革命を行うことである」というゲバラの言葉を引用して自分の立場を表明するとともに、はじめて「社会主義革命」という言葉をつかって運動の方向を示した。

三人の若い指揮者の団結は五月の三週間のあいだこの運動をよく守ってきたと思う。だがコーン＝ベンディットは地下活動に入り、ジェスマールは革命運動に献身すると宣言して一

写真39　横断幕を掲げて

写真40　大勢の人出

写真41　警察の出動

人の活動家にかえった。そして今日ソヴァジョは困難な情況のなかでこの巨大な集会を成功させた。この日フランスの学生運動が新たな段階に達し、フランスに新しい政治勢力が誕生したことは疑えないと思う。『ル・モンド』は「UNEFは賭に勝った」と書いた。（同書、六八―七〇頁）

写真42　シャルレッティ・スタジアムの大集会

（写真39）二七日のＵＮＥＦ主催の集まり、デモに出発する直前であろう。横断幕には「学生……活動的労働者、失業者、移民労働者の統一……闘争」の文字。このあたりは若い労働者や学生風の服装が多い。

（写真40）デモに参加する群集が刻々と増えている。背後の横断幕に読みとれるのは「……学生、高校生、労働者……の闘争に奉仕する……」。カルチエ・ラタンのどこかの交差点広場《カルフール》だと思うが、今の私には特定できない。

（写真41）警官隊の出動。カフェの名前「リュクサンブール」「……サン＝ミッシェル」から判断すると、サン＝ミッシェル大通りであろうか。

（写真42）熱狂的なデモの後、シャルレッティ・スタジアム（パリ国際大学都市の東にある競技場）を埋めた三万五〇〇〇の参加者たち。

写真43　女性アナーキスト

写真44　キング牧師の遺影を抱いて

学生、青年労働者、高校生、PSU他の政党、CFDT、FO等の組合員、宗教関係者、ジャーナリスト、グルピュスキュールの活動家、あるいは無党派の市民たち……。参加者は観客席とグランドに分かれて入場し、グランドに降りて芝生の上に座ったり寝転っている者もいるが、やがていくつかのグループが歓声を上げて走り始める。これもまた大きなお祭りだろう。

（写真43）黒旗を掲げて場内を一周するアナーキストの集団。黒旗を掲げ、二人の男性の肩に担がれて絶叫しているらしき女性（もっとも彼女は、私が「記録」に記している赤旗と競争した金髪の少女とは別人のようである）。おそらく有名な女性アナーキストだと思う。手前にレンズを向けているカメラマンが写っている。その前を行く黒いマフラー、黒メガネのおしゃれな青年。それを眺める人々の表情もさまざまだ。

（写真44）四月四日に暗殺されたキング牧師の遺影を持つ牧師を囲んで人の輪ができている。実に多様な人々の集まりであった。

8　五月最後の日々

五月二七日のシャルレッティ大集会以後の動きについて記すのは気が重いが、あと数日、五月の末日までは続けよう。ド・ゴールの権力とは何であるかをまざまざと見せつけられた数日であった。

五月二八日、火曜日。

ストライキと占拠が続く中で、労使間の交渉も続けられる。ポンピドゥー首相は特別記者会見でフランの平価切り下げの可能性について言及し、経済危機を回避するための国民の協力を求める。ペイルフィット国民教育相は辞任、ドブレ蔵相も辞表提出。大統領と首相がエリゼ宮で会談、両者の対立が伝えられる。

ミッテランが大統領選挙出馬を表明。左翼臨時政府の首相としてマンデス＝フランスを押す意向も。共産党はこれに強く反撥して「民主連合人民政府」を掲げる。夜、ミッテランと共産党幹部との会談。学生運動の側にも革命運動の統一を目指す動き（三月二二日運動、JCR、UJCMLなど）。夜、入国を禁止されている、赤毛を黒に染めたコーン＝ベンディットがソルボンヌに現われ、いくつかの集会に参加した後、記者会見にも応じる。どのようにして国境を越えたかという記者の質問に対して答えた「森を抜け、朝の霧の中を鳥の声を聞きながら歩いているうちにいつの間にかフランス領内に入っていた」という言葉は、メディアによって広く伝えられた。

五月二九日、水曜日。ド・ゴール大統領は午前中の定例閣議を延期して、午前一一時二〇分夫人とともにエリゼ宮を離れる。だが夕方になっても予定されたコロンベの別荘に着かなくて、大騒ぎになり、失踪説、自殺説、海外逃亡説、パリを軍事占領下に置くための計画、等々諸説が乱れ飛ぶ（後に明らかになった「真相」によれば、エリゼ宮からイシー＝レ＝ムリノーのヘリポートに直行、そこから秘密基地のあるタベルニーに向かい、さらにジェット機で西ドイツのバーデン＝バーデンに飛んでフランス占領軍の基地でマシュ総司令官他の軍首脳と会談、軍の協力を求め、バーデン＝バーデンを発ってからは、フランスのミュールーズの機甲師団司令部に着陸、ド・ボァシュー少将［ド・ゴールの娘婿でもある］に会い、そして午後六時二五分コロンベの別荘に帰着、直ちにポンピドゥー首相に連絡して、辞職の意志のないことを伝えた、ということである）。

他方、PCFとCGTが主催したデモは、午後三時半にサン＝ラザール駅前に集結しボーマルシェ大通りからバスチーユ広場に向かう。ヴァルデク・ロシェ書記長をはじめ、エチエンヌ・ファジョン、フランソワ・ビルー、ジャック・デュクロ、ジャネット・ヴェルメルシュ、ルイ・アラゴン、エリザ・トリオレ、等々が前列に並び、参加者約五〇万（CGT発表八〇万、ダンセットはこれを二〇万に訂正している）の大きなデモになった。「アディユー・ド・ゴール」などド・ゴールの退陣を求める言葉とともに「人民政府の樹立」などのスローガンが叫ばれる、CGTとしては初めての政治的なデモであった。一方、マンデス＝フランスは左翼の統一戦線が結成された場合には政権担当の責任を引き受けるという談話を発表する。

五月三〇日、木曜日。早朝からパリ周辺に機甲部隊が配置されている。午後になってド・ゴール大統領は、ポンピドゥー首相をエリゼ宮に招き、首相の辞表を拒否するとともに新しい政策の検討に入る。六月一六日に予定されていた国民投票を中止、国民議会を直ちに解散して総選挙（六月二三日と六月三〇日）を行うことが決定される。午後四時三〇分、ド・ゴール大統領はエリゼ宮のマイクの前に立って国民に呼びかける放送を行う。わずか五分の、だが決定的な放送であった。ド・ゴールの演説に呼応してド・ゴール派の大規模なデモがシャン＝ゼリゼ大通りを埋めつくす。一〇〇万とも七〇万とも推定されるその熱狂的な群集の先頭集団には、マルロー文化相、フランソワ・モーリアック、ミッシェル・ドブレ、シャバン＝デルマス、などド・ゴール派の著名な政治家や文学者が顔を並べていた。群衆は三色旗を振り、「ラ・マルセイエーズ」を高唱し、ド・ゴール支持とともに、次のようなスローガンが叫ばれている。「共産主義に天下を取らすな」「フランスをフランス人の手に」「ミッテラン、くたばれ」「コーン＝ベンディットはドイツに帰れ」「文句のある奴は北京へ行け」「ルノーは業務を再開せよ」（『5月のバリケード』二三一―二三二頁)。同じド・ゴール支持のデモは、地方のアンジェ、ル・アーヴル、レンヌ、ルーアン、ブザンソンでも行われた。

五月三一日、金曜日。内閣改造によってド・ゴール派左派が三人入閣。CGTはスト解決のための交渉に応じ、選挙を妨げないことを表明。

六月一日、土曜日。UNEF主催の抗議デモ。PCFとCGTが不参加を呼びかけたにもかかわらず、数万人の参加者が、「選挙は裏切りだ」「ストライキは続いている、闘いは続いている」等々と叫んで、モンパルナスからオステルリッツ駅まで駆け抜ける。

私の「記録」から

パリの学生たちの間で「偽学生」である私は、この五月の最後の日々をどのように過していたのであろうか。ここでも四〇年前の私的な記録の引用をお許し願いたい。

ストライキが解けはじめた。国鉄、フランス航空、バス、メトロなどタクシーを除く全交通機関が、正常でないまでも、ともかく動きはじめた。郵便局も一部業務を開始した。明後日くらいこの手紙を出せるかもしれない。大急ぎでその後の経過を記しておこう。

ストライキは完全に終ったわけではない。学校関係は全面的に動いていない。リセは月曜くらいから再開されるかもしれないが、大学にかんしては全く見通しがたっていない。ルノーやプジョーをはじめ、ストライキと占拠が続いている工場も多い。工場にも警察力が介入して衝突がはじまっている。しかし共産党とCGTが総選挙をうけいれ、事態の収拾にむかっている以上、すでに大勢は決したというのが大半の見方だ。重要な問題は何ひとつ解決されていないが、政治的にはド・ゴールのあざやかな勝利に終った。ぼくは政治というものを見せつけられる思いだった。

五月二十八日深夜、赤毛の髪を黒く染めたコーン＝ベンディットがソルボンヌに現われ、大講堂をうずめつくした数千の学生の熱狂的な歓声にむかえられた。彼は「野鳥のさえずりをききながら国境の森を越え」、そこに待ちかまえた同志の車に乗って途中何事もなく無事ソルボンヌに到着したのだった。コーン＝ベンディットは今や街の英雄だった。新聞にはド・ゴールがコーン＝ベンディットに引退の道をたずねている漫画がのった。五月二十九日にはヨーロッパの各国でフラン交換ができなくなり、フランス経済が危機にひんしていることは誰の目にも明らかだった。ミッテランは政権担当の意思を表明、マンデス＝フランスもその準備があると言明した。内閣不信任案が否決された直後にもかかわらず、ほとんどすべての新聞がド・ゴールの退陣か、内閣の総辞職を予想していた。CGTが初めて政治的要求をかかげて示威運動を行い、「人民政府」が叫ばれた。そしてエリゼ宮を出たド・ゴールが数時間にわたって行方不明になるという事件が起った。

翌三十日、ド・ゴール演説が予告されたとき、引退の声明を予想しなかった人は少ないと思う。だが午後四時三十一分、ラジオを通じて流れはじめたド・ゴールの言葉は誰の予想をもくつがえす激しいものであった。「私は決意した。私は引退しない。総理大臣は現職にとどまるであろう。総理大臣は内閣改造を行うであろう。私は国会を解散する。国民投票は延期する。フランスは独裁の危機にある。全体主義的共産主義《コミュニスム・トタリテール》の危機にさらされている。市民の行動《アクション・シヴィック》が組織されねばならない。そのためには政府を支持し、各県知事はあらゆる瞬間、あらゆる場所において壊乱行為を取りしまらなければならない……」。二十四日のぶざまなド・ゴールとは別人の気力に満ちた軍人ド・ゴールがそこにあった。二つの言葉が強調されていた。action civique と communisme totalitaire、アクション・シヴィックがアクション・ミリテール、つまり「全体主義的共産主義」に対する軍事行動を意味していることは明らかだった。ぼくは頬がこわばってくるのを感じた。これは一種のクーデタ宣言ではないか。もし共産党がゼネストを強化してド・ゴールの挑戦に応じるならば、内戦は避けられない。

ラジオは続いてシャンゼリゼ通りで行われているド・ゴール派の示威運動の有様を伝えはじめた。UDRその他のド・ゴール派を中心に五月二三日組織されたばかりの「共和国擁護全国委員会」が、ド・ゴールの演説に時間を合わせて大示威運動を計画していた。マルロー(文化相)、ドブレ(蔵相)を先頭に、五月一三日に匹敵する大群集が三色旗をかかげコンコルド広場からエトワルに向っていた。「共産主義を許すな」「われわれの旗は三色旗だ」「ド・ゴールは独りではない」「フランス人のフランス」「革命の無い発展を!」「働く自由を!」「コーン=ベンディットをダッハウ(ナチスのユダヤ人強制収容所)へ送れ」「赤毛野郎は北京へ行け」。シャンゼリゼの熱狂と興奮は明け方まで続き、翌日の新聞はいっせいに革命の終りとド・ゴールの勝利を報じた。

ド・ゴールの演説に対する左翼の反応を記しておこう。ミッテラン「これはクーデタの宣言、独裁の声だ。内戦の呼びかけだ。左翼は冷静にしかし断乎として応じるだろう」。共産党「これはストライキの中の労働者、民主主義の大学を求めて闘っている学生、政治の変革を求める幾百万のフランス人に対する真の宣戦布告である。ド・ゴールこそ独裁者だ。党は選挙を戦う用意がある」。統一社会党「これは軍事力による弾圧と内戦の呼びかけである。権力を麻痺させねばならない。左翼は選挙にそなえ統一候補を立てよう」。CGT「CGTは労働者が団結を強化し、国家の元首による挑発行為を挫折させるよう呼びかける」。CFDT「これは恐怖と独裁を求める許しがたい脅迫行為だ。CFDTは、服従かさもなくば内戦という二者択一を拒否する」。SNESup「われわれは教師と学生に大学の占拠を強化し、ド・ゴール派一味の跋扈を許さないようにしよう」。UNEF「全労働者と知識人の団結がこれほど必要とされたことはかつてなかった。われわれは、ド・ゴール体制を打破し労働者に政権をもたらすために直ちに大衆的な反撃を組織しよう」。翌三十一日ソルボンヌには数カ所にカクテル・モロトフの製法を記したビラが張り出され、それを手帳に写している学生が少なくなかった。

ド・ゴール派の一代議士は、この日ド・ゴールにパリ解放時代の将軍の面影を認めたと語った。ド・ゴールにこの立ち直りを許したものは何か？　その一つはあの謎の六時間にあるかもしれない。ド・ゴールはバーデン＝バーデンに飛んでアルジェリア戦争の英雄マシュー将軍に会い、アルザスで女婿のアラン将軍に会っていたことが後に明らかにされた。翌日の「フランス・スワール」は一面にパリ近郊に現われた戦車隊の写真をのせた。ド・ゴールを甦らせた原因はまた、激しい言葉を使いながらも直ちに総選挙をうけいれ労使交渉の妥結を急いだ左翼政党と労働組合の反応が説明しているかもしれない。現状においては、学生の激しい動きはいたずらにファシスムを招くだけだ、という主張も出てきている。

こうして五月は終り、六月一日UNEFの抗議デモが行われた。この日も、共産党とCGTが不参加をよびかけたにもかかわらず、やはり数万の人びとが集った。先頭の集団にはソヴァジョと並んでコーン＝ベンディットが姿を現わした。もはや「アデュー・ド・ゴール」の穏やかな調べは歌われなかった。学生たちは「ド・ゴールを倒せ」「フランコ、ド・ゴール、サラザール」「ファシスムを許すな」と叫んでいた。「選挙は裏切りだ！」「ストライキは続いている、戦いを続けよう」。そして夕空にひびきわたるインターナショナルの歌声。怒れる若者たちの巨大な集団。四万の若者たちの連帯は素晴しい。それに彼らは、おしよせる反動の波に抵抗し、ブルジョア的日常性の誘惑（家々の窓に灯がともり、なつかしい一家団欒の始まる時刻だった）に抵抗している、今ではほとんど唯一の集団ではなかったか？

警察の介入は行われず、モンパルナスからガール・ドステルリッツにかけてデモは平穏に終わった。UNEFの代表は、いくつかのグループに分かれてストライキ中の工場におもむくことを提案してデモは解散になった。帰りみちぼくはもう一度ソルボンヌに行ってみた。

内庭の一隅では、デモに参加しなかったUECの出店をかこんで激しい言葉が交わされている。作業衣にヘルメット姿の労働者が三人、大きなプラカードをかかげて現われた。学生が工場をおとずれたので、そのお返しの訪問らしい。女子学生が拡声器を手にしてかん高い声で演説をはじめた。ストライキが終っていないことを強調している。日が暮れてうす暗くなった庭の中央にぼんやりと立っているマドマゼル・M・Dを見つけた。デモが成功したことを伝えると彼女は一瞬目を輝かせたが、「だけど私は少し疲れた」と言った。(『フランスの解体?』七一―七四頁)

最後に出てくる「マドマゼル・M・D」については説明が必要だろう。彼女は三年ほど前に京大の法学部に留学していて民法典にかんする博士論文を書いていたのであるが、精神的な不調に陥って留学を断念し帰国していた。私は占拠が始まったばかりのころのお祭り騒ぎのソルボンヌの人混みのなかで偶然、彼女に再会した。例の写真撮影の許可証をもらうために報道委員会に連れていってくれたのは彼女であった。久しぶりの再会を祝って私たちはソルボンヌ広場のカフェでビールを飲んで乾杯し、私は彼女から帰国後の生活とソルボンヌにおける学生運動についての意見を聞くことができた。彼女は日本から帰ってしばらく両親のもとで休養していたが、いまは回復し、銀行で働きながら私生児の問題にかんする論文を書いているが、関心が文学に移ってしまい、いまでは法律が天職とは思えないこと、この革命は素晴しい、学生たちの怒りは当然であって、学生たちがこの一〇年要求し続けてきた改革が何ひとつ行われなかった、この場で行われているのはきわめて創造的な試みであって、どの党派もまた個人のいかなる意見でも発言が許される仕組みができており、それはフランス人の個人主義に極めて適した方法だ、人民戦線は、ミッテランは人気がないからマンデス＝フランスが出ると思う、といったことを情熱をこめ口早に語ってくれたのであった。

私は彼女の回復を喜び、彼女の言葉に共感しながらも、彼女の語り口にある種の痛ましさを感じていたのではないかと思う。フランス滞在の二年間、私はその多くの日々をBNと呼ばれる国立図書館で過ごしたのであるが、そこで出会った人々の大半は博士論文の準備に追われている若い、あるいはすでに中年に近い学生や研究者たちであった。豪華な円天井の下に無数の青い笠のランプが並ぶほの暗い読書室は、今ではなつかしい思い出であるが、そこはいつも満員でその電灯の青い笠の下にたどり着くのに、時には一時間も外で待たなければならない。そしてその青い笠の下の机に向かう人々になじみの顔が増え、その表情が見分けられるようになるにつれて、私はいつも胸が苦しくなりいたたまれない気持になっていった。これほど神経を病んだ痛ましい表情が集まる場所も少ないのではないか。私には彼らが大学という制度の生みだす犠牲者たちに思えてならなかった。マドマゼル・M・Dの表情を思い出すと私の連想はいつも国立図書館のほの暗い読書室に向かう。私にとってそれは六八年革命の必然性を思わせる切実な体験の場所の一つであった。国立図書館がリシュリュー通りにあった時代の話であるが、その後制度の部分的な手直しはあっても、基本的な構造は変わっていない。試験と博士論文は教授の権力の最後の拠り所だろう。

9　そして六月の日々

継続すべき「五月」

六月の日々について詳しく記すことは止めたいと思う。それは五月の輝かしい「勝利」の日々に比べて、六月の陰鬱《いんうつ》な「敗北」の日々について記す意味が少ないからではない。四〇年を経ていま私たちにとって学ぶことが多いのは、むしろ六月の敗北の日々であろう。いま私の関心はむしろ陰鬱な六月の方に傾いている。「勝利」の意味が問われその可能性が熟考されるのはむしろ「敗北」の日々においてであろう。だがそれを詳しく述べるとすれば、また別のより大部な一冊を必要とするに違いない。

六月一日のデモは、その参加者の数と発散されたエネルギーから見れば、大成功であったが、しかしそれは大勢がすでに決した後の成功である。活動家に変身したマドマゼル・M・Dの「だけど私は少し疲れた」という言葉は、いつまでも私の胸の奥に残っていた。もっとも五月三〇日と六月一日ですべてが終わったわけではない。PCFやCGTの労働再開の働きかけにもかかわらず、ストライキと工場占拠は続いていた。UNEFのストや民衆的な夏期大学を目指す運動、さまざまなグルピュスキュールの活動もむしろより活発になっていた。カルチエ・ラタンで私に手渡されたビラの数はむしろ六月に入ってからの方が多い。だがその中には共和制擁護を呼びかけるド・ゴール派のビラが混ざりはじめていたし、学生たちのビラの用語も次第に自衛的なものが多くなっていった。
六月六日、占拠中のルノーのフラン工場に警官隊が導入され労働者が排除される。翌六月七日朝、労働者に学生も加わって再占拠を目指す集会とデモが工場の近くで行われ（ジェスマールも参加）、CRSが介入して激しい衝突が起こり、十数時間にわたる「山野の攻防」が行われている。翌八日の夜、私はソルボンヌに行ってみた。次にその日の記録を引用しよう。

きょう、六月八日、ぼくは大学都市で夕飯をすませてから久し振りにメトロに乗ってソルボンヌに行った。土曜の夜のソルボンヌは明るい灯が輝き人びとでにぎわっていた。すべての講堂に人びとがあふれていた。パンフレットや新聞、壁に張られたビラの数がいちだんと多くなっている。明るく活気に満ちた雰囲気がぼくをおどろかせた。〔……〕
いま「革命の死」について論じている人たちは、ソルボンヌに集った学生たちの内面に起っていることを忘れている。「禁止することを禁止する」という言葉が一斉にあちこちに張出されはじめたとき、ぼくは面白い言葉の洒落くらいにしか思わなかった。だが考えてみればパリ市中がいかに多くの「……を禁止する」という立札や掲示でみたされ、ぼくらの内面がいかに多くのタブーにしばられていることか。つまりぼくらはいかに多くの権威を無意識に受け入れていたことか。一度粉砕された権威はふたたび昔の姿でよみがえることはできない。（同書、七四―七五頁）

六月一〇日、月曜日。ストライキ中の労働者は依然として一〇〇〇万に近い。ルノーのフラン工場の近くで激しい衝突があり、一七歳の高校生（ジル・トタン）の死（溺死）が伝えられる。カルチエ・ラタンで自然発生的に始まった抗議集会に警官隊が攻撃し、バリケードが築かれる。若い外国人三〇人が追放される（内二二名はドイツのＳＤＳ党員）。選挙戦が始まる。

犠牲者たち

六月一一日、火曜日。警官に追われてセーヌ川に飛び込み溺死したジル・トタンの死を悼む高校生たちの静かな行列。労働組合やグルピュスキュールのそれぞれの強い反応。ＵＮＥＦのデモは警官隊の攻撃を受けて「第三のバリケードの夜」となる。ソショーのプジョー工場における警察の介入は二人の労働者の死をもたらした。

以下六月の中でもきわめて印象的なこの両日にかんする私の「記録」を引用させていただきたい。

六月十日、ストライキが続いているルノーのフラン工場の近くで警官に追われたリセの学生がセーヌ川にとびこみ、そのうち一人（十七歳）が溺死した。その報が伝えられると、大講堂にいた学生たちが街頭にとび出して抗議デモをはじめ、デモ隊はみるみる四千人にふくれあがり、その一部は選挙の公報板を焼き第五区の警察署を襲う。警察車二台が焼かれる。ＣＲＳが出て衝突は朝方まで続く。カクテル・モロトフが使われ、バリケードが築かれた。警官が新しい榴弾《グルナード》を使いはじめたようで、その爆発する音が大学都市まで聞こえるようになった。

六月一一日、プジョーのソショー（ブザンソン）工場で労働者と警官が衝突。発砲があり、労働者一人死亡、数人負傷。さらに催涙弾の爆風で転倒した労働者が頭をうって死ぬという事件が起る。労働組合は一時間の抗議ストライキを行い、UNEFは解散を予定しないデモを行うと声明。一方これまで『ヌーヴェル・オプセルヴァトゥール』と共に一貫して学生を支持してきた『ル・モンド』紙が、突如、社主の署名で学生を批判する論説をのせる。主旨は「選挙は紛糾した事態に一つの出口をあたえる。革命の指導者たちはあらゆる解決案を裏切りと呼び、破壊のみを考えている。勇敢に戦ってきた学生たちよ、今や無責任な指導者たちに訣別すべき時がきた」といったもの。

午後七時に予定されたUNEFのデモは、集合場所の東駅一帯、それに近いメトロの出入口をすでにCRSが固めていて、参加者とおぼしきものは片端から逮捕、メトロは出口をふさがれた学生で満員のしまつ。一方ソルボンヌとオデオンの周辺も警官が固めていて、集ってくる群集に対して催涙弾が投げられ、ここでも逮捕がはじまる。ソルボンヌに通じる電話線は警察の手で切断、集合を妨げられたデモ隊は市内各所に分散して激しいデモをはじめる。警察の発表では築かれたバリケード七二、襲われた警察署五、焼かれた警察車一〇、デモ隊の負傷九四（うち入院九三）、警察官の負傷七五、逮捕された学生千五百。かなりの数のカクテル・モロトフが使われた。催涙弾の音は朝方まで絶えなかった。CRSが、このような積極的な攻撃に出たのははじめてだ。

六月十二日、政府はあらゆる抗議デモを禁止し（選挙まで）、グルピュスキュールの解散を命令する。解散を命じられたグルピュスキュールは十一。略称だけ記す。JCR、FER、CLER、UJCML、PCI、RCLMF、FJR、OCI、「労働者の声」「グループ「レヴォルト」」「三月二十二日運動」。主としてトロツキスト・グループと中国派。共産党系のUECは含まれていない。解散されたグルピュスキュールのなかにはCLERのように現在は存在しないもの、政治的な集団としての組織をもたない「三月二十二日運動」も含まれている。適用された「一九三六年一月一〇日の法律」というのは人民戦線の政府が右翼団体をとりしまるために作ったものだから皮肉だ。抗議デモの禁止とグルピュスキュール解散に対して、共産党を除く主要な左翼政党が抗議声明を出す。

追放あるいは投獄されていた右翼（主としてアルジェリア関係の将軍）が釈放になる一方、危険思想と見なされた外国人が続々と追放になっている（現在百四十三人）。逮捕されるとそのまま家に帰ることも許されず国境に送り出される。全く一方的なものだから、うっかり外も歩けなくなってきた。（六月十三日）（同書、七七—七九頁）

選挙による収束

六月一四日、金曜日。午前九時、占拠中の国立劇場オデオン座に警官隊が入って占拠者を排除、屋上の赤旗と黒旗は直ちに三色旗にかえられた。

六月一六日、日曜日。正午、グリモー警視長官が同行してソルボンヌに司法警察官の立入り捜査が入り、夕刻、機動隊が導入されて行動委員会と学生が排除される。

六月一七日、月曜日。夜九時からパリの大学都市のメゾン・アンテルナショナルでサルトルを招き討論集会が行われた（これはどの年表にも記されていないので特記しておこう）。

六月二三日、日曜日。国民議会の第一次投票。ド・ゴール派の勝利と共産党、左翼連合の後退が確実となる。

六月三〇日、日曜日。国民議会の第二次投票の結果、各地でド・ゴール派が圧勝し、共産党と左翼連合は議員数を解散前の半数以下に減らす。マンデス＝フランスは落選。左の表を参照されたい。

第二回投票結果

	当選者	解散前
共産党	三四	七三
極左派	一	四
左翼連合	五七	一一八

その他の左翼	二	二
共和国民主連合ＵＤＲ	三五〇	二四二
（うち五一名が独立共和派Ｒ１）		
ＲＤＭ（中道派）	二九	三九
その他の右翼	一二	六
（うち七名が独立共和派Ｒ１）		
改革運動派	〇	一

以上が、五―六月事件に対して選挙民の下した判決である。私にとっては政治と世論の恐ろしさと馬鹿らしさを改めて実感させられ、議会政治とデモクラシーへの疑問を深めるようなひとつの事件であった（ついでに前もって記しておけば、この一〇ヵ月後には同じ選挙民が国民投票でド・ゴールに否《ノン》を突きつけることになる）。

こうして「秩序」は回復され、学生たちの運動は夏休をむかえて「冬の時代」に入る。「これは始まりにすぎない、闘争を続けよう」という叫びはその後も至るところできかれたが、闘争を再構築しなければならないのは誰の目にも明らかであった。キャンパスと街頭における輝かしい闘争の時代は終わり、「長征」は個々人の内奥と日常性の中で続けなければならないだろう。

ソルボンヌの占拠が終わった二日後（六月一八日）、私は友人の車に同乗させてもらい、ナンテール分校に行ってみた。ナンテール分校の近代的な建築物にたどり着くためには、アルジェリア

写真45　警備されるオデオン座

人の移民労働者が多く住む、いわゆる貧民街《ビドンヴィル》を抜けて行かねばならないが、それにしても何というコントラストだろう。ナンテールはまだ閉鎖されていない。建物の中ではUNEFの集会が行われている。だが、明るい陽射の下にひろがるキャンパスにはすでに夏休みの雰囲気がただよっていた。遊びに来ていた貧しい身なりの子供たちが数人、キャンパスから守衛に追い出されている。おそらく長い間手入がされていない芝生には、背の高くなった雑草が目立っており、その中に学生たちが二、三人座って話をしたり、のんびりと寝転がっていたりする。雑草の間のあちこちに紅いケシの花が咲いており、あの激しい闘争の跡はすでに隠されてしまっていた。

　六月に入って私はほとんど写真を撮っていないのであるが、この日はめずらしくカメラを持参していたようで、以下、落城後のオデオン座と昼寝しているかのようなナンテールの写真を数枚お目にかけたいと思う。ナンテールの閉鎖は七月二日であった。

（写真45）占拠者が排除された落城後のオデオン座。正面入口付近を固めている警察官と護送車の列。

（写真46）六月一八日のナンテール分校。

（写真47）ナンテール分校。建設中の建物（体育館だろうか）の壁に書かれた文字がまだ消されないで残っている。中央の大きな文字はVOLEZ（盗め）と読める。左端からTravail（労働・勉強）とあり次が読みとれない。「盗め」という言葉は至るところに書かれていた五月の流行語で、私は直ちに「財産（所有）は盗みである」というプルードンの書物のタイトルを思い浮かべてしまうのであるが、例えばカルチエ・ラタンの壁には、「盗め（VOLEZ）」の一語だけ大きく書かれ

写真46　ナンテール分校（現パリ第10大学）

写真47　「窃盗有理」

写真48　体制側であることのささやかな、確固たる表明

写真49　真っ赤なケシの花

ていたり、「君の幸福は金で買われようとしている、だが君はそれを盗むのだ（On achète ton bonheur: VOLE-LE）」と記されていたりした。また「労働（勉強）」も「決して働くな（勉強するな）」といった類の言葉をいくつか見かけた。これも私にとってはマルクスの娘婿ラファルグの『怠ける権利』を思わせる言葉であるが、学生たちはもっと切実な異なる意味をこめていたのだと思う。

（写真48）ナンテール分校のキャンパスを見降す位置にある、おそらくは管理職か上級職員用のアパルトマンであろう。窓の一つに、ド・ゴール派のシンボルであるロレーヌ十字（☨）を配した三色旗が掲げてあった。

（写真49）最後に戦いに敗れた戦士たちに野の花束を贈りたい。ナンテールのキャンパスに咲き乱れていたケシの花である。

第四章　知識人の問題

1　六八年と知識人――予備的考察

三つの罠

六八年と知識人の問題を考える時に陥りやすい三つの罠があると思う。警戒すべきこと用心すべきことは三つに限らないが、とりあえず三つのことを指摘しておきたい。

第一は、学生運動にかんして強い影響力をもった特定の指導的な知識人や思想家の存在を想定し、それを探り出し特定することによって何か問題が解決したかのように思ってしまうこと。この犯人探し的な趣向は、六八年の政治社会評論やジャーナリズムの記事によく見られた傾向であった。あの占拠中のソルボンヌの中庭に掲げられたマルクス、レーニン、トロツキー、毛沢東、ゲバラ、等々の肖像を見れば、そうした犯人探しの誘惑が起こるのは無理のない話かもしれない。しかし前もって結論を言えば、六八年の運動に、それがマルクーゼであれアルチュセールであれあるいはサルトルであれ、誰か一人のイデオローグの存在を想定することは現実にそぐわないし、六八年革命の本質を歪め覆い隠すことになるだろう。六八年の重要な特色の一つは、そのようなイデオローグや大知識人の存在を否定あるいは拒否するところにあったのだから。

この問題にかんして、アラン・ジェスマールがエルヴェ・ブルジュの問いに実に見事に答えているので次に引用したい。このインタビューの日付は記されていないが、編者ブルジュの「まえがき」の日付は六月一日になっているから、おそらく五月の末、ジェスマールが高等教員組合書記長辞任した直後になされているのであろう。

Ｈ・ブルジュ——さきほどあなたは、新しい大学、新しい社会ということをほのめかせていたので、二つの重なりあう質問を呈したい。第一はＳＮＥＳｕｐ前書記長としてのあなたに、第二は政治活動家としてのあなたに。どのような形で新たな大学を、そして、どのような形で新たな社会を考えているのか？

Ａ・ジェスマール——その証明は、前進してゆく過程でなされるとぼくは思う。おそらくは二十年後、われわれが新たな社会を、したがってこの社会のなかに新たな大学を建設することに成功するなら、歴史家や思想家たちが出てきて、哲学者その他の人間のいくつかの小冊子、小論文のなかに、これから起ころうとしていることの創造的源泉を発見するであろう。しかし、現在の時点では、これらの源泉は形に表わされてい《アンフォルメル》ないと思う。

多くの人々は、マルクーゼをもちだしてくる。だが、ぼくの知るかぎり、われわれの組合、ＵＮＥＦ、あるいはまったく別の組織の活動家の誰一人（あるいは千人に一人はいるかもしれないが）、全世界の学園で展開されている闘争の、偉大な先触として紹介されたこの著者の、たった一行も読んではいないと言わざるをえない。と言っても、それは彼の影響を否定することにはならない。なぜなら、たぶん彼は、いくつかの社会現象を分析し、これを、おそらく初めて文章の形で表わしたのである。われわれはこれを行動で表わしたのだ。

他方われわれは、現在、巨大な問題に直面している。このような規模の革命闘争が、経済的に発展した国に、しかも、ヨーロッパ共同市場によって強化された資本主義体制のなかに統合されている国に現われたのは、初めてのことである。われわれには、参考すべきモデルはなにもない、ソヴィエトも、キューバも、中国も、ユーゴスラヴィアも、チェコも、これと同じ状況に直面したことは一度もないのだ。たとえば、一九〇五年から一九二〇年代に、マルクス主義の理論家たちが、革命はまず発達した国に広がるであろうと考えていたにしても、革命社会のモデルを詳述すべくつとめた者は誰もいなかった。したがって、それは、歩んでゆく過程で構築されねばならないのである。生産関係も、また文化の関係、個人と集団の関係も、これまでとは異なってくるであろう、ということしか言えない。その体制の新しさは、直接民主主義の樹立にある。

　ぼくは、あの先駆的な三月二十二日運動の集会に好奇心をかられて何回も出席した。この運動には、社会学で用いる用語の意味でのリーダーは何人かいるが、指導者はおらず、執行部もなく、まして、官僚主義はない。ここでは誰もが「あらゆる方向で」発言をしている。集会は投票を行わない。何本かの力線がひきだされて、活動家なら誰でもこれを自分流に表現してかまわない。彼らのなかの何人かは新聞によってスターに仕たてられたため、また政府が気違いのように躍起となって身がわりの贖罪山羊を見つけようとしたために、世によく知られている。(『学生革命』五六―五八頁)

ジェスマールは現に進行している革命的な過程の前例のない新しさと、それに遅れて現われるであろう知識人の営為にかんする厳しい指摘を、知識人に礼を失することのない表現で述べている。ジェスマールはまた、直接民主主義における知識人の役割という新しい問題を提起している。考えてみれば、これまでの知識人論はすべて代議制的な知識人論であった。ジェスマールはさらに、直接民主主義が実践されているモデルとして三月二二日運動への共感を表明することによって、六八年五月の最も先端的で魅力的な部分を描きだしている。

同じ知識人の問題に対して、当の三月二二日運動の反応はより直截である。同じH・ブルジュの「あなた方はフランスの左翼的知識人によって支持されていると思うか」との質問に彼ら（ダニエル・コーン＝ベンディットとジャン＝ピエール・デュトゥイユ）は次のように答えている。

三月二十二日運動——彼らはいくぶん事件の外側におかれた。これは良い傾向である。彼らは自分の場を見出さなかった、口をはさむ機会をもうもたなかった。というのも、いっさいのものを否認しようとしている運動の前に立たされたからである。ここには、普通、進歩的な学生が否認する習わしのなかった知識人、たとえばサルトルもふくまれている。ところで、彼は運動にいかなる影響をおよぼしたか？　いかなる影響もおよぼしていない。ソルボンヌに話しにやってくるとしても。

H・ブルジュ——あなたがたが、思想上の導き手をもたない（ではないかと私は想像しているのだが）にしても、知識人とのつながりをいっさい否定するのか？

三月二十二日運動——人々は、思想の導き手としてマルクーゼをわれわれに「対比」しようとした、冗談ではない。われわれのなかの誰もマルクーゼを読んだことはない。ある者はむろんマルクスを読んでいる、おそらく、バクーニンも。現代の著者のなかでは、アルチュセール、毛沢東、ゲバラ、ルフェーヴルだ。三月二十二日運動の政治的な活動家はほとんどすべてサルトルを読んでいる。しかし、どの著者をも、運動の鼓吹者と考えることはできない。(同書、八〇―八一頁)

「どの著者をも、運動の鼓吹者と考えることはできない」という彼らの回答は正確で示唆にとんでいると思う。

知識人の沈黙

私たちが陥りやすい第二の罠は、第一の場合とは逆に、六八年における知識人の不在を強調し、六八年の文化的思想的不毛性を指摘する、これも当時のジャーナリズムの言説によく見られた傾向であった。知識人の不在という現象はたしかに観察されたと思う。それまでジャーナリズムを賑わせていた、レヴィ＝ストロース、フーコー、ラカン、アルチュセール、バルトといった名前が一時期、新聞や雑誌から消えて、この著名な知識人は彼らの意見がおそらく最も待たれているときに、沈黙を守っているのはなぜだろうという疑問を抱いたことは覚えているし、またそのことについての嘲笑的な記事が出ていたこともたしかである。

だが彼らが同伴的な知識人のポーズをとらず、沈黙を守ったことは(その理由はさまざまであろう）、必ずしも六八年の思想的不毛性を意味しない。むしろこの沈黙は多くの場合、後になって分かることであるが、六八年五月の衝撃の大きさと、それをまっとうに受けとめた思想家たちのその後のクリエイティヴな思考と活動に結びついていたと思う。

六八年五月における知識人の不在を強調することは一面では正しいが、重要な別の側面を覆い隠すことになるだろう。フランスでは学生運動が提起している問題や「大学の危機」に積極的にかかわろうとした知識人や大学教授の数は多かったのではないだろうか。前章で五月の事件の経緯を述べる際にいくらか触れたように、ナンテールの教授たちの中には、社会学科のルフェーヴルやトゥレーヌ教授の他にもこの事件を正面から受けとめようとした教授は、多数派ではないにしても決して少なくはなかった。表面にはあまり出てこなくても、こうした事件のなかの学生たちの姿を共感をこめて長篇小説（『ガラス窓の後で』一九七〇年）に書き残しているロベール・メルル教授（英文学、ゴンクール賞作家）もいた。モノー教授やカスレ教授のようなノーベル賞学者が名を連ねて世論や政府に呼びかけることも少なくなかった。ソルボンヌやカルチエ・ラタンで警察の暴力的介入があった直後にカスレ教授が呼びかけ人になっている「抑圧に苦しむ学生たちを支援する委員会」には、シモーヌ・ド・ボーヴォワール、コレット・オドリ、ジャン＝ポール・サルトル、ミッシェル・レリス、ジャン＝ピエール・ヴィジエ、ダニエル・ゲラン、ロベール・メルル、アンドレ＝ピエール・ド・マンディアルグ、オリヴィエ・ルヴォー・ダアロン、コスタ・アクセロス、といった著名な知識人が名を連ねている（五月九日の『ル・モンド』紙、第一〇面、アルフレッド・カスレ「理性が勝利するために」）。

また占拠中のソルボンヌでは学生＝作家行動委員会が結成され、モーリス・ブランショやマルグリット・デュラスなど著名な作家が参加して、ビラの共同製作といった興味深い試みもなされている（この行動委員会とブランショについては、鈴木道彦『異郷の季節』に収められた魅力的な文章をぜひお読みいただきたい）。美術学校の人民アトリエについてもすでに触れたが、そこで大量に生みだされた作品を見れば、それが学生のみによって作られた作品ではなく、多数の学外者やプロの美術家たちとの共同制作であることは、容易に推測できるだろう。すでに数多く引用した「壁の言葉」も単なるスローガンの落書きではなく、グラフィティとして面白いし、レベルの高い短詩群（日本のハイクが連想されていたりした）であり、そしてそれは皮肉なことに、学生たちがそれに対して反抗しているフランスにおける国語教育の見事な成果を思わせはしないだろうか。国立劇場オデオン座の占拠も見方によっては学生と知識人的俳優（J＝L・バロー一座）との親密な関係を思わせる。少なくともこの著名な俳優はマルロー文化相に抗して、同伴的知識人であることを選んだのであった。その他、作家同盟、美術家集団、シネマ三部会、等々の文化人＝知識人たちの参加、国営放送のストライキやジャーナリストたちの動き、あるいはこの期間あるいはその後に五―六月の諸事件を題材として作られた多数の漫画＝戯画、詩やシャンソン、芝居、等々のリストを見れば、知識人の不在どころか、知識人の遍在、むしろ学生と知識人の親密さを印象づけられはしないだろうか。

六八年当時のフランス社会において、あるいはフランスの教育制度において、大学の学生は彼らの意識の中では知識人の予備軍であった、と言ってよいだろう。そのことはエコル・ノルマルやエコル・ポリテクニクといった、国家から給料をもらい、さまざまな特権や将来の安定が約束されている、いわゆるグランド・ゼコルの学生を見ればいっそう明らかであるが、ソルボンヌ大学やリヨン大学といった（日本と違って大学入学資格試験《バカロレア》に合格すればどの大学にも入れる）、そうした特権のない一般の大学の学生にあっても社会におけるエリート意識は強かったのではないか。例えば六八年の五―六月の間のソルボンヌの学生の発言やビラの文句にもあって驚いたのであるが、連帯を表明するためにストライキ中の工場に出かける学生が、「われわれは将来その工場の管理職となるのだから……」といった言葉が何気なく語られてしまう。六八年は、そうした学生の特権と知識人の予備軍としての位置が、学生数の急増と社会、経済システムの急激な変化によって、一挙に崩れ去ろうとしている時期と重なっていた。新しい企業に適した人材を生みだすための選抜試験とは、逆に言えば、学生のエリートとしての特権を奪い、多数の学生を失業と貧困に投げこむことを意味していたはずである。学生はもはや知識人の予備軍ですらない。

歴史と制度の違い

第三に、私たち日本から見ている観察者が陥りやすい罠として、歴史と制度の違いから来る誤解を指摘する必要があるかもしれない。例えば日本では、学生反乱に際して、東京大学の丸山真男教授の研究室が学生に荒らされて、教授が「ナチスでさえもやらなかった暴挙」として激怒したことが伝えられた。私はそれを聞いて、もしそれが事実であるならば、そしてもし学生たちがフランスの学生たちと同じように、現在の資本主義国家体制の一環でありそれを支えている重要な制度の一つである大学を批判し否定しようとするのであれば、東京大学法学部の政治学教授の研究室がそしてその教授自身の研究が攻撃の目標とされるの当然であり、その行為をナチスをもちだして批判し怒る丸山真男が、それが政治学の教授であり、そして私の尊敬していた学者であるだけに、理解できなかった。それはそのときフランスにいた私の感想である。しかしフランスでは同じようなことは起こりえない。それはごく単純に、フランスの大学や研究所にはいろいろな形があるから一概には言えないと思うが、少なくともソルボンヌには教授の個人研究室はないからである。その点ではソルボンヌには中世以来のヨーロッパの大学の古い伝統が生きていると言えるかもしれない。つまり大学の建物は、教授（団＝組合）と学生（団＝組合）が契約にもとづいて一定の時間そこで授業が行われる公共の場所であって、教室や講堂はその契約にもとづいて使用されない時間は鍵をかけて第三者が管理すべき場所であった。それが良いか悪いかは別として、その痕跡は今でも残っていて、私が指導教授であるソルボンヌのピエール・カステックス教授や高等研究院のロラン・バルト教授との最初の面接を受けたのは（そしてその後も）教授の自宅であった。教官が在任中、大学の中に個人研究室をもつこと（時には何十年にもわたって）は、日本では教員の最低限の権利であり大学自治の基本的条件とされているが、フランスの学生や教員から見れば、教員による大学の私物化と映るかもしれない。

そしてそのことは私たちがフランスの六八年五月を理解するためには、かなり重要な観点になるだろう。なぜなら運動の中心的な役割を果たしていたUNEFはこれまで「全学連」といった誤解を招く訳語が使われているが、これは学生の利益と権利を守るための学生の組合であり、また同じく中心的な役割を果たしていたSNESupは教員の組合である。本来、対立的な要素を含んでいる学生と教員の組合が、六八年には協同して政府に対抗するという形をとったのであるが、CGTやその他の労働組合と同様、組合員の利益と権利を守り政治化を嫌う組合《サンディカ》としての制約、その性格や行動形態が、「組合的システム」として三月二二日運動をはじめとする政治的な少数グループの批判を浴び、またその政治性ゆえにジェスマールが書記長を解任されるような事態も起こったのであった。逆に三月二二日運動のような、組織や規約をもたず集まって来る人々の自発性を拠り所にする独自な運動形態は、現存する政党や組合との対比によっていっそうよく理解できるのではないかと思う。

六八年五月三〇日のド・ゴールの演説とそれを機に始まった、マルローを始めド・ゴール派の知識人たちを先頭に立てた巨大なデモとその後の政治的展開を見れば、五月の間沈黙を守っていた右翼＝保守の隠然たる勢力の大きさを改めて考えざるをえない。六八年をもう少し大きなタイムスパンで見れば、フランス革命以来の右翼と左翼の大きな対立する流れの中で五月が位置づけられるだろう。右翼と左翼と言えば、日本の読者は何を古いことをと鼻白むことかもしれないが、これは現在でもフランスで生きているフランス革命以来の政治的分類である。六八年にはジャン＝ポール・サルトルとレイモン・アロンがいた。反制度的・反秩序的知識人と制度的・秩序的知識人を比べれば、制度の中では制度的知識人の存在が大きいことを六八年五―六月は教えてくれるだろう。知識人という言葉にこだわれば、六八年は知識人（intellectuel）という概念の起源を私たちに示してくれる一九世紀末のドレフュス事件（一八九四年）を連想させる。たしかにこの対比は正しいだろう。六八年は、エミール・ゾラの「私は告発する……（J'accuse...!）」という言葉が切り開いた批判的知識人の道を最後まで歩くサルトルの姿を照しだす。しかしながら六八年の学生たちは、結局は、フランス革命以来の右翼と左翼の対立という民主主義の虚偽を証明し、大知識人の存在という伝説を打ち砕いたのではないだろうか。そしてそのことはそうした伝説を包みこんでいる西欧文明に対する根底的な批判に通じるだろう。こうした批判はそれを口にする学生の存在に対する批判として学生自身に返ってくる（いわゆる「自己批判」）。

学生たちが発した最も根本的な問いは、あなたは権威、すなわち既成の秩序を守る側にいるのか、権威を否定する反秩序の側にいるのかという問いであった。いわゆる左翼は、PCFやCGTであるか左翼連合であるかを問わず、いずれも秩序派であることは五月以前から分かっていたことではあるが、五月のデモやストライキに対する左翼の対応はそのことを誰の目にも見える形で明らかにした。学生から見れば、知識人は、どちらの側に属しようと、また教授であろうと官僚であろうと、ジャーナリストであろうと、それが知識人である限り、既成の秩序によって育てられ、既成の秩序に寄生する存在であることに変わりはない。「最後の社会学者が最後の官僚の腹わたで首をくくられたとき、それでもわれわれにはまだ「問題」が残っているだろうか（Quand le dernier des sociologues aura été pendu avec les tripes du dernier bureaucrate, aurons-nous encore des "problèmes"?）」という恐ろしい壁の言葉（ソルボンヌ）は、五月に活躍した幾人かの社会学者の顔を連想させて面白いのであるが、「社会学者」の代りに「知識人」を入れても成り立つだろう。

六八年五月がもし知識人の終焉をもたらしたのであり、サルトルが大知識人の最後の栄光を担うのであるとすれば、私たちはここで改めて知識人とは何であるかを論じなければならないであろう。だが私は私の目と私の体験に固執して一般論を避け、私が六八年にフランスで出会ったごく少数の知識人について述べることに以下の作業を限定したい。いずれもパリに着いて早々にお会いし、その後もお世話になった方々である。

2　森有正と加藤周一――私的回想

神話的存在

六八年におけるフランスの知識人の問題を考えようとしているところに、いきなり森有正と加藤周一の名前が出てきて驚かれる読者も多いと思う。だが森有正や加藤周一の存在は、六八年に私がフランスに居たことにかかわっており、また当時若年のフランス文学研究者として六八年をいかに受けとめるべきかという問題に直面した私の位置のとり方、いわばポジショナリティにも深くかかわっていたのであった。

約束された大学のポストを捨て、家族を捨て、これといった社会的地位や生計の当てもないままにパリで、ひたすらヨーロッパ文明の探究者として生きる森有正の姿は、私の世代のフランス研究者にとっては一つの理想像であり強く心を惹かれる神話的存在であった。森有正のように、それヨーロッパの文明とフランスの文化的伝統に、感覚と知力と体力のすべてを傾けて没入し、それを理解し、自分のものにしようとして苦闘した日本人は、森有正以後には現われていない。もっとも当時の私はすでに、そうした森有正の生き方と文章に心を惹かれながらも、ある種の違和感と、それで良いのかという疑問にとりつかれ始めていたのも事実である。後に述べるように日本近代の知識人について私には「マチネ・ポエティク」問題とでも言うべきものがあったからである。

森有正におけるヨーロッパ文明探究の旅がどのような形で行われていたかを示す文章「流れのほとりにて（一九五七年七月）」を、はじめに引用しておこう。一九五七年七月七日、森有正はロンドンにいてナショナル・ギャラリーで三時間を過ごしたときのことを次のように記している。

僕はイタリア中世からルネサンス、ファン・アイク、ヴァン・デル・ワイデン、ミケランジェロ、ラファエルから、ヴェニス派を通って、十七世紀のオランダ、フランス、スペイン、またプッサン、クロード・ロレーヌから、アングル、ドラクロワに到る近代絵画を目前に見た。そして印象派を経て、現代絵画に到ったあとを考えて見ると、過去が自己を現代に向って積分的に集約して、進んで来た跡が判る。したがってそれは、比較的単純に見る色と線との集合の中に、厖大な過去の探究と定義とを含み、自己を前進させる法則を自己の中にもってしまっている。いなそれは色と線どころか、それを造形する人の中に一種の体質のように沈澱している。それは生理的な意味の体質とは些かちがう、文化的な体質である。こういう無意味に見えることを僕がいうのは、決して自虐的に、日本の悪条件を並べたて、快とすることではない。どんなに多くの見当ちがいが行なわれているかを知るからである。その見当ちがいを僕は一つ一つ述べ立てることはしないだろう。ただ色々ある見当ちがいに共通している一つの点は、自分達が文明の問題で、その中に置かれている、大きい矛盾に気がつかないでいるということである。第一に今日、文明は世界で唯一つになってしまった。東洋文明という甚だ曖昧な概念に積極的意味があるように思って、それと西欧文明とを綜合するなどという考えは、自己の無知の告白以外のものではない。

古代文明の綜合者であったギリシアと、それに対立する唯一の文明原理であったヘブライズムとを千年以上かかって綜合した西欧文明は、いわゆる東洋文明と称せられるものを、自己の中に含みうる可能性と強さとを自己の中に生み出した。重要なことは、その可能性が在るのは西欧の側にであって、いわゆる東洋の側にではないということ、そのことは決して見損ってはならない。

だから、我々は、本当に東洋のものを生かそうとすれば、どうしても西洋を経過しなければならない、ということである。しかもその西洋文明そのものが厖大な過去の伝統の上に立ち、容易に、その経過を許さない、という矛盾した現実である。僕は今、こういう現実を、実例によって細かく分析はしないだろう。しかし、それは我々の歴史と現実の意識とを正直に反省すれば容易に判ることである。

ヨーロッパ文明の中に、ヨーロッパの習俗とは区別された普遍的原理をみとめ、それを学ぶことによって、日本人である我々も、我々の習俗をそれによって純化しつつ、ヨーロッパの高さに達しようとすること、これは明治以来の我国の先覚者が辿った道であった。福沢諭吉、内村鑑三、夏目漱石、その他多くあげることができよう。僕はこの道が正しいかどうか知らない。ただ僕としては、それとは違った道を辿らざるをえない。ということをここで言っておこう。あるいは、違った道を辿らざるをえなくなった、といった方が正確かも知れない。(『森有正全集1』筑摩書房、二九一—二九二頁)

パリで森有正氏にお会いしたのは六七年の一〇月末に私がパリに着いた翌日か、翌々日であった。これが初対面ではなく、たしかその前年(一九六六年)の夏の終わりの頃に京都で幾度かお会いしていた。初めてお会いした森有正は、文章で想像していたのとは全く違う風貌(知識人というよりはまるで野武士のようだと思った)とサービス精神のゆきとどいた早口のおしゃべり(人真似のうまい)で私を驚かせた。(ヘビー・スモーカーで、夜更の白河通りをいっしょにタバコの自動販売機をさがして歩きまわったこともあった。)

だがパリで最初にお会いした森有正は、まるで別人のようであった。ソルボンヌ大学に近いカフェ・マイユー(今はない)のテラスの少し奥まった席に、約束の時間よりかなり早く来て待っていたのであろう。森氏はいらだちを隠しきれない風で、私にはその理由がよくわからない。そのうち日本の文化人のフランス志向とでも言うべきものに話が及んだとき、森有正は彼らのフランス論がいかに誤りと偏見に満ちたものであるかを、次々に名前をあげて激しい言葉で批判し始めた。私はそのいつ止むとも知れぬほとんど罵倒に近い言葉を啞然として拝聴するしかない、といった状態が二時間ほども続いたのである。そしてなおも私を困惑させたのは、その二時間のうちの四分の三は名指しでの加藤周一批判であったことだ。

このとき森有正がしゃべり続けた批判の言葉を私は今ではほとんど忘れてしまっている。おそらくそれは論理的な言葉であるよりも感情的な怒りの言葉であったと思う。「二、三年パリに住んだくらいでフランスがわかるはずがない」と、吐き捨てるように言われた言葉があったことは覚えている。私はそれを、フランス文化の理解に生涯をかけた先達の後輩に対する心からの忠告として受けとめようとしたが、どう考えてもそれは加藤周一に向けられた言葉であり、ついでそのエピゴーネンに対して向けられた言葉であろう。それを聞いて私にひそかな反撥があったことも確かである。旅人にしか見えない真実もあるし、それに長く住んだからといって必らずしもその土地を深く理解するとは限らないだろう……。だが私の受けた衝撃の大きさは、何といっても私がその親密な関係と思想的な親近性を信じて疑わなかった二人の代表的な知識人の間の深淵を、目の前で見せつけられたことによる。これほど情熱的に他人の悪口を言い続ける人を私は見たことがない。

加藤周一は森有正よりも七、八歳年少で、東大の学生時代、加藤が医学部の学生でありながらも仏文科の研究室に出入りしていた時代があり、森有正はおそらくそのとき仏文科の助手か助教授で学生と教員、年の離れた先輩と後輩の関係であり、加藤のフランス留学中は一時、森と同じホテルに住む親しい間柄であったはずである。親しい後輩に対する森有正のこのほとんど常軌を逸した怒りの爆発は何故なのか、何に由来するのか。それは私に何らかのかかわりがあるのか。カフェ・マイユーで森さんと別れての帰り途、パリに着いたばかりでまだ物珍しいサン＝ミッシェル大通りをセーヌ川にむけて下りながら、私の混乱した脳裏には、二人の間に何か深刻な個人的な事件でもあったのだろうか、といった下司な考えも浮んできたが、人間関係にうとい私には何も思いつかない。ただひとつ思い浮べたのは加藤周一の小説『運命』(一九五六年)のことであった。この小説にはヨーロッパ文明に対する二人の人物の異なる対し方が描かれている。何年か前にこの小説を読んで強い印象を受けるとともに何か釈然としないものが残ったのは、最終的には否定的に描かれたこの小説の主人公の白木は、画家に設定されてはいるが、森有正をモデルにしたことがあまりにも歴然としているように思われたからであった。そしてもう一人の主人公の佐藤が作者の観点を代弁するものであれば、この小説は森有正と加藤周一の間の葛藤を、加藤周一の側から描いたことになるだろう。

マチネ・ポエティク

パリに来る直前に私は「マチネ・ポエティク論」を書きあげたところであった(「日本におけるフランス──マチネ・ポエティク論」桑原武夫編『文学理論の研究』岩波書店、所収。後に拙著『日本回帰・再論』人文書院、所収)。「マチネ・ポエティク」といっても今は知らない人の方が多いだろう。マチネ・ポエティクとは第二次大戦の最中に主として一高―東大出身の若者たちが、軍国主義の風潮に抗して軽井沢その他の目立たない場所に隠れてフランスの詩や小説を読み詩作を試みるなど、いわばフランスという「準拠集団」をよりどころに、反戦などは思いもつかない時代に耐えた集団が自称した名称である。戦後その時代の詩作品が『マチネ・ポエティク詩集』(一九四八年）として発表された。その詩集に付されたNOTESには、その「マチネ・ポエティク」の結成にかんする簡単な説明文の後に、同人として次の名前が上げられていた。福永武彦、中村真一郎、加藤周一、白井健三郎、中西哲吉、窪田啓作、山崎剛太郎、小山正孝、原条あき子、枝野和夫。いまだ戦争の悲惨な記憶が鮮明で、解放感と屈辱と貧困が渦巻く戦後の混乱期に、この一見戦争とは無縁で星菫派的な少女趣味も混在するこの詩集は、日本語による押韻の試みや象徴詩の実現といった本来の意図はほとんど注目されず、むしろ揶揄と嘲笑と憤激の対象になったのではないかと思う。

したがってマチネ・ポエティクが戦後の若い知識人集団として認識されたのは、詩作品によってではなく、同じ頃に出版された、加藤周一、中村真一郎、福永武彦の三人による『1946文学的考察』（一九四七年）であった。雑誌『世代』の「CAMERA EYES」に連載されたこの三人による時評的なエッセー集は、西欧の古典や近代の文学に限らず、日本の古典やあらゆる領域の知識に精通し、庶民的な生活感覚とは切れているが、古い自然主義的文学観やマルクス主義文学理論を批判する新しい感覚と視座をもった、戦後の新しい西欧派知識人の誕生を告げるものであった。

京都大学人文科学研究所の桑原武夫先生が主宰する文学理論の共同研究に、まだ院生の身分で参加させていただいて、さてどんなテーマで書こうかと悩んでいたときに、マートンの「準拠集団」という概念を使ってマチネ・ポエティク問題を論じてみないかという示唆を与えて下さったのは鶴見俊輔先生であった。鶴見さんの念頭には、日本のエリート教育を受けた早熟な秀才たちの理論的先鋭化と現実遊離の問題、例えば福本イズムや『斥候よ、夜はなを長きや』を書いたいだ・ももの例などもあって、近代日本の知識人形成の問題としてより大きな構想を抱いておられたはずであるが、それを私は自分の関心と身の丈に合わせて（それでもまだ大きすぎたが）、「日本におけるフランス——マチネ・ポエティク論」にしたのだと思う。だが私にとってマチネ・ポエティク問題は思想史上の問題というよりは、自分自身の今後の生き方にかかわる切実な問題であった。後に私は森有正論の中で次のように書いている。

私にとってのマチネ・ポエティクの問題とは、一言で言ってしまえば、西欧文明（ここでは特にフランス）の圧倒的な影響下で外国語を学ぶことによって知的形成をおこなった日本近代の知識人が、日本の現実のなかで創造的な活動をおこなうにさいして直面する困難と可能性の問題であった。私はこの問題を戦中から戦後にかけてのマチネ・ポエティクというひとつの極限状況のなかで考えてみたかったのである。優れた知的集団であるマチネ・ポエティクにつきまとっているある種の現実遊離と不毛性は、日本の知識人が多少とも共有している、あるいは日本の知識人に固有の、困難な問題であるように思われたし、それは自分の今後の生活を決定的にフランス文学に結びつけようとしていた私にとってもけっして他人事ではなかったのである。（「旅の思想——森有正における日本回帰について」『展望』一九七八年八月号）

私の「マチネ・ポエティク論」には森有正の名前は出ていない。それは『マチネ・ポエティク詩集』の同人のリストに名前が無かったという単純な理由からであるが、しかし同時にそれを書きながら、彼らに一歩先んじた森有正の名前がずっと念頭にあった。私は森有正に会ったらぜひともマチネ・ポエティクにかんする意見を聞きたいと思っていたのであるが、カフェ・マイユーでは見事に機先を制されてしまったのである。今になってよく分かる私のマチネ・ポエティク論の一つの欠点は、準拠集団という枠組を使い、対象とする集団の共通性にばかり気を取られていて、集団内部の矛盾や緊張関係に目がゆきとどいていないことである。内部における対立や緊張関係がクリエイティヴな思考や作品を生みだすこともありうるはずであるが、その観点は全く欠如している。

森有正の六八年

六八年のような、ヨーロッパの若い世代の文明否定的、したがって自己否定的な運動に出会ったとき、ヨーロッパ文明の探究に生涯をかけてきた日本の知識人は、どのように反応し、どのような解決策を見出すのであろうか。森有正は大学の教員として学生に接し、苦しい局面に立たされたこともあったのではないか。私はぜひ同じカフェ・マイユーで会って森有正の意見を聞きたいと思ったが、それは叶わなかった。森有正は六八年の夏を日本で過ごしたのではないかと思う。六八年に対する森の意見を知ったのは私が日本に帰ってから日本のメディアを通してであった。例えば『木々は光を浴びて』（筑摩書房、一九七二年）に収められているいくつかの小論。六八年一〇月の日付のある「解放か解体か」と題されたエッセーは、五月の学生運動とチェコの自由化

（そしてソ連軍の進駐）に現われている現代社会の「奥深い変貌（プロフォンド・ミュタシオン）」の世界的な動きの記述から始めて、フランスの五月と日本の東京大学の問題を論じる形になっている。ところが驚いたことに、同じ短い論考のなかでフランスの五月を論じる文章と東京大学の問題を論じる文章は、その文体と筆者の立場も対照的と言ってよいほどに異なっている。以下、順序を逆にして東京大学問題の部分を先に引用しよう。

旧東京帝大は、自分を最高学府と称していたが、世界最強と自負していた帝国陸軍より、よりすくなく滑稽だったわけではなく、その他の様々の政府民間の諸集団とともに、八月十五日に向って歩んでいたのである。この運命的な日に帝国陸軍は解体した。それから旧日本の解体と新日本の再構成とが行われ、新憲法が発布され、平和を念願とする国に、日本は変貌した。東京帝大は東京大学となった。しかしそれは依然として最高学府であり、他に数百の公私の大学があるのは、自分が最高学府であるためであるかのようであった。ただその任務が学術の研究と教育とであって、文化国家の中枢的存在であるとの格好の理由のかげにかくされて、そういう面は忘れられてしまった。「八月十五日」は、一番早く、その当日に陸軍に来た。私は今回の学生問題をみて、東大にはやっと二十三年後の今になってそれが来ているような気がするのである。どうして東大だけが、旧日本の中で解体を必要としないものでありうるだろうか。すべてが一新した中で大学、特に東大は名前を変えただけで最高学府の自負に到っては何の変化もなく、学生も、最高学府の学生だ、という自負をもちつづけて来たようである。東大には時流に抗した人々が何人かいたのである。それを忘れているわけではない。しかし、他に数百の大学があるのに自分で自分についてそういう最高学府意識をもち、また口にするのはすでに滑稽であり、今回の事件は、その見通しが立たない点から言っても、そういう自負がどんなに事実と相反するものであるかを白日の下に露呈しているのである。（『木々は光を浴びて』一九三―一九四頁）

右の文章には私がカフェ・マイユーで目撃した森有正の怒りによく似たものがあり、そしてその怒りは大学解体を叫びやがて安田講堂を占拠して籠城する学生たちの怒りの声に前もって和する性質のものであろう。東京大学の「八月十五日」という表現も私には納得のいくものであった。だが次のフランスの五月にかんする文章はどうだろう。

今年の五月、筆者はパリにあって、その学生運動の実態を間近に見ることが出来た。昨年秋からくすぶっていた問題は、本年四、五、六月で最高潮に達し、七月に鎮静期に入った。一時はほとんど革命すれすれの線まで達したかに見えた運動は、そこで引下がり始め、政府側の反対マニフェステーション、総選挙、内閣改造で決定的に鎮静した。私はこの鎮静は、終局的には、現在西ヨーロッパを支配している勢力均衡がそこに決定的に作用したのだと考えている。共産党は初めからこの学生運動を信用していなかった。あるいはしたがらなかった、いやむしろそれに反対していた。総同盟は全国的ゼネストを行なったが、それは結局賃上げストであって、学生との連携はついに実現せず、電気、ガスのように、国家社会にとって致命的なものは、短時間を除いては停止しなかった。市民や一般国民は、学生運動に次第に同情的でなくなり、それは総選挙に大きく現れた。しかし警察力は大幅には介入せず、軍隊は全然介入しなかった。

しかしド・ゴール政権は、運動の鎮静で気を許さず、大幅の内閣改造を断行し、直接責任のある閣僚は、ポンピドー首相を始めみな内閣を去った。そして政府は、この度の学生運動の鍵鑰《けんやく》であった「参加」の問題を政策の重要課題として取上げた。それがどの程度まで実現するかは、今後の問題である。しかし政府がこの問題を真剣に取上げ、文相エドガー・フォールは教育に関するこの問題の大綱を発表した。それはかなりの程度学生の要求する方向に合致している。

しかしこの運動が学生自身にあたえた衝撃は実に大きいものがあった。かれらは運動を行うことによって、「参加」ということのもつ民主主義的意義を内側から理解したと思われる。だからそこには高らかな、大きい昂奮状態が起り、それは一般に教授側にも好意的な反応をひき起した。無数の三者協議会が並行して進行した。こうして、学生運動は、五月に爆発的高揚に達してのち、フランスの社会の中におもむろに再吸収されて行ったのである。(同書、一九〇―一九二頁)

右の文章は、先に引用した文章とはまた違う意味で、冒頭の一句から私を驚かせ、むしろ唖然とさせた。森有正は長年、そして当時も東洋語学校（パリ第三大学東洋語東洋文化研究所）の教員であり、いわば当事者である。自分がその渦中にあり、彼らの批判の対象でもあったはずの学生運動を、このように距離を置いて他人事のように、まるで報道記者のような文体で書けるのは何故だろう。しかも森有正は学生たちの主張を聞かず運動の本質を全く理解していない、と私には思われた。「参加《パルティシパシオン》」というのはド・ゴール政権が運動の回収策として出してきた用語であって学生がいかに強くそれに反撥し、批判し続けていたことか。「「参加」ということのもつ民主主義的意義を内側から理解し」などというのは、よほどのド・ゴール主義者か体制順応主義者でない限り書けない言葉であった。学生たちの第一のスローガンは「ナポレオン以来の教育制度の改革」であり、「ド・ゴールの強権政治」の打倒であった。学生の間にド・ゴールに対するある種の共感があったことは、私もすでに指摘した通りである。しかしド・ゴール独裁政権はあくまで打倒すべきものであり、大学は、森氏が東大の「解体」を言うのとほとんど同じ意味において、「解体」されるべきものであった。

東京大学問題についてあれほどラディカルな変革を主張する森有正が、日本の大学よりははるかに権威主義的なフランスの大学制度を擁護するような文章を書く理由はどこにあるのだろうか。その答えはこの書物の最後に収められている「パリの学校」と題された文章に記されていた。そこにはフランスの教育制度とフランス人の「民主的心性」に対する全面的な信頼、したがってフランスに代表されるようなヨーロッパ文明に対する深く確固たる信念が美しい言葉で記されていた。

改革は未だ途上にあり、終局的安定にまだ到達していない。しかし学生生活と大学とはその面目を一新した。五月以前の大学はもう遠い過去になってしまったような気がする。そこでは、世界の大学の中でも精神年齢の高いフランスの学生が、活発に、自由的に、大学の運営に参加し、教育内容の決定に与っている。かれらは、その精神年齢に相応《ふさわ》しい役割をえたと言うべきである。しかし、問題は数多く残っている。大学運営参加は、学生に多くの時間を犠牲にすることを要求する。それと、学生本来の役目である勉学とをどう調和させるべきであるか、また、二、三年しか在学しないかれらが、いかにして新しい役割に練達するか、何れも未解決のまま残っている。しかし、それは結局新制度をいかに学生生活にアダプトさせるかという実際上の適用の問題であり、根本にある教育の民主化はその力強い一歩を進めたことは疑の余地がない。それはある特定のイデオロギーの勝利であると言うよりも、フランス革命を起したフランスの民衆の心にある民主的心性のおのずからなる表れであるということが出来る。私は民主的心性と言ったが、これはフランス人共有の意志と理性を尊ぶ心構えであり、それは男女老若を問わず、凡ゆる階層に行き渡り、また必ずしも、近代や現代に限られたものではない。フランス人は、封建時代においても、専制王政の下においても、その置かれた社会的環境に応じて、この心性を発揮して来たのである。フランス人にとって、自由とか合理的とかいうことは、決してある特定の時代のイデオロギーや制度によって代表されるものではなく、それらすべてを通して生きるすべてのフランス人の感じを、行動の仕方を規定する何ものかである。根本的に内発的なあるもの、外部の情況に還元することの許されない人格の核のようなものである。この核はいかなる時代にあっても、人間をその環境の奴隷であることに甘んじさせない。人間としてその環境の主人たらしめるものである。デカルトの所謂高邁の心であり、それは自己に打ち克つことに外ならない。

　フランスの青年達は若くしてすでにこの大人の魂をもっている。そしてパリの学校や大学はそういう青年達が、自分の魂を自覚する場所であり、またその季節なのである。（同書、二七三―二七四頁）

　私はわが目を疑った。この時期に森有正が熱心に述べていた「経験」にかんする考え方を私はある程度知っており共感もしていたから、このような議論が組み立てられる経験的論理的背景を全く知らないわけではなかった。しかし何という現実遊離であろう。小学校の壁に「ここに疎外始まる」と書き、ソルボンヌの壁に「ここは墓場だ」と書いた学生たちの訴えと怒り、幾万の学生たちがデモの度に叫んでいた切実な言葉は、この日本の知性を代表する西欧派知識人の耳には全くとどいていなかったのであろうか。

森有正の日本回帰

　一九六九年一〇月の初めに帰国してから六年後の一九七五年一〇月から二年間、私は二度目のフランス滞在をすることになった。今度は留学生としてではなく、森有正氏が教授をされている東洋語学校の講師としてである。どうしてそういうことになったのか、詳しい事情は忘れてしまったがおそらく森先生の意向があってのことだったと思う。そしてじっさい森先生にたいへんお世話になる滞在であった。

それはまた、さまざまのなつかしい思い出を残す貴重な体験であり、私はいまも自分の接した学生というよりは若い友人たちの顔を思い浮べながらこれを書いているのであるが、それは同時に六八年五月の終焉を強く印象づけられた滞在であったことも認めざるをえない。森先生とお会いして立ち入った話をする機会はあまりなかったのではないかと思うが、今でも強烈に私の脳裏に焼きついている森先生のふたつのイメージがある。そのひとつは、大学の教室を出て長い廊下を俯きかげんにとぼとぼと危うい足どりで歩いて行く先生の後姿で、その時私は、ああ先生は旅の続きを歩いておられるのだと思い胸を打たれたのであった。アルノ川の川岸を一人でとぼとぼと歩く森有正の姿は、私にとっては森有正の原像のようなものであった。あの『バビロンの流れのほとりにて』の冒頭に近いところに置かれた一九五二年一〇月一八日の日付けのある文章は、「誰か自転車で向うからやって来て側を通りすぎた。犬が一匹こっちを見た。犬はしっぽをちょっとふってすぐ止めた。僕は少し下って、停車場の方へまがった」という言葉で終っている。

もうひとつの鮮明なイメージは、大学都市の日本館の館長室でパイプオルガンを背に、その日招いた数人のお客を前にして、自分がいかに里芋好きであるかを、上機嫌で面白おかしく語っていた森有正である。卓上にはカリフォルニア米でにぎった寿司と白ワインがあった。森有正の文章からは完全に排除されているあのユーモアに満ちた落語的ともいえるような語り口は一〇年前に、京都で初対面の私を驚かせたあの諧謔と活力に満ちた語り口であった。衣《きぬ》かつぎを山のように盛った皿を出されて、それをひとつずつ平らげていく森有正像というのは実に愉快で、また一方では芥川の「芋粥」のことなども思い出され、私たちは楽しく笑っていた。しかしこの里芋談義には、里芋は稲作以前にさかのぼる日本太古の食物であるという落ちがついていた。森さんは日本的共同体への回帰が個人の意志を越えた宿命的なものであることを言おうとしていたのである。私は森有正の生涯がひとつの円環を閉じつつあることを知って深い感慨にとらわれた。

一九七六年の九月から一〇月にかけて、私は日本に一時帰国していた。それで森先生の訃報を日本で知ることになり、一〇月二五日ペール＝ラシェーズで行われた葬儀にも出席できなかった。その後お詫びと感謝の思いをこめた追悼文を書きたいと思い、結局、一年ほどかけて「旅の思想」と題する長い追悼文を書き、それに「森有正における日本回帰について」という副題をつけることにした。私なりの感謝とお別れの言葉であったと思う。

もう一人の先達

最後に加藤周一についても一言つけ加えさせていただきたい。森有正の加藤周一に対する怒りの爆発を目撃して以来、私の加藤周一に対する関心はむしろ一層高まったと言ってよいだろう。森有正にとって加藤周一は自己の分身、ドッペルゲンガー的存在ではなかったろうか。ジキル博士とハイド氏とは言わないが、遅れて来てしかも自分の前を行こうとする分身に対する怒り、と考えると納得できるところがあるように思えたからである。

加藤周一氏にお会いする機会は思いがけぬ形で訪れた。私の所属する立命館大学で国際関係学部を新設することになり、設置委員の一人であった私は、加藤周一氏に客員教授として来ていただけないだろうかというお願いをする役を委ねられたからである。私は長文の手紙を書き送ってから上野毛のお宅にうかがった。幸い客員教授の件は快諾していただき、その後は先生の行きつけの近所の中華料理店でごちそうになったりしたのであるが、上野毛にいる間、私は強い緊張感に身をこわばらせていた。私の「マチネ・ポエティク論」は仏文科の大学院生時代に精魂をこめて書いたものであるが、東京の特権的なエリート知識人集団に対する反撥と違和感を隠しきれていないどころか、むしろ率直に表明している部分があり、もしそのことが話題になれば軽いお咎《とがめ》ではすまない事態も考えられたからである。例えば加藤の『ある晴れた日に』は、私にとっても魅力的な青春小説であったが、そこに描かれていたのは、私自身の戦時―戦後体験から見れば、全くの別世界であった。そして物語を結ぶ最後の言葉、「ある晴れた日に戦争は来り、ある晴れた日に戦争は去った」を読んだとき、私は啞然とするよりも、むしろ激しい怒りにとらわれた。戦争はある晴れた日に来たわけではないし、戦死者や戦災者にとって、私自身にとっても戦争はまだ終わっていない……（これはこの小説が発表された当時はむしろ一般的な反応であっただろう）。『羊の歌』ではなぜ「戦争」を「いくさ」と言い換えるのか。「雑種文化論」は純粋文化の存在を前提としており、結局は文化のナショナリズム、「日本文化論」に行きつくのではないか、等々。

六八年に加藤周一がいかに対するかは、私の大きな関心事であった。当時カナダのＵＢＣの客員教授であった加藤周一は、六八年の七月にパリに来ているが、パリの滞在は短く、ソ連軍の戦車がプラハに入ったという放送をウィーンで聞いている。私は長年、六八年における加藤周一の関心はパリではなくプラハにあったと考えていた。この判断は間違っていないと思うが、しかしその結果として、『世界』の六八年八月号に掲載された「世なおし事はじめ」を読むべきように読んでいなかったのは失敗だった。この論考の価値を改めて私に教えてくれたのは、立命館大学の先端総合学術研究科の院生たちの読書会でいっしょに読んだ、加藤周一・凡人会『テロリズムと日常性――「9・11」と「世なおし」68年』(青木書店、二〇〇二年)であった。この書物には「世なおし事はじめ」が再録されている。凡人会の諸氏は、「九・一一と六八年」という視座を設けることによって、また数多くの興味深い質問を提出することによって、晩年の加藤周一を改めて六八年に向き直らせ、氏自身の六八年認識をも深めたのではないかと思う。

「世なおし事はじめ」(このタイトルが、『世界』の六八年八月号を手元に置きながらこの論文を私から遠ざけた一つの理由になっていたかもしれない)は、六八年論として重要であるばかりでなく、加藤周一の方法、あるいは彼の旅人＝移動する知識人のあり方を示している点でも興味深い論文だと思う。この論文はカナダで執筆されたのであろうか、それとも一時帰国した日本であろうか。視座はカナダのバンクーバーから始まってニューヨーク、ベルリン、パリ、東京というように地球横断的に移動する。この六八年論はヒッピー論から始まるのだが、その論議は加藤周一のアメリカやカナダの大学における体験やその他の若い同僚からの見聞にもとづいている。加藤は「ヒッピーズ(hippies)」という一見風俗的な現象を孤立したものとして論じるのではなく、当時の「新左翼」や「市民運動」との共通性に注目し、マーチン・ルーサー・キングの講演を援用しなから「白人中産階級の価値と秩序に対する反抗」という性格を指摘する。それはヨーロッパの六八年にも共通する特徴であるが、そこで加藤が強調するのは、「失うべき何ものももたぬ層からの反抗ではなく、自己の特権の放棄、他者の権利の拡大をもとめる抗議の運動」であるということ、そしてそれは一般的な社会変革、加藤の言葉を使えば「世なおし」へ向かう傾向であった。

加藤周一の六八年

この論考の中で、特徴的な、そしてこれまで論じてきた私たちのテーマに直接関係のある文章を、以下に二カ所だけ引用させていただきたい。ひとつはコーン゠ベンディットとドゥチュケ、つまり独仏の学生運動にかかわる記述であり、もうひとつは最終頁のまとめの部分である。

反体制運動の指導者たちのイデオロギーは、あらゆる傾向を含み、複雑である。しかし街頭のスローガンや立看板には、しきりに、毛沢東、チェ・ゲバラ Che Guevara、ホー・チミン Ho Chi Minh の名まえがあらわれ、マルクーゼの理論的な影響も大きいとされている（トロツキー Trotskii やローザ・ルクセンブルク Rosa Luxemburg の名がよばれることもある）。そこから体系的なイデオロギーを結論することは困難であるとしても、考え方の一定の方向を想像することは、むしろ容易であろう。たとえばダニエル・コーン゠バンディト Daniel Cohn-Bendit の考え方には、実に鋭く明瞭にその一般的な方向があらわれている。この二三歳の青年コーン゠バンディトは、ソルボンヌ大学分校ナンテールのいわゆる「三月二二日運動」

を指導して、五月に爆発したフランスの騒乱の火つけ役を演じ、共産党の機関紙『ユマニテ』からは、「ドイツ人無政府主義者」とよばれ、フランス政府からは入国を禁じられた（ナチ・ドイツから亡命したベルリンの弁護士の息子で、国籍は西ドイツである）。狙撃されたSDS（ドイツのもっとも急進的な学生組織）の指導者ルーディ・ドゥーチュケ Rudi Dutschke とも密接な関係にあったという。その『シュピーゲル』記者との問答（*Der Spiegel*, 27 mai 1968）では、みずから「無政府主義的マルクシスト」と称している。「マルクスの資本主義社会の分析は、基本的には正しい。しかし共産主義運動のつくりだした組織には、全く賛成できない」。学生の役割は、衝撃をあたえて、労働者大衆を起たせることである（「われわれがまず大学を占領し、その次に労働者が工場を占拠した」）。学生の大多数は、共産党を改良主義的な組織だと考えており、したがって労働者を起たせるには、フランス共産党およびCGT（共産党系組合）に対してそうしなければならない。しかしそうすることがフランスにおいて可能であったのは、フランス共産党とCGTが、その日常的活動を通じて、労働者の階級意識を養っていたからである。西ドイツではファシズムが、労働者の階級意識を殺してしまったから、当面の学生運動が孤立する、と彼はいっている。五月のゆさぶりの後、フランスにはどういう発展を予想することができるか。第一には、「労働階級の没落とファシズムの反動」あるいは、逆に、「労働階級と農民の政治化の進行」したがって「全く新しい社会主義組織」……学生運動は「暴力を挑発しない、しかし警察が暴力を行使すれば、逃げずに抵抗するだけだ」ともいっている。どういう手段でか。「あらゆる手段、バリケードや舗道の石」。つまり警察と同等の暴力ということか。「否、自分自身をまもるために必要な程度の暴力」。(『テロリズムと日常性』一一二―一一三頁)

フランスの学生たちがカルティエ・ラタンを占領してまもなく、現代のもっとも鋭敏なジャーナリストのひとりであるジャン・ラクーテュール Jean Lacouture は、彼らが朝から晩まで果てのない議論をつづけるのを聞いていた (*Le Monde*, Sélection Hébdomadaire, 16-22 mai 1968)。「そこには素晴しい何ものかがあった」とラクーテュールは書いている。「すなわち反対発言を封じないということ。極左から極右まで、幾世代もつづいてきたあの天降り的講釈と知的テロリズムとは正反対の何ものかを、彼らはつくりだそうとしていた……」。たしかにあの「ヒッピーズ」の一茎の花のように、素晴しいものがあったのだろう。同じ頃単身パリの学生街に乗りこんだもうひとりのジャーナリスト、マーヴィン・ジョーンズ Marvin Jones (*New Statesman*, 7 June 1968) は、街頭の行進に加り、赤いスカーフで髪をつつんだ学生と腕を組んで歩きながら、彼女が叫ぶのを聞いていた、「まだ序の口……」。それは直接に、革命の「序の口」ではなかった。しかし長い眼でみた「世なおし」の「序の口」ではあるだろうと思う。——しかしどうしてこりもせずに、私は、誰にもわからぬ将来を考えようとするのか。私はカッサンドラではない。しかし「素晴しい何ものか」には、将来があると信じる。悲観主義を手おちなく根拠づけることの方が、そう信じることよりもはるかに易しいのである。(同書、一二〇―一二一頁)

このふたつの文章は加藤周一の文章の特徴、そしてその強さと弱さを同時に表わしていると思う。自ら述べているように先進諸国にこのような過激な学生運動が発生し、住民の支持をえて革命的な状況が起こることはありえないと考えていた加藤周一にとって、六八年の事態は思いもよらない青天の霹靂であったはずである。しかし不意をつかれた加藤周一はほとんど動揺を見せず、瞬時に態勢をたてなおし、このように見事な分析を行ない、的確な判断を下し、それを文章化している。そしてその判断は四〇年後にもほとんど訂正を必要としない。これは凄いことで、事件が始まったとき、何も理解していなかった私にはほとんど信じられないことである。

だが右に引用した文章をよく読むと、この文章の主調は伝聞体なのである。「……とされている」「……であったという」、そして『シュピーゲル』の記事からの引用。後半の文章は『ル・モンド』紙におけるジャン・ラクーチュールの記事と『ニュー・ステイツマン』におけるマーヴィン・ジョーンズの記事の引用。伝聞と引用の多用、これは本書を執筆中の私自身が直面している難問であるが、外国語に堪能な知識人加藤周一の強みであり、弱みにもなるだろう。加藤周一の話を聞きながら、私はこの人はもし外国語の使用を禁じられたら、日常会話もできなくなるのではないかと思ったことがある。マチネ・ポエティクの親しい仲間であった中村真一郎は後に『戦後文学の回想』で、「私たちは無暗と外国語を符牒に使った一種の隠語のようなものを発明して喋りあった」と書いているが、この論考にも頻発する英仏独語の使用、人名や地名や重要な単語に必ず原綴を入れる律義さ、一般に通用している訳語を避けて、「世なおし」「事はじめ」「序のロ」といった古典的な日本語をあて、最後には大半の読者には理解できないであろうギリシャ神話の「カッサンドラ」の名前をもってくる加藤周一の文体に、私はついマチネ・ポエティクの後遺症を読みとってしまう。

「世なおし事はじめ」を読みかえしながら、私はずっとひとつの疑問につきまとわれていた。六八年の学生反乱は、知識人に対する厳しい告発でもあったはずであり、その知識人の中には当然、加藤周一も含まれていたはずであるのに、この冷静さはどうしてなのだろう。学生の告発は加藤さんにとどいていないのだろうか、それとも加藤さんはそれを十分承知でなお冷静さを保っているのであろうか。その答えは、兇事の予言能力をもつカッサンドラの名前が出てくる最後の三行の読み方にかかわってくる。加藤周一はここで、自分の知識人としての生き方の転換を表明しているのではないだろうか。

加藤周一の訃報

加藤さんは二〇〇〇年、八〇歳の誕生日を過ぎて立命館大学国際関係学部の客員教授の職を辞された。それはちょうど私の六五歳停年退職の年に当たっていて、その後はお会いする機会もほとんど無くなってしまった。二〇〇八年の五月に、私も参加している「野間宏の会」で加藤さんのお話を聞く計画が立てられたが、加藤さんは病気を理由に断わられて実現しなかった。同じ年の一二月五日、加藤周一の訃報を聞いたとき、その死はすでに予告されていたのであるが、衝撃は大きかった。私が大きな背中を見ながらその足跡をたどってきた戦後知識人のおそらく最後の人を失ったのだと思う。私は同時に森有正のことを思った。森さんの死からはすでに三〇年以上が経っていた。私はすぐに短い追悼文を書いたが、それで心がおさまるはずもなかった。森有正のときと同じように真の追悼となるような長い文章を書きたいと思った。若い知識人としてあのような出発をしたマチネ・ポエティクの人たちは、それぞれ独自に戦後の社会を見事に生きたと思う。彼らが実現し後世に残したものの大きさは私には感動的である。だが彼らの現実回復の旅は多くの場合、日本回帰を伴っていた。もし私が加藤周一の生涯をたどる文章を書くとすれば、そのタイトルは森有正の場合と同じように「旅の思想」となり、副題は「加藤周一の日本回帰について」となるだろう。

だがそれはいまだに書けていない。この戦後知識人の最後を告げる加藤周一の死を悼む声は全国にひろがり、称賛の声はあまりにも大きくなったから、私はそれに和する気力を失ったからである。丸山真男の死に際しても同じような現象が起こったが、しかしその中には頑な批判の声も混じっていた。だが加藤周一フィーバーと呼びたいようなこの大知識人賛美の大合唱には批判的な声は全く認められないようである。そしてその全国民的な大合唱はかつて六八年の学生たちが発した知識人批判の声を圧倒し、六八年自体を忘れさせるような効果をもつように仕組まれてはいないだろうか。時代の変化は恐ろしい。もし私がいま「旅の思想――加藤周一の日本回帰について」を書けば、三〇年前に森有正論を書いた時のようには受け入れられず、無意味な不協和音のみを残すことになりかねないのである。ここでは最後に、そうした大合唱が起きる直前に書いた私の短い追悼文の掲載をお許しいただきたいと思う。

加藤周一先生の死を悼む

何気《なにげ》なくメールを開けたら北海道在住のKさんから短い言葉があった。「覚悟はしていましたが、加藤周一先生の死去に衝撃を受けています。加藤先生と西川先生と私を含めた学生三人で京都の全日空ホテルで中華料理を囲んだことを昨日のことのように思い出します。」

加藤周一先生は、その硬派的外見にもかかわらず、身軽に世界を歩く知的放浪者の趣があった。日本だけでなく、アメリカ、カナダ、ヨーロッパの各地の大学の教壇に立ち、中国やメキシコを訪れ、あるいは最近の「九条の会」も含めて様々《さまざま》な集まりや運動に関《かか》わり、有名無名の実に多くの人々に接してこられたから、Kさんのように深い衝撃を受ける一方で、それぞれの出会いをなつかしく思い出している人も多いだろう。私もまたそうした人たちといっしょに、遠くから静かに先生の御冥福を祈りたいと思う。

私が加藤先生に直接お会いしたのは、二十年前、立命館大学の国際関係学部設立に際して客員教授就任をお願いするために、山手治之教授に同行して東京・上野毛のお宅にうかがったのが初めてではないかと思う。だがそのとき私にはそうした校務とは別に、個人的な感慨に胸をつまらせ緊張していた。その日からさらに二十年近くも前に、私は「日本におけるフランス——マチネ・ポエティク論」を書いていたが、もし加藤先生がそれを読んでいたら、お咎めがあって当然の内容だったから。

「マチネ・ポエティク」とは第二次大戦中にフランス文学を読み詩を書いて密かに戦争に

抵抗していた、福永武彦、中村真一郎、加藤周一など若い知識人のグループで、そこで蓄えられた知識と才能は戦後一気に開花し注目された。だが一方で、戦争に行かず、軽井沢の別荘にこもって文学に専念していた彼らの言動は、特権的な知識人の現実遊離として激しい非難の対象であった。私のマチネ論はそうした時代の雰囲気を伝えている。だが真の問題はそのような出発をした人たちが、長い戦後をどのように生きえたかである。

マチネ論を書いて以後、私はこの自分にとっての先行者たちの軌跡をたどり続けてきた。いちばん長く生きた加藤周一を含めて彼らの生涯は見事であった。加藤さんは戦後六十年を経てみると、右も左も脱落し、変質していったなかで、鶴見俊輔さんの言葉を借りればこの「国民的な大転向」に抗して、自分を貫き、反戦とデモクラシーを貫き通した大きな存在だった。

私は加藤さんの文章に自分を重ね合わせて生きてきたような気がする。だが尊敬と共感にもかかわらず、意見が合わないこともある。数年前に、一晩酒の勢いもあって、加藤さんの「雑種文化」は純粋文化の存在を前提としているが文化はすべて雑種でしょう、簡単に「日本文化」なんて言ってほしくない、とからんだことがあった。加藤さんの生涯を支えてきたのは文体と生き方の美学であった。それはダンディスムと高い文化の理想に通じており揺がなかった。（『京都新聞』二〇〇八年一二月一〇日）

3　ロラン・バルトと「作者の死」

京都での出会い

六八年五月のデモやバリケードとは一見無縁に見えるロラン・バルトのセミナーが、実は六八年五月のもうひとつの形であったということに気づくのに、私は長い歳月を必要としたようである。生前のロラン・バルトからいったい私は何を学んだろうかと考えると、ふがいない話である。

ロラン・バルトと初めて会ったのは、彼の最初の日本訪問のときで、一九六六年五月東京の日仏学院で「物語の構造分析」にかんするセミナーがあった後、バルトが京都に立ち寄ったときだと思う。京都での講演のテーマはモード論で、それまで『零度のエクリチュール』を苦労して読んで、それなりの期待をしていた私には、スカートの丈の長短の話にあまり関心が持てず、バルトもあまり気乗りしないような話し方だったので、がっかりしたことを覚えている。だが当時私は仏文科の助手をしていたこともあって、その後、一日か二日、京都を案内することになった。ところがバルトは京都の寺社や庭園にはほとんど関心を示さず、案内すべきは人通りの多い四条通りの百貨店か錦市場、あるいは祇園近辺であったと気づいたときは、もう時間が残されていなかった。私はバルトに聞きたいことが山のようにあったはずであるのにそれも果せず、相手を退屈させるだけの愚かな案内人の役を演じてしまったようである。そのときの記憶に残っているのは、離宮の大きな門柱に背をもたせて退屈そうに下界の風景を眺めていたバルトに、突然、電話の「モシモシ」はどういう意味かと聞かれて、咄嗟にうまい返事ができなかったことくらいである。

こうして京都における最初のロラン・バルトとの出会いは、失敗に終わった出会いとして、私の記憶から消されようとしていたのだと思う。ところがそれから一年ほども経って、バルトから突然手紙がとどき、それには高等研究院における彼のセミナーへの招待状が添えられていた。そしてその数日後にはフランス大使館から私のフランス滞在中はフランス政府から滞在費が支給されるという通知がとどく。私には全く寝耳に水の出来事であった。

私は今でもそのときのバルトの美しい手書きの手紙と、高等研究院の公式の用紙にタイプで打たれた招待状を手元に置いている。手紙には、あなたをパリに迎えることはうれしいし、あなたの仕事にできる限りのお手伝いをしたい、という親切な言葉から始って、しかし今年度の前半はジョンズ・ホプキンス大学の客員教授に招かれているので、パリ到着後のさまざまな用件は助手のジェラール・ジュネット氏に頼んでおいたからそちらに連絡しておいてほしい、とあってその住所と電話番号が記されている。これは指導教授といった立場にある人が書くべき、お手本になるような完璧な手紙だろう。また招待状には私の仕事の紹介と評価が記され、またフランス政府の奨学生として滞在費が支払われるべきことが記されていた。私の研究課題について、私にはそんな話をした記憶は定かでないのだが、ナポレオン伝説研究のことが「一九世紀フランスの集団表象の歴史」に対する貢献、云々と記されていてその「集団表象（représentations collectives）」という言葉がそのころの私には大きなヒントになったことを思い出す。このデュルケムの用語は一時期のバルトにも重要な概念であったに違いない。

パリでの再会――聴講生として

このバルトの手紙が私の渡仏のきっかけになったのだから、六七年四月一八日の日付のあるこのバルトのセミナーへの招待状は結局、私には六八年五月への招待状になったのである。当時の手帳を見ると、ロラン・バルト教授との最初の面接は六八年三月一日金曜日、一九時四五分、パリ六区、セルヴァンドニ通り一一番地、B階段、六階（日本流で言えば七階）、九号室、電話―ダントン九五―八五、と書かれている。この日のことはよく覚えている。私は最初の面接に三〇分近くも遅れるという失敗を犯したのだ。私はセルヴァンドニ通りには一時間近くも早く着き、一一番地の近くにあるカフェで待つ間、近くの書店で買ってきたバルトの『彼自身によるミシュレ』を読み始め、気がついたときは約束の時間を二〇分も過ぎていた。あなたの本に没頭してつい時間を忘れてしまいました、というのはあまりに出来過ぎた弁解なので、私は遅れた理由を言うことができず、気まずい面接が始まった。もっともバルトは遅刻を咎めなかったし、手紙の文面通りの親切な対応であったと思う。三〇分ほどの面接で何をしゃべったか、細かなことはすっかり忘れてしまったが、唯一はっきり覚えているのは、私の研究計画らしきものを聞いた後でバルトが窓際の書棚の上の方から取り出した一冊の本のページをめくりながら、冗談めかして、「あいにく私は構造主義者になって以来、スタンダールは一頁も読んだことがない……」と言って、私は対応に困ったことである。

私の手帳によれば、この年のロラン・バルトのセミナーが始まったのは、六八年二月一日（木曜日）であった。場所はレンヌ通り四四番地、時間は一八時から二〇時、夏はまだ明るいが冬はすっかり日が暮れる時間であり、途中二、三〇分の休憩が入り、終りの時間はもっと遅くなることが多かった。手帳に「記号論的探究——最近の作品の分析、書評、進行中の研究にかんする討論」と記されているのは、掲示されていた講義題目のメモかもしれない。二年にわたって実際に行われたのは、バルザックの中篇小説『サラジーヌ』の構造分析であり、何人か若い研究者（日本で言えば修士課程の院生）の研究報告があったり、ジュネットのスタンダール論（「スタンダール」『フィギュールII』花輪光ほか訳、書肆風の薔薇、一九八九年）もあったりしたが、少なくともこの二年間はバルトは何か一種の覚悟のようなものをもって『サラジーヌ』の分析に集中していた印象が強い。

だがバルトのセミナーが始って、まず私を驚かせたのは、その教室の熱狂的な雰囲気であった。二〇〇人くらいは入る教室は、つねに超満員で、後方は立見席になり、教壇の近くの床にも座り込む学生が出てくる。バルトはヘビー・スモーカーで講義の間もくわえタバコで話すのであるが、バルト崇拝者の学生たちもそれを真似て口からタバコを離さない。教室はもうもうたるタバコの煙で後方からは黒板の字が見えにくいほどであった。私ははじめのうちは正直言ってこのバルトのエピゴーネンたちにうんざりしてむしろ反感をもっていたと思う。じっさい彼らの会話や質問から判断して、彼らがバルトの理論や講義内容を理解しているとは思えなかったし、時たま行われる発表も、バルト的言辞の羅列で内容空疎なものが多かったからである。それはかつて日本でマルクス主義が盛んであったころの左翼学生の演説や、サルトルやカミュの実存主義が流行っていたころの文学青年の議論を思わせるところがあったりした。だが私は次第にこの若者たちの熱狂が何であり何に由来しているのかが気になり始めた。それはひょっとしたら私が六八年の五月にソルボンヌの中庭やカルチエ・ラタンの街頭で見たのと同じ性質のものではないだろうかと考えるようになったのは、だいぶ後になって、むしろ最近のことである。そしてその気になって読めば、そうした指摘はすでに行われている。例えば篠田浩一郎氏の『ロラン・バルト——世界の解読』（一九八九年）は、バルトのこのセミナーと五月革命を結びつけているし、より事情通のルイ＝ジャン・カルヴェの『ロラン・バルト伝』（一九九〇年）には次のような記述がある。

一九六四年から一九六六年にかけて、彼は「修辞学に関する諸研究」について論じ、のちにそのノートが「旧修辞学——便覧」という題名で発表される。このときもまた、彼は年度のはじめに綿密に計画された授業の予定表を配った。その表にはアメリカ方式にもとづいてつぎのように番号がふってあった。1「修辞学の綱目」から、1・1、1・2……2、2・1、2・2……を経て、5・1「言説の種類」、5・2「物語としてのメタ修辞学」まで。彼はこの予定表にさらに四ページの資料「修辞学」を添えていた。これは、紀元前五世紀（コラクス、ゴルギアス、エレアのヒピアス）に始まり、十九世紀のガイヤールやフォンタニエで終わる年譜である。つぎに、一九六六—六七年には、「言説の言語学」を取り上げ、そのあとの二年間は「物語テクストの構造分析——バルザックの『サラジーヌ』」について論じ、これが一九七〇年に単行本『S／Z』となる。こうして仕事のやり方が軌道に乗る。つぎつぎに発表される単行本や論文は、まずセミナーでテストされ、慣らし運転される。本質的に消え去るものである話す言葉《パロール》で実験し、つぎにそれを書く言葉《エクリチュール》に流し込むという意味においては、セミナーは実験室のような働きをしているのである。教室には、毎年、同じ一体感を味わうために出席する側近や常連たちのサークルのほかに、迷える魂もやって来た。それはおそらく、来たるべき六八年五月の前ぶれであって、彼らは伝統的な大学教育に欲求を感じていなかったのだ。「このセミナーは、難破船メデューズ号の筏のようなものでした」、と彼らの一人はコメントしている。彼らは「大学の遭難者で、ほかの場所では居心地の悪さを感じている者たち」であった。実際、政治的意識をもった学生たちの世代は、アルチュセール、ラカン、バルトを同時に発見したのであって、よそでは与えられないもの、つまり、型にはまっていない言説と理論的な要請とを同時に求めて彼らのところにやって来たのである。

（『ロラン・バルト伝』花輪光訳、みすず書房、一九九三年、三一〇―三一一頁）

両性具有者を描いたバルザックの特異な小説『サラジーヌ』の構造分析は難解を極め、聞き慣れない新しい言語学や記号論の用語につまずきながら、私はひたすら講義の字面を追うことに精一杯で、バルトがこの講義にこめている意図や、目の前で批評理論上の一大転換が行われている事態を全く理解していなかったのではないかと思う。ただ教室の学生たちの熱気とバルトの静かな情熱が相呼応して何事かが進行していることは感じていた。後に『S／Z』のタイトルで出版される原稿はほぼ完全な形でできていて、バルトはそれをくわえタバコで読みながら、時に黒板に落書きのような絵や図表や音符を書く。私にとっては神秘的な講義であった。レクシ、コード、セーム、パラディグム、セミオティク、エルメヌティク、プロアイレティク、……私にとっては別世界の用語がくりかえされ、カストラート、ザンビネルラの物語が、解体され分析されてゆく。それは決して単純で冷たい分類作業ではなく、いわゆる「文学の科学」でもなかった。四〇年以上も昔のことなのに、バルトの少しこもった、だが温く静かで透明な声がいまでもきこえてくるようである。バルトに叱られそうだが、これほど詩的な講義をその後もきいたことがない。定型詩の拘束が詩的想像力をかきたてるように、修辞学や記号論的分析の約束事がバルトの詩的想像力をかりたてている、といったところがあった。『S/Z』のページを開いた読者は、長短のレクシに切り分けられたバルザックの、どちらかと言えば紋切型の文章が、思いがけない角度から照明を当てられ、怪し気に輝いているのに気づくはずである。文学はこのように読まれうるのだ。

当時の私は「文学の科学」という考え方になじめず、このような意味論的分析に違和感をもっていたので、素直に話を聞くことができず、結局、何も理解していなかったのだと思うが、それでもいつもバルトの声にききほれていた。バルトはこのセミナーで時々脱線しては日本旅行の思い出を語った。『S/Z』に並行して『記号の帝国』が書かれていたのである。バルトは日本から来た私を気にして（私はいつもなるべく教壇に近い席をとることにしていた）、セミナーの後で、お前は笑っていたな、と言う。だが私はバルトの日本論に対してもバルザック論に対しても、何も言えず、バルトの期待に反した聴講生であった。

バルト・ピカール論争

二年にわたるロラン・バルトの講義がよく理解できなかった理由には、私のフランス語の力や記号論等にかんする知識不足といったこともあるが、もう一つ大きな理由として、「概念のテロリスト」と呼ばれたバルトの理論的な遍歴と闘争の過程をたどって（その意味ではバルトもまた旅する孤独な知識人であり闘う知識人であった）、『S／Z』がどのような位置にあるかを十分に認識できていなかったことがあるだろう。じっさい彼は、演劇、小説、モード、ギリシャ、イタリア、モロッコ、日本、プルースト、サルトル、カミュ、ブレヒト、ラシーヌ、サド、フーリエ、マルクス主義、構造主義―ポスト構造主義、言語学、修辞学、記号論、等々、絶えず情熱の対象と場所と方法論と拠るべき理論を変えていったが、知的エピキュリアンとして常に前衛であり続けていた。長い闘病生活（結核）、兵役を免除される一方で、大学のエリートコースをたどらず、大学教授資格も国家博士号ももたない教授であることは、最後にコレージュ・ド・フランスの教授に就任するとはいえ、（三年余の短い期間で終る）、フランスの大学人としても知識人としても異例の生涯であったと言ってよいだろう。

私が京都で最初にお会いしたとき、ロラン・バルトはソルボンヌで代表されるフランスのアカデミズム、したがって体制派的知識人に対する大きな闘争を終えたところであった。「バルト・ピカール論争」と呼ばれているものは形式的には、バルトの『ラシーヌ論』（一九六三年）に対するレーモン・ピカールの批評というよりは攻撃文書《パンフレ》『新批評《ヌーヴェルクリティック》か新ぺてんか？』（一九六五年）

の出版、そしてそれに答えたバルトの痛烈な反論『批評と真実』（一九六六年）で終るのであるが、じっさいに論争を仕掛けたのはむしろバルトの方であり、挑発に乗って無用心にソルボンヌの実証主義的権威を振り回したピカールが醜態をさらし、その後は沈黙を強いられたという印象が強い。

とりわけピカールを怒らせたのは、『エッセ・クリティック』（一九六四年）に収められた二つのエッセー、「二つの批評」と「批評とは何か」であった。いずれも現在の批評の流れを新（「解釈批評」）と旧（「講壇批評」）に区別した上で、ランソン以来のソルボンヌの実証主義に拠る講壇批評に対する徹底した批判と、多様な解釈批評の熱烈な擁護を意図したことは明らかであった。その意図はすでに「二つの批評」の冒頭に鮮明に語られている。

現在フランスでは二つの批評があい並んで行なわれている。ことを簡単にするために以後、講壇批評と呼ぶが、要するにランソンから受け継いだ実証的方法の実践をもっぱらとする批評と、解釈批評とである。解釈批評を代表するものは、ジャン＝ポール・サルトル、ガストン・バシュラール、リュシアン・ゴルドマン、ジョルジュ・プーレ、ジャン・スタロバンスキー、ジャン＝ポール・ウェーバー、ルネ・ジラール、ジャン＝ピエール・リシャール、という具合に、互いにひどくかけ離れているが、彼らに共通することは、その文学作品へのアプローチを、程度の差こそあれ、しかしいずれも意識的に、現在の主なイデオロギー、すなわち実存主義、マルクス主義、精神分析、現象学、に結びつけることができるという点である。その点から、この批評を、一切のイデオロギーを拒んで客観的方法のみを援用する講壇批評に対立させて、イデオロギー批評と呼ぶことができよう。言うまでもなく、これら二つの批評の間にもつながりがないわけではない。一方において、イデオロギー批評はほとんど常に大学教授によってなされている。フランスでは人も知るように、慣例上職業上の理由から、知識人の身分と大学人の身分が簡単に一つのものとなるからである。また他方、解釈批評の業績の或るものが博士論文であるため、ときとして「大学」が解釈批評を認めるということが起こるのである（文学の審査委員会よりも哲学の審査委員会の方が、とらわれない裁可を行なっていることは事実のようだが）。それにもかかわらず、これら二つの批評の間には、単に軋轢があるというばかりでなく、現実に壁が立ちはだかっている。なぜだろうか。（『エッセ・クリティック』篠田浩一郎ほか訳、晶文社、一九七二年、三四〇―三四一頁）

右の文章は六八年に直接先行する時代の思想―文学状況の要約であると同時に、この対立が特殊フランス的問題（博士論文をめぐる大学内の権力関係と知識人形成における大学の役割）であることをも示唆している。以下この小論は、イデオロギーを拒否するソルボンヌの実証主義がいかに強力なイデオロギーであり、文学―批評とはいかに相容れないものであるかを、とりわけ内在性の拒否＝欠落といった観点から論証している。フランスでは戦後、国民的な規模でフランス文学の読み直しと書き直しが行われ、それが同じ潮流の中で生れてきたさまざまな新しい前衛的な哲学や方法論と合体して、圧倒的な量と質を誇っていた。他方、ランソンの名前で象徴される実証主義は破壊を免れたソルボンヌの建物のように戦前からの不変の伝統を誇り、大学という制度の中で博士号を授与し、教授リストを作成する権力として機能し続けてきた。もっともこの相対立するふたつの流れは完全に排除し合うのではなくいくつかの合流点をもち、また制度的にも高等研究院やコレージュ・ド・フランスのようなソルボンヌに対抗する、権力をもたない権威が存在している。よほどの例外を除き、フランスの知識人は結局はその構図のどこかに身を置くことになるだろう。

ロラン・バルトがこのようにポレミックな調子で批評界を二分し、ランソンの後継者たる実証主義を体現した講壇批評（critique universitaire）と戦後の前衛的な解釈批評（critique d'interprétation）とを対立的に捉え、前者の不条理＝不毛性を批判し、後者の合理＝豊饒性を強調している以上、前者の側からの強い反応は当然、予想されたことであろう。そして実際その役を買ってでたうってつけの人物が、ラシーヌ研究の権威でソルボンヌ教授であるレーモン・ピカールであった。ピカールはまず『エッセ・クリティック』の書評で、このふたつの論考に対する批判を書き、ついで、『エッセ・クリティック』の一年前に出版されたバルトの『ラシーヌ論』に遡って照準を当て、バルト攻撃の狼煙を上げる。一九六五年秋、「リベルテ」叢書に収められたピカールの書物は「新批評か新ぺてんか？（Nouvelle critique ou nouvelle imposture）」と題されていた。タイトルから想像されるように、これは批評や反論と言うよりは、筆者の品位が疑われるような攻撃・誹謗《パンフレ》の文書であった。

だが『新批評か新ぺてんか？』の出版は、マスコミにおける一大事件となり、多数の新聞・雑誌がこれを取りあげ、しかもその大半がピカールの表現を上まわる攻撃的・嘲弄的な口調でバルトに襲いかかり、ピカールに軍配を上げている。そしてその中には右翼やいわゆる赤新聞ばかりでなく『ル・モンド』のような高級紙や『フィガロ』のようなブルジョア穏健派の新聞も含まれていた。ソルボンヌ教授ピカールの権威を借りて行われた「新批評」とバルトに対するこのジャーナリズムの一斉射撃は、戦後を通して前衛的な文学者＝知識人の異言語に悩まされ続けてきた守旧派ジャーナリストの鬱憤晴らしといった一面も見えなくはない。しかしより重要なのは、それがバルトの言葉を借りれば「集団的な性格」を帯びてきたことであろう。それは裏を返せば、バルトの発言や「新批評」（もともとバルトはこの言葉を用いていない）の側も「集団的な性格」を帯びることを意味するだろう。私がここでいささか先走りして言いたいことは、この対抗的な動きは六八年五月のふたつの対抗軸にかかわっており、またこの闘争は双方の側に、フランスにおける「戦後」の総決算的な意味を含んでいたということである。

『新批評か新ぺてんか？』に対するバルトの反論『批評と真実』をすでに読んでいる後世の読者は、その論理展開の見事さと、その品格の高さにおいても、後者（バルト）の圧倒的な優位を強く印象づけられており、論争の勝敗はあまりにも明白であって、ピカールは醜態をさらすためにのみ現われて、単にピエロ的役割を果たしたにすぎないと考えがちであるが、おそらく現実の力関係はそれほど単純ではなかっただろう。『ロラン・バルト伝』の作者、カルヴェは、この事件に関してバルトに近い友人たちの証言を集めて、バルトがこの「批評家たちの内戦」でいかに動揺し、孤立感を深め、また深く傷ついていたかを記している（二九七―三〇六頁）。

私はバルトのセミナーで『サラジーヌ』の構造分析を聴き、やがて『記号の帝国』にまとめられるいくつかの断片を聴く前に、『批評と真実』のとりわけ後半をくりかえし読んでおくべきだったのだ。そうすれば『S／Z』が短い休息の後で展開されつつあったもうひとつの「革命」であることをもう少し明確な形で理解できたはずである。

構造はデモに加わらない

ロラン・バルトが六八年五月に至る知的精神的な流れの中で仕事をしており、バルトのラディカリスムと五月のラディカリスムが通底していることは確かであろう。その意味でバルトを六八年五月の準備に手を貸した知識人の一人に数えることは正しいだろう。しかし六八年から六九年に至るバルトのセミナーに出席して、私はむしろバルトの孤独、五月革命とバルトとの違和、あるいは行き違いとでも言うべきものを強く印象づけられている。六八年五月以降広く流布した「構造は街頭デモに加わらない」という言葉の由来について、大学の内情に詳しいカルヴェは次のように述べている。

高等研究院では、リュシアン・ゴールドマン——パスカルとラシーヌにおける悲劇的な世界観についての研究、『隠れた神』の著者——が、ただちに反応し、誰よりも早く「行動委員会」を組織し、のちに「異議申し立て」と呼ばれることになった運動の渦中に最初から飛び込む。高等研究院のさまざまな教師たちが要請されて、ある者たちは好奇心に満ちた傍聴者として、またある者たちは闘士としてやって来る。バルトはというと、へまをやらかす。言語活動と学生運動、言語活動と革命の関係について、セミナーを開く用意があると言明したのだ。学生たちはどっと笑う。彼らはいまやセミナーなど問題ではないと考えていたのだ。ゴールドマンは満足する。ラシーヌをめぐるライバルが学生大衆の目に対して評判を落とすのを見て、まんざら悪い気分ではなかったのである。だが実は、バルトは、家庭的ユートピア事件のときと同じように、おそらく運動を彼自身の問題領域に引きもどし、彼の知識を共同の企てのなかにつぎ込もうとしたのである。そしてこの挫折はおそらく、彼が運動全体に対して下す否定的な評価に大いにかかわりをもっているのである。

事態はそこで終わらなかっただけに、なおさらかかわりをもつことになるのである。実際、委員会の数は次第に増すが、全体の傾向としては、学問分野ごとに集まり、集団で討議する方向に向かう。バルトとグレマスの学生たちは、言語活動に関する行動委員会に集まり、ソルボンヌの二つのセミナーを再編成して、毎日、記号学の諸理論にひそむイデオロギーについて延々と議論する。二人の友は、そのテンポにいささかうんざりして、交代で出席することにする。一日ごとに交代して、革命を半分の時間でやってしまおうというのである。その日は、グレマスが革命の任務についていた。学生たちは何でもかんでも話題にし、発言を求め、さまざまなテーマを展開し、教師はただ質問に答えるときしか口を出す権利がない。構造主義がしばしば俎上に載せられる。この気まぐれなテンポで二時間ほどたったとき、カトリーヌ・バケス＝クレマンがやって来る。彼女は哲学の勉強と並行して、二つのセミナー、バルトとグレマスのセミナーに参加していたのである。「哲学部門の総会に行ってきたけど、可決した動議の最後はこんなふうに終わっていたわ。「言うまでもなく、構造は街頭デモに加わらない」」、と彼女は報告する。みんなはこの警句に飛びつく。というのも、記号学の中心には確かに構造主義が存在していて、議論の対象となっていたからである。……したがって、その日革命を休んでいたバルトは、そこにおらず、この警句とは何のかかわりもなかった。ところが、翌日、ソルボンヌの二階にある高等研究院第四部門の廊下に、大きなビラが張り出される。――バルトは言った。「構造は街頭デモに加わらない」、と。われわれは言おう。「そしてバルトも加わらない」、と。(『ロラン・バルト伝』三二九―三三一頁)

出来事のエクリチュール

最後に、ロラン・バルトが六八年五―六月事件の直後に、したがって『S/Z』のセミナーと並行して書かれた文章の中からふたつを選んで紹介しておきたい。そのひとつは『コミュニカシオン』誌の六八年一一月号に発表された「出来事のエクリチュール(L'écriture de l'événement)」。これはまさしく五月革命を対象にした、言語論的分析であるが、一定の距離を置いた、見方によってはバルトと五月の疎遠な関係を示し、また見方によってはより深い「革命」の意味を問う文章である。これに対して次の「作者の死(La mort de l'auteur)」(最初は英語で『メンティア』五号に発表され、ついでフランス語で『アスパン・マガジーヌ』五―六号、一九六七年秋―冬号に掲載された。『物語の構造分析』花輪光訳、みすず書房、一九七九年、七九―八九頁)は、直接五月に触れてはいないが、バルト・ピカール論争と『S／Z』の延長線上にあり、五月の運動との共鳴を強く感じさせる文章である。

「出来事のエクリチュール」は「出来事（五月の事件）を記述することは、それが書かれたものであるということを意味する」という文章で始められている。バルトが提起しているのは「五月」の「記述」の問題である。バルトによれば、六八年五月の事件は、「三つのやり方、三つのエクリチュール」で記されており、その複合的な結合が五月の事件の注目すべき「歴史的独自性」を形づくっている。以下バルトの言うその「三つのエクリチュール」を要約的に記しておこう。これはバルトによる「五月の痕跡」の一覧表とでも言うべきものであり、観点は異なるとしても、私たちがこれまで辿ってきた五月の諸特徴の総括的なまとめと整理にも役立つだろう（以下カッコ内はバルトの言葉。『言語のざわめき』花輪光訳、みすず書房、一九八七年、一九六―二〇五頁）。

音声言語（パロール）

1　ラジオの話す言語、とりわけいわゆる「周辺局」とトランジスター・ラジオの活躍。「ラジオ言語は、事件に密着し、事件が展開するにつれて、息づまるような、劇的な調子でそれを追い、事態の認識はいまや印刷物でなく音声言語にゆだねられている〔……〕「熱い」歴史は、聴覚的な歴史であり、聴覚が中世におけるのと同じ地位に返り咲く」――エクリチュールとレクチュール（書く行為と読む行為）の可逆性の確立。

2　五月危機に参加した諸集団や諸党派の力関係は、本質的に話されたもの（音声言語）から成っていた――公式発表《コミュニケ》、記者会見、声明、演説、等々。「音声言語《パロール》が、いわば歴史を鋤で耕し、歴史の痕跡の網目として、操作的で転位可能なエクリチュールとして歴史を存在させた」。

3　学生の音声言語《パロール》の噴出――「言語《パロール》の奪取」。事件の進展による変化とその諸段階。

(a)「野生」の言語《パロール》。自然発生的な「創意にもとづく、幸運な表現」（例えば「禁じることを禁じる」といった）。

(b)「布教的な」言葉――政治的文化的ステレオタイプを「他の場所」（工場の入口、公園、街路、等々）へ運ぶ役割。

(c)「機能主義的な」言葉。「大学改革」「共同研究」「自治」「参加」等々。「「野生の」言葉《パロール》は、かなり急速に排除され、（シュールレアリスト的な）「文学」の無害なひだと「自発性」の錯覚に包まれて保存された。エクリチュールであるかぎり、それは、現に所有されているかまたは要求されている、あらゆる形の権力にとって、無用のもの（ひいてはがまんのならないもの）でしかありえなかったのである。他の二種類の言葉《パロール》は、しばしば入り混じっていた。その混合は、学生運動そのものの政治的両義性をかなりよく再現していた。学生運動は、その歴史的、社会的状況からして、「社会主義的テクノクラシー」の夢にうなされていたのである」。

象徴

五月危機には、種々の象徴も欠けてはいなかった。それは盛んに生産され、消費された。そしてとりわけ、驚くべきことに、広く皆が共有する好意によって維持された。――旗、三つの旗

（赤旗／黒旗／三色旗）の範列と組み合わせ。バリケード――革命的なパリ。車――「所有の象徴は、いまフランス人にとっては、家屋よりもはるかに多く車のうちに宿っている」。建造物（証券取引所、オデオン座）。デモ、占拠、服装、もっともコード化された形（象徴的・儀式的な形）をとった言語活動、等々。「象徴の場とは、ただ単に個々の象徴の集合の場（または相互対立の場）ではない。その場はまた、種々の規則のある均質的な作用、皆の合意によるそれらの規則の適用、によって形づくられている。五月の事件においては、ある一つの同じ象徴的言説に対して、ほとんど全員が一致して一種の同意を与えていたのであって、最終的にはこれが、異議申し立ての当事者とその敵対者とを特徴づけていたように思われる。つまり、ほとんど全員が、同じ象徴のゲームに加わっていたのだ」。同じゲームに加わるとは、共犯性の謂《いい》であろう。

暴力

「街頭」によって象徴される暴力。暴力とエクリチュール。暴力は一種のエクリチュールである。「現代の神話によれば、暴力は、あたかも自明のことのように、自発性と実効性に結びつけられ、「街頭」――つまり、解放された言葉や自由な接触の場、反制度的、反議会主義的、反知性的な空間、あらゆる媒介物を利用する術策と対立する直接的・無媒介的なもの――によって、あるときは即物的に、またあるときは言語的に象徴されるが、暴力とは、一種のエクリチュールにほかならない」。

右の文章は「街頭に立て！」「街に出よう！」という学生たちの叫び声に呼応しているが、同時にバルトの「反知性主義」や「直接的・無媒介的なもの」に対する違和と警戒を示してもいる。バルトはこの後、デリダの名前を出して暴力が根源的なエクリチュールの行為に含まれた痕跡であることを指摘し、エクリチュールの暴力性と暴力のエクリチュール性について論じている。

以上が、五月の出来事を構成するさまざまな痕跡とその記述にかんするバルトの提案であるが、最後にそれを進めるため注意としてふたつの理論的要請《ポステュラ》が記されている。その第一はパロールとエクリチュールの概念を切り離すこと。なぜなら、「パロールは、身体人格、占有欲と結びついて、あらゆる種類の権利要求の声そのものであるが、これに対してエクリチュールは全面的に「創出しなければならないもの」であり、古い象徴体系との目くるめく断絶であり、言語活動の根幹の大転換である」——象徴体系の温存ではなく、象徴体系の変革を社会の変革に結びつけること。

第二の要請は、文字による記述に「解読（déchiffrement）」を期待しないこと。「五月の事件を、それが予想させうる象徴的大転換の機会、という角度から眺めるということは、まず、五月の事件そのものが、可能なかぎり意味の体系とは手を切り、革命的であろうとするかぎりこれを揺さぶらなければならないということを意味する（だが、これは容易なことではない。それは不断の作業を必要とするが、その作業が数年前からあちこちで始まっている、ということは指摘しておかなければならない）」。

古い意味の体系にもとづいて、現在の混乱し相矛盾した現実に、統一的な「真の」説明（解釈）を与えるのではなく、揺れ動く多重の構造の働きを解明すること。それは新しい理論を要請するだろう。この論考は次の言葉で終わっている。「これをさらに正確に言うなら、まだ知られていない諸規則に従うそれらの併立構造を、互いに結び合わせている諸関係こそ、新しい理論の対象にならなければならないということなのである」。

作者の死

「作者の死」はソルボンヌ実証主義に対する激烈な告発であり、バルト・ピカール論争における最後の止めを刺す言葉の響きをもっている（私はこれほど痛烈な実証主義批判を聞いたことがない。もっともバルトには珍しい、いささか生硬なこの文体は、六八年の学生の演説を思わせないでもないが）。

作者というのは、おそらくわれわれの社会によって生みだされた近代の登場人物である。われわれの社会が中世から抜け出し、イギリスの経験主義、フランスの合理主義、宗教改革の個人的信仰を知り、個人の威信、あるいはもっと高尚に言えば、「人格」の威信を発見するにつれて生みだされたのだ。それゆえ文学の領域において、資本主義イデオロギーの要約でもあり帰結でもある実証主義が、作者の「人格」に最大の重要性を認めたのは当然である。作者は今でも文学史概論、作家の伝記、雑誌のインタヴューを支配し、おのれの人格と作品を日記によって結びつけようと苦心する文学者の意識そのものを支配している。現代の文化に見られる文学のイメージは、作者と、その人格、経歴、趣味、情熱のまわりに圧倒的に集中している。批評は今でも、たいていの場合、ボードレールの作品とは人間ボードレールの挫折のことであり、ヴァン・ゴッホの作品とは彼の狂気のことであり、チャイコフスキーの作品とは彼の悪癖のことである、と言うことによって成り立っている。つまり、作品の説明が、常に、作品を生みだした者の側に求められるのだ。あたかも虚構の、多かれ少なかれ見え透いた寓意を通して、要するに常に同じ唯一の人間、作者の声が、「打明け話」をしているとでもいうかのように。(『物語の構造分析』八〇―八一頁)

バルトはこれに続く文章で、かつて「二つの批評」や「批評とは何か」で講壇批評に対立する解釈批評の形成過程をたどったのと同じやり方で、今度は「作者」を死と解体に導いたさまざまな実践例をたどっている。マラルメの詩学、プルーストの小説、シュールレアリスムの言語活動、ブレヒトの「異化作用」等々、そしてソシュール以後の言語学。

「作者の死」は当然、テクスト理論に及び最終的には「読者」の問題に至るだろう。「テキストとは、無数にある文化の中心からやって来た引用の織物である」(同書、八五―八六頁)、「ひとたび「作者」が遠ざけられると、テクストを「解読する」という意図は全く無用になる。……実際、多元的エクリチュールにあっては、すべて解きほぐす(démêler)べきであって、解読する(déchiffrer)ものは何もないのだ」(同書、八七頁)。ここまで来て「五月の事件のエクリチュール」で用いられた「解読」の意味がより鮮明になったと思う。déchiffrer の元来の意味は chiffre つまり数字や暗号の解読であって、文章の解読ではない)。

　では「読者」とは何か。バルトの「読者」概念はきわめて独自なものである。以下、このテクストの結論の部分を引用したい。

> 　こうしてエクリチュールの全貌が明らかになる。一編のテクストは、いくつもの文化からやって来る多元的なエクリチュールによって構成され、これらのエクリチュールは、互いに対話をおこない、他をパロディー化し、異議をとなえあう。しかし、この多元性が収斂する場がある。その場とは、これまで述べてきたように、作者ではなく、読者である。読者とは、あるエクリチュールを構成するあらゆる引用が、一つも失われることなく記入される空間にほかならない。あるテクストの統一性は、テクストの起源ではなく、テクストの宛て先にある。しかし、この宛て先は、もはや個人的なものではありえない。読者とは、歴史も、伝記も、心理ももたない人間である。彼はただ、書かれたものを構成している痕跡のすべてを、同じ一つの場に集めておく、あの誰かにすぎない。だからこそ、偽善的にも読者の権利の擁護者を自称するヒューマニズムの名において、新しいエクリチュールを断罪しようとすることは、ばかげているのだ。古典的批評は、読者のことなど決して気にかけはしなかった。古典的批評にとっては、書く人間以外の人間など、文学のなかに存在しないのだ。良き社会は、まさしくおのれが排斥し、無視し、圧殺し、破壊しているものの立場に立って、臆面もなく非難しかえしてくるが、われわれは今やこの種の反語法に欺かれなくなった。エクリチュー

ルにその未来を返してやるためには、こうした神話を覆えさなければならない、ということをわれわれは知っている。読者の誕生は、「作者」の死によってあがなわれなければならないのだ。（同書、八八―八九頁）

「作者の死」と題された論考は、「読者の誕生は、「作者」の死によってあがなわれなければならない」という激しい言葉で終わっている。ここで批評の世界における六八年革命は「読者」論によって特色づけられているという事実を指摘しておきたい。ウォルフガング・イーザーと共にドイツのコンスタンツ学派の有力メンバーの一人として知られているハンス・ロベルト・ヤウスは『挑発としての文学史』の「日本語版への序文」で、バルトの「作家の死」に呼応するかのように次のように書いている。「第三階級」というフランス革命を思わせる用語が使われていることに注目しよう。

文学と芸術の歴史は、総じてあまりに長い間、作家と作品の歴史であり続けた。文学と芸術の歴史は、いわばこの分野での「第三階級」である読者、聴衆、観客を隠蔽し、あるいは黙秘してきたのである。この「第三階級」の機能は不可欠でありながらも、それについて語られることは稀であった。不可欠というわけは、文学や芸術は、作品を受け容れ、享受し、判断を下すひとびとの経験を媒介として、初めて具体的な歴史過程となるからである。（『挑発としての文学史』轡田収訳、岩波書店、一九七六年）

ヤウスの「挑発」の要点は、⑴第三階級としての「読者」の復権、⑵国境を越えた文学史（「国民文学」の否定）に要約できそうであるが、それが「六〇年代の「学生革命」」に深くかかわっていたことを、ヤウスは同じ「序文」のなかで認めている。同書に収められた挑発的な論文「芸術時代の終焉――ハイネ、ユゴー、およびスタンダールにおける文学革命の諸相」には、六〇年代の革命的状況が投影されていることは、これもヤウス自身が認めている通りであろう。イーザーの方は同じ状況をより簡潔に、「伝統生成におけるこのような変革の原因は、ひとつには「近代」の経験、いまひとつには「学生の反乱」に求められる」（『行為としての読書』轡田収訳、岩波書店、二〇〇五年）と、これも同じく「日本語版序文」に記している。「近代の経験と学生の反乱」これは六八年革命を考える場合の鍵言葉だと思う。

バルトの「作者の死」がより直接的な影響を与えることになったのは、ヨーロッパよりはむしろアメリカにおいてであろう。「作者の死」はアメリカではさまざまな反響を呼び起こしているようであるが、その最先端は「読者反応批評（Reader-Response Criticism）」という形をとっている。だがここで言いたいのは影響関係のことではない。言いたいのは、六八年とその前後において同時多発的学生反乱が起こったほとんどすべての地域で、それと連動して批評の反乱、あるいは批評理論の革命が進行しており、それを象徴するのが「バルト・ピカール論争」であったとすれば、「作者の死」はその先頭を行く旗印ではなかったか、ということである。

一九八〇年三月、私はミラノで開かれるスタンダール国際学会に出席するために、一週間ほどミラノに滞在した。プログラムによれば三月一九日、学会の初日には、ロラン・バルトとイタロ・カルヴィーノの特別記念講演が予定されており、私は久しぶりにバルトに会えることを楽しみにして当日は三〇分も前から会場でバルトの到着を待っていた。パリで「私は構造主義者になって以来、スタンダールは一頁も読んだことがない」と私に言ったバルトは、その一二年後のいま、ミラノでスタンダールについて何を語るのだろうか。

だがバルトはその日ついに会場には姿を現わさず、私は主催者から、バルトは交通事故に遭って来られないという短い説明を聞かされただけであった。私はバルトが二月二五日、コレージュ・ド・フランスに近いエコル通りで事故に遭い、入院中であることを知らなかったのである。ロラン・バルトは三月二六日に死去、セルヴァンドニ通りの彼の仕事部屋の机上のタイプライターにはミラノのスタンダール学会で話す予定の原稿（「人は自分が愛するものについてはいつもうまく語れない」）が未完のままで挟まれていた、というニュースを聞いたのは、私が京都に帰ってしばらくしてからであった。この魅力的なタイトルをもつバルトの遺稿は『テルケル』の一九八〇年秋の号に掲載された。そこに私が見出したのはまるで私のために書かれているような感動的でやさしい心遣いに満ちたテクストであった。バルトは、スタンダールのイタリアに対する恋愛のような情熱とそれがもたらす表現の困難（フィアスコ）について述べているのであるが、それはこの数年私が書いてきたスタンダールとイタリアにかんするテーマに重なっていた（拙著『スタンダールの遺書』白水社、一九八一年、や『ミラノの人スタンダール』小学館、一九八一年、を参照されたい)。バルトは、その精緻な分析の間に、バルト自身のイタリアと日本に対する偏愛の表明を、次のようないかにもバルトらしい奇妙な表現で忍びこませていた。

私はスタンダールがイタリアを愛していたのと同じように日本を愛していた男を知っている。この男は、スタンダールがロンバルディア平原の玉蜀黍《とうもろこし》の茎や、ドゥオーモの全く単調な八つの鐘の音や、彼にミラノを思い出させるカツレツに夢中になっていたのと同じように、何よりも、東京の街中の赤く塗られた消火栓に夢中になっていた。

4　アンリ・ルフェーヴルと祭りの後

ルフェーヴルと五月革命

アンリ・ルフェーヴルにかんしては、私が一九六九年の一〇月に帰国した直後に書いたレポート(「アンリ・ルフェーヴルについて——フランスの思想状況にかんする私的レポート(2)」『立命館文学』第三一〇号、一九七一年四月)を再録し、その後に若干のコメントを付け加えることにしたいと思う。

カフェ・クリュニーではじめてルフェーヴルに会ったのは一九六七年の十二月二十日、どんよりと曇ったうすら寒い日の夕方であった。ルフェーヴルは数日後にはじめての東洋旅行と日本訪問をひかえていた。紹介状をいただいた河野健二先生から、ルフェーヴルは激しい論争に似合わぬ温厚な老人だと聞いていたので、わたしはなんとなく、猫背の物静かな、しかしまなざしの鋭い大学教授の姿を想像していたのであるが、いま満員のカフェーのいちばん奥まったテーブルの前に見るルフェーヴルは、ばさばさの白髪、こけた頰、落ちくぼんだ大きな目、疲れた表情を裏切る百姓のような広い肩巾。一見して田舎の詩人といった風貌だった。ルフェーヴルは話し相手の顔を正面から見ようとせず、ぼんやりと宙を見ていて、ときどき人の良い微笑を投げてよこすのだが、ほとんど喋ろうともしない。ちょっとしたことを話すのにもよく吃る。ついには「私はフランス語がうまくしゃべれない」とまるで外国人のようなことを言いだしてこちらをすっかりまごつかせてしまう。そのうえわたしをいっそう落着かなくさせたのはルフェーヴルの隣りでほほえんでいる若くて美しい女性である。彼女はいかにもパリジェンヌといった風で愛想よく、旅行から帰ったらぜひ夕食に来てください、土曜日ならいつでもよいから……などと言ってくれるのだが、わたしはこのまだ二十代とも思える女性をマダムと呼べばよいのかマドマゼルと呼ぶべきかがわからない。

会話はとぎれとぎれに妙なぐあいに進行した。話題の口火を切るのはルフェーヴルでなくわたしの方なのだ。この一時間ほどとぎれとぎれに続いた奇妙な会話のあいだで、特に印象に残っているのは話がルソーに及んだときのことである。ルフェーヴルはルソーの音楽にかんする著作の重要性をくりかえし強調した。「わたしは音楽に最大の重要性をあたえている。マルクスとエンゲルスとの音楽にかんしての無知は、いつもわたしには驚きであり、面白くなかった（かれらの著作は文学にかんする要約に充ちているのだ）」（白井・森本訳『総和と余剰』四四四ページ）、と書いたルフェーヴルには彼がマルクス主義美学の教条主義からぬけ出すのにはこの地点であるという認識があり、そのルフェーヴルが、文学者と呼ばれるよりは作曲家と呼ばれることを好んだルソーの音楽論を重視するのに何ら不思議はない。しかしわたしの念頭にはルフェーヴルが、ディドロやエルヴェシウスに比してルソーを非常に低く評価しているという記憶があった。また一方では、最近ルソーの音楽論を高く評価しようとしているのはルフェーヴルが批判してやまない構造主義者たちであるという事実があった。わたしは思いきって「あなたのディドロ論では、あなたはルソーにたいして非常に厳しかったように記憶しているのだが」と聞いてみた。たしかにそこに十八世紀思想のなかでルソーの音楽論を重視する論点は見出せなかったはずである。ルフェーヴルは一瞬表情をこわばらせ、それからまた優しい微笑にかえって「人は変るものだ」と答えた。

ルフェーヴルのことを考えるとわたしはいつもこの短い言葉とそれに続いた沈黙を思いだす。「愛、哲学、党、この三つの現実しかわたしは真剣に考えなかった」（『総和と余剰』五八〇ページ）と書いているルフェーヴルは、自ら認めているようにもともとシュールレアリスト的気質をもち、実存主義的エピキュリアンとも言うべき傾向の強い人であった。三十年［一九二八―五八年］にわたる党員生活はルフェーヴルにとって必ずしも悔い無きものとは言えなかったはずである。

「……ここで私にとって困難な告白の時がくる。そうだ。私は永い間、権威と威光とプロパガンダとの巨大な機構によって押しつけられたこの誇示によって、感銘させられるがままになっていたのだ」(『総和と余剰』五六ページ)。ルフェーヴルにとっておそらく「巨大な機構によって押しつけられた権威と威光」の最も強い影響下にある『美学入門』や『ディドロ』は、皮肉なことに、わが国では「マルクス主義者としては例外的な自由な思考」によって注目され、わたし自身、マルクス主義美学のイメージとマルクス主義的な思想史の方法をこれらの著作から学んだのであった。老哲学者に苦い思い出を呼びおこすような質問が礼を失することは言うまでもないが、しかしなにがしかの影響をうけた一読者として著者の転向をあらためて確認する権利はあるだろう。

この日ルフェーヴルは旅行のための予防注射のせいで体の調子が悪かったのだ。しかも今夜は講義をしなければならない。わたしはもうしばらく一人でカフェに残ることにした。すっかり日が暮れて暗くなったカフェのガラス窓ごしにルフェーヴルが娘のような若い女性に抱きかかえられるようにして交叉点を渡り、サン゠ミッシェル大通りをゆっくりとのぼって行く後姿が見えた。「ひどい注射のおかげで私は死にそうだ」。「死ぬ」という動詞の未来形をルフェーヴルは結局、四、五回もくりかえした。わたしは南廻りの旅行の苦しさと、日本における殺人的なスケジュールのことを考え、ルフェーヴルははたして耐えることができるのだろうかと不安になった。

ルフェーヴルの日本滞在は予定よりもかなり長くなっている様子だった。そして京都からの便りで知るかぎり、ルフェーヴルは年に似合わぬ体力と精力的な行動で周囲をおどろかせているようであった。わたしは自分の第一印象をかなり訂正しなければならないと思い、印象で人を判断することの危険を改めて考えた。カフェ・クリュニーでルフェーヴルはしばらく前に『ル・モンド』に出たロベール・ギランの「第三の強国、日本」と題する連載記事を批判し、自分も日本論を書くつもりであるといっていたが、ルフェーヴルの日本にかんする文章は一向に現われなかった。わたしはルフェーヴルの旅の疲れがいやされたころ自宅を訪問して、日本の話や、マルクスのフランスにかんする著作にたいするルフェーヴルの見解を聞きたいと思っていた。だが、そのうちにナンテールがルフェーヴルが教授をしている社会学科を中心にさわがしくなり、やがて五月革命がはじまった。

五月革命に特定のイデオローグを求めることが間違っている〔……〕。しかし設問を逆にして、仮に、五月革命で強調されたイデオロギーに最も近いイデオローグは誰かと問われた場合、マルクーゼやライヒやサルトルや、あるいはアルチュセールよりも前に、まずルフェーヴルの名をあげなければならないであろう。またフランスの学生に当時ほとんど知られていなかったマルクーゼやライヒの名が意識される最も自然な道筋はルフェーヴルの著作を通じてであろう。とりわけ五月革命の前後に発表されたルフェーヴルのいくつかの著作は五月革命のイデオロギーとの親近性を明確に示している。

例えば一九六七年に出た『ひとつの立場（Position : contre les technocrates en finir avec l'humanité-fiction)』は、テクノクラシーとそのイデオロギー（構造主義）を批判し、ユートピアを提唱することによって。また同じく一九六七年の日付をもっているが実際に店頭に現われたのは五月革命の直後であった『現代世界における日常生活』は、「指導される消費社会の官僚主義的社会」批判、とりわけ最終章における「永続文化革命」の提唱によって。一九六五年の『パリ・コミューン』は「祭り」と「自主管理」を中心とする現代革命のスタイルの提示によって。

これらの著作は予言的な語句に満ちている。わたしは五月革命のあいだのソルボンヌや街頭のデモや大集会のなかで幾度かルフェーヴルの著作を思いだした。

「パリ・コミューンとは何か。それはまず巨大で雄大な祭りであった。フランス人民と人民一般の精髄であるパリの人民が、自分自身に捧げ、かつ世界に示した一つの祭りであった。シテ島における春の祭り、財産を奪われた者とプロレタリアの祭り、革命的祭りであるとともに大革命の祭り、現代のもっとも大きな全体的祭りであったこの祭りは、何よりもまず壮麗と喜びのなかでくりひろげられる。〔……〕ついで、あるいは同時に人民は自分自身の祭りに満足し、それを見世物《スペクタクル》に変える。人民は思いちがいをし、誤りをおかすことになる。なぜなら人民が自分自身にあたえる見世物は、それ自体が人民をまどわすからである」。（『パリ・コミューン』［上］河野健二・柴田朝子訳、岩波書店、一九六七年、一五―一六頁）

このような一読して抽象的な言葉にリアリティを与えたのは、わたしの場合、五月革命という一つの現実であった。同じ春の季節に同じく解放として展開された運動のなかで、フランスの学生たちは、パリ・コミューンの思い出を生きたということができよう。コミューンの諸事件をスライドにして民衆的なカルチエを巡回して歩いた学生のグループもあった。ルフェーヴルは一見して、五月革命のためのあらゆる理論的な準備を整えていただけでなく、五月革命の学生の心情をも共有しているかのようであった。日本であれば定年退官の年をこえた、一九〇一年生れの老教授がその四十数年後に生れた若者たちと共にありえたところにルフェーヴルの面目があり、またそこに弱点も見出せよう。だがどの程度までルフェーヴルは若者たちと共にありえたか？

事件のあいだわたしは訪問をあきらめて、さまざまな情報のあいだからルフェーヴルの態度と行動を追跡しようと試みた。ルフェーヴルは『現代の社会闘争』（原題は「五月運動、あるいはユートピア共産主義」）を書いたアラン・トゥレーヌとともに五月革命の伝説的発生地であるナンテールの社会学科の教授であり、学生たちにたいする思想的影響力とともに実際の行動が注目されていた。またルフェーヴルの学生運動にたいする直接的な影響としてはストラスブールの状況主義者（シチュアシオニスト）たちとの関係が注目されていた。

このグループの行動と『経済的、政治的、心理学的、性的、そして特に知的な諸側面から考察された学生の環境における貧困、およびその救済のためのいくつかの手段について』（一九六六年）という長い題のパンフレットは、五月革命に先行する学生運動の形態とそのイデオロギーの形成の上で重要な事件であった。ルフェーヴルは「知的テロリスム」を標榜するこのグループについて、次のように回想している。「状況主義者たちは、最初に、『日常生活批判』のもろもろの含意、およびもろもろの帰結をみとめたのだった。彼ら自身の告白するところでは、彼らは最初の巻（『序説』）が一九四六年に現われたこの著作に多くを負っているという。困難な一時期のあいだ、ほとんど彼らだけが、この著作の射程を明確にすることによって、人生を変えようという革命の本質的スローガンを守ったのである。彼らは疎外の理論を精錬しようとすることによって、しかも博愛主義的ヒューマニズムを鼻にかけることなく、疎外の理論を擁護した。彼らは疎外の理論をもろもろの攻撃から擁護した。最初に、彼らが都市の諸問題とイデオロギーとしての現在の都市計画の批判との重要性をとらえた」（『ひとつの立場』二七〇頁）。しかしながらルフェーヴルと状況主義者のあいだはたちまち険悪になる。「次いで、これらの基盤の上にもとづいて、セクト的な悪意や激しやすさの点で他のいかなるものにも引けを取らない教条主義を彼らはうちたてた。ところで彼らは具体的なユートピアを提起しているのではなく、抽象的なユートピアを提起しているのである。いつか或る朝、あるいは或る決定的な夜、「たくさんだ！　労苦と倦怠とはたくさんだ！　それを終らせよう！」と語り合いつつ、人びとが互いに顔を見合わせようとし、不滅の「祭り」のなかに、諸状況の創造のなかに入ってゆくことを、彼らはほんとうに思いえがいているだろうか？」（同上）。これに対して状況主義インターナショナルは数々の文書でルフェーヴルの日和見主義を攻撃し、ルフェーヴルの訪日も、日本の三派系全学連を一つの理想と描いている状況主義者の揶揄の対象となった（例えば三月十九日付のナンテールのビラ）。なおコーン＝ベンディットの『左翼急進主義』には、状況主義者にたいする高い評価が認められる

（例えば、二二―二七頁）。

事件のあいだわたしは毎日数種の新聞を買い、さまざまなビラやパンフレットをもらったが、ルフェーヴルの動きは情報の表面にはあまり現れて来なかった。学生のあいだでもルフェーヴルの名が口にされることはめったになかった。わたしが五、六月の二カ月間にルフェーヴルの名前を見出したのは、一、警察の暴挙と政府の方策を批判し、ソルボンヌの封鎖解除を求めた知識人たちの声明書の署名欄に、モノー、シュヴァルツなどといったノーベル賞受賞教授やサルトルなどの知識人とともに。二、占拠中のパリ大学サンシエ分校のパリコミューンにかんする講師として。三、大学問題にかんするラジオの座談会で、等わずか数回にすぎなかったと思う。

このラジオの座談会は偶然わたしのカセットに録音されており、いま聞くとなつかしさを禁じえない。一時期のラジオやテレビは五月の解放的な雰囲気を鮮かに反映していた。それはアナウンサーの声の調子にまで現われている。ルフェーヴルの出ているのは学生の試験拒否をめぐるごく平凡な座談会で、四人の出席者のうち教授が二人、あとの二人は声と話の内容から判断して若い助手と学生ではないかと思う。ルフェーヴルは最年長でもっともラジカルな立場であるが、雄弁で力強い声のわりにテンポがおそく、早口でまくしたてる他の出席者とは調子がかみあわない。「非政治的というのは反動を守る伝統的な偽‐民主的なやりかたである……」。最初から高姿勢で論争的なルフェーヴルの発言を若い声がさえぎろうとして、「だけど先生 Monsieur le professeur…」と口をはさむと、すかさずルフェーヴルが「大学におけると同様ここでもヒエラルキーを廃止しよう」と応じて、「先生」と呼ばれることを拒否しているのが印象的だ。大革命時代に民衆が互に「市民（シトワイアン）」と呼びあったように、五月のあいだ人びとは互いに「同志（カマラード）」と呼びあい、教師と学生も君僕（チュトワイエ）で話しあったのである。

「試験」は五月の学生運動がはじめに直面した重要な問題だった。それは大学の理念に直接かかわってくるだけではなく、毎年六月におこなわれる年末試験や資格試験をどう処理するかということは運動の成行に直接影響をおよぼすはずであった。ルフェーヴルは、「一般学生は試験を望んでいる」というたぐいの発言や、試験問題をさわぎたてることによって運動に水をさし、運動の方向をゆがめようとするやりかたを批判し、さしあたってナンテールにおける解決案を次のように紹介している。「もしよろしければ私はナンテール自治大学の名において明解な答をしましょう。〔……〕我々は、学生および教師からなる委員会が、学年の間におこなわれた学業を考慮して資格証明を発行することを提案する。これが第一条です。第二条、学業記録の残っていないものに対してはこの委員会は、彼らの能力を判定する適当な形式を提起する。その判定試験、テストは必らずしも学年のプログラムの知識に属するものばかりではない。第三条、学部の段階におかれた当委員会は、各部科の段階において解決策のないケースの救助の役を果す。〔……〕」

ラジオ放送におけるこのような討論には、例えば次のような学生たちの行動と内面的な動きが対応している。

――では君は三月二十二日運動に参加しているのだね？

――僕はまだ少し迷っている。発言者たちはマルクスや僕の知らないマルクーゼについて語っていた。はじめてこの名前を聞いたとき、綴りを言ってくれと注文した。この男がどんなことをやったか知ろうとしてラルース百科辞典を調べた。マルクーゼはラルースには出ていない。

運動は試験をボイコットすることによってその有効性を証明していた。だが部分的なボイコットは誰にでもできることだ。僕はある種の不安――試験の批判から社会の批判に移らねばならなかった――と試験をサボルのに都合のよい個人的な理由を自分でつくりだすために運動に参加したいという誘惑とのあいだで動揺した。それからある日、突如として僕は演檀にとび上って次のように叫びたくなった。「おれは愚かだった。おれは自分に与えられた反抗の唯一の形態が個人的反抗だと信じていた。君たちはいま大衆的反抗を、ナンテールにおけるある孤独の終りを、強制のない運動をおれに提示している」。会員証をもらう必要はなかった、下部の活動家も、ヒエラルキーもなかった。コーン＝ベンディットは指導者になることを拒否し、みんなが彼を代弁者だとみなすことを望んだ。

その時から、すべてがあっという間に進んで行く。二日の間に、もう一度集会があり二度ビラをまく――まず学部で、ついでナンテールの労働者たちのあいだで。（「ある「怒れる若

者」の歩み」『エヴェヌマン』誌、一九六八年六月号、四七頁）

五月革命におけるルフェーヴルの役割はこのラジオ放送が示しているようなものであっただろう。彼は急進派の教授として急進派の学生の側に立ち、教授会や集会や委員会で発言し、声明文に署名する。彼は若者とともにパヴェ（敷石）を投げたり、バリケードを築いたり、一夜のうちにパリ市中を突風のようにかけぬけるデモに参加したりはできない。彼はまた一人の若者の内的な変化に直接かかわることはまずなかったであろう。だがそのかわりに彼は分析し書物を書く。

じっさいルフェーヴルはあっという間に「五月革命論」を書きあげた。社会学の学術雑誌『人間と社会——社会学の研究と総合のための国際誌』の一九六八年四・五・六月合併号に、ルフェーヴルの「L'irruption de Nanterre au sommet」と題する大論文を見出したときわたしは驚いた。「これは近く、エディション・アントロポから一冊の書物として出版されるテキストであるが、五月事件という主題にかんするこれらの考察の重要性にかんがみて、われわれはここにその全文を掲載することに決定した」という編集者の註記がある。わたしは二月革命やパリ・コミューンにかんするマルクスを思わせるようなそのエネルギッシュな探究に改めて敬意を表するとともに、事件のあいだルフェーヴルがおそらくは書斎にひきこもってこれを書くために多くの時間をついやしたであろうことに割りきれない感じを抱いた。そしてその割りきれなさはこの論文を読んだ後にも解消しなかった。

ルフェーヴルはマルクスの『ブリュメール十八日』を引用する。ところでもしマルクスが一フランス人として事件の渦中にあったとすれば、あのような文章を書いたであろうか。客観的な分析は必要である。だがわたしはこの時期にルフェーヴルが一般読者というあいまいな対象にたいして客観的な分析を提供する態度が納得できなかった。ルフェーヴルは五月に何を発見しいかなる困難に直面したのか？　わたしの理解していたルフェーヴルは、学生たちにたいする批判と具体的な行動の提案を含む熱烈な呼びかけのパンフレットを書くはずであった。それがルフェーヴルのようなタイプの思想家のこのような状況における責任のとりかたというものではなかったか……。

だがこのようなわたしの性急な反応はおそらくルフェーヴルの革命思想家としての役割を過大視するとともに、彼が現実におかれている状況を正確に見ないことから由来するのであろう。ルフェーヴルの革命的な著作にもかかわらず、怒れる若者（アンラジェ）たちは、この怒れる老人を単なる同伴者としてしか認めておらず、ルフェーヴルは合法的造反教師としてのいくらか滑稽で空しい役割を果したにすぎなかったのではなかったか。

ナンテールの学生の目に映ったルフェーヴルとはどのようなものであろうか。ナンテールでは、ライヒの理論にかんする集会のあとで学校当局が二十九名の学生を大学都市から追放し、同時にコーン＝ベンディットのナンテールからの追放を図る。

「このため、教授たちの助力を得て、ダニエル・コーン＝ベンディットがナンテールの学部にとどまれるように運動を組織しなければならなかった。このような些細な事実は、事務局と学部長があらゆる手段を講じて政治活動家たちの活動を阻止しようとしていることをはっきりと物語っていた。理屈のうえではわれわれと提携していたおおぜいの教授たち、学部総会にブラック・リストの問題をもう一度取り上げさせるようわれわれをたきつけた教授たちまでも、最後には後退した。ひとりルフェーヴルだけが冷静さを守り、誰が嘘をついているのかをはっきりさせるために、この問題を名誉審査会にかけ、名誉審査会がこの問題を討議するようにしたらよいと示唆した」(『五月革命』〔原題『三月二十二日運動――これははじまりにすぎない、闘争を続けよう』〕一五頁。グラパン学部長の行動や過激派学生のブラックリストの問題にかんして、アラン・トゥレーヌはまた別様な見方を述べている〔『現代の社会闘争』寿里茂・西川潤訳、日本評論社、一九七〇年、一二四頁〕)。

五月革命のあとにもさまざまな事件が続き、ルフェーヴルを自宅に訪れることができたのは一九六九年六月三日、五月革命から一年が過ぎわたしもそろそろ帰国の準備をはじめなければならなくなった頃であった。

カフェ・クリュニーでルフェーヴルが書いてくれたメモをたよりに、小さな市場などがあってマダムたちの夕方の買出しでにぎわう狭い通りに面したすすけた建物に入って行く。かなり古い建物らしくエレヴェーターがついていない。うす暗い階段を息を切らせながら六階まで上ってみても、表札はかかっていない。二つある戸口のむかって右手のベルを思いきって押すと、若い女性が現われてサロンに招じ入れられた。以前クリュニーで会った女性とはちがう人らしい。二十四、五であろうか、断髪の大がらな女性の正体がわからないままに、部屋を見まわす。

八畳ほどの狭いサロン、というよりは書斎といった感じである。戸口の壁に子供が書いた大きな絵が張ってある。窓際の机にも床の上にも書物が乱雑につみ重ねられている。マントルピースの上には、日本土産であろう、鍾馗、御所人形、こけし、能面などが並べられ、壁の本棚に、「ルフェーヴル教授研究会、午後三時〜五時……」と墨で書いた半紙が留めてある。これには覚えがあった。半年ほど前に『エクスプレス』誌がルフェーヴル教授研究室訪問記なるものをのせたとき、ルフェーヴルの背後に写っていて異様な印象を与えたのがこの日本語の張紙だった。わたしは日本という国がルフェーヴルに与えた強い印象を思い、またそれがおそらく京都の大学で張ってあったものであろうと考えなつかしさを禁じえなかった。だがこの日本のスヴニールは、フランス人の読者にはルフェーヴル＝中国派という印象を刻みこんだにちがいない。フランス政府は五月革命は北京の陰謀であるという情報を積極的に流したのである。この写真を見たときわたしはそれがナンテールの研究室だと思い込んだのであるが、考えてみればフランスの大学には日本のような個人研究室はないのが普通である。ルフェーヴルはこの部屋で本棚を背にソファーに腰を下して写真をとらせたのだ。ソファーのかたわらに大分くたびれたひじかけ椅子、ディヴァン。拳をかたどった大きな大理石の彫刻が机の足元に置かれている。そしてその傍に、ブリジット・バルドーの写真が表紙になった雑誌、『リュイ』。このフランスの『プレイ・ボーイ』とも言うべき男性雑誌は、一九六九年の正月号として、ブリジットのヌード特集をやったのである。わたしもこの号は買って大切に保存していたから、思わぬところで親近感を抱いたところにルフェーヴルが外出から帰ってきた。

「やあ、あなたのボナパルチスム研究は進んでいますか」というのがルフェーヴルの最初の言葉であった。たしかにわたしははじめて会ったとき、マルクスのフランス研究のおそらくは結論であり鍵概念であったボナパルチスムについてフランスのマルクス主義者がどう考えているかを知りたいと思い、そのことを少し話したのではあるが、彼が十数カ月も前の話を覚えてくれていたのは意外だった。

「はい続けてはいますが、五月革命で中断し、そのあとナポレオン生誕二百年祭でフランス中にナポレオンがあふれだし、一向に気乗りがしなくなりました」。じっさい五月革命はド・ゴール体制を通じて、フランス的な国家権力と官僚制の問題を、つまりボナパルチスムの現代性を改めて考えさせたのではあるが、その直後におとずれたナポレオン生誕二百年という国家的な大行事は、各種展覧会、講演会、メダル、人形、式典、等々を通じてこれ見よがしにナポレオンのイメージをパリ市中にあふれさせていた。「だけど君、ナポレオンは世界精神ですよ」。ルフェーヴルは世界精神を「Weltgeist」とドイツ語で発音し、わたしは話が通じなかったことに軽い失望を感じながら、ルフェーヴルはヘーゲリアンだなあとあまりにも当然なことを改めて思いかえす。

わたしはこれまでフランスのマルクス学者としてのルフェーヴルがマルクスの『ブリュメ

ール十八日』を「単なる簡単な味も素気もない摘要」（『カール・マルクス』吉田静一訳）で終えるようなやり方に不満だった。しかしルフェーヴルは「五月革命論」ではじめてこの問題を正当に取りあげているように思われた。その第五章でルフェーヴルは、「国家独占資本主義」「独占の権力」「金融資本における銀行資本と産業資本との融合」などというレーニンから引き出された定式が、それ自体としては正しいが、フランスの現実の特殊的な分析をを含んでいないことを指摘し、あらためてマルクスの『ブリュメール十八日』を思い起している。

「国家は、社会の上にのし上ることをやめなかった。マルクスのまさに経済学的な諸々の分析は主としてイギリスにかんしていたのだが、そのマルクスによってフランスにかんして分析された（まず『ルイ・ボナパルトのブリュメール十八日』のなかで）この傾向は、強化され仕上げをかけられた」。（『「五月革命」論』四九頁）

「ヘーゲルにおける国家は、なおその階層づけられた諸水準やその区別づけられた諸領域のあいだに仲介者を含んでいた。これらの仲介者は、至高の権力を償っていたのである。彼等は、社会の骨組として、哲学や芸術や権利を理解していた。そしてまた区別づけられた諸団体、すなわち諸々の「都市」とか社会的「身分」とかそれらの特殊的な組織とかについても同様である。ところがフランスにおける現在の国家は、仲介者的な諸団体が、あるいは政治機構に吸収あるいはたんなる圧力集団として市民社会のなかに投げ返されて、ほとんど姿を消しているという点で、この範型とは異っている。政治的な水準と市民社会の水準とのあいだは空白である」（同書、五五頁）。

この空白を充しにやってきたのが五月の「自然発生性」であり「異議申し立て」である、というルフェーヴルの説は、わたしのささやかな体験からも理解できるような気がしたのである。少くとも五月革命を契機に『ブリュメール十八日』を読みかえすこと、また、ボナパルチスムをエンゲルスを経て強調された過渡期的権力形態として権力の均衡論の方向にではなく、フランス近代史に特殊な問題として再考すること、この二点においてわたしはこの書物におけるルフェーヴルの考え方に賛成だった。

だが話は妙なきっかけから本題をはなれて博士論文の制度と形式のことになり、わたしがフランスの博士論文制度を批判するという失礼をおかしている最中に、まさにわたしが批判したような博士論文を書きあげたばかりのルフェーヴルの助手が入ってくるという偶然から、わたしはたいそう居心地が悪くなってしまった。ルフェーヴルはその場で主審をつとめるアラン・トゥレーヌに電話をかけ、論文は好評のようだ、と言った。「Institution」という題であったと思う。部厚い論文を提出したばかりのこの若い研究者は意気軒昂といったふうで、初対面のわたしにも非常に愛想がよく、わたしがルソーを勉強していることを知ると、それに関連した研究書などを数冊あげて博識なところを示したが、わたしの方は段々に気が滅入って来るのだ。わたしはルソー研究者がよく問題にするエンゲルスの『反デューリング論』の一節（第一篇第十三章）にたいするルフェーヴルの見解を知りたいと思った。だが意外なことに、この『弁証法的唯物論』の著者は、エンゲルスがルソーの『不平等起原論』を分析したあとで、「こうしてここに、すでにルソーにおいて、マルクスの『資本論』がたどっているのと酷似する思想行程があるばかりでなく、個々の点でも、マルクスがもちいているのと同じ弁証的な言いまわしが、数多く見出される」（国民文庫、二三七頁）と、指摘している文章を思い出さず、そのかわりにヘーゲルの『精神現象学』を書棚から取り出すとルソーに関連した部分を声に出して読みはじめた……。

外出から帰ってきたルフェーヴル夫人が三色のカーデガンをはおって出てくる。「わたしはド・ゴール派です」とふざけて言った。五月革命は三色旗と「ラ・マルセイエーズ」の意味を変えてしまったのだ。夫人の帰宅で一座が活気づき、選挙の話がでる。ド・ゴール派のポンピドー、上院議長のポエール、共産党のデュクロ、マルセイユ市長でマンデス＝フランスと組んだドフェール、統一社会党のリカール、そして学生運動を封じるために強制的に入営させられ、兵営から立候補した二十八歳のアラン・クリヴィーヌ。「コーン＝ベンディットはアンテレクチュエルだが、クリヴィーヌは馬鹿だ」「彼はなぜネクタイをつけてテレビに出るのだろう？……」テレビの選挙放送は各候補に平等な時間を与えるから、クリヴィーヌは時に同じJCRの活動家ベンサイドと組んで、ド・ゴール体制の強権政治を批判する一方で、共産党の追随主義を茶化し、選挙の欺瞞性をうったえる。いずれの候補にとっても目ざわりな存在であった。ベンサイドはよれよれのジャンパーを着た労働者スタイルで画面に登場するのだが、クリヴィーヌは大統領候補にふさわしく背広にネクタイである。大革命時代のサン・キュロットにかわって五月革命はサン・クラバット（ノー・タイ）という言葉をうみだしていたから、クリヴィーヌのネクタイは五月革命派の服装としてはにつかわしくない。背広姿でしゃちほこばった議論をまくしたてるのでクリヴィーヌはもひとつコーン＝ベンディットのような人気をもつことができなかった。

「アンリ、僕は来週結婚しますから式に出て下さい」と明日の文学博士が言う。夫人がルフェーヴルに新しいドレスをねだりはじめる。新婦のドレスに色を合わせて作るらしい。「人はなぜ結婚するのだろう」と、ルフェーヴルが言いだす。「男と女がいるからでしょう」と未来の夫が答える。つい最近の著作（『現代世界における日常生活』）でも「性的な改革と革命」を説いているルフェーヴルのサロンにしてはいささか低調にすぎる会話だ。それに、五月革命、博士号、結婚式……ブラヴォー！　まったく結構な話ではないか、とわたしは少しいらいらしはじめる。

ルフェーヴルが雑誌のページをひらいて「見ろ、チョムスキーはわたしの言語論を支持している」と叫んでいる。はじめから沈みこんでいた女の子が帰り支度をはじめる。ルフェーヴルが彼女の肩をたたいて慰さめている言葉から察すると、どうやら彼女は試験に失敗したらしい。わたしも席を立って帰りの挨拶を言う。「大阪の万国博には興味がある。ぜひもう一度日本に行ってみたい」というルフェーヴルの言葉を聞いてわたしはもう一度わが耳を疑う。このフランスのマルクス主義者は万国博の政治的な意味をどの程度感じとっているのだろうか。来日したサルトルの「七〇年安保にはぜひ日本に行きたい」という発言を聞いたときでさえ、わたしはむしろ、冗談を言うな、とどなりたい気持だった。だが元気をだしてここはフランス風に冗談で応じよう。「ゼンガクレンが会場を占拠するそうですから用心して下さい」「それこそわたしの見たいものです……」。わたしは言葉を失いオルヴワールを言った。

わたしの失望は大きかったが、現在こうしてふりかえってみると当時のわたしがかなり神経過敏になっていたことがよくわかる。だが留学の効用の一つはおそらくこういうところにあるのかもしれない。われわれは書物だけで知る外国の作家や思想家を神聖化し、とかく勝手な幻想を抱きがちなのだ。同じ月の終りにフランスの農村調査に来られた桑原武夫先生といっしょにルフェーヴル家のディネに招待されたとき、わたしはこの老哲学者にもう一度会えることをうれしいとは思ったが、前回の訪問でついに聞きそびれた五月革命の話をもう一度きいてみようという気はなくなっていた。

東洋通の教授とルーマニア出身の作家が同じ席に招かれていた。夫人はギリシャ時代を思わせるサンダルをはき、きらきらと光るドレスを着ていた。先日はべそをかいていた女子学生が今日はかいがいしく手伝っていた。旅行の話、東洋の変った風習、日本とフランスの学生運動、長い沈黙を破って最近映画を作ったブニュエルのこと、ブルトンやルフェーヴルと親しかったシュールレアリストたちの話、アルチュセールの弟子の一人が気狂いになったという噂（それにしてもこの敵意の激しさはどこから来るのだろう）、五月革命は結局なにも変えはしなかった……等々。旅行や山の話になると桑原先生の一人舞台だ。「わたしがブータンの王女に会ったとき……」。フランス人たちは驚いて黙ってしまう。わたしは笑をおしころして言う。「桑原先生はヒマラヤの登頂者です」。だがわたしはこのアルピニストがいましがた六階に上る階段の途中で小休止したことを知っており、二年ぶりにお会いした先生の表情に旅の疲れがあきらかに読みとれるのが心配でしかたがない。

ルフェーヴルは大学でひらかれる緊急会議に出席するために途中で座をはずさなければならなかった。「陰謀がたくらまれているのです。陰険な策略が……」。ルフェーヴルはネクタイを結びながら顔をしかめて noir という形容詞にアクセントをおいた。反動の季節であった。大学における保守派のまきかえしはなかなかのものであるらしい。もっとも先日クリヴィーヌのネクタイが話題になったところだから、わたしはルフェーヴルのネクタイが気になってしかたがない。それにこのネクタイはあまり趣味の良いものとは思われず、いささか寸づまりに見える背広とも全く似合わないのだ。わたしはある女性がルフェーヴルを「サンチョパンサの身体に乗っかったドンキホーテの頭」と評したという話を思い出す。それは『総和と余剰』にある伝記的な文章の一節だ。

「ブルターニュ人でピカルディ生れのわたしの父は、わたしに頑健でずんぐりした肉体をつたえ、ピレネー生れのわたしの母は（いくらかバスクの血のまじったベアルン人であるが）、長い、ほとんどイベリア的な顔をつたえてくれた。「サンチョ・パンサの身体に乗っかったドン・キホーテの頭」と、わたしを恨み、またわたしをよく知る理由のあった一人の婦人が、或る日わたしにいったことがある。そのいい方はわたしの気に入らなかった」（三九〇頁）。文学者ルフェーヴルの面目躍如たる文章ではないか。

ルフェーヴルが会議をおえて帰宅したときは十一時を過ぎていた。わたしたちは疲れはててルフェーヴル家を辞した。ルフェーヴル夫妻は明後日ヴァカンスに出発する。ブザンソンで放送の仕事をすませてからピレネーの別荘で夏をすごすルフェーヴルをたよって、京都から来るフランス農村調査の後続隊がオロロン地方に入るはずである。だがわたしはもう二度とこのなつかしい哲学者に会うこともないだろう。かつて〔一九六〇年〕ルフェーヴルの提唱した「革命的ロマン主義」という言葉は、わたしたちフランス文学科の学生の心をどれほど強くうごかしたことであろう。薄暗い階段を降りながら、わたしは十年という年月の大きさをあらためて考えた。（一九七一年三月記）

後記

一九七一年の春に書いたアンリ・ルフェーヴルにかんする私的レポートには、この後、第二部として十数ページにわたる「アンリ・ルフェーヴル論のためのノート」が記されているが、ここでは省略せざるをえない。ルフェーヴル論のためのノートを書きながら、私は結局「アンリ・ルフェーヴル論」を書かなかった。今となってはこれは永遠に書かれないだろう。このノートのなかでひとつ気にかかっていたことがあった。それはルフェーヴルとアンテルナシオナル・シチュアシオニストとの関係をルフェーヴルの側からの一方的な証言にとどめていることである。残念ながら本書においても五月におけるシチュアシオニストの正確な位置づけができていない。だが幸にして、『アンテルナシオナル・シチュアシオニスト』全一二巻の翻訳が木下誠ほか訳、インパクト出版会で出ているので、読者はそこでシチュアシオニストの側の十分な主張を聞くことができると思う（特に第六巻「一つの時代の始まり［五月革命の権力］」）。ルフェーヴル論が書けない代りに、私は若い友人たちと一緒に、ルフェーヴルの「構造主義をこえて」と題された書物（一九七一年）を翻訳することにした。これは二冊に分けて前半は『革命的ロマン主義』（小西嘉幸と共訳、福村出版、一九七六年）、後半は『構造主義をこえて』（中原新吾と共訳、福村出版、一九七七年）と題して出版している。これは私にとっては、私がバルトやアルチュセールに接近していったことに大きな不満を抱いていたルフェーヴルが、ぜひとも言いたいことの数々が記されている書物である。考えてみればルフェーヴルとの会話はいつもすれ違ってばかりいた。

五月革命はその後、ルフェーヴルの中でどのような形で生き続けたのであろうか。『「五月革命」論』の直後に出た『現代世界における日常生活』（森本和夫訳、現代思潮社、一九七〇年）は、最後は「われわれの文化革命」の節で終る興味深い本ではあったが、五月革命にはあえて触れようとしない、そのテーマにもかかわらず五月とは疎遠な関係を思わせる書物であった（ひょっとしたらこちらの方が先に書かれていたのかもしれない）。その後ルフェーヴルはおそらく都市社会学に没入していったのではないかと思う。東洋語学校で講師を務めるための二度目のパリ滞在が終わったとき（一九七七年）、私は本屋の目立たない棚に置かれていたルフェーヴルの『空間の生産』を見つけて大事に抱いて帰ったことを思い出す。二〇〇〇年になって『空間の生産』の翻訳（斎藤日出治訳、青木書店）が出た。ルフェーヴルの死後二〇年を経て、いま世界的にルフェーヴルの再評価の気運が高まっているのはうれしいことだ。私自身も読書会や研究会でこの書物の再読の機会にめぐまれた。私はいつもどこか違うと思いながら、六八年五月を知らない世代のルフェーヴル再評価を見守っている。私には六八年の諸事件と切り離してこの大著を読むことができないからである。

ついでながら、私が最後に手にしたルフェーヴルの著書は都市論でなくマルクス主義国家論である。10／11叢書に収められた四巻の『国家について』は当時アルチュセールの国家装置論を手がかりに「国民国家論」を考えていた私にとって、思いがけないルフェーヴルからのうれしい最後の贈り物であった。

5　ルイ・アルチュセールにおける五月の痕跡

ルイ・アルチュセールにかんしても、四〇年前に書いた私的レポート（「ルイ・アルチュセールについて――フランスの思想状況にかんする私的なレポート(1)」『立命館文学』第三〇四号、一九七〇年一〇月）を再録し、それに対する現在の私のコメントを後半に記すという形をとりたい。

アルチュセールの『マルクスのために』が出版されたのは、一九六五年の九月であるが、当時、日本ではアルチュセールのことはほとんど知られていなかった。河野健二先生が計画された翻訳のお手伝をしたことが機縁になって、翻訳原稿の一部を携えてエコル・ノルマルの研究室を訪れたとき、私はアルチュセールについてほとんど何も知らなかった。二〇一一年の現在、数多くの翻訳が出されており、アルチュセールの死後、遺稿の整理も進み優れた研究論文もいくつか出ている。今では最も良く知られた哲学者の一人といってよいだろう。四〇年前の文章を再録するのは、当事の私の無知を衆目に晒すことになるので気が重いが、「アルチュセール事始め」とも言うべき歴史的記録としてあえて提出したい。

もっとも現在の私の最大の関心事は、現在私たちが置かれている状況の中で、アルチュセールがいかに読まれうるかということである。アルチュセールが六八年六月から六九年にかけて書き残した大部な遺稿「再生産について」の再読と翻訳の作業は、私にとってはアルチュセールの現代性の再確認の作業であったが、それは同時にアルチュセールにおける五月の痕跡をたどる作業であり、私の五月の再発見につながっていることを本章の後半では記しておきたいと思う。

ルイ・アルチュセールについて

フランスに着いてすぐアルチュセールに会わなければならなかったのは、彼の最初の論文集『Pour Marx』の翻訳にかんして二、三の事務的な交渉の必要があったからである。だが、当時、日本ではアルチュセールがフランスで最も注目されている「構造主義的」マルクス主義者であるということ以外、とくに個人的なことにかんしては何も知られていなかった。人名辞典や解説書のようなものを調べても、結局アルチュセールの経歴のようなものはなにひとつわからなかった。会見のための予備知識としては『Pour Marx』という一冊のきわめて難解な著作が手元にあるだけで、写真も見たことがないのだ。会ったらアルチュセかアルチュセールかといった名前の呼び方からたずねなければならない。これはアルチュセールに会う第二の理由ではあるが、しかし自分の会話力やアルチュセール理論の理解度からいっても、なんとも気の重い話であった。

わたしはまずマスペロの書店に行って著者の住所を教えてもらった。「E. N. S. 45 rue d'Ulm, Paris, 5ᵉ」エコル・ノルマル・シューペリュールである。手紙を書いたらおりかえし返事が来て、いつでもよいから午前十一時頃に電話をくれたら、そこで会う日時を決めようということであった。エコル・ノルマルの公用便箋で左肩の住所の下にLE SECRETAIREと印刷してあり、秘書ということだから、ここでまた哲学者アルチュセールのイメージに混乱が生じた。

いろいろ都合の悪い日などがあって、エコル・ノルマルの研究室をおとずれたのは、十一月十四日、鉛色の冬のはじまりを告げるような薄曇りの朝であった。ドアーをたたいて、握手をして、暖い部屋に迎え入れられるという感じで肘掛け椅子に座る。約束の翻訳原稿を見せたら、自分は日本語はわからないが中国語とどう違うのか、君の名前を書いてみてほしい、いやこれは非常に美しいと思う、と下手な字を生れてはじめてほめられてようやく落着いた。最初の難問――わたしの会話力は貧しいが翻訳は良いものであるということを印象づけなければならない。だが文章は理解できるが会話は苦手という多くの日本人に共通の欠点を最初から暴露することになった。フランス語をしゃべるのは苦手で……と言ったら相手はまともにうけて、それでは英語で話そう。いや英語はもっと苦手で。ではドイツ語では？　ロシア語かイタリア語でも……。僕がフランス語以上に話せるのは日本語だけです、ということでようやくフランス語で話すことになった。すぐにうちとけて話せるようになったのはアルチュセールの人柄によるのだと思う。アルチュセールの表情や風貌の記憶はすでに半ば消えかけているのだが、あの、人をつつみこむような温い感じだけは残っている。これはアルチュセールの文章からは想像できないことであった。風貌にかんしては、わたしはアルチュセールというとどうしたことか、アルベール・カミュを思い出すのだ。カミュをもう少しおだやかに知的にしたような感じである。

話したことはかなりはっきり覚えている。それに今となってみると当時の知識量から考えて、案外に肝心なことをしゃべっていたように思う。以下にその要約を記しておこう。まずアルチュセールは日本で自分がどのような理解のされかたをしているかを知りたがった。これはフランスにおいても同じだが、アルチュセールは自分の思想や著作がはたすイデオロギー的な役割にかんして人並以上に敏感で神経質だと思う。わたしは、日本では「矛盾と重層的決定」「マルクス主義とヒューマニズム」の二論文の翻訳以外はほとんど紹介されていないが、構造主義的マルクス主義者として知られはじめている一方では、中国派とみなされている、と答えた。中国派云々は実を言えばパリに来て、エコル・ノルマルに留学していた友人から仕入れた知識であって、そのころの日本ではまだあまりそういう話も伝わっていなかったと思う。アルチュセールは、笑って、構造主義も中国派もいずれも間違いだといった。アルチュセールは自分が現にフランス共産党員であること、それも特別の地位をもたない、いわば平党員であることを強調した。では党内における立場はどうなのか、という質問にたいしては直接に答えず、これを読んで理解してほしいと言って、本棚から一冊の雑誌をとりだした。『カイエ・デュ・コミュニスム』である。ページをめくるとあちこちに赤線や書きこみがしてあった。これは一九六六年の三月十一、十二、十三日の三日間にわたってアルジャントゥイユで、フランスの文化とイデオロギーの問題をめぐって開かれたフランス共産党の中央委員会における討論の記録を集めた特集号であった。この会議の重要課題は党内におけるガロディ派とアルチュセール派の対立をどう処理するかにあった、ということを後にフランス共産党の事情にくわしい友人から聞いたが、これは特集号を読んでみるとかなりの程度うなずける。少くとも焦点の一つはアルチュセールとその協力者たちの理論の評価にあったことは確実だ。数人の発言者がアルチュセールを正面から批判的に論じている。批判点は要約すると二つあって、一つはアルチュセールのヒューマニズム批判にたいしてマルクス主義はやはり一種のヒューマニズムだという立場。もう一つはアルチュセールの認識論と実践の切れ目にたいする批判。わたしの印象ではアルチュセールの理論の全体的な構図と、その方向がまだ充分に理解されないままに批判が行われている（「もし私が正しく理解しておれば、……」といった発言など）ように思えるのだが、少くともこれらの批判は、同志アルチュセールの理論の重要性を認めたうえでの批判であって断罪ではない。一方アルチュセールの側もこれらの批判のうちのいくつかを積極的に受入れる態度を示しており、それは例えば日本語版の『甦るマルクス』によせられた序文（「日本の読者へ」）。この日の話で彼はその重要性を特に強調していた）における二つの「自己批判」に、また論文としてはその後に発表された「レーニンと哲学」のなかにはっきり読みとれる――。

アルチュセールは日本共産党と北朝鮮の共産党の関係をひどく知りたがり、そういうことにわたしが無知であることを白状すると、こんどはわたしの思想的な立場を質問しはじめたが、それも世界の共産主義運動は、ソ連、中国、それからキューバやヴェトナムと三つに分かれているが君はそのどれを支持するか、といったかなり強引なもので、わたしは初対面の相手に信仰告白をしなければならぬ破目におちいってしまった。

わたしはレジス・ドブレのことをたずねた。彼は私の影響を受けたというよりは、むしろサルトルの弟子だ、というのが答であった。アルチュセールの弟子からゲバラ派や毛沢東派が輩出しているということは、ガロディなどのアルチュセール批判（例えば『二十世紀のマルクス主義』）の論拠の一つであるが、伝統的に先鋭で多様な意識が集るエコル・ノルマルのようなところの教師は、こういう批判には答えようがないだろう。それから話は『資本論を読む』に移り、アルチュセールはその中で展開しているグラムシ批判のことをしゃべった。わたしは『資本論を読む』をまだ読んでいなかったが、しばらく前にアンドレ・ゴルツの『労働者の戦術と新資本主義（Stratégie ouvrière et néocapitalisme）』を読んでいたのでゴルツの名前を出すと、ゴルツはグラムシの小さな戯画だ、と一言のもとにかたづけた。アルチュセールが激しい言葉を使ったのはこのとき限りであった。

気がつくと十二時をはるかに過ぎていた。礼を言って立ちあがると、あなたは外国に来ていろいろ不便なことも多いと思うが、何かお役に立てることがあったら言ってほしい、という親切な申し出であった。わたしはフランスで書こうと思っているルソーやスタンダールの論文のことを話して、そういうことをやっている若い研究者がいたら紹介してほしいと頼んだ。アルチュセールはとくにルソーの方に興味を示したが、わたしはそのとき彼がかつてエコル・ノルマルでルソーの講義をして、それが認識論グループが出している『カイエ・プール・ラナリーズ』という研究誌にのっていることを知らず、残念なことをしたと思う。アルチュセールはすぐに電話をとりあげて用件を話しはじめた。同じノルマルで助手をしているロジェ・ファイヨール氏で明日の午後三時に会うことになった。電話の話し方からファイヨール氏もまた同志であることがわかったが、実に親切な紹介のしかたであった。〔……〕

「五月革命」はアルチュセールやファイヨールをもかなり苦しい立場に追いこんだのではないかと思う。その理由は、「五月革命」が明らかにフランス共産党とCGT批判の一面をもっていたからであり、また一般に、とくにジャーナリズムのあいだでは学生反乱とアルチュセールの「指導」を結びつける傾向があり、また構造主義者として理解されたアルチュセールにたいしては、構造主義一般の「死」ということで、嘲笑とはいわないまでも揶揄の声がなげかけられていたからである。〔……〕

アルチュセールに中国派というレッテルを張ることがかなり広くおこなわれているようである。その根拠は、(1)エコル・ノルマルのアルチュセールの影響下にあったコミュニストの学生たちが共産党をはなれて共産主義青年連合マルクス＝レーニン主義派（ＵＪＣＭＬ）を形成したといわれていること。⑵アルチュセール理論自体の性格（毛沢東理論、とくに『矛盾論』『実践論』の重視、いわゆるヒューマニズム批判、など）であるが、これもアルチュセールの本質的な部分に結びついている問題ではあるが、アルチュセール＝中国派という単純化や一面的な強調がおこなわれると間違いをおかすことになる。またかりにフランスでアルチュセールを中国派とみなすことが多いとしても、フランスにおける「文化革命」の理解のし方や、中国派という概念自体が日本の場合とは非常に異っていることも考えに入れなければならない。またかりにアルチュセールが現在のモスクワのやりかたに非常に批判的であり北京に好意的であるとしても、独創的な理論を、通俗的なイデオロギーの対立の図式に解消してしまってはならないだろう。

帰国して留守中の新聞・雑誌を読みかえして驚いたことの一つに、アルチュセールが「五月革命」のイデオローグの一人にまつりあげられていることがある。このような誤解が成立する事情の裏には、「五月革命」における中国派グループの活動の過大評価というもう一つの誤解が作用しているようである。まず「五月革命」に特定の（既成）イデオローグを求める態度自体が基本的に「五月革命」を誤解することになるであろうが、また五月に活動した学生グループの主流はＭＬ派ではなく、アナーキストやトロッキスト派であった。「五月革命」のあいだアルチュセールが沈黙を守っていたことは先に述べたとおりである。

これまでアルチュセールの理解を歪めてきたものの一つとして構造主義的マルクス主義と

いうレッテルがある。アルチュセール自身は自分の理論を構造主義と規定したことはない。むしろ極力このレッテルを否定してきたのであった。ジャーナリズムの宣伝をまともに受け、アルチュセールからもっぱら「構造主義」をとりだして拡大してみせる傾向が一部に認められるが、正しい方向とは思われない。その結果として、肝心のマルクス主義とアルチュセールにとって理論形成と実践の現実の場であるフランス共産党がぬけおちるからである。われわれのフランス共産党にたいする態度は別にしても、ともかくアルチュセールの思想を理解するためには、アルチュセールにとっての主要課題は何よりも共産主義と共産党であることを忘れてはならないからである。もちろんアルチュセールはいわゆる構造主義と全く無縁ではない。無縁どころか密接な関係がある、しかしこの関係はアルチュセールのなかにレヴィ＝ストロースを発見したりあるいはその逆をおこなうことによって見出される関係ではなく、これらの思想の発生基盤にさかのぼっていってはじめてとらえうるような関係であり、また自然科学と社会科学の現状との対応によって理解されるような関係であるだろう。アルチュセールが「重属的決定　Surdétermination」という概念を精神分析や言語学からかりたとしても、そのこと自体はアルチュセールの時代性を示すにすぎないだろう。〔……〕

新年（一九六九年）になって『レーニンと哲学』がアルチュセールが監修している「理論叢書」の一冊として出た。この六十ページに満たない草色の小冊子がマスペロの書店の店頭につみあげられていた情景をまざまざと思いだす。ソルボンヌではようやく授業が再開されたが、ヴァンセンヌのようにストライキが続けられているところもあり、小さな衝突が毎日のようにくりかえされていた。左翼系の出版販売の書店として有名なマスペロ社は、事件のあいだに警官から催涙弾を投げこまれたり右翼のちょっとしたいやがらせもうけた。また青少年に暴力行為を教唆扇動したという理由で社主のマスペロ氏を告発する検事が現われるなど喜劇にも事欠かなかった。ホーチミンやゲバラの大きな肖像写真が張りだされた書店は、制服や私服の警官があふれている監視下のカルチエラタンではもっとも活気に満ちた場所の一つであった。次々と出版される「五月革命」の記録や政治的パンフレットの他にはゲバラ、ファノン、ボノー事件やアナーキズム関係の著書、文学関係ではボリス・ヴィアンが目立っていた。そういうどちらかといえば勇ましい書物の目立つ書棚のなかで、アルチュセール派の若い学者たちの理論的な著作を集めた「理論叢書」は、独自な地位をしめていた。〔……〕

『レーニンと哲学』に「五月革命」の直接の反映を読みとるという期待は裏切られた。この書物に収められているのは、「五月革命」以前に発表された論文（一九六八年二月二十四日のフランス哲学会における特別講演）であったから。しかしこれはマルクス主義哲学のありかたを理論的に示した興味深い論文で、「科学」と「政治」との関連において哲学の新しい実践（マルクス主義哲学）が論じられていた。レーニンの『唯物論と経験批判論』の分析を通じてマルクス主義哲学の根本問題をうかびあがらせていく方法は非常に新鮮な印象を与えた。正直にいってわたしはレーニンのこの著作を退屈な本だと思っていたが、アルチュセールの分析は、そんな偏見を一挙にふきとばした。アルチュセールは自己をマルクス主義哲学者と規定していたが、肝心の「マルクス主義哲学」と「哲学者」が何であるかについては、『マルクスのために〔甦るマルクス〕』『資本論を読む』を読んでももう一つ明確でなかった。『レーニンと哲学』は、その曖昧に残されていた部分にたいする回答であった。科学の大陸、科学にたいする哲学の「遅れ」、主体のない歴史、等々の大胆な興味深い仮説は別として、この論文において主張されている哲学の役割は、科学的なものとイデオロギー的なもののあいだに「境界線」を引くこと、つまりプロレタリアートとそれに敵対する階級のあいだに「境界線」を引くこと、に要約されるであろう。この論文は哲学の党派性の確認で終っている。

アルチュセールには最初にエコル・ノルマルをたずねた数日後にパンテオンの横で出会って短い言葉を交わした以後は、二、三度手紙のやりとりがあっただけで一度も会っていなかった。病気の噂は本当だったのだろうか。できることなら「五月革命」にかんする共産党の総括と今後の方針、それに何よりもアルチュセール自身の見解と立場、事件のあいだ沈黙を守った（本当に沈黙していたのだろうか？）理由を直接に彼の口から聞きたいと思った。三月のおわりか四月のはじめだったと思う、パリ中のカフェと飲食店が高い税金に反対して一日ストに入った日があった。わたしは食事がとれないどころかお茶も飲めないことで意気消沈し、それでも復活祭の休みまでにはアルチュセールに会っておこうとエコル・ノルマルをおとずれた。門番に用件を伝えると、アルチュセールは不在だ、いつ学校に来るかもわからないと答える。けげんな顔をしていると、こういう書き置きがあるのだといって手帳を見せてくれた。「Personne ne connaît mon adresse jusqu'au nouvel ordre」アルチュセールの筆跡らしい。誰もわたしの住所を知らない、というのははっきりしているが nouvel ordre というのは何を意味しているのだろう。アルチュセールから新たに連絡があるまでは、誰にも住所は知らせていない、あるいは知らせてはならない、ということであろうか。それとも復活祭が終るまでとか、五月いらいの無秩序状態がおさまるまで、といった意味であろうか。示されたノートの一隅に書かれた文字の解釈がとっさにできなかった。噂されていた病気が悪化しているのだろうか、あるいは「五月革命」にたいする党の対策をめぐる党内の分裂さわぎ（ソルボンヌの教授を中心に党に属する知識人たちの批判的な意見書が提出されていた）や、中国派の新党結成のニュースに関係しているかもしれない……。〔……〕郵便物はときどき使いの人がとりに来るということであったから、手紙を書くことにした。

わたしは『レーニンと哲学』にたいする感想を述べ、日本語に翻訳したいという希望をそえて記した。返事は意外に早く来た。手紙の日付は四月二十日、消印は四月二十二日、Vaucluse となっているからプロヴァンス地方、アヴィニョンの近くである。感想文にたいする礼文と、翻訳にかんしてはこの手紙をマスペロに示して交渉してほしい、というようなことが書いてあった。続いて「ヘーゲルを前にしたレーニン」というワラ半紙にタイプ印刷した十頁ほどの論文が送られてきた。「ヘーゲル学会における発表、一九六九年四月、復活祭」とペンで書き入れてあるから、学会で発表するときに配った残りであろうか。こうしてアルチュセールの「失踪事件」はわたしの妄想であったことがますますはっきりしたが、送られてきた論文の内容は噂のような強度のノイローゼ説をふきとばす見事な論述であった。

この論文はわたしにとって素晴しい贈り物であった。この論文は『レーニンと哲学』の続篇として、レーニンの『哲学ノート』を中心にして、レーニンのヘーゲルの読み方の分析を通じて哲学的な実践の優れた一例をとりだしているのである。アルチュセールは、マルクス主義哲学、つまりヘーゲルの単なる転倒ではなくて、全く新しい基盤（問題意識）に立つ哲学である唯物弁証法をとりだすためのテキストとして、『資本論』の他に、マルクスの『経済学批判序説』、毛沢東の『矛盾論』、レーニンの『哲学ノート』を重要視しており、この点でも「ヘーゲルを前にしたレーニン」はアルチュセール理論の全貌を知る上でぜひとも必要な論文なのである。

「五月革命」にかんするアルチュセールの見解は、一九六九年六月号の『パンセ』誌上で、その数カ月前に同誌に掲載されたミッシェル・ヴェレの論文を批判するという形で発表された。この論文のなかでアルチュセールは、「一九六八年五月とは何か？」という問にたいして、それは歴史に例をみない（期間、参加者数など）労働者のゼネラル・ストライキと、学生や広範な知識人の行動の出会いであるが、決定的な事件はゼネストであって学生と知識人の行動は先行したとはいえ従属的な事件である、と答えている。アルチュセールは「五月革命」を、(1)帝国主義にたいする世界の階級闘争のなかに位置づけること、(2)若者の反抗と労働者の結合、(3)党と学生の失われた連帯の回復、の必要性を説き、そのために党の自己批判と積極的に若者を援助するためにのみ若者を批判することを求めている。学生運動を批判するためにアルチュセールが提出した条件は次の三つである。(1)労働運動の詳細（原理、伝統、運動形態）と革命闘争における労働者階級による政治指導の必要を学生たちに知らせる。(2)学生運動の前例のない新しさ、その現実などを十分に認識した上で、これを労働者階級に知らせる。(3)若者たちも含めてあらゆる人びとに現在の諸事件を明確に理解しうるような科学的説明を与え正しい展望を開き、イデオロギー的政治的手段を提供することによって階級闘争における正しい位置づけをおこなうこと。

アルチュセールは、史上はじめて学生のイデオロギー的反抗が、一方では彼らより若い高校生《リセアン》を動かし、他方では若い知識人労働者を動かすことによって、ついには大衆のイデオロギー的反抗にまでなりえたこと、またこのイデオロギー的反抗が既成の価値体系をゆるがすことによって国家の諸制度の変革にまで迫りえたことを高く評価する。またこの反抗が、世界的な若者のイデオロギー的反抗の一部として位置づけられ、しかもその錯誤と幻想にもかかわらず、革新的性格を有していたことを評価し、その歴史的な根の深さ、その意味とひろがりを十分に認識しえなかったフランス共産党の自己批判の必要を説く。この限りにおいてアルチュセールは、コーン＝ベンディットと三月二十二日運動を一方的に、ドイツ人アナーキスト、プチ・ブルジョアの子弟の学園破壊運動と規定した当時の『ユマニテ』の論調とは明らかに異っており、党の全体的な方針とも必らずしも一致していない。しかしながら、さまざまな傾向の集合である学生運動のイデオロギーの主勢力を、一般的には絶対自由主義的なアナーキズム、その先端は新ルクセンブルク主義と見定めた上で、学生運動の幻想性を一共産党員として批判する立場である。あくまでも党内から学生運動（と党）を批判する立場であり、「五月革命」のイデオローグとしての発言でないことは明らかである。そのことによるアルチュセール評価はさまざまであろうが、いずれにせよ、われわれはまず正しく理解することから始めなければならないだろう。（一九七〇年九月記）

アルチュセールの五月

四〇年前に書いた回想的な文章（右に引用した「ルイ・アルチュセールについて」）で重要なことを二、三書き忘れているので、書き加えておきたい。そのひとつは、エコル・ノルマルの研究室を訪れたとき、研究室のドアの内側にはフォイエルバッハのテーゼをいくつか書き記した大きな紙が張られていた。私は少し意外な気もしたが『マルクスのために』に収められている「フォイエルバッハの『哲学的宣言』」を覚えていたので、ああアルチュセールはこういうふうにしてフォイエルバッハと対決しているのかという思いがあって、一瞬それに見とれていた。それに気付いたアルチュセールは、突然これらのテーゼの重要性を説きはじめ、それがこの面接の始まりであった。

もうひとつは、エコル・ノルマルの近くの路上で出会ってしばらく立話をしたときのことである。どういうきっかけだったか、私はアルチュセールに、フランスの植民地主義にかんするマルクス主義的観点からのよい書物か研究があったら教えてほしいと頼んだ。私はいつもの愛想の良い親切な返事が返ってくると思って気軽にきいたのであるが、どうしたわけかアルチュセールは一瞬、表情をこわばらせ、短い沈黙があってから「無い」という答が返ってきた。「あるとしても、サルトルくらいだろう……」。私はいまだにこの沈黙とこの返答がうまく理解できていないこともあって、脳裏に鮮明に焼きついている一場面である。

右に引用した「ルイ・アルチュセールについて」は、その後に補足として、「革命の武器としての哲学――八つの質問にたいする回答」の訳文がつけ加えられていた。これはイタリア共産党の機関誌『ウニータ』の記者マッチオッキによるインタビューで、一九六八年二月一日の『ウニータ』に掲載され、後に『パンセ』誌にフランス語で再録されたものの翻訳である。私はその後、『国家とイデオロギー』(福村出版、一九七五年)にその訳文を収め、最近は新訳も出ているようなので、ここでは省略した。八つの質問はアルチュセールの個人的な経歴から始まって、アルチュセールの政治的理論的立場や仕事の進め方などにも及んでおり、難解な哲学者アルチュセールの分かりやすい紹介文であると同時に一種の政治的哲学的宣言文にもなっている。当時、私ははっきりと理解していないが、これはアルチュセールの六八年五月を予告する文章として読むことができるだろう。

なおインタビューに当たったマリア・アントニエッタ・マッチオッキは、その直後の国会議員選挙でナポリ地区から立候補して当選した。主としてその選挙中に彼女がアルチュセールと交わした往復書簡集が一九六九年に出版されている(『イタリア共産党内部からルイ・アルチュセールへ宛てた手紙』)。マッチオッキによればこの書簡集に収められたアルチュセールの手紙には、六八年五―六月にかんする彼の率直な意見の数々が記されていたようである。だがアルチュセールは最後の段階でこれらの手紙を撤回してしまう。そのことをマッチオッキは後に次のように書いている。「一九六九年、『アルチュセールへの手紙』が出た。私にとってそれはひとつの政治的行為であった。だがアルチュセールは彼自身の手紙を引込めてしまった。彼はかかわり合いになることを恐れたのだ。彼は六八年にかんする彼自身の分析を消してしまった」（マッチオッキ『フランスについて』スイユ社、一九七七年、の「序文」）。マッチオッキはアルチュセールのこの行為を彼の「転向」の始まりと見なしているようである（この書物には、アルチュセールの博士学位論文審査の場面に立ち会ったマッチオッキの「親愛なルイ」で始まる痛切な書簡体の文章「アミアンからの手紙」が収められている）。マッチオッキ自身はナポリの選挙戦を終えると直ちにパリに帰って（彼女は六二年から六八年まで『ウニータ』の特派員としてパリに滞在していた）、五月のバリケードやさまざまな集会に立ち会い、ソルボンヌで夜を過ごし、美術学校のビラを張り、スト中のノール・アヴィアシオンやルノー工場にも行き、その結果「私は変った」と書いている。「私が変ったのは六八年以来である。私は反抗《レヴォルト》の方向にむかって歩みだした。教会、装置、ドグマ、オルソドクシー、絶対的真理のあらゆる形に対する反抗」……ここにはイタリア人女性によって演じられた六八年世代の一つの典型、そして六八年世代によるアルチュセール批判のひとつの典型が描かれている。

マッチオッキが『フランスについて』の序文に記している五月の興味深いエピソードをもうひとつだけつけ加えたい。彼女はヴェトナムと北京訪問を終えたイタリア共産党第一書記ベルリンゲルを案内して占拠中のオデオン座に忍び込んでいる。恐る恐る同行した第一書記は「君、これは中国の文化革命と同じだよ」とつぶやいたという。そしてこれには、その翌日『ユマニテ』に赴いたマッチオッキが、同志ベルリンゲルを「扇動者《プロヴオカテール》」の巣窟に連れて行き、しかもカルチエ・ラタンのような危険な場所のホテルに泊めたことで、フランス共産党の指導部から叱責を受けたという、もうひとつのエピソードがつけ加えられている。

「レーニンと哲学」と「ヘーゲルを前にしたレーニン」（「レーニンとヘーゲル」）を翻訳するに至った事情については、前節で述べた通りである。「レーニンと哲学」はマスペロ社から出ている「理論叢書」の小冊子（一九六九年初頭）、「ヘーゲルを前にしたレーニン」はアルチュセールから直接送られてきた学会発表の原稿を翻訳したもので、人文書院から出版された日本語訳『レーニンと哲学』（一九七〇年）は、フランス語版『レーニンと哲学』よりも、たしか一年ほど早く出ている（同じようなことは他にもあって、アルチュセールと相談の上で翻訳出版した『国家とイデオロギー』福村出版、一九七五年、に収めた諸論文は、後に出た『ポジシオン』［一九七六年］と内容はほぼ重なっているのだが、これも拙訳日本語版の方が一年早く出ている。なお日本語版にはアルチュセールの「日本の読者へ」と題された長文の序文が付されている）。アルチュセールの発言が切実に待たれている状況が日本にもあり、またアルチュセールにも分裂し混迷を深めている世界の共産主義運動に向けて、積極的に発言していこうとする意図と気力に満ちあふれていた時期であったと思う。

「レーニンと哲学」は、一九六八年二月二四日、フランス哲学会で行われた研究発表の原稿である。また「ヘーゲルを前にしたレーニン」は一九六九年四月、パリで行われたヘーゲル学会における講演であるが、冒頭に「レーニンと哲学」の要約が記されていることからも分かるように、

「レーニンと哲学」の続編と考えてよいだろう。ヘーゲル学会における講演は次のような言葉で始っている。

私は、マスペロ社から出ている小さな書物『レーニンと哲学』に収められた一年前の講演において、レーニンは弁証法的唯物論に非常な貢献をなした、レーニンはマルクス＝エンゲルスとの関連において真の発見をした、そしてこの発見は、「マルクスの科学的な理論は新しい哲学（弁証法的唯物論と呼ばれている）を促すのではなく、哲学の新しい実践を、厳密に言えば、哲学におけるプロレタリア階級の立場に依拠する哲学の実践を促すものである」というテーゼに要約できる、と考えるべきであるということを証明しようと試みました。

私の目に本質的なものに映るこの発見は、次の七つのテーゼに定式化されるでしょう。

一、哲学は科学ではない。また哲学は、科学が対象をもつという意味では、対象をもたない。

二、哲学は、理論の形でおこなわれる介入の政治的実践である。

三、哲学は本質的に、階級闘争の諸結果の理論的な領域と、科学的実践の諸結果の理論的な領域という特権的な二つの領域に介入する。

四、哲学は、それ自身、その本質において、階級闘争の諸結果と科学的実践の諸結果との結合によって、理論的な領域のなかで生みだされる。

五、哲学は、それゆえ、政治的実践の領域と科学的実践の領域という、二つの領域に、理論の形で政治的に介入する。この二つの領域は、哲学それ自体がこれら二つの実践の諸結果の結合によって生みだされるというかぎりにおいて、同族である。

六、あらゆる哲学は階級的な立場、つまり哲学のあらゆる歴史を支配する大論争、あの観念論と唯物論のあいだの論争における「党派的態度」を表明する。

七、哲学におけるマルクス＝レーニン主義的革命は、たえず階級的な立場を表明しているにもかかわらずそれを認めない哲学の観念論的な観念（「世界の解釈」としての哲学）を拒否し、唯物論的であるプロレタリア階級の立場を哲学にとり入れ、したがって、理論における階級分裂の諸結果を促す、唯物論的革命的な哲学の新しい実践を創始することにある。（『レーニンと哲学』西川長夫訳、人文書院、一九七一年、九七―九八頁）

ここに記された七つのテーゼは、アルチュセールがレーニンの『唯物論と経験批判論』から読みとったテーゼであるが、それは同時にこの時点、つまり六八年におけるアルチュセールの哲学的な立場の表明であった。私は五月の前と後に発表されたこのふたつの論考を読んで感動し、直ちに翻訳にとりかかった。私が感動したのは、その理論に対してというよりは、何よりもそこにマルクス主義哲学者の「初志」と「決意」が記されていたからだと思う。初志を忘れたマルクス主義者の横行にうんざりしていたのであろう。翻訳には「ルイ・アルチュセールの哲学と復権――解説にかえて」と題する長い文章を添えて出版したのであるが、私は論文の内容の方に気をとられ、それがどのような場所でどのような条件の下で発言されているかということをあまり考えなかったように思う。これはレーニンの名をかりた、言わばアカデミックな哲学界への殴り込みであり、先に述べた「革命の武器としての哲学」と同様、これこそがアルチュセールの五月であった。それは「新批評」を語って、ソルボンヌ実証主義を標的にしたロラン・バルトの「バルト・ピカール論争」が、バルトにおける六八年であり五月であるのと同様である。もっともその後の学会における反応（例えば「フランス哲学会会報」に再録されたアルチュセールの報告をめぐる、ジャン・ヴァール、ポール・リクール、ジャン・イポリットなど、哲学界の重鎮による批判的発言）や、「革命の武器としての哲学」に対する党内の批判、等々を見れば、アルチュセールの反抗はバルトの場合に比べて輝かしい成功を収めたとは言いがたいだろう。またアルチュセールがマルクス主義哲学者としてその後も同じ立場を維持したということも言えないだろう。これはバルトやその他の知識人についても同様である。

アルチュセールにかんして言えば、現在の私は党内の日和見的教条主義と大学の権威主義に対抗して発言するために、自ら教条主義的な言辞にとらわれている「レーニンと哲学」の闘うアルチュセールに心をひかれているが、妻を殺害して自ら別世界の住人となってしまったアルチュセールが描きだすマルクス主義者像にも、同様に、あるいはより強く心をひかれているようである。

私が党派的な人間でないことは、すでに理解していただけたものと思う。右寄りを自認し、そのことを公言してもかまわない。空疎な言葉ではあきたらず、私たちにのしかかるイデオロギーの層を突き抜け、いわば身体ごと物質にぶつかり（これもまた身体の一存在様式である）、むき出しの現実に達しているようなら、私にはどんな思想でも面白く感じられるのである。だからこそ私は信じて疑わないのだ。そう、幸いなことに今の世界では現実なるものの真実を探り、それを言葉にしようと試みる者はひとりマルクス主義者に限られず、自分ではマルクス主義者に近いと気づかないまま、誠意ある多くの人間がみずからの実践を、そして意識に対する実践の優位を本当の意味で経験することで、すでに真実の認知に向けてマルクス主義者と同じ道を歩んでいるのである。それが自覚できるようなら、流儀と気質の、そして政治姿勢の相違を越えて、当然のように希望をいだくことができるのだ。（『未来は長く続く』宮林寛訳、河出書房新社、二〇〇二年、三〇二頁）

この自伝的な文章は、その後、共産制に至る過渡期とみなされている「社会主義」に対する不信を述べる一頁に続いて次の言葉に導かれている。

私は本気で信じている――そしてこの点ではマルクスの思考を指針としているつもりだ――、唯一可能な共産主義の定義は――いつの日か世界に共産主義が存在することになるとしたら――市場関係の不在、ということはつまり階級的搾取および国家的支配の不在である、と。私は今の世界に、あらゆる市場関係を払拭した人間関係の輪が確実に、また数多く存在すると信じている。（同書、三〇三―三〇四頁）

遺稿「再生産について」

六八年のパリで私を悩ませたアルチュセール不在の謎は、いまではほぼ完全に解けている。エチエンヌ・バリバールをはじめ、当時のアルチュセールに近い関係者の証言が数多く出ているし、アルチュセール自身が自伝的文章（『未来は長く続く』『事実』）を書いているからである。鬱状態がひどくなったアルチュセールは、五月の初めパリ近郊（ソワジー＝シュル＝セーヌ）の精神病院に入院した。九月に入ってエコル・ノルマルの宿舎でエレーヌとの同居生活が始まる。一一月には前学長イポリットを偲ぶ会のスピーチで「メルロ＝ポンティは生前すでに死んでいた」と述べて物議をかもす。六八年末から六九年春にかけて猛烈な勢いで執筆（「再生産について」の草稿）に没頭し、すでに進行中であった、マシュレ、エスタブレ、ボードロー、バリバールたちのグループによる資本主義社会における「学校」の共同研究にも加わる。『パンセ』誌六九年六月号に「ミッシェル・ヴェレの『学生の五月』にかんする論文について」を発表。七〇年になって仕事に復帰してから『パンセ』誌六月号に「イデオロギーと国家のイデオロギー諸装置――探究のためのノート」を発表するが、これは「再生産について」の草稿のなかから抽出、編集したものであった。また七〇年にはマッチオッキとの往復書簡集『イタリア共産党内部からアルチュセールへ宛てた手紙』の仏語版が出るがアルチュセールの手紙は削除されている……。

だがこうした伝記的事実はある程度明らかになってきても、肝腎の六八年五月がアルチュセールの内面と理論にどのような影をおとし、どのような痕跡を残しているかを知ることは容易でない。一九九五年、アルチュセールの死後五年を経て、ジャック・ビデの編集によるアルチュセールの遺稿『再生産について』が出版された。私は長年求めていたものをようやく手にすることが出来たのである。そこにはまぎれもない五月のアルチュセール、あるいはアルチュセールの五月が映し出されていたからである。それは私にとってはアルチュセールの再発見であり、五月の再発見であった。

ジャック・ビデはその序文（「序文にかえて——アルチュセール再読への招待」）の中で次のように述べている。

> 六八年五月の息吹きがテクストの全体を駆けめぐっている。これは、学生の、そして同様に労働者の五月の息吹きであり、フランス史上最大のストライキの息吹きである。共産主義の記憶が、この当時、具体的日程にのぼっているかと見えた根本的な変革への展望によって、蘇ったかのようである。アルチュセールはこの瞬間を情熱的に生き、それを社会主義革命への長期持続のなかに刻み込む。彼はここで「全地球における労働運動の階級闘争の一世紀」（「幾十万もの名もなき労働者の活動家」等々、一九五頁）に目を向ける。疑う余地のない未来に「われわれは、地球上のあらゆるところで社会主義の勝利を目撃することになる一世紀に突入する。〔……〕革命は今からすでに日程にのぼっている。百年後、あるいはおそらく五十年後にも、世界の相貌は一変するだろう。つまり「革命」は地上のいたるところで勝利をおさめるだろう」（三二一—三二三頁）。アルチュセールは政治闘争に「押しよせる、あるいは押しよせてくるであろう数多くの若い活動家たち」（一九三頁）のことを考え、間接的には、彼

らに向けて書くのである。(『再生産について――イデオロギーと国家のイデオロギー諸装置』〔上〕西川長夫ほか訳、平凡社ライブラリー、二〇一〇年、一〇―一一頁)

「六八年五月の息吹きがテクストの全体を駆けめぐっている」というビデの判断は、おそらく正しいと思う。鬱状態から回復したアルチュセールは、数カ月にわたる強度の興奮状態のなかで、五月の再現を図りつつ、二巻の大著を構想し、執筆に没頭したのであろう。遺稿として残されている第一巻の予定されたタイトルは、アルチュセール自身が残した「読者へのまえがき」によれば、「資本主義的生産関係の再生産」(搾取、抑圧、イデオロギー)、第二巻においては「資本主義的社会構成体における「階級闘争」の諸問題」(したがって「革命」)が論じられることになっていた。そのうち第一巻の草稿が残されていて、現在私たちが『再生産について』として読みうる部分であるが、第二巻は目次が記されたのみで未完に終っている。第二巻が未完に終わった理由は分からない。アルチュセールが理論的な困難に直面したとか、健康上の理由であるとか、さまざまな理由が考えられる。しかしその残された目次あるいはテーマ(1)社会階級、(2)階級闘争、(3)諸イデオロギー、(4)「諸科学」、(5)哲学、(6)哲学におけるプロレタリア階級の観点、(7)科学的実践およびプロレタリア階級闘争の実践における革命的な哲学的介入)から判断すれば、アルチュセールはそこに記すべき本質的な問題の大部分を結局は、「レーニンと哲学」から「科学者のための哲学講義」に至る諸論文によって発表しているのではないかと思う。

それにしても「再生産について」のタイトルの下に編集・出版された草稿群は驚くべきテクス

トだと思う。五月の事件の間、精神病院に隔離されていたアルチュセールは、五月の後にあたかも啓示のように訪れた精神的高揚の中で、五月に続いて現われるであろう革命と新しい世界のイメージにとらわれて、執筆に没頭する。それはアルチュセールによって遅ればせに生きられた五月と言ってよいだろう。そしてその壮大な構想の下に残された草稿には、精緻で独創的な理論的探究と、労働者や若者たちに対する直接的な熱い呼びかけが混在している。その理論的な探究の重要な一部は、すでに「イデオロギーと国家のイデオロギー諸装置——探究のためのノート」のタイトルで『パンセ』誌、一九七〇年六月号に発表されていた。

私はこれが発表されると直ちに翻訳にとりかかり、その訳文は『思想』の一九七二年八、九月号に掲載されている。「生産の諸条件の再生産について」と題された前半と、「イデオロギーについて」と題された後半に二分されているこの論考は、おそらくアルチュセールの論文の中でも最も注目されたもののひとつであり、ヨーロッパやアメリカ、ラテン・アメリカ等々、世界的に大きな反響を呼びおこした。当時、グラムシの再評価やイタリア共産党の独自な試みに連動して「マルクス主義国家論のルネサンス」と呼ばれるような動きがあり、その中でもアルチュセールのこの論考は、強い衝撃力をもっていた。私自身、一読して大きな感銘を受けたことを覚えている。それは現代世界を解明する能力を失ってすでに教条となりはててしまったマルクス主義国家理論の壁を、いくつかの重要な地点で爆破し突破しているように思えたのである。アルチュセールの理論は、自由平等を掲げ、人権を主張する社会の中で、なぜ搾取や抑圧や不平等が存在し続けるのかという問いに、「再生産」の理論によって答えようとしていた。下部構造は上部構造を決定するというお題目に、初めて理論的な説明を与え、最終審級における下部構造の決定と同時に上部構造の相対的自律性を説く。あるいは、それまでは抑圧装置としてしか考えられてこなかった国家の中に、宗教、学校、家族、法、政党、組合、文化等々の私的領域の果たす役割を認め、それを国家のイデオロギー装置と命名することによって、初めて国家装置の全体を考察の対象にすることに成功し、個々の装置の独自な機能とそこにおける独自な闘争の形の認識を可能にした。アルチュセールはまた、これまではイデオロギーを否定すべきものとしてイデオロギー暴露にのみ専念してきたマルクス主義イデオロギー論に対して、主体としての諸個人に呼びかけるイデオロギーの「実践」との深いかかわりを強調する。イデオロギー闘争という用語はこの時点で初めて真の意味を持ちえたのではないか、等々。

「五月」への応答

後に、いわゆる「国民国家論」として私がフランス革命やフランスの近代国家の形成を再考し、それとの対比で明治維新と日本の近代国家の形成を考え直すようになったとき、このアルチュセールの論考が理論的な支えとなっていたことは否定できない。しかしまことに不思議なことであるが、私は自分で訳しながら、この論考を専らマルクス主義の国家論やイデオロギー論の文脈の中で読んでいて、それが六八年五月の後で、アルチュセールの五月への応答として書かれていることには全く気づいていない。私がそれに気づくのは、出版された『再生産について』に収められた全ての遺稿を共訳者である若い研究者たちと行を追って読み進め、全体の遺稿の中にこの論考を改めて位置づけ直す過程においてであった。

七〇年に厖大な草稿の中から抽出発表された論考「イデオロギーと国家のイデオロギー諸装置」を全体の中に位置づけ直す作業が、論考に記されているいくつかの論述により深いあるいはより正確な解釈を提供することは事実である。例えば遺稿の他の部分でくりかえし言及されている、五月に関連した「家族」や「学校」にかんする記述は、論考のなかで国家のイデオロギー諸装置として、とりわけ「家族」と「学校」が強調されている理由を私たちに改めて考えさせる。例えば第九章「生産関係の再生産について」の第二節は「支配的な「国家のイデオロギー装置」が存在する。それは今日学校である」と題され、その節は次の記述で終わっている。

事実、教会は今日学校によって取って代わられた。学校は教会の跡を継ぎ、その支配的部門を担っている。〔……〕『共産党宣言』が「家族」の「崩壊」を告げて以来、かつてはとりわけ強固だった「国家のイデオロギー装置」としての「家族」の機能が、もろもろの「軋み」によって動揺させられているにもかかわらず、「学校」は「家族」の援助に頼ることができること、このことは確かである。〔しかし〕こうしたことは、今後、もはやあてはまらない。最上流階級のブルジョア家族は、五月以来、自らの身をもって何ほどかのことを知っている――つまり、不可逆的に彼らを揺さぶるようになり、彼らをしばしば「震撼」させさえする、何かを。（『再生産について』〔上〕二九七頁）

しかし『パンセ』の論考を遺稿全体のなかに置いてみて見出されるもうひとつの側面は、論考が五月にかかわるいかに多くの重要な部分を捨象してしまっているかということであろう。この点で論考はアルチュセールにおける五月をむしろ隠蔽している。一例をあげれば『再生産について』ではくりかえし強調されている「法」にかんする論及は、五月の運動との関連を強く思わせる部分であるが、論考では省略されている。遺稿におけるアルチュセールによれば、「法」とは、資本主義、社会主義を問わず、本質的にブルジョア的であり、資本主義制度を維持するためのものであり、必然的に「抑圧的」なものであり、最終的には「国家」とともに「死滅」すべきものである。この主張は、直ちに非合法主義とは結びつかないが、遵法主義のお説教が何を意味するかについては、明確なメッセージを送っている。「法」についてのこのような考察は、同時にアルチュセールの社会主義的経済、すなわち移行期の経済と言説に対する不信、そしてさらには「革命」をどの時点でいかなるものとして捉えているかをも語っていて興味深い。「法」の死滅、国家の死滅を説き、自由に結合した個人による共通の実践（革命）を説くアルチュセールは、彼が否定するアナーキストの風貌さえもただよわせている。だがここで独断に陥らないように、アルチュセールの記述を読んでいただきたい。アルチュセールはマルクスの『ゴータ綱領批判』の一節を念頭に置きながらこの文章を書いている。

実際、知られているように、マルクスはつねに、生産諸手段の（社会主義的）集団的所有、によってではなく、自由に「結合した」人間たちによる集団的もしくは共同の領有によって、生産諸関係を定義していた。それゆえ、社会主義的と言われるものであろうと、「法」によって規定されえないものを「法」によって規定することの拒否である。この拒否は、マルクスにおいてはきわめて重要である。というのも彼の目には、いかなる「法」も、最終審級においては商品諸関係の「法」であり、こうしたブルジョア的欠陥によって決定的に刻印されていることははっきりしているからである。すなわち、いかなる「法」も本質的には、結局のところ、不平等でブルジョア的なのである。〔……〕

マルクスは、明らかに、国家の死滅にかかわる、「法」の死滅のような何かを目論んでいたのである。「法」の死滅は、ほかならぬ商品形態での交換、商品としてのもろもろの財の交換（当然のことながら、なによりもまず、資本主義的商品諸関係における労働力というあの商品を含む）の死滅、そして商品交換を非商品交換に置き換えることを意味していよう。（同書、一四四—一四七頁）

私が前々節の最後に引用した『未来は長く続く』の一節は、右の引用文と明らかに対応しており、私には十数年を経て還ってきた遠いこだまのように思えるのだ。『再生産について』に収められた草稿の、一九六九年五月—六月の日付が打たれた最終章（第一二章）の最後のページは、この草稿が六八年五月の余韻の中で記されたことを示す次の言葉で終わっている。この最後の二行は、五月の学生たちのシュプレヒコール、「これは始まりにすぎない、闘争を続けよう！」のアルチュセール的言いかえではないだろうか。

何も起こらない時代というのは、国家のイデオロギー諸装置が完璧に機能しているときである。国家のイデオロギー諸装置がもはや機能しなくなるとき、つまりあらゆる主体の「意識」のなかで生産諸関係を再生産することがもはやできなくなるとき、五月のように、多少とも重大ないわゆる「出来事」が起こる。だが五月の「出来事」は、初めての予行演習の、そのまたさわりにすぎなかった。だがいつの日にか、長い歩みの果てに、「出来事」は革命を伴うものとなるだろう。（『再生産について』［下］一一八頁）

「革命」の持続

一九七〇年に『パンセ』誌に発表された「イデオロギーと国家のイデオロギー諸装置」は大きな反響を呼びおこし、さまざまな論争が行われたのであるが、自分の意図が十分に伝わらないことに苛立ったアルチュセールは六年後の一九七六年一二月の日付をもつ「ＡＩＥ（国家のイデオロギー装置）にかんする注記」と題する反論を発表する。この論文は最初はドイツ語とスペイン語で発表されているようであるが後に『再生産について』に収められた。そこにはほぼ一〇年後に回顧された六八年五月に対する評価と一〇年後の政治的現実に対する厳しい批判が記されている。その批判には、『パンセ』の論考には十分展開されていない「普通選挙」という「虚構」や「人権」という欺瞞的イデオロギーの分析、さらには「政府党」に堕した西欧諸国の共産党に対する絶縁状（「共産党はその死滅と終焉を準備しなければならない」）ともとれるような激しい言葉があって、アルチュセールのポジションの変化を知る上でも興味深い論文である。だがここではそうした詳細は省略して、アルチュセールが「国家のイデオロギー諸装置」にかんする考察を書いた意図と一〇年後に六八年五月をどのように考えているかを示す部分のみを引用して、アルチュセールと五月に関する章を終わりたい。アルチュセールは批判的視座を維持しながらも、最後まで五月のイメージから離れることができなかったのではないだろうか。

それゆえ、支配的イデオロギーと国家のイデオロギー諸装置に対する階級闘争の優位というこのテーゼから、その直接の帰結であるもうひとつ別のテーゼを引き出すことができる。すなわち、国家のイデオロギー諸装置は必然的に階級闘争の場にして賭金であり、この闘争は、支配的イデオロギー諸装置のなかへ、社会構成体を支配している一般的な階級闘争を延長する。もしAIEの機能が支配的イデオロギーを教え込むことにあるとすれば、それは抵抗が存在するからであり、抵抗が存在するとすれば、それは闘争が存在するからであり、そして最終的にこうした闘争は、階級闘争の、時には近接しているが、多くは遠くかけはなれた、直接または間接の反響《エコー》なのである。六八年五月の出来事はこの事実について鮮やかな光を投げかけ、それまでは無言のままに押さえつけられていた闘いを目に見えるものとした。しかしながら国家のイデオロギー諸装置（とりわけ学校装置、次いで医療、建築装置、等々）のなかに、反抗というかたちで無媒介の階級闘争を現出させることによって、五月の出来事は、こうした無媒介な出来事を統御している根本的な現象、すなわち支配的イデオロギーの歴史的な構成とその矛盾に満ちた再生産に内在する階級闘争という性質をいくぶんぼかしてしまった。六八年五月は〔言葉の〕強い意味における歴史的政治的展望なしに「生きられた」。それゆえ私は、国家のイデオロギー諸装置における階級闘争にかんする諸事実を理解し、反抗をその力量と見合った水準へ引き戻すために、「再生産の観点」に立つ必要があることを思い起こすべきだと考えた。この観点は、総体的過程としての階級闘争の観点であって、散発的な、あるいはあれこれの「領域」（経済、政治、イデオロギー）に限定された対立の総和としての観点ではなく、また歴史的過程としての階級闘争の観点であって、抑圧や反抗といった無媒介な偶発事の観点でもない。

こうした展望を思い起こせば、諸審級の機械論的構想を優先し階級闘争を排除するとされる、上部構造やイデオロギーをめぐる「機能主義的」ないしは「システム論的」な解釈という非難を私に押しつけることは、全くもって困難であろう。（同書、一四一―一四二頁）

第五章　六八年革命とは何であったか

――四三年後に見えてきたもの、見えなくなったもの

1　忘却と想起の抗争

これは始まりにすぎない

六八年革命論を結ぶ言葉はむずかしい。六八年五月は素晴しい事件であると同時におぞましい事件であった。そしてそれは何よりも未完の事件である。「これは始まりにすぎない……」という言葉にこれほどふさわしい事件は少ないだろう。だが、アルチュセールの表現を借りれば、それがいつの日にか、長い歩み（まさに日常性における長征だ）の果てに、「革命」となるか否かを決めるのは後の世代の仕事となるだろう。

六八年の三〇年後、私は「一九六八年五月　壁の言葉」の前書きを次の言葉で結んでいる。これは苦しまぎれの言辞ではあるが、決してペシミスティクな逃口上ではないと思う。

　この前書きを終えるにあたって最後に一言つけ加えさせていただきたい。この文章を書きながら、私は五月革命についての納得のゆく説明は結局ありえないということに思い至った。革命的な新しさは何によって説明されるのだろうか。もしそれが既成の言語によって、例えば既成の社会科学の用語によって完全に説明し解釈できるものであれば、それはもはや新しくも革命的でもないだろう。五月革命の新しさと革命性は、後の世代によって発見され表現されたときにのみ存在するのではないかと思う。（『フランスの解体？』八八頁）

六八年の四〇年後、私は「パリの六八年」と題する短いエッセーを書いているが、その最後のページも次の言葉で終わっていた。これも言いたいことはそれほど変っていないが、苦しい逃げ口上だ。

最後に結論めいたことを書かねばならぬとしたら、私は改めて、あれは「革命」であったと言いたい。「革命ごっこ」と言った方が正確かもしれない。舗石《パベ》をはがし一夜で何十というバリケードを作りあげた若者たちは、フランス革命以来繰り返された様々な革命のあとをなぞっていたのだ。既成の綱領や既成の言葉で革命を実現することができなければ、パロディで革命を行う以外にないのではないか。私の少年時代の「戦争ごっこ」がすでに戦争であったように、五月の若者たちの「革命ごっこ」もすでに革命であった、と私は思う。

以上、私が体験したパリの六八年について記した。六八年をパリで過ごせたのは幸運であったが、その間日本を留守にした代償も大きく、その欠落を埋めるのは意外にむずかしい。最近、二〇〇三年前後から日本の六八年世代がそれぞれの「革命」について語り始めたのは素晴らしいことだと思う。私もいつか偽学生としてではなく自分の六八年を書きたいが、道はまだ遠い。（「パリの六八年」『一九六八年の世界史』藤原書店、二〇〇九年、五七頁）

右の文章を書いてから三年後のいま、さまざまな偶然が重なって、私は一冊の六八年論を書きあげようとしているが、私は結局、外国人ノンポリ「偽学生」の視座からぬけ出せないままであり、「自分の六八年」を書きあげるには、まだ道は遠い。私は五月における「私」にこだわり、この試論にも「六八年五月革命 私論」という表題をつけたいと思っていたが、しかしイデオロギー的独断や神話化は極力、避けたいと思った。そのために自分なりの多少の工夫はしたつもりである。例えば断片的な記述の組み合わせ、自他の引用の並記、写真と文章あるいは写真や図像の多用、さまざまな立場の主張と証言。コラージュ、モンタージュ、ブリコラージュ、云々と訳の分からぬ呪文を唱えながら、記述と記述の間、記述と写真や図像との間、あるいは写真と写真の間、等々の隙間に、違和と共鳴の小さな空間を残すやり方を考えていたのである。あまり成功したとは言えないが、その意図を汲んでいただければありがたい。

　私はひとつの物語を作るのではなく、その多くは忘れ去られようとしている四三年前のさまざまな呼びかけに（その中には私自身の声も含まれている）改めて耳を傾けたいと思った。六八年五月は未来に開かれたまま中断――持続している歴史的事件であるというのが、ここまで書いてきた筆者の判断であるから、歴史の教科書に書いてあるような、まとめと結論をここで述べることはできない。未完のままで放り出すしかないのが本書の運命であるようだ。だが最後にまとめの形をかりて、言い残したことをもう少しだけ記させていただきたい。

　その第一は時間と歴史についてである。私は「私」にこだわって書こうとした結果、自分の記憶、あるいは他者の記憶の曖昧さを思い知らされ、忘却と想起の抗争に悩まされてきたが、それは途方もない大きな規模で世界の歴史的な時間の中で起こっていることでもあった。それは「四三年後に見えてきたもの、見えなくなったもの」というサブタイトルを付けてみてより明確に意識されることでもある。この四三年の間、六八年五月は忘却と想起の抗争の中にあったと言ってよいだろう。そのことは六八年を一〇年毎に呼び起こすマスメディアと出版界の動きからも読みとれるが（巻末の文献表を参照されたい）、ここでは少し異なる角度から見ておきたい。

本書は六八年五月に照明を当てた結果、六月にかんしてはほとんど頁を割いていない。だが今では私の関心はむしろ六月とそれ以後に向かっている、といった意味のことを一、二行記していたと思う。六八年の五月の真の意味は六月とそれ以後に見えてくるといった印象が強かったからである。五月三〇日のド・ゴールの演説とド・ゴール派の大規模なデモが行われて以後、そしてとりわけ六月三〇日の選挙がド・ゴール派の圧勝に終わって以後、運動を続ける学生や労働者に対する露骨な弾圧が激化したことは言うまでもない。革命の後の革命派弾圧と白色テロは、むしろ革命の国フランスの伝統と言ってもよいだろう。そして革命派内部の分裂や解体も予想通りであったと言えるかもしれない。時代の転換と革命の終わりを外から強く印象づけたのは六八年八月二〇日のソ連戦車部隊によるチェコ侵攻のニュースであった。私は旅先のヴェネチアで買った新聞でそれを知った。紙面いっぱいに踊るイタリア語の活字をひろいながら私は事の重大さに驚き、イタリアがアドリア海を隔ててチェコに接していることに改めて強い感慨を抱いたことを思いだす。フランスの五月はプラハの春と夏に呼応していた。

だが忘れてならないのは、その同じ夏、東南アジアではヴェトナム戦争は続き、日本を含め世界の各地の反戦運動や学生運動も激化しており、フランスでも、少数過激派《グルピュスキュール》の非合法化やアラン・クリヴィーヌの逮捕など弾圧が強化されてゆく中で、五月に明確な形をとるようになったさまざまな形の闘争が持続していたことである。八月にはモンプリエやグルノーブルで夏期民衆大学も開かれている。長期にわたるストライキや自主管理の動きによって変化し始めた若い労働者への働きかけ、移民や移民労働者の運動への参加、大学を離れて工場や農村に入る者、エコロジー運動、等々。とりわけ注目に値するのは、リセ（中・高校）の生徒たちの運動は、むしろ警察や政府の介入が強化された六月以後に尖鋭化し、一九七一年から七三年にかけてピークを迎えるというように、反抗的五月は時間を経てより若い世代に浸透する。

他方、より高い年齢層の知識人、作家、芸術家、等々が、五月を受けとめてそれが思想化され作品化されるには、当然のことながら一定の時間を必要とするだろう。本書の第四章で、私が接した数人の知識人がいかに五月を受けとめたかについてはすでに述べた。六八年五月との関連で常に問題とされるサルトル、フーコー、デリダ、ドゥルーズ、ラカン、等々の知識人の六八年以後の変貌とその思想的豊饒さについてここで述べる余裕はないが、それらは正しくミネルヴァの梟であって、先行する五月の諸事件とともに記憶されるべきものであろう。六八年六月以降の政府と警察、あるいは右翼と左翼の双方による五月の忘却が意図的に進められるなかで、最初の一〇年近くは五月は運動として存続し、たとえ恐怖や嫌悪によってであろうと、存在感をもって密かに記憶され想起され続けていたのではないかと思う。五月が忘却の危機にさらされるのは、まことに逆説的ではあるが、左翼の成功によって、そしてまたしても「選挙」によってであった。

だがミッテランの左翼連合政権の成立について記す前に、それに先行する興味深いエピソードとして「新哲学」あるいは「新哲学者（ヌーヴォー・フィロゾフ）」の誕生について触れておきたい。

ヌーヴォー・フィロゾフ

ヌーヴォー・フィロゾフの誕生は正しく五月の「革命派内部の分裂や解体」の実例のひとつであるが、アルチュセールの周囲に集まってマオイスムを実践しようとしたこのエコル・ノルマルの若い秀才たちの、マルクス主義に対する怨嗟と告発の苦い青春物語は、それがいかにスキャンダルを好むマスメディアの舞台を意識したものであるにせよ、五月のひとつの尖端部分の真実を照し出しており、また同時に五月の解体・忘却に誘う道筋をも鮮明に照し出している。

私は、ファシズムとスターリニズムという悪魔的な組み合せから生まれた私生児だ。剣戟《けんげき》の響きと死刑に処された者たちの嘆声のなか、ただ雲だけが崩れ落ちる不思議な黄昏の同時代人だ。今世紀を飾りうる「革命」としては、私は褐色のペストと赤色のファシズムによる革命しか知らない。ヒトラーはベルリンで死にはしなかった。彼がヨーロッパを陥れたあの石のような夜のなかで、戦争に勝ち、自分を征服した者たちの征服者となったのだ。スターリンはモスクワで死んだわけでも、ソ連共産党第二十回大会で死んだわけでもなかった。彼は「歴史」の密航者として、そこに、われわれのあいだにおり、「歴史」につきまとい、「歴史」を彼の狂気に屈従させせつづけている。〔……〕

私は間もなく三十歳になる。私は少なくとも百回は、青春時代の夢を裏切った。私は皆と同じように、新鮮で、陽気な「解放」を信じた。だが今日、私は苦渋もなく、自分自身の影から飛び立つ。私は「革命」を信じた。たしかにそれは書物によって得た信念だったかもしれない。しかしながら、それはひとつの「善」、重要で、希望に値する唯一の「善」だった。だが現在の私は、地面が崩れ、未来が解体するのを感じながら、「革命」はもはや可能ではなくなり、ただたんに望ましいというにすぎないのではないかと考えている。私は「政治」を欲した。「政治」にかかわり、狼たちとともに叫び、コーラスに声を合わせたこともあった。だが、もはや私はそうはできず、勝つことを諦めた勝負師、あるいはみずからが行なっている戦争をもう信じていない戦士のように、自分のことを感じている。（ベルナール＝アンリ・レヴィ『人間の顔をした野蛮』西永良成訳、早川書房、一九七八年、九―一一頁）

「新哲学」の仕掛人で代表格の一人であるベルナール＝アンリ・レヴィは『人間の顔をした野蛮』（一九七七年）を、右のようなミュッセの『世紀児の告白』（一八三四年）を思わせる文体で書き始めている。そしてこの書物の最後の章「新しい君主」の最終節は「六八年「五月」―あるいは生の潰滅」と題されており、そこには「六八年「五月」とは、社会主義の歴史における最も暗黒の日付のひとつなのだ」という言葉があり、アルチュセールとユルム街の回想が続く。

いつの日か、六〇年代に二十歳だった知識人の世代にとって、『甦るマルクス』と『資本論を読む』とは何であったのか、語らねばならないだろう。この手ごわく、高慢な書物は、さながらスローガンを推敲するごとく概念をきたえ、言葉を風にはためく軍旗のように震えるにまかせ、戦闘図を拡げるように論理を展開し、その文体、とりわけその冗長で意気揚々とし、暗示的で計画的なその文体は、それだけで知の意志と活動への欲望を動員する驚くべき装置だった。理論化したまえ、と彼は言ったものだ。「革命」にはそうした代償が必要なのだ、と。ともかく、私についていえば、あやうくすべてを彼に負いそうになった。

〔……〕ユルム街〔高等師範学校〕の研究室の奥から、それと知らずに、というか少なくともそう望まずに、左翼が経験したうちでも最も恐るべき、反共産主義の攻撃を開始したこの共産主義者の奇妙な冒険。中国から紅衛兵たちのよき知らせが届いていた時期に、やがて「伝統」との先例のない訣別をはらんでいることがはっきりする毛沢東主義《マオイスム》の初歩を、マルクス主義者の学生たちに教えていたこの教授の、心乱れるような遍歴。彼らのものであると同時にわれわれのものでもあるこの歴史は、とりわけ失敗、理論的・政治的破産の歴史でもあって、われわれの何人かは悲痛な思いでこれを生きなければならなかった。というのも、アルチュセールは到来するのと同じくらい早々と消え去り、注意深く苦々しい沈黙のなかに引きこもらざるをえなくなって、もはや、われわれ私生児たちのフォイエルバッハでしかなくなったからだ。（同書、二二〇―二二一頁）

「新哲学」のもう一人の代表格とみなされていたアンドレ・グリュックスマンは、レヴィより一〇歳ほど年長であり、早くからアルチュセール批判を書いて(「腹話術的構造主義」『レ・タン・モデルヌ』一九六七年三月)アルチュセールとの接し方も異っているが、しかしグリュックスマンの場合も毛沢東主義からの「解放」がマルクス主義からの「解放」を意味しているように思われる。『思想の首領たち』(一九七七年)の第一章の冒頭で論じられているのはラブレーのテレームの寓話であるが、これは毛沢東と紅衛兵たちの「造反有理」にかんする独自の批判的考察であった。テレームの僧院に掲げられた「欲することをなせ」という言葉は、一般にはアナーキスム的な自由の表明とみなされているのだが、グリュックスマンはそこに近代の抑圧的な政治と「強制収容所」の論理を見出している。

われわれの時代にあって、「皆さんは自由です」とあえていわない権力はめったにない。自分が自由であると感じる喜びを拒否する者もめったにいない。「僕は自由だ」。第二次世界大戦後の青年たちは先ずそう確認することから始めたが、やがてだんだんいぶかしげな口調になって、ついにはこう強調するようになった——「僕って何?」。この点について彼らはもう何もわからなくなっているといってもいいくらいなのだが、なかんずくわからないのは、はたして自分が「自由」であるかどうかということである。おそらく自由という問題をこれまでとは別のかたちで理解したほうがよいかもしれない。すなわち、もはや自我が自我にたいして提起する問題としてではなく、たとえば権力が訊問を途中で打ち切って、「お前は自由だ!」と重々しい口調で言い下すような、訊問によって産み出される問題として。〔……〕

「欲することをなせ」。ラブレーがテレームの僧院のかたちで想像した模範的な近代の門出にあたって、模範的な指導者ガルガンチュワは、同じく模範的な臣下《シュジェ》（主体）にたいしてそう命令した。しかもラブレーは、これにつけ加えてこう強調している。「一同の規則は、ただ次の一項目だけだった、欲することをなせ！」。

「マルクス主義には多数の原則があるが、とどのつまりそれは次のただひとつの文句に要約される。造反有理〔反抗は正しい〕」。毛沢東はそう述べて八億の模範的な中国人から「偉大な舵取人」の名をたてまつられた。四世紀の隔りがあるというのに、同じ文句が繰り返されているのだ。

この文句は近代君主――国家元首あるいは部局長――が、われわれの自由に訴えて命令を発するという、近代的な方法で人に服従してもらおうとするときに、とりわけ光彩を放つものとなる。（『思想の首領たち』西永良成訳、中央公論社、一九八〇年、一一―一二頁）

「造反有理」

グリュックスマンは、「造反有理」に五項目のコメントを加えている。

一、この文句は根源的《ラディカル》だ。それは現在にたいして通達される（「なせ fais」）ものでありながら未来を統治する（「欲する〔であろう〕ことを ce que voudras」）からである。過去のカードは抹殺されている。〔……〕要するに、この文句は過去にたいする戦闘装置だといえる。二、この文句は革命的だ。それは「（ミシュレがフランス革命について言っている意味で）すべてが可能になる」

あの瞬間を隈取る〔……〕。つまりこれは起源の装置、絶対的開始ということだ。三、この文句は集団主義的だ。われわれ全体が自由であるという。ということはつまり、ただ全体だけが自由だということだ〔……〕。したがって、これは差異が出現する以前にその差異を断ち切ってしまう装置だといえる。四、この文句は独裁的だ。〔……〕欲することをなせ、だがお前はそのように命令する者にたいして反抗してはならぬ、さもなければお前は乗り越えがたい矛盾にかかずり合うことになるだろう。――つまり、これはただひとつの差異、すなわち階層的差異しか産み出さない装置、統治の装置なのだ。五、この文句は神学的だ。〔……〕「欲することをなせ」、この文句はその表立った考察から神を排除しているとはいえ、神がみずからの世界にたいしてとる観点を表現する。この文句は支配する者と支配される者との関係を神とその被造物との関係によって裏打ちするのである。（同書、一一二―一一四頁）

文化大革命の「造反有理」というスローガンは紅衛兵の掲げる赤表紙の小冊子『毛沢東語録』とともに、日本のように漢字をそのまま使う国は別として、各国でそれぞれに翻訳されて世界中に広がった（もっとも、意外なあるいは当然なことに、『毛沢東語録』にこの言葉はない）。「造反」のフランス語の訳語は、「反抗・反逆（révolte）」であり、「異議申し立て（contestation）」である。「革命」の最中に革命のスローガンの意味が分析検討されることはないだろう。だが「革命」の後にそれは当然行われるであろうし、また行われなければならない。グリュックスマンのこのような批判的分析を正当と考えるか詭弁にすぎないと考えるか、意見は分かれるところであるが、それが出される論理的、あるいは歴史的必然は認めなければならないだろう。自分たちがやってきたことが何であったかを知るためにも「造反有理」とは何であるかを知ることはぜひとも必要な基礎作業のように思われるのであるが、私の無知のせいかそのような仕事はあまり見かけない。ここでは竹内実の貴重なコメントを引用させていただきたい。竹内氏は「造反有理」という言葉が発せられた一九三九年の時点において、毛沢東にとって「革命」とは何であったかという問いを立て、当時の文献を検討した後に次のように記している。

しかし、これらの具体的歴史的統括としてでなく、原理的に、「革命とはなにか」については、毛沢東のつぎの要約以上の回答を見いだすことは困難であろう。

マルクス主義の道理には千万条あるが、根本は、「造反有理」の一言である。数千年らい、圧迫有理、搾取有理、造反無理とばかりいってきた。マルクス主義があらわれてから、この古い判決をひっくりかえした。これは大手柄である。この道理はプロレタリア階級が闘争のなかからえたものであって、マルクスが結論をだした。この道理にもとづくので、反抗し、闘争し、社会主義をやるのだ。(「延安各界のスターリン六十歳誕生日慶祝大会における講話」一九三九年十二月二十一日。『毛沢東集7』)

この「造反有理」は文化大革命がはじまったさい、毛沢東が清華大学付属中学紅衛兵にあてた手紙で、中学紅衛兵が大字報に「反動派にたいする造反は有理である」と書いたのを支持したことによって、紅衛兵が、「造反有理、革命無罪」という対句《ついく》としてよく使うようになり、日本でも流行したものである。紅衛兵がなにを典拠にこのことばを書いたかはわからないが、かれらの書いた大字報はおそらく党中央文革小組によって文案を示唆されたものであって、文革小組はまた毛沢東のこの延安時代の演説を典拠にしたのであろうと推定される。したがって、この格言の創作者はやはり毛沢東である。わたしがこのように推定するのは、「造反有理」ということばはいかにも単純明快であって、考えぬかれた思想の到達点を示しているが、「反動派にたいする造反は有理である」ということばは条件つきで、そこにある種のためらいが感じられるからである。後者から前者が生まれるということはありえない。そしてためらいがあるにもかかわらず、このことばを発したとすれば、それはなんらかの政治的なうしろだてがあったということである。

この文案の起草者がためらったのはわかるような気がする。紅衛兵は社会主義中国において、その権力をにぎる中国共産党に攻撃をかけようというのである。社会主義中国も中国共産党も、ともに革命の側に位置する以上、紅衛兵は反革命とよばれることになろう。逆に、もし紅衛兵の行為が革命とよばれるべきであるなら、革命の対象は反革命である。しかし、社会主義中国における中国共産党が反革命であるはずはない。……起草者（たち）は、そこで原初的反抗を意味する「造反」を選んだ。「造反」すべてを支持するのは、社会主義中国にたいする反抗＝破壊を容認することになるから、そこに限定を付加した。〔……〕（竹内実『毛沢東と中国共産党』中公新書、一九七二年、一八〇―一八二頁）

「新哲学」については以上の二つの例で止めておきたい。極左派の「プロレタリア左派」のリーダーであり、『人民の大義』などで論陣を張り、リップ時計工場の自主管理闘争やラルザックの農民闘争に参加し、日本でも『革命の戦略』（坂本賢三訳、雄渾社、一九六九年）や『戦争論』（岩津洋二訳、雄渾社、一九七一年）の翻訳が出て五月革命のリーダーの一人とみなされていたアンドレ・グリュックスマンが、『料理女と人喰い』や『思想の首領たち』によってヌーヴォー・フィロゾフとして再登場したことは一種のスキャンダルであり、「マルクス主義は「収容所《グラーグ》」の思想である」といった表現に驚かされた読者も多いと思う。しかし一九八九年の天安門事件やベルリンの壁の崩壊やその後の東欧革命とソ連邦の解体を経て、見えてきた共産主義諸国の現実を知り、グリュックスマンの一連の仕事を見直すとき、逆に六八年五月以来の一貫性が強く印象づけられるのではないだろうか。

ベルナール＝アンリ・レヴィの場合も同じようなことが言えるかもしれない。『人間の顔をした野蛮』の後、『フランス・イデオロギー』（一九八九年）で「フランス色のファシズム」とフランス共和国の欺瞞を暴いたレヴィは、さらに世紀の大知識人サルトルに対する渾身の全面的な対決の書『サルトルの世紀』（二〇〇〇年）を書く。これもまた一貫しており、五月回帰とは言わないまでも五月否定によって五月の生命力を証してはいないだろうか。

三〇歳で死ぬ

だが六八年五月以後の敗北と解体の暗い時代を、優雅に華々しく生きぬいたエリート知識人たちの話はこれまでにして、暗い時代を底辺で暗く生きぬいた、あるいは生きぬくことのできなかった六八年世代のことも記しておきたい。先に引用したベルナール＝アンリ・レヴィの文章を読んで、私が最初に思い浮べたのはミッシェル・ルカナッティのことであった。レヴィと同年代のルカナッティは六八年五月で最も名の知られた高校生であった、と言ってよいだろう。CAL（高校生行動委員会）のリーダーの一人であったルカナッティは、コーン＝ベンディット、ソヴァジョ、ジェスマールの三人組と並んでつねにデモの最前列に姿を見せていた。五月の後もリーグ・コミュニストに参加して、かなり激しい実践活動をしていたようであるが、その一〇年後にある日突然姿を消し、やがて自殺死体が発見される。

一九八二年の夏、長いヴァカンスもようやく終わりに近づいたパリのカルチエ・ラタンの小さな映画館で私は「三〇歳で死ぬ（Mourir à trente ans）」というタイトルの映画を見た。なぜそのころパリにいたか、どうしてこの映画を見たのか記憶も定かでないが、おそらくそのタイトルに心を引かれたのであろう。

若い三〇歳を過ぎたばかりの監督ロマン・グーピの作品で、カンヌ映画祭の国際批評家賞をえている。かなり私小説的な青春物語で、友だちと悪戯に明け暮れた少年時代から、やがて映画に熱中し、ついで政治活動に傾いてゆく高校時代が描かれていた。このほとんど完全なドキュメンタリーといってよい（若くして映画を志したグーピは、友人たちや自分のかかわった事件の多くをフィルムに残していたのだ）この青春物語の主人公の一人は、グーピの親友のルカナッティであった。ルカナッティの死後は家族や友人たちの証言が集められている。リーグ・コミュニストの集会におけるアラン・クリヴィーヌの声高な演説を傍で聞いている、まだ少年の面影をとどめたルカナッティの沈鬱な表情に見覚えがあり、私はそのときになって彼があのCALのルカナッティであることに気づいたのであった。

この作品にはもう一篇短篇がそえられていた。それは、六八年の後、突然カメラマンをやめて一人で山にこもり、雉を飼って生計をたてている自分の父親の生活を、やはりドキュメンタリー風に描いたものである。二本続けて見ると、政治と映画に対する情熱で結ばれた親子二代の六八年以後の物語が浮びあがってくる。映写が終わり、明りがついて周りを見回すと観客は私を含めて一〇人に満たない。通りに出ると午後八時だというのに陽はまだ沈みかねていた。若者たちや観光客であふれるオデオン座からソルボンヌのあたりを歩いてみる。バリケードに使われた石畳の道は厚いアスファルトの層で塗り固められたままである。あれから一四、五年がたち、若者たちは何を考えているのであろうか……。

左翼連合政権のパラドクス

すでに述べたように、私の第二のフランス長期滞在は、一九七五年一〇月から一九七七年九月にかけて、パリ第三大学東洋語東洋文化研究所講師としてであった。同じく二年間、ただし今回は偽学生としてではなく教師として若者たちと付き合うことになる。若者たちの間で六八年五月がどのように変貌していったかを知ることが私の主な関心事となったことはやむをえない。帰国後、私は二年間の滞在のまとめとなるようなレポートを書き、それに「仏左翼連合政権への夢と現実——五月は遠く」というタイトルを付し、冒頭のエピグラフに、「あのひとは、たぶん生活を変えるための秘密を握っているのではないでしょうか」というランボーの『地獄の季節』の一節を置いている（『展望』一九七八年一月号）。このレポートの前半は主に学生たちとの付き合いで知りえたことを書き、後半はフランス共産党の「プロレタリア独裁」概念放棄をめぐる論争に焦点を当てていた。若者たちの現実主義と革新政党の現実主義とは相呼応しており、根深い頽廃が進行しているという強迫観念から私は逃れられなかったようである。結論の部分を引用させていただきたい。

五月の幻想が存在したように左翼連合政権の幻想が存在すると言ってよいだろう。この幻想に不吉な影を投げこの幻想のバラ色の輝きを弱めているのはスターリンの亡霊の影だけであろうか。「共同政府綱領」の第一部は「暮しをよくし、生活を変える（VIVRE MIEUX, CHANGER LA VIE）」と題されている。そしてその第一章は「購買力」という見出しではじまる。「共同政府綱領」のうみだす幻想は、そのような生活の幻想であった。ランボーの言葉をかりれば連合政権はたぶん「生活を変えるための（pour changer la vie）秘密を握っている」のであろう。しかし「共同政府綱領」が描きだす新しい「生活」とランボーの言う新しい「生活」とはなんというちがいであろうか。ここでランボーの言う生活の変革とは人生の意味を全く変えてしまうような変化のことであった。それを詩と政治のちがいと言ってしまってはならないだろう。「五月」の幻想は多分にランボー的な幻想であった。左翼連合政権の幻想に真の輝きが欠けているのはそこに理由があるのではなかろうか。「共同政府綱領」は六八年五月が生みだした新しい生活の幻想を別の生活の幻想にすりかえてしまったのではなかったか。その時政治から革命性と言ってもよいような何かが欠落したのではなかったか。八年後、九年後の五月に私をおそった憂鬱はどうやらそのことに帰因しているようである。

（一九七七年十一月二十二日）

そしてついに一九八一年五月一〇日が来る。フランス大統領選挙の決選投票で社会党のミッテランが勝利を収め、続いて六月二一日の総選挙でも社会党が圧勝、六月二三日には社共連立内閣が成立した。五月一〇日の夜あのバスチーユ広場を埋めつくした熱狂的な群衆とともに、ミッテランの当選と左翼連合政権の誕生を心から祝うことができたら、どんなに嬉しいことであったろう。だが仮にそのときフランスにいたとしても私はバスチーユに駆けつけたであろうか。おそらく駆けつけたであろうが、あの熱狂を共有することはできなかったと思う。ミッテラン政権の成立がヨーロッパの政治に与えた衝撃は大きい。多くの有能な左翼的知識人をブレーンに加え（その中にはレジス・ドブレやベルナール＝アンリ・レヴィも含まれていた）、さまざまな革新的な政策を打ちだした。ミッテラン政権が行った改革は枚挙にいとまがない。ミッテラン政権によって、最低賃金は引上げられた、老齢年金も家族手当も引上げられた。有給休暇は延長され、停年、つまり年金が支給される年齢も引下げられた、等々。つまり六八年五月一日のメーデーでCGTが掲げた要求の大部分は実現したと言ってよいだろう。それだけではない。死刑が廃止され、「女性の権利省」が設立され、多数の不法移民が合法化され、それまでひどい状態に置かれていた外国人の保護が進められた。EU統合の推進に指導的な役割を演じ、文化省の予算が倍増し、科学技術の研究への配慮も認められる、等々。だがミッテランは、先に引用した三三年前の私の言葉を使わせていただけば、「六八年五月が生みだした新しい生活の幻想を別の生活の幻想にすりかえてしま」い、六八年五月の「革命性」を隠蔽する。六八年五月は左翼政権成立に至る戦後フランス政治の単なるエピソードとして位置づけられる。じっさいミッテラン政権の間ほど六八年五月が忘却された時代はないだろう。こうして私たちは左翼政権成立の苦いパラドクスに直面する……。これは私の独断的偏見だろうか。最近、私は私がほぼ完全に同意できる意見に出会ったので、以下、少し長い引用をお許し願いたい。アラン・バディウは藤本一勇のインタビューに答えて次のように語っている。

〔……〕要するに、ひとが六八年五月について語るとき、積み重なり、入り混じり、互いに批判しあった、異なるさまざまな事柄が語られているのです。そしてこのことこそが、六八年五月を例外的な出来事にしているのです。

――六八年五月のもつその異質性が、伝統的な政治観の持ち主や政治家の目には、脱政治化のように映るわけですね。彼らは政治ということで、統一された単位としての政治しか認めようとしない。

その通りです。伝統的な政治家はそうしたものを好む理由をまったくもっていない。それは当然ですね。彼らには選挙しかないのだから。伝統的政治家の職業にして、抑圧の道具として本当に出現した選挙しか。「選挙は間抜けどもを引っ掛ける罠だ」と叫ぶデモがありましたが、それは故のないことではありません。本当にそうなんですから。同時に、運動はやはり長く続きました。六八年五月について語るのを忘れてはいけませんが、政治上の新しさは十年間も存在したのです。その終わりの始まりは、七五―七六年頃だと思います。六八年から七六年にかけては（もう少しその後までかもしれませんが）、興味深いさまざまな事柄がありました。ソナコトラ移民労働者寮での大運動は七九年に終わります。つまり十年間、興味深い政治的発明が本当にあったのだと私は言いたいのです。そしてその後は、秩序を再びもたらした者が来ます。それがミッテランです。それは確かです。左翼の団結、共同プログラム……。こうしたことを言ったのは彼です。とたんに人々は「そうかもしれない」とつぶやき、そして最終的に左翼が権力の座に着いた……。そしてそれが終わりだったのです。

――あなたのお考えでは、六八年五月とは、伝統的政治や資本に独占され我有化された政治を、自分たちの手に取り返そうとする運動である……。それは脱統一化による新しい政治の発明である……。あなたの言葉をお借りすれば、別の政治的可能性を発明すること、「始まりの始まり」を発明することである、と。

まったくその通りです。政治の新しい発想とはつねに、国家や権力という発想を切り離し、別のレベルの政治を実験しようとする政治のアイディアなのですから。だからこそ、ミッテランが終わりだったと私が言ったのは、彼がそうしたことすべてを古典的秩序のなかに連れ戻してしまったからなのです。その結果、その後、八〇年代はまったく事態が変わりました。八〇年代は本当につらい時代です。金銭の崇拝、自由化、金融の規制緩和、資本のグローバル化の始まり、あらゆる形の知識人の反動化、六八年の完全な忘却と、それに並行するラカン、フーコーらの完全な忘却……。私たちがいまなお今日置かれているもろもろの反動的カテゴリーが位置についたのがこの時代です。それが八〇年代に定着したということははっきりしています。そしてフランスでは、それは左翼の発想のもとで起こったのです。左翼は本当の対立を中和してしまった。左翼が権力の座にあったために、最終的に人々は麻痺させられてしまった。フランスではしばしば起こるケースです。反動の時代の始まりはいつも左翼なのです。(『1968年の世界史』五〇—五一頁)

2　一九八九年、フランス革命二〇〇年祭と東欧革命

フランス革命二〇〇周年

一九八九年が現代史の重要な転換点になっていることについて、ここで詳しい説明は不要だろう。中国では五月から六月にかけて天安門事件(六・四事件)があり、一一月一一日にはベルリンの壁の崩壊が始まり、一二月二二日にはルーマニアのチャウシェスク独裁政権が崩壊し、三日

後には大統領夫妻が革命派によって処刑される（一二月二五日）。テレビを通じて世界に伝えられたこれらの諸事件は今も鮮明に私たちの脳裏に刻まれている。そして東欧革命に少し遅れて、ゴルバチョフのペレストロイカにもかかわらず、あるいはそれ故にソ連邦の解体がやってくる（一九九一年一二月三〇日）。こうして戦後の世界政治を規定していた冷戦構造が解体する。……それが何を意味するかについて私たちは二一世紀の現在になってより明快な回答を得ることになるだろう（ついでに日本の八九年について触れておくと、一月七日、昭和天皇の死去、年号が昭和から平成に変わる。六月二四日には私たちにとって戦後の象徴とも言える美空ひばりの死。そして四月二四日には竹下首相が政治不信の責任をとって辞任、その後の参議院選挙では与野党の議席数が逆転した……毎日新聞社が出しているシリーズ『二〇世紀の記憶』のこの年の巻のタイトルは「社会主義の終焉／オタクの時代」となっていた。同じシリーズの「一九六八年」の表紙には「［グラフィティ］バリケードの中の青春」とあり、「我々の故郷は一九六八年だ！」「あの頃キミは革命的だった！」「想像力が権力を奪う！」「ベトナム戦争が世界同時革命をリンクした」といった文字が配されていた）。

八九年はフランスでは、フランス革命二〇〇周年の年であった。周知のように、七月一四日の革命記念日は、フランス共和国の建国記念日である。革命二〇〇年祭がミッテラン社会党政権によって祝われたのは歴史的僥倖であったと言えるだろう（パリ市長の座はすでに保守派のジャック・シラクに奪われていた。シラクは革命二〇〇年の間ほとんど発言していない。もし右翼あるいは保守派の政権が革命二〇〇年祭を祝ったとしたらそれはどのような形をとりえただろうか）。

だがいずれにせよフランス革命二〇〇年記念祭は社会党ミッテラン政権の下で共和国の威信と

期待をかけて行われたのである。ゴルバチョフのパリ訪問、サミットとさまざまな国際会議、フランス革命にかんする国際学会やシンポジウム、自由と人権のための戦いを呼びかけたミッテランの格調高い演説、「人権宣言」の全文を、サミットの各国首脳や第三世界から招いた代表者たちの前で朗読させてみせた、シャイヨ宮のパフォーマンス、革命関係の出版や展示会、パレード、演劇、革命の記憶に飾られたカフェやレストラン（大革命期の食事を再現したメニューまで提供された）、バスチーユ広場の新オペラ座、デファンスの新凱旋門《アルシュ》、などの巨大な建造物、街中にあふれる三色旗……。催物はいずれも満員の盛況で、この夏パリを訪れた観光客は例年の一・五倍であったというから革命祭典は大成功であったと言ってよいだろう。

だがこれは実に奇妙な成功であった。フランス革命世界学会の実質的な委員長であったミッシェル・ヴォヴェル教授も認めているように、フランス革命二〇〇年は、この一世紀の間でおそらく革命が最も人気のない時点で、これまでになく盛大に祝われたのである。選挙による勝利を目前にした共産党や社会党が綱領や文書から「革命」や「プロレタリア独裁」を極力排除していった状況についてはすでに述べた。教科書におけるフランス革命にかんする記述は年々減少し、フランス革命にかんする論文や研究が減少するといった傾向は、日本と同様であった。より通俗的な場面では、同じ大革命にかんしても反革命や反革命派にかんする記事や書物の増加、王の処刑の賛否を問う世論調査では反対派が多数を占め、かつての革命派のヒーロー（サン＝ジュスト、ロベスピエール、マラー、ダントン、等々）よりも処刑された王や王妃、あるいは反革命派の貴族、ヴァンデの反乱の首領たちの方に人気があり、ジャーナリズムはそれを敏感に映しだしていた。

正統派と修正派

革命の不人気は、アカデミズムの世界では「正統派」に対する「修正派」の優勢という形で表われていた。この傾向はさらにフランス革命研究の本家であるフランスの研究者よりも、外国の主としてアングロサクソン（英米）系の研究者たちの優勢といった現象に重ね合わすことができるだろう。「正統派」「修正派」という名称は適切なものとは思われないが、フランス革命の解釈をめぐって、これまで主流とみなされてきた伝統的な解釈とは根本的に異なる解釈が多数出てきて、むしろその対抗的な解釈が説得力をもち広く認められるようになってきた事実は否定できない。

いわゆる「正統派」とは、第三共和政下に革命一〇〇周年を前にして設立された「フランス革命史講座」に拠る、アルベール・マチエ、ジョルジュ・ルフェーヴル、アルベール・ソブール、ミシェル・ヴォヴェルに至る歴史学者たちを中心に構成された学派で彼らの多くは社会主義者かコミュニストであった。「正統派」の共通の特徴をあえてあげれば、フランス革命を封建制（旧制度）を打破したブルジョア革命と規定し、革命の頂点をなす一七九三年のジャコバン独裁を二〇世紀におけるロシア革命や中国革命などのプロレタリア革命につなげて考える。またマルクス主義の古典的な理論の影響下に下部構造（経済、土地制度）に関心が集中していた。

これに対して修正派（レヴィジオニスト）は、フランスにはフランソア・フュレのような論客もいるが、アルフレッド・コバン（英）、ジョージ・テーラー（米）、ドナルド・サザラン（英）、さらにはコリン・ルーカス（英）、リン・ハント（米）なども加えて英米では主流になっている。彼らは階級史観にとらわれたフランス正統派のさまざまな矛盾を資料にもとづいて批判するとともに、一八世紀はすでにブルジョアの世紀であって、大革命は専制に対する自由主義の反撃であり、ジャコバン独裁は革命の逸脱であった（コバン、フュレ）、したがって革命の頂点は一七九三年でなく九一年であると主張する。問題領域も経済から政治、文化、ジェンダー、等々に広がり、とりわけ「政治文化」（リン・ハント他）がひとつのキーワードとして、正統派の間にも広がっていた。

正統派はフランス共和国の正統性を保証する、いわば共和国の国教的な側面をもち、他方修正派には世界史的転換期としてのフランス革命の重要性を過小評価する傾向もあり、両者が一堂に会してみのり豊かな討論を行なうことはほとんど不可能であるといった実態が六八年にはあり、事実フュレをはじめ修正派や反正統派の大物たちは世界学会には出席していない。世界学会のメインテーマに「フランス革命のイメージ」という一見非政治的で何でも言える用語が選ばれたのも両者の激しい対立を回避する意図があったのかもしれない。このような革命の不人気と思想的党派的分裂のただ中で国民的祭典として大革命を祝うとすれば、どんな方策が可能であろうか。

フランス政府による「革命二〇〇周年」の正式の名称は、「フランス革命ならびに人と市民の諸権利の宣言の二〇〇周年」であった。ミッテラン政権が革命の記憶と革命の理念の想起によって、国民の再統合を図り、国際政治、とりわけ統合の過程にある欧州のイニシアティヴを獲得しようとする意図は明らかに見てとれるが、しかし革命の記憶や理念はむしろ対立と分裂を招きかねない。革命の遺産のなかで唯一、異論が少なく国際的にも容認されるものが「人権宣言」であったことは容易に想像される。

……ここまで読んできて、筆者の意図をはかりかねている読者がおられるかもしれない。私は六八年五月の自然発生的な革命祭典に比べて八九年の国家による革命祭典がいかに異なるものであったかを述べるためにここまでの文章を書いてきたのである。しかも単に異なるというだけでなく八九年の革命祭典は、あえて強い言葉を使えば、六八年五月の記憶の圧殺の総仕上げではなかったろうか。そしてそのことは「フランス革命」とは、あるいは「革命」とは何であるかを改めて考えさせる貴重な機会であった（先に引用した「〔フランスでは〕反動の時代の始まりはいつも左翼なのです」というバディウの言葉を思い出していただきたい）。

世界学会

私は一九八九年の夏、七月四日から二七日までパリに滞在し、「世界学会」で短い報告をし、パリで行われたさまざまなイベントに立ち会う機会にめぐまれた。以下そのときに考えたことを要約的に記しておきたい。私はもともと「世界学会」に参加する意図はなく、直前になって予定された日本側の報告者の一人が辞退して、急にその代役を引き受けざるをえないことになったのであるが、八九年のパリ滞在は、私にとっては幸運な事故ともいうべき事件であった。

ソルボンヌ大学に、四十数カ国から四〇〇人に近い報告者（報告者全員に共和国大統領の名で招待状が送られていた）を集めたこのマンモス世界学会は、ミッテラン大統領の演説で始められ、七月六日から一二日まで、五つの部会に分かれて一週間にわたって行われた。その間夏休み中のソルボンヌでは他の催物もなかったようだからまるで世界学会に占拠されたようであった。五つの分科会のテーマは次の通りである。

第一分科会――革命下のフランス／伝播と宣伝
第二分科会――革命下の諸価値／フランス国外の反応
第三分科会――革命の読解／教育の中の革命
第四分科会――革命、国民、国民的な運動／思想と実践の中の革命
第五分科会――革命を読むこと、見ること、聞くこと／記憶

（同じ期間中にソルボンヌからそれほど離れていないポンピドゥー文化センターで、まるで裏番組のように夜九時から行われていた「パネリストの大部分は学会参加者」三回のパネルディスカッションは、より当世風なテーマを示していると思われるので以下に記す――七月七日「女性と革命」、七月一〇日「グランド・ナシオン――中央ヨーロッパとフランス革命」、七月一二日「革命的象徴体系・文化と革命」）

「世界学会」における私の報告は三日目の午前中（第三分科会）に決められていたが、その前に、ソルボンヌの中庭でNHKのインタビューを受けるという試練が待ちかまえていた（後でNHKの担当者から送られてきたテープを見て知ったことであるが、インタビューを受けたのは世界一八世紀学会会長R・ダートン（英）、女性の人権問題の専門家として知られているM・ルベリユ（仏）、学会の組織委員長M・ヴォヴェルなど著名な研究者たちで、フランス革命の専門家でもない若造の私がなぜ選ばれたのか今でもよくわからない。いずれにせよこの時代のNHK衛星放送は、一週間か一〇日にわた

って毎日三、四時間もパリで行われている革命祭典の実況放送を続けるという、今では想像もできないことをやっていたのだ）。二〇分ほどの短いインタビューであったが、よく晴れた午前中の人影の少ない中庭に持ち出された椅子に座り、インタビュアーの林理恵さんのよく準備された質問に答えて、二一年前の六八年五月のソルボンヌの中庭の思い出と、今革命二〇〇年を祝うことのパラドクサルな意味についてしゃべることになった。最後の日本における今後の人権にかんする質問に対しては、私はグローバル化時代の外国人労働者の問題をあげておいた。

分科会の報告で私がしゃべろうとしていたことも主旨はほとんど変らないと言ってよいだろう。そこで私が試みようとしたことは、フランス革命を当時（一八―一九世紀）、世界的な規模で発生していたさまざまな市民革命の一環として説明し、その相対化・脱神話化を図るとともに、それらの革命の中心的な課題であった国民形成（近代国民国家）によって結局は排除されてしまった人々や革命の隠された可能性に照明を当てる、といったことではなかったかと思う。それは六八年の五月革命以来、私が考え続けてきたことでもあった。しかし私の言いたいことはほとんど伝わらず、私の報告は私の主旨とは少しずれたところで注目されてしまった。

私の報告に求められていたのは、日本におけるフランス革命研究の歴史と現状といったことであった。直前の柴田三千雄、遅塚忠躬両教授による共同報告は、高橋幸八郎以下の日本における正統派の研究の紹介と、それを現在の研究水準でいかに受け継ぐかに焦点が当てられていて（新たに出されたのは「文化革命」の概念であった）、それ以外の日本の現在の研究には全く触れておらず、私はやむなく京大の人文科学研究所で行われている桑原武夫、河野健二を中心にした、『フランス革命研究』や『ブルジョア革命の比較研究』といったかなり異なる角度から行われている共同研究について触れ、両者の違いが際立つ部分として「明治維新」の解釈の違いをあげた。明治維新の訳語として、これまで使われてきた「復古《レストラシオン》」でなく「革命《レヴォリュシオン》」を使うべきである、という私の発言は会場内にかなり強い印象を与えたようで、次の報告者で中国から唯一人の参加者であった許明龍氏は直ちにこれに応じて、私はむしろ「改革《レフォルム》」の用語を選びたいと述べるなどいくつかの反応があった。最後の総括報告者のモーリス・アギュロンもこの問題を取りあげ、『ル・モンド』の世界学会にかんする記事（ロジェ・シャルチエ）にも取り上げられている。おそらく私は我が意に反して、日本における修正主義者とみなされたのであろう。私の言いたいことは別のところにあった。私の報告の結論の部分をお読みいただきたい。

フランス革命後二〇〇年を経て、われわれはいまやネイション Nation の概念を根本的に変えなければならない時点に立ち至っています。人々は各地で、フランス革命によって始められ、国民国家とそのイデオロギーの重要性によって性格づけられた時代がいまや終ろうとしていることを感じています。世界の各地で起きている絶え間のない戦争、核戦争の恐怖や汚染と環境破壊、あるいは多国籍企業や外国人労働者の問題、等々、といった問題が、われわれに反省を強い、国家とそのイデオロギーの再検討にわれわれを誘い、その根本的な変化の必要性を告げています。

こうしてフランス革命二〇〇周年はまた国民国家が地球を支配したこの二〇〇年間の功罪

を検討する機会でもあります。こうした世界の現状はフランス革命研究の射程と重要性を減じるものでしょうか。私はそうは思いません。こうした観点の変化は、フランス革命のこれまであまり知られていなかった重要な側面を照らしだすことでしょう。フランス革命のイメージが、時代と共に世界の状況の変化と共に変るということは、むしろその永遠の価値の証しです。解放のあらゆる可能性を秘めたフランス革命は、最後には多くのものを抑圧し排除しました。女性と外国人は排除されたものの二つの代表例だと思います。フランス革命は、国民国家に異議を唱え、人権宣言を書き改めようとした二人の人物をギロチンにかけました。人権宣言は男の立場からのものであるとして l'homme（人＝男）を la femme（女）に書きかえようとしたオランプ・ド・グージュと、人権宣言はフランス人の諸権利の宣言に終ってはならないと主張して、la nation（国民）を le genre humain（人類）に書きかえようとしたアナカルシス・クローツです。オランプ・ド・グージュは革命二〇〇年を機に復権されたように見受けます。クローツはどうでしょうか。私はこの報告のはじめにアナカルシス・クローツにかんする一つのエピソードを引用しました*。彼はジャコバン独裁の時期にロベスピエールによって処刑されました。しかし私は、その同じジャコバン派の憲法（九三年憲法）のなかに次のような感動的な条項を見出したこともつけ加えたいと思います——「第一二〇条フランス人民は自由のために祖国を追放された外国人に庇護を与える」。この憲法は実施されるには至りませんでしたが、この思想は一九四六年の憲法の前文においてくりかえされ、今日のフランスにおいても再確認されています。フランス革命はもはや一つの規範（un modèle）とはみなされないにしても、われわれの未来を照らす一つ光明（un flambeau）であり続けるでしょう。（「日本におけるフランス革命——戦後歴史学における国民国家とそのイデオロギーの問題を中心に」『国民国家論の射程——あるいは〈国民〉という怪物について』柏書房、一九九八年、一七七—一七九頁）。

*ジュール・ミシュレ『フランス革命史』桑原武夫ほか訳、中央公論社、一九六八年、一三八頁。

八九年七月一四日

革命記念日の七月一四日、午前中はシャン＝ゼリゼ通りに出かけて、軍隊のパレードを見る。革命二〇〇年のこの年は、例年の二倍近い部隊が動員されたという。パレードの上空を戦闘機の編隊が低空で飛び、重戦車隊がシャン＝ゼリゼの敷石をゆるがせて通る。毎年、他国を攻撃するための巨大な新兵器が誇示される。私はこの種のパレードが嫌いだが、戦車や巨大な兵器や軍服を着た人間に対する自分のほとんど生理的な嫌悪感を確かめるために軍事パレードを見に行く。大統領や国賓たちが席を占める特別席を除いて広いシャン＝ゼリゼ通りの両側は見物客の人垣が、十重二十重に押し寄せていてなかなか前に出られないが、何とか割り込んでほんの数分間だけ間近で眺めていた。自由主義、社会主義を問わず世界のほとんどすべての大国が、その国の最も重要な祭日に人殺しの道具を誇示して祝うというこの近代国民国家の悪習は、いったいいつになったらなくなるのだろうか。だがこの軍隊の原型（国民軍）を最初に作りだしたのがフランス革命であったことは忘れてならないだろう。

ミッテラン大統領が、世界学会の参加者たちの全員を午前の軍事パレードでなく、夜のコンコルド広場に招いたのは、何か特別の意図があってのことだろうか。コンコルド広場には仮設スタンドが設けられ、「魔術師」と呼ばれたジャン＝ポール・グードの演出になる夜の祭典の最後を飾る舞台となっていた。パリ市中を練り歩いたさまざまなパレードのすべてが最後にこの広場に集結して一日の革命祭典が終るのである。この夜の祭典は、広場の中央に置かれた仮設舞台で、ジェシー・ノーマンが三色旗を身にまとって「ラ・マルセイエーズ」を歌う場面が祭典の頂点をなすように仕組まれており、また檻に入れられた巨大な太鼓を、素肌に「民主・自由」と書いた中国人の青年たちが担ぐといった政治的パフォーマンスに欠けていたわけでもない。しかし全体的に見れば世界各国から参加した民族的仮装行列といった趣が強く、私の隣に席をとっていたヴェトナムのグエン氏は、この革命とは無縁な見世物にすっかり腹を立て、仮設スタンドに吹きつける夜風が冷いこともあって、途中で帰ってしまった。私も最初はあきれて見ていたのであるが、次第に興味を誘われて最後には、これが現代のお祭りかもしれないと思うようになっていった。いずれも出し物としてよくできているのだ。前衛的な意表をつく衣裳、単純で力強いリズム、世界の多様性が連動して生みだす統一と調和……。翌日の新聞はいずれもグードの大成功を伝え、この日から革命二〇〇年に対する世論の評価が大きく変ったのではないかと思う。

革命の国フランスでは、大革命の国民祭典以来、革命とお祭りは切離せない。パリ・コミューンも六八年五月も祝祭的な性格が強く意識されていた。私は歴史上のさまざまな革命祭典を思いうかべ、六八年五月がとりえた祭典の可能性を思い描いてみる。五月の若者たちがラ・マルセイエーズを歌うことはありえない。それは右翼とド・ゴール派の歌であった。パレードは市中を舞台としてくり広げられていた。だが観客である市民をまきこまない祭りとは一体何だろうか。これらのパレードは、六八年以来アスファルトで塗り固められた敷石の上を通って、かつては王や王妃やついには革命派の闘士たちが処刑されたコンコルド広場をめざして集ってきたのであった。

サミットと「人権宣言」

七月一四日から一六日にかけて新凱旋門《アルシュ》で先進国首脳の集まるサミットがあり、その最終日に合わせてシャイヨ宮で「人権宣言」を記念する催しが行われた。私はこの日、現場には行っていないが、録画されたNHKのテレビの映像を、帰国後何回もくりかえし見ているので、まるで自分がそこにいたかのようなイメージが脳裏に刻まれている。観客席は、サミットに出席した各国の元首や代表とその家族、サミットに合わせて特別に招待された第三世界の代表と家族が並ぶ席、それに一般席とに分かれていた。シャイヨ宮のテラスに特設された舞台には、老若男女の俳優が次々に現われて「人権宣言」の前文と全一七条を朗読する。その間、朗読と音楽に合わせて肌の色、性別、年齢もさまざまな大勢の子供たちが風船や花束、鳩を抱いて登場し、舞台を駆け登り散開し退場する。大革命当時は、特権的な（有産者）フランス人男性の権利宣言であった人権宣言が今では、全人類の自由を求める普遍的な権利宣言であることが強調されている。フランス革命二〇〇周年のハイライトとも言うべきこの晴の舞台を眺めながら（テレビカメラのお陰で貴賓席の首脳たちや舞台の俳優たちの表情が時々大写しになるが一般席や街の表情は写らない）、私は次第に憂鬱になっていった。

西欧文明と共和国の価値を信じて疑わない啓蒙主義が、「人権宣言」の名の下にシャイヨ宮を支配していた。この自己満足の口調は私には耐えがたい。かつて「人権」の名の下に他国を侵略し、植民地を拡大していった共和国の歴史を（それは世界的な規模で形を変えて今も続いている）、各国の首脳は今どう考えているのだろうか。とりわけこの場に呼び出されてこのパフォーマンスを見せつけられた旧植民地・第三世界の首脳たちはいま何を考えているのだろうか……。ここではそのとき私の耳の奥に鳴り響いていた「ヴェトナム民主共和国独立宣言」（一九四五年）の一節を引用するに止めておきたい。

〔……〕

フランス革命の人および市民の権利の宣言は、一七八九年にやはりつぎのように宣言している。「人は、自由かつ権利において平等なものとして出生し、かつ生存する」。

これらのことはまさに否定できない真理である。

しかしながら八〇年以上のあいだフランスの植民主義者たちは、自由、平等、博愛の旗を濫用し、われわれの国土を占領し、われわれの同胞を圧迫してきた。かれらのすることは人道と正義の理想とは正反対であった。

政治の分野では、かれらはすべての民主的自由をわれわれから奪い去った。

かれらは非人道的な法律をわれわれにおしつけてきた。かれらは、われわれの国家的な統一を破壊し、われわれ人民の団結をさまたげるために、ヴェトナムの北部、中部、南部にそれぞれちがった政治制度を制定した。

かれらは学校よりも多くの牢獄をたてた。かれらは容赦なくわれわれの愛国者を斬罪に処し、銃殺した。かれらはわれわれの革命を血の河におぼれさせた。かれらは世論ののど首をしめあげ、われわれ人民に対し愚民政策を実行してきた。かれらはわれわれの人種を衰頽させるため阿片とアルコールの使用を強制した。

経済の分野では、かれらはわれわれを骨の髄までしぼりあげてきた。かれらは、われわれ人民を貧困におとしいれ、わが国土を荒廃にみちびいた。

かれらはわれわれから水田、鉱山、山林その他の資源をうばいとった。かれらは通貨発券銀行と外国貿易を独占した。

かれらは何百という不正な租税を発明し、われわれの同胞、とくに農民と商人を貧困の極におとしいれた。

かれらはわれわれの民族資本家の繁栄をさまたげた。かれらはもっとも残酷なやりかたでわれわれの労働者を搾取してきた。

一九四〇年の秋、日本のファシストたちが連合国に対する戦闘の目的で、新しい軍事基地をつくるためインドシナに侵略してきたとき、フランスの植民主義者たちはかれらの前に膝を屈し、われわれの国土をかれらに引きわたした。

この日から、われわれ人民は日本とフランスの二重の支配をうけてきた。そのためわれわれは今までよりも一そうくるしくなり、一そうみじめになった。そしてその結果、去年のおわりから今年のはじめにかけて、クアンチから北ヴェトナムにかけて、二〇〇万をこえるわれわれの同胞が飢え死にした。〔……〕(高木八尺・末延三次・宮沢俊義編『人権宣言集』岩波文庫、一九八八年、三四五―三四七頁)

六八年と八九年革命

私は東欧に行ったことがなく、ベルリンの壁の崩壊と東欧革命についても、全くの無知に近い状態なので、ここでそれについて何かを述べる資格はない。ただ六八年の意味を問い続けて来た者にとって、八九年革命は六八年とほとんどひと続きの出来事のように映ったということだけを記させていただきたい。六八年が西欧的自由主義国家における戦後体制に対する反抗的・反体制的な運動であったとすれば、「プラハの春」以後の社会主義圏における反抗的・反体制的な運動の爆発は八九年を待たねばならなかったのだと思う。八九年革命は、ベルリンの壁だけでなく、正統派的世界像の崩壊をも意味したはずである。それは資本主義から共産主義への長い移行期における、社会主義的幻想の終わりであった。だがそれは修正派的世界像の成立を意味したのであろうか。

ベルリンの壁の崩壊(それは崩壊であって爆破でも破壊でもなかった)から数カ月後に、新婚旅行でベルリンを訪れたフランス人の友人から小さなプレゼントがとどき、開けてみるとそれはベルリンの壁の小さな破片であった。それは壁の崩壊後のベルリンと東独が、直ちに商業主義の波に襲われていることを思わせた。それから十数年経て、私はベルリンに長期滞在していたドイツ史専攻の友人の案内で、壁の跡地とベルリンの東西の街を歩く機会にめぐまれた。今や壁の跡地の多くの部分を占める多国籍企業や依然として残る東西格差を見て、私はベルリンの壁の崩壊をもたらしたより根本的な要因は、資本の力、つまりグローバリゼーションではないかという強い印象を受けた。国内植民地化された旧東ドイツ。それは西欧における六八年の一見多様な運動の背景についても言えることだと思う。八九年革命は旧社会主義圏における植民地化された周辺部の現状を暴き出した。だがそれは拡大されたEUの中でも起きている現状である。

3　五月「革命」と郊外「暴動」――国内植民地について

郊外から、ふたたび

二〇〇五年一〇月二七日の夕刻、パリ郊外のセーヌ＝サン＝ドニ県オルネー＝ス＝ボワで警官に追われた北アフリカ出身の少年三人が近くの変電所に逃げこみ、うち二人が感電死、一人が重傷を負う。この事件をきっかけに地域の若者たち数十人が警官や消防士に向って投石をはじめ、車に放火するなど騒ぎが大きくなった。郊外「暴動」と呼ばれているこの移民二世の若者たちを中心にした反乱は、当時のサルコジ内相の移民に対する敵意をむき出しにした苛烈な鎮圧（寛容ゼロ政策）にもかかわらず、その後パリ近郊に限らず全国に（さらには周辺国にも）飛火して、ほぼ一カ月近くにわたって各地で毎夜何百台（一一月六日夜には一四〇〇台）の車が焼かれる事態と

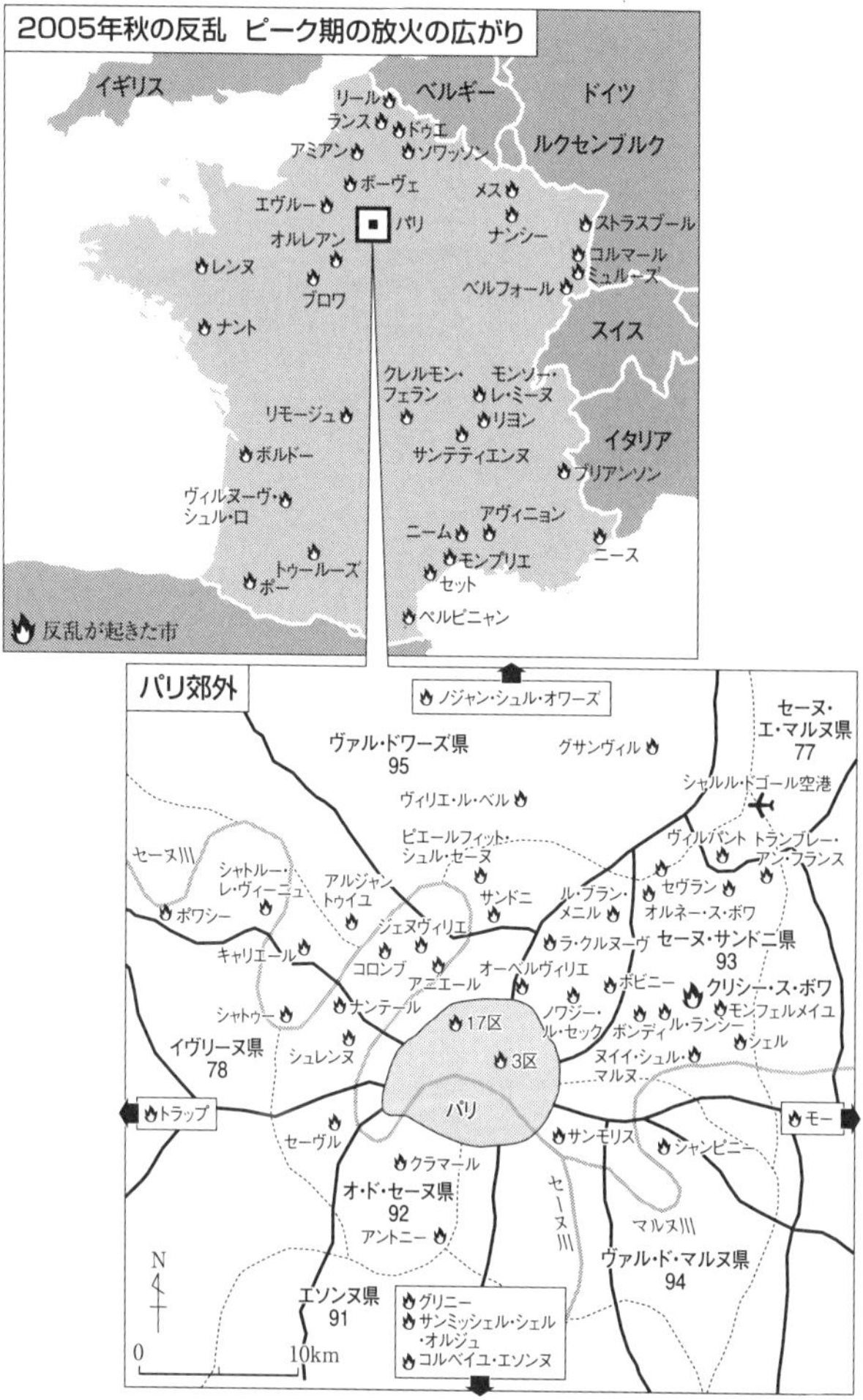

（山本三春『フランス　ジュネスの反乱』大月書店より）

なり、政府（シラク大統領、ドビルパン首相）は非常事態宣言を出し夜間の外出を禁止するなど思わぬ対応策に追われることになった。

郊外「暴動」については、第三章の「六八年五月の写真が語るもの」で、ボードリヤールの文章を引いてごく簡単に触れており、さらに詳しい記述と議論が求められるところであるが、すでに紙幅が尽きており、ここでは六八年五月との関連において重要に思われる観点をいくつか要約的に記すのに止めたい。

六八年からほぼ四〇年を経て、二〇〇五年一〇―一一月の郊外暴動が発生した。この「暴動」はそれに参加した若者の階層や地域は異なるが、若者の反抗であること、自然発生的で波及が早くまた広域にわたっていること、さらに車を焼く象徴的な行為、等々によって六八年五月を思い起こさせる部分が多かった。さらに翌二〇〇六年三月には、あたかも郊外暴動に誘発されたかのように、大学・高校それにCGT、CFDTを始めとする労働組合が加わって、CPE（初期雇用契約）反対闘争が組織され、大規模な街頭デモや大学占拠等々、その形態や規範においても六八年五月を思わせる事態が発生する。六八年には新しい産業構造に適応した教育と人材養成（選抜試験を含むフーシェ案）が問題とされたが、その四〇年後に今度は、より直接的でより巧妙な新自由主義的政策として、若者（二六歳未満、その失業率は二三パーセントを越えていた）の雇用主による自由な解雇が保守政権によって提案‐可決されていたのである。

ほぼ四〇年を経て、六八年五月を思わせるふたつの事件が連続して起こり、しかもこの運動の場も主体も形態も目標も異なるふたつの事件の深いつながりが疑えないという事実は、私たちに多くのことを考えさせる。郊外と大学のつながりは、ナンテールから始った六八年五月においても、ある程度は意識されていたが、その意味が深く問われることはなかったと思う。またこの相次いだふたつの事件はそれが六八年五月の再来を思わせただけに、「革命」の連続性、継承や回帰、あるいは変容、変質の問題を改めて考えさせることになるだろう。二〇〇五、六年の若者たちは六八年五月を体験として知らず、また知識としてもほとんど知らないはずである。六八年以降もフランスでは若者たちのさまざまな闘争が行われているが、全体的なひとつの傾向として、運動の主体の若年化（学生→高校生）、周辺化（大学→郊外）、理論的イデオロギー的であるよりは、より感性的原初的な反抗（革命→暴動）が認められるのではないかと思う。だがこうした議論を進めるためには、より周到な準備を必要とするのであって、これ以上の推論は慎みたい。

新植民地主義と国内植民地

一九六八年から二〇〇六年の間に一体何があったのだろうか。これも一概に言えることではないが、ここでは「新植民地主義」とりわけ「国内植民地」の観点から見えることを記しておきたい。二〇〇六年のCPE反対闘争から見えてくるひとつの重要な問題は、六八年の学生たちにとって貧しい郊外の住民は、自分たちと切離された同情すべき対象であったが、二〇〇六年の学生たちはむしろ郊外の移民たちに自分自身の未来の姿（私はそれを「グローバル化時代のプロレタリアート」と呼びたい）を見出しているのではないだろうか。六八年前後は現在グローバリゼーションという言葉で呼ばれている現象が顕著になり始めた時代であり、現在、私たちはその終末論

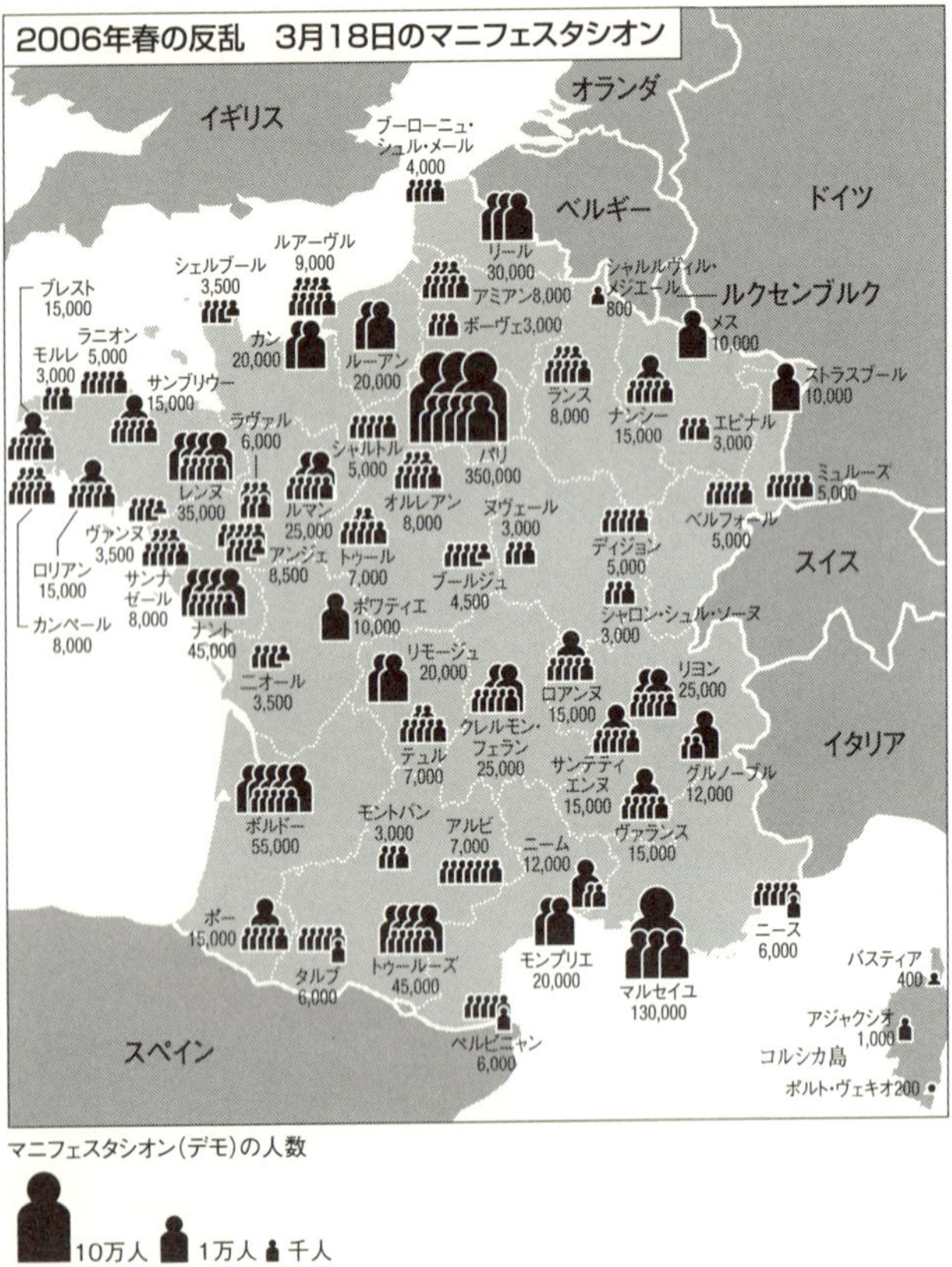

（山本三春『フランス　ジュネスの反乱』大月書店より）

的な危機を表わすさまざまな徴候に直面している（論証の手間を省くために以下の書物を参照いただきたい。伊豫谷登士翁『グローバリゼーションとは何か』平凡社新書、二〇〇二年。西川長夫『〈新〉植民地主義論――グローバル化時代の植民地主義を問う』平凡社、二〇〇六年。西川長夫・高橋秀寿編『グローバリゼーションと植民地主義』人文書院、二〇〇九年）。

「新植民地主義（neo-colonialism）」および「国内植民地主義（internal colonialism）」という一対の用語は、六〇年代前後における第三世界の置かれた状況を、第三世界の側から認識し、旧宗主国に対する抗議と呼びかけ、自己主張をこめて語られた言葉であった。「新植民地主義」という用語が広く用いられるようになったのは六〇年代の後半で、一九五五年のアジア・アフリカ会議（バンドン会議）におけるインドネシア大統領スカルノの演説にあった「古典的形態をとらない新しい植民地主義」という指摘がその端緒とされている。その後幾度か行われたアジア・アフリカ諸国の会議で議論され、一九六五年にはガーナ大統領エンクルマの『新植民地主義』と題された本格的な書物も出版されている。「新植民地主義」の分かりやすい定義として、その序文の一節を引用しておこう。

新植民地主義の本質は、その下にある国家は、理論的には独立しており、国際法上の主権のあらゆる外面上の装飾を有しているということである。現実には、その経済体制、政治政策は外部から指揮されている。この指揮の方法と形態は、種々の形をとりうる。たとえば極端な場合には、帝国主義の軍隊が新植民地主義の国家領域に駐屯し、その政府を支配する。

しかし多くの場合、新植民地主義的支配は、経済的もしくは金融的手段を通じて行われる。
(『新植民地主義』家正治・松井芳郎訳、理論社、一九七一年)

これはいわゆるポスト・コロニアルの状況を的確に説明しており、二〇〇一年九月一一日以降の日付が打たれていてもよいような文章である。だが、第三世界における新興諸国間の対立や新興諸国の変質(開発独裁)等の事情もあって、「新植民地主義」という用語は七〇年代以降あまり使われなくなったようである。

「新植民地主義」という用語が主として新興諸国の政権担当者や理論家たちの側から出されているのに対して、「国内植民地」あるいは「国内植民地主義」という言葉は、新植民地主義的状況にある新興国の周辺地域の住民や旧宗主国における移民や先住民といったマイノリティー集団の自己認識あるいは自己主張として発せられている。「国内植民地」という言葉は、アフリカやラテン・アメリカの、植民地から独立した新興諸国の平等な同じ国民として統合されたはずの先住民や周辺部の住民が、自分たちが依然として差別され搾取される存在であることを知ったときの失望と怒りから発せられている。同じ言葉は六〇年代のアメリカ合衆国における黒人やヒスパニックその他のマイノリティー集団からも発せられており、それはまた戦後長期にわたって占領下に置かれ、それ以後も多数の米軍基地を残したままで「本土」との差別と抑圧に苦しむ沖縄の住民の苦い自己認識と遣り場のない怒りを表わす言葉であった。

「国内植民地」という用語と概念が六八年の学生運動や若者たちの反乱と密接に結びついてい

たことは興味深い。今ではすでに国内植民地主義論の古典となっている『国内植民地主義』（一九七五年）の著者マイケル・ヘクターは、一九九九年にその新版を出すに当たって記した序文を、次のような六八年の思い出から書き始めている。

　この本の研究は一九六八年に始められた。当時私はコロンビア大学の大学院生だった。一九六八年はコロンビアの歴史において重要な意味をもつ年である。その年、大規模な学生によるストライキが、春期セメスターの長い期間にわたって、大学を実質的な閉鎖に追いこんだ。このストライキは、大学に隣接しているハーレムのアフリカ系アメリカ人コミュニティーに対する大学の帝国主義的な対応と、噂されていたベトナム戦争への大学の加担に反対して行われた。この一見かけ離れた事態を結びつけていた要素は、国内的かつ国際的なレイシズムであった。このストライキで逮捕された多くの社会学科の学生の一人であった私は〔……〕。

ヘクターはその後、数年かけて『国内植民地主義』を書きあげる。それは学生たちの内面でハーレムとヴェトナムが結びつく瞬間であった。私はここであの「コロンビア宣言」の素晴しい一節を引用したいという誘惑に打ち勝つことができない（おそらくこれを書いているヘクターも三〇年前の同じ情景、同じ文章を思い浮べていたのだと思う）。

丘の上にそそりたっているコロンビア大学はハーレムを見下していた。ハーレムに生き残っているひとびとは、かつて理事会によってモーニングサイドから追放されたか、あるいはいまでもコロンビア大学に地代を払っている。

われわれがこの目でみたものと教授たちが語ったこととの間の矛盾は、しばらくの間は漠然としか感じられなかった。だが徴兵が大学に迫ってきたとき、われわれには、コロンビア大学を支配する理事会こそ世界の人民を抑圧する階級の一部であることがわかった。戦争と帝国主義のもたらす利潤に結びついている巨大株式会社の支配人たちは、まさに大学を支配しているひとびとと同一人だった。大学が多くの学部や学科にわかれていて全体の機構の理解がむずかしくなっているにもかかわらず、われわれは右の関係をつきとめはじめた。軍部は多数の都市を爆撃し、人民を根こそぎ殺戮し、穀物を焼払い、革命を勝手につくりだし、小国を威嚇してきたが、その同じ軍部が、IDA、CIA、NROTCその他の防衛研究の形で、大学の内部でわれわれの前にたちふさがっているのだ。（「コロンビア宣言」雪山慶正訳、武藤一羊編集・解説『現代革命の思想8――学生運動』筑摩書房、一九六九年、二〇〇―二〇一頁）

フランスにおける国内植民地論

六八年の学生運動の第三世界主義についての指摘がしばしば行われてきた。だがフランスにおいて、当時の第三世界からの切実な訴えであった「新植民地主義」や「国内植民地主義」は、どのように受けとめられてきたのであろうか。六七―六九年の最初のフランス滞在以来、私は正直を言うと、本来敏感であるはずの旧宗主国フランスの学生や知識人たちのこの問題に対するある種の鈍感さに苛立ちを覚えることが多く、人権や共和国の理念が過去と現在における彼らの植民地主義を逆に見えなくしているのではないかと思うことが多かった。共産党までが政府のアルジェリアにおける植民地維持政策を支持し、民族解放戦線の側に立って反対運動をした活動家の多くを除名処分にするようなお国柄なのだから。だが今回、四〇年ぶりに昔の資料や文献を読みなおして、私は自分の偏見をいくらか訂正しなければならないと思うようになった。この問題にかんしてもやはり六八年はひとつの転機になっているのではないだろうか。以下、反省をこめて、私が考えなおすきっかけとなった文章のいくつかを年代順に列挙して参考に供したい。

(1)『中国女』の冒頭にその一部が朗読されているアンドレ・ゴルツの『困難な革命』（一九六七年）の第五章「内と外の植民地主義」と題された論考（一九六六年二月、メキシコ国立政治学学院における講演）の冒頭は以下のような衝撃的な文章で始まっている。

　植民地主義は独占資本主義の外的実践ではない。それはまず内的実践である。植民地主義の犠牲者はまず、搾取され、抑圧され、解体された諸国民なのではない。それはまず、本国のなかで、支配諸国のなかで生活している国民である。（『困難な革命』上杉聰彦訳、合同出版、一九六九年、一七九頁）

この冒頭の言葉は二頁後の次の文章を導くことになる。

したがって、発展と低開発、支配する経済的諸大国と支配される諸国民、植民者と被植民者のあいだにある境界線は、諸国民のあいだを通るばかりでなく、資本主義世界の個々の国民の内部にも通っているのだ、ということを指摘することが重要だと私は思う。（同書、一八一頁）

⑵アンリ・ルフェーヴル『「五月革命」論――突入――ナンテールから絶頂へ』の第十一章「世界性について」では「新＝資本主義」「国内的植民地化」（colonisation intérieure）といった用語が使われている。

植民地を持つ国々は、どのようにして自由を再発見するのであろうか。まさにここにおいて、逆説的状況が出現する。いくつかの地方、いくつかの集団（青年層）、諸階級のなかのいくつかの部分（労働者あるいは農民）が、植民地化されていることを見出すのである。誰によって？　決定の中心、権力の中心、富の蓄積の中心、都市の中心あるいはむしろ都市現実の破砕の途上において構成される諸々の中心によってである。逆説的にも、新＝資本主義による搾取は、このような国内的植民地化という色彩を持つに至った。意識化が、この途の後をおそう。組織の資本主義は、いまや首都のなかに植民地を持つのであり、たとえ国内市場に賭けるとしても、それは植民地的方式でそれを利用するためなのである。生産者としての生産者や消費者としての消費者の二重の搾取は、植民地的経験を元植民者の民衆のただなかへと移行させるのだ。このような世界的なるものの国家的なるものへの反響は、多様な形態を取る。首都の住民は、諸々のゲットー（郊外、外人、工場、学生）へとまとめ直されるのであって、新しい都市にはどこか植民地都市を想起させるところがある。（『「五月革命」論』一一二―一一三頁、傍点引用者）

六八年以後ルフェーヴルは空間論、都市社会学にいっそう深く没入する。『空間と政治』（一九七二年）に収められた「ブルジョアジーと空間」（「ヴィヴィエンダ国際会議―サンチャゴ、一九七二年一月」、および「国際社会学会―カラカス、一九七三年十一月」、における講演）では「国内における新＝植民地主義（neo-colonialisme）」の用語を用いて論じられている。ヘクターの場合と同様、レーニンの不均等発展論が理論的な導きの糸となっている。

フランスの一番の特徴、それは民主主義革命、すなわちフランス大革命（とその結果である人権）と帝国主義、すなわち抜け目なくしたたかな支配階級としてのブルジョアジー、政治国家、フランス労働者の搾取、それにフランスにおける五十万の外国人労働者の過剰搾取とのあいだの根深い矛盾です。このような矛盾の総体は一九六八年に明るみに出されました。しかしフランスの現実にはまた別の面もあります。フランスには、一国の首都にしては偉大すぎるパリというとほうもない首都があります。首都は、人間、頭脳、富、なんでも自分のまわりにひきよせてしまいます。それは決定と意思の中枢なのです。パリの周辺には従属的な階層化された空間がひろがっています。これらの空間はパリによって支配されると同時に搾取されているのです。帝国主義者としてのフランスはその植民地を失いましたが、国内における新＝植民地主義が打ちたてられつつあります。現在のフランスは過度に開発され、過度に工業化され、過度に都市化された地帯を含み込んでいます。けれども一方では、ことにブルターニュや南部に、低開発地帯の数がどんどんふえつつあることも忘れてはなりません。

（『空間と政治』今井成美訳、晶文社、一九七五年、一五五頁、傍点引用者）

(3) サルトルの『シチュアシオンVIII』に収められ、「第三世界は郊外に始まる」のタイトルで知られている論考は、『在仏アフリカ人労働者に関する書』（マスペロ社、一九七〇年）の刊行に際してセネガル出身者の労働団体が主催した討論会における発言をまとめたもので、最初『トリコンティナンタル』誌（パリ、一九七〇年）に掲載されたときには「資本主義諸国とその国内植民地」というタイトルがつけられていたことに注目したい。以下、冒頭の部分のみを引用する。

本書から理解されるのは、アフリカ人労働者の陥っている状況が——また多くの他の移民労働者もそうであるが——怠慢さのせいではなく、また単に人種差別のためでもない、ということである。アフリカ人労働者に対する過剰搾取は、フランスの資本主義経済にとって必要なものなのだ。

アメリカが「家の中に」、つまり自国内に、その植民地を持っているということが、しばしば指摘される。ところでフランスがいま行ないつつあるのは、フランスが失った植民地を自国に再建しようとする努力である。とりわけわれわれは、アフリカ人労働者をフランス経済に組みいれている体制《システム》が何を意味しているかを見ることになるだろう。（『植民地の問題』鈴木道彦訳、人文書院、二〇〇〇年、二二八頁）

4　文明批判と祭り

世界システムにおける革命

「六八年革命とは何であったか」という問いに最もよく答えている論考をひとつだけ選ぶとすれば、残念ながら（というのはそれが出てからすでに二〇年以上を経ているからであるが）、イマニュエル・ウォーラーステインの「一九六八年――世界システムにおける革命」をあげざるをえない。この論考は六つの命題とその説明、さらに六つの設問および回答から構成されているが、ここではその命題のみを引用しておこう。本書をここまで読んでいただけた読者にはもはや命題の説明も不要であろう。六つの命題は、私が本書で述べてきたこととの、ある一側面からの「まとめ」にもなっていると思う。

命題1　一九六八年は世界システムの内容と本質にかかわる革命であった。

命題2　一九六八年の異議申し立ては、世界システムにおけるアメリカの覇権——及びその覇権を黙認したソ連——に反対するものであった。
命題3　一九六八年の抵抗運動の中で、派生的ながらやがて激しさを増していったのは「既成左翼」に反対する反システム運動であった。
命題4　一九六八年の反文化《カウンターカルチャー》運動は、革命の陶酔の一部であったけれども、政治的には一九六八年の中心部にならなかった。
命題5　「少数者集団」や被支配階層の代弁者としての革命運動は、「多数者集団」の代弁者に擬せられた革命運動に対して、もはや従属的な地位に甘んじる必要はなく、また甘んじてもいない。
命題6　社会改革の基本戦略に関する論争は、反システム諸運動間で再開され、今後二〇年の政治論争で主流を占めるであろう。(『ポスト・アメリカ——世界システムにおける地政学と地政文化』丸山勝訳、藤原書店、一九九一年、一一四—一四三頁)

ウォーラーステインは、命題1の説明を、「一九六八年の革命は典型的な革命であり、単一の革命であった」と、熱っぽい語り方で始めている。このテクストが微妙なのは、それが一九八八年秋、つまり八九年の諸事件を見る直前に出されているからである。ベルリンの壁の崩壊や東欧革命を経た後に、ウォーラーステインは六八年革命観を変えたであろうか。八九年とそれに続く諸事件はむしろ彼の六八年革命論の正しさを証明するものであったと思う。

ウォーラーステインの六八年革命論が成功している主な理由は、六八年革命が正しく「世界システム」の問題として起こっており、また従来の革命とは異る「反システム運動」であったからだろう。だが彼の六八年革命論の弱点もまた「世界システム」論的な発想に由来していると言えるかもしれない。例えばその視座はやはり西欧中心的な傾向はまぬがれず、第三世界は世界システムのなかに正しく位置づけられていても、植民地主義の問題が深められない。文化や文明といった西欧的価値の問題も、「地政文化」まではゆくものの、「世界システム」とのつながりは、いまだ判明していない、等々。六つの命題のなかで、私が唯一違和感をもつのは命題4の「反文化運動《カウンターカルチャー》」にかんする部分（ウッドストックや「拘束を排するライフスタイル」、等々）であるが、私はウォーラーステインの判断とは逆に、これはひとつの中心であり、大きな「遺産」となっていると思う。

近代批判としての革命

ウォーラーステインと同様、六八年革命を世界的な（しかも成功した）革命として記述している優れた例としてもうひとつ、今村仁司の『近代性の構造──「企て」から「試み」へ』をあげておきたい。今村の六八年革命論のひとつの要点は、資本主義社会に対する告発である「パリの五月」と社会主義社会に対する告発である「プラハの春」が、体制の中心として居座っていた国家権力と経済的な権力を同じ意味合いにおいて突くという点で、根本において共通の事件であったという指摘。もうひとつは六八年革命は究極的には近代批判であり、近代の終焉を告げる事件であったという主張である。

〔……〕資本主義と社会主義という双子は、近代の原理である生産中心主義、生産的合理性の具体化という形で展開してきたといえる。〔……〕六八年は、初期近代の二百年、さらにフランス革命から現在にいたる二百年の合計四百年にわたる経験への訣別の年であったともいえる。次の新しい時代に向けての移行点を飾る画期的なターニングポイントであり、逆にそうでなければ、近代批判は無意味になる。六八年から八九年、九一年にかけて起きたさまざまな事件は、六八年のインパクトとして起きたようなものであって、直接的には二百年間の歴史的経験へ批判、具体的には資本主義と社会主義への批判を生みだし、近代の歴史的経験に対する根源的批判を突きつけた。その意味で六八年は、十九世紀と二十世紀の終焉を告げる年である一方で、次の時代をつくっていく切断点になるともいえる。（『近代性の構造』講談社、一九九四年、四〇—四一頁）

今村はこの書物の中では、「世界システム」への言及を注意深く避けて、それが「一種の歴史哲学的視点からの考察」であることを強調しているが、今村の六八年革命にかんする評価は、ウォーラーステインの評価とほぼ一致している。もっとも「世界システム」を「近代」と言いかえるとき、私たちの脳裏に描く世界のイメージが非常に異なってくることはたしかだろう。私たち日本人は「近代」という用語によって、黒船やフランス革命と明治維新にかんする長い論争、第二次大戦と「近代の超克」、敗戦と戦後のアメリカニズム、等々を連想することが多いからである。私はそうした近代に対する複雑な心情を確認した上で、「近代の歴史的経験に対する根源的批判」という今村の意見に同意したいと思う。

文明批判としての革命

ウォーラーステイン—今村のきわめて積極的・肯定的な六八年革命論に重ね合わせる形で、私はここでもうひとつ、六八年革命の文明批判的な性格を強調しておきたい。文明批判という観点から照明を当てるとき、六八年革命はまた別の異なる側面を表わすのではないかと思う。

文明（civilisation）という語と文明概念の形成についてはかつて詳しく述べたことがあるので（『増補　国境の越え方』平凡社ライブラリー、二〇〇一年）、ここでは文明概念が内包する主な要素について要約的に記しておこう。文明は西欧近代において追求されるべき最高の価値を示し、人類の進歩と幸福、さらには自由、平等などの概念を含むと同時に、野蛮の対概念として、教化、富、支配など、帝国への、したがって開発や植民地支配への無限の欲望を秘めた両義的な概念である。文明はまた近代国民国家のめざすべき理念であって、資本主義—社会主義を問わず、あるいは先進—後発を問わず、すべての近代国家は「文明開化」をめざし、近代国家を形成するあらゆる装置（学校、家族、官庁、警察、軍隊、病院、裁判所、等々）、あらゆる制度（政治、産業、経済、ジャーナリズムと文化活動、等々）は文明化をめざしていると言えるだろう。文明あるいは文明化は、大航海時代以来現代に至るまで、西欧世界の一貫した支配的原理であった。ここで「支配的」というのは両義的な言葉であって、「最も広く行きわたった」という意味で支配的であるが、同時に「支配のための」原理という意味で支配的である。

「文明化の使命」という表現は、一九世紀の帝国主義時代に植民地支配を押し進めようとした西欧列強の自己弁明の言葉として普及し、露骨な植民地主義の表明として理解されてきたのであるが、しかしこの言葉は同時に西欧世界の存在理由を示す言葉であり、諸国家の統治の原則を示す言葉でもあった。先に述べた六〇年代における「国内植民地」にかんする論議は、国民国家の統治原理が本質的には植民地主義的であったことの発見と告発を含んでいる。また文明概念が右に述べてきたようなものであり、六八年革命の本質が文明批判であると考えれば、六八年革命がヴェトナム反戦運動に連動していたことの意味が、より明快に理解できるのではないだろうか。六八年に先立つさまざまな革命はいずれも反文明的な要素を多少とも含んでいたと考えられるが、これほど明確に文明を批判の対象とした革命は西欧世界においては六八年が最初だろう。その意味で、六八年は西欧的な世界における最初の「自己批判」的革命であった。

文明の根底的批判をめざした革命、という観点から眺めれば、六八年革命の特徴とみなされていたさまざまな主張や出来事の意味が異なって映るはずである。例えば、六八年革命が提起している重要な問題でありながら、あまり注目されないで終わった科学技術の問題。六八年の学生運動は、ヴェトナムにおける殺人と侵略に加担している大学での科学研究を早くから批判してきた。それは「コロンビア宣言」にも表明されているが、ドゥチュケのいたベルリン大学やコーン＝ベンディットのナンテールやソルボンヌにおける発言でもくりかえされている。これは文明の根底的な批判につながる問題であった。ジェスマールのいたSNESupも、この問題についてきわめて敏感であり、六八年五月二八日付の「情勢分析」の第一の項目「フランスにおける教育体制の危機と、現在の大学闘争」の冒頭にあげられているのは「科学革命」であった。この文書には、大学における試験や検定にかんして次のような記述も含まれている。

われわれは、伝統的な形での能力検定に、根底的に異議を申し立てる。なぜなら、それは、われわれの文明システムにおける、知識のもつ、強制的な、権威的な役割を映しだしているからである。(『学生革命』一四一頁)

もうひとつの例として、私の心に焼きついて離れない、ふたつの「壁の言葉」をあげておきたい。

人が来る前には森があった(La forêt précède l'homme)
人のあとには砂漠が残る(Le désert le suit)

産業化がわれわれを脅かす(L'industrialisation nous menace)
ゴムの乳首が社会を肉食にする(Les tétines en caoutchouc rendent la société carnivore)

こうした言葉は当時の流行語に合わせて「消費社会」批判とみなされていた。それはそれで間違っていないだろう。だがここに記されている言葉の射程はもう少し遠く深いのではないか。森を切り開き砂漠を残したのは、「文明化された」人々であるが、彼らの歴史は長い。またゴムの乳首を吸って育ったのは、この言葉を書いた若者たち自身であり、彼らは「肉食化された」自分自身を変えなければならない。「生活を変える」とは、そうした日常性の深部で行われる「自己批判」「自己変革」にかかわっていたはずである。そして実際、彼ら彼女らは、革命家や活動家にならなくとも、エコロジストとして、あるいはフェミニストとして、あるいは普通のサラリーマンとして、何らかの形で日常生活における反文明的「長征」を続ける意欲を持ち続けており、それが六八年世代のひとつの特徴となっている。

文明批判としての祭り

ここで「祭り」とその「文明批判」的な側面について記しておきたい。六八年五月の祝祭的性格についてはすでに多くの指摘があり、誰しも認めるところであろう。だが、それはいかなる「祭り」であったのか。またそもそも現代的な「祭り」とは何かについて、これまであまり説得的な説明はなされていないように思う。アンリ・ルフェーヴルの『パリ・コミューン』における祭りの記述が六八年五月を予感させるような内容をもっていたことはすでに述べた（本書三〇〇頁参照）。ルフェーヴルは「祭り」がパリ・コミューンに固有のスタイルであり、また現代の革命は「祭り」のスタイルをとる傾向にあることを述べているのであるが、その限りにおいてこの指摘は六八年革命についても適合的であろう。しかし、一八七一年のコミューンの祭りと一九六八年の祭りとの共通点と同様、その大きな違いにも注目しなければならないだろう。ルフェーヴルはパリ・コミューンについて「革命的祭りであるとともに大革命の祭り」と書いている。「祭り」の定義の第一は伝統、つまりそれがくりかえされ「回帰」することであろう。しかし六八年は七一年が大革命を祭るような仕方では祭らない。六八年はむしろ革命的伝統をなつかしみながらも断絶と切断を祝う祭りであった。

パリ・コミューンは、祖国を侵略した外国（プロイセン）の軍隊と売国的で抑圧的な自国の保守政権に反対して武器を取って立ち上がったパリの市民（財産を奪われた者とプロレタリア）の革命であり祭りであるが、六八年五月は武器を持たない若者たちの反抗であり祭りであった。ルフェーヴルはコミューンについて「パリの人民が自分自身に捧げ、かつ世界に示したひとつの祭り」と書いているが、六八年五月は、第三世界の問題を自らの内に抱えこみながらも、若者たちが世界同時的に、つまり世界的な連帯のなかで闘い、祝った革命であった。パリ・コミューンにもマルクス派とプルードン派の闘いがあったが、六八年にはマルクス主義はすでに、社会主義圏の国家権力と国家イデオロギーとなっており、六八年革命はすでに体制のイデオロギーとなっている資本主義と社会主義の双方に対する抵抗運動であった、等々。マルクスはパリ・コミューンにフランス的な「祭り」を発見したのであるが、革命に祭りを見出し、革命と祭りを一体化するのは、むしろアナーキストの側であろう。

六八年六月のおそらく一三日か一四日ではないかと思う。あらゆる抗議デモが禁止され、過激派小集団のほとんどすべてが非合法化された後の、人気の少ないソルボンヌの回廊に張り出された二枚の紙片を発見し、そこに記された言葉を読んで私は妙に感動し心を打たれた。そのひとつの文面は次の通りである。

革命は一種の祭りである。
われわれに協力してあらゆる国に
民衆の永続する壮大な祭りの火蓋を切れ
芸術家たちよ、街頭に出よ
行動的なストライキを行え
革命の祭りを組織せよ
生命の太陽と歓喜のために権利を要求せよ

この「壁の言葉」は、六八年五月の学生たちの気分をよく伝えている。だが少し調子が良すぎはしないか、と思って普段の私ならそのまま見過したかもしれない。私がこの言葉に心をひかれたひとつの理由は、この紙片が、すでに学生たちの敗北が明らかになった時点で張り出されていたことがあったと思う。だがもうひとつ大きな理由があって、それは次の言葉が並べて張られていたからだろう。

黒人は死をおそれない

われわれは常に死んでいく
われわれは君たちの牢獄で死んでいく
われわれは君たちのゲットーで死んでいく
われわれはまいにち幾千となく死んでいく

牢獄やゲットーで死んでゆく人々の訴えに耳を傾け、自分の内面でそれを自分の声とすることができたとき、私たちは初めて祭りとしての革命に参加することができるのではないだろうか。

怒りと喜び

六八年革命の祝祭的性格を一語で要約するのは意外にむずかしい。「反文明」というのがおそらく私の考えに最も近いのであるが、それを納得していただくためには、私がすでに述べた文明の抑圧的側面、つまり計算、秩序、権威、支配、開発、搾取、等々を説明する必要があるだろう。だが、こうした文明理解は、一般に普及している文明概念とはかなりかけ離れている。また「反文明」とは私の考えでは、文明化される以前の世界、つまり原初的な世界への回帰を意味するのであるが、この「原初的」という用語の使い方はおそらく正しくない。私が思いつく単語は、原始、自然、野蛮、ソヴァージュ、ヴァナキュラー、等々であるが、いずれも少しずつずれていて適切な言葉が見つからない。いろいろ考えあぐねた末に、私は私の六八年五月の祝祭のイメージに最も近い、したがって読者の皆さんに読んで（あるいは見て）いただきたいテクストをふたつ選んで、以下に提示することにした。

第一のテクストは、ジョルジュ・ヴォリンスキーとクロード・コンフォルテス（音楽はエヴァリスト）の芝居。タイトル（Je ne veux pas mourir idiot）の訳がむずかしいのだが、仮に「愚か者で死にたくない」「馬鹿にされたまま死んでたまるか」などと訳しておこう。気分としては「このまま死んでたまるか」といったところだと思う。二〇年後に出版されたテクストに収められたコンフォルテスの説明によると、この芝居はまさに六八年五月の群衆のなかで生みだされたもので、六八年の秋から六九年にかけて、フランスやベルギーで四〇〇回以上も上演されている。五月の雰囲気を最もよく伝えている作品のひとつで、現在でも上演され、ネットでも見ることができるようであるが、残念ながら邦訳は出ていない。

もっともここで私が読者に見ていただきたいのは芝居の脚本ではなくて、この芝居が収録されているLPレコード（六九年六月発売）のジャケットの絵の方だ。ヴォリンスキーが描くこのジャケットは、一目見て分かるように占拠中のオデオン座を思わせる。芝居の脚本では、登場人物はもっと少なく、六人の俳優が一一の役（女子学生、ミス・ユニバース、あばずれ、若い労働者、外国人、弾き語りの歌手、警官、遊び人、演説家、やせ、太っちょ）を演じていたようであるが、この絵のなかではヴォリンスキーはもう少し自由に想像力を働かせている。むしろこれこそがヴォリンスキーが芝居で描きたかった祝祭的世界だろう。

舞台の中央には警棒をふるう男がいて女性が倒れている。弾き語りの歌手、オーケストラ席では男女の団員が好き勝手な演奏をしている。二階ボックス席には法王と上流紳士たち、その下には毛沢東の肖像と赤旗を掲げたマオイスト集団、その隣で入浴している女性は娼婦だろうか。平土間もさまざまな異質な集団で混雑をきわめているが、その中央で大きく股を開いた産婦と取りあげられた赤ん坊（男子のようだ）。右の手前には警察車と警棒を持った警官、「最後の闘い」を

「馬鹿にされたまま死んでたまるか」のレコード・ジャケット（著者蔵）

叫ぶ黒服の集団がおり、爆弾も投げ入れられた様子である。そして左手にはさまざまな服装をした怪し気な人物たち……全員が叫び、歌っている。オージーと言ってよい底抜けの混乱と無秩序、笑いと熱狂。この破天荒な芝居のなかでは、学生も警官もサラリーマンも法王も詐欺師も娼婦も子供も外国人も革命家も音楽家も泣き叫ぶ子供も編物をする主婦もいる。ありとあらゆる年齢と国籍、あらゆる職業と階層の人々が、叫び、笑い、自分の意見を言い、そしてその切れ目にはエヴァリストのシャンソンや革命歌と「馬鹿にされたまま死んでたまるか」というライトモチーフがくりかえされる。くりか

えされる基調低音は「このまま死んでたまるか」という虐げられた者の怒りのつぶやきだが、しかし決して暗くない、むしろ反抗の喜び、解放の喜びに溢れた底ぬけに明るい芝居だろう。「このまま死んでたまるか」という怒りのつぶやきと反抗の喜びは、六八年五月とそれ以後の諸事件、そして二〇〇五年秋の郊外暴動をつないでいるのではないだろうか。

幸福な出会い

祝祭としての革命。爆発的コミュニケーション。六八年五月の際立った現象のひとつは、人々が一斉に喋りはじめたことである。それは五月の本質をなす事件であった。サルトルは「言葉の爆発」についてくりかえし語っており、ロラン・バルトは「出来事のエクリチュール」でその独自な現象を分析している。ミシェル・ド・セルトーは、この現象について「パロールの奪取」と題する文章を書いた(『パロールの奪取』佐藤和生訳、法政大学出版会、一九九八年)。言うまでもなく、大革命の「バスチーユの奪取」を念頭に置いてのことである。この問題を論じ始めれば、セルトーの例が示すように一冊の本を必要とするだろう。だがここではモーリス・ブランショの短い魅力的な文章の引用で止めたい。この文章の中には私の理解を超える部分があり、部分的に異論がないわけではない。しかし六八年五月と祝祭の問題を考えるとき、私はいつもこのテクストに還っていくようだ。まず自分の目で読んでいただきたい。ここではブランショの文章に何の解説も加えず、読者の前にそのまま投げ出したいと思う。

六八年五月は、容認されたあるいは期待された社会的諸形態を根底から揺るがせる祝祭のように、不意に訪れた幸福な出会いの中で、爆発的なコミュニケーションが、言いかえれば各人に階級や年齢、性や文化の相違をこえて、初対面の人と彼らがまさしく見なれた——未知の人であるがゆえにすでに仲のいい友人のようにして付き合うことができるような、そんな開域が、企ても謀議もなしに発現しうる（発現の通常の諸形態をはるかにこえて発現する）のだということをはっきりと示して見せた。

〔……〕「伝統的革命」とは逆に、権力を奪取してそれをもうひとつの権力に置き換えることや、バスティーユなり冬宮、エリゼ宮あるいは国会なりを占拠するといったさして重要でもない目標があったわけでもなく、また古い世界を転覆することがねらいだったのでもなく、各人を昂揚させ決起させることばの自由によって、友愛の中ですべての者に平等の権利を取り戻させ、あらゆる功利的関心の埒外で共に在ることの可能性をおのずから表出させることこそが重要だったのである。誰もが語るべきことを、時には書く（壁の上に）べきことをもっていた。では何を？　それはたいして重要ではない。語るということが、語られるものにまさっていたのだ。詩が日常のものとなっていた。抑制なしに現われるという意味での「自発的」なコミュニケーションは、闘争や討論、意見の対立があるにもかかわらず、透明で内在的な、コミュニケーションそれ自身とのコミュニケーションなのであり、そこでは計算をこととする知性よりも、ほとんど純粋といっていい（ともかく軽蔑も、高尚さも低劣さもない）沸き立つ情熱が表明されていたのである——だからこそ権威は覆され、あるいはほとんど無視され、いかなるイデオロギーもそれを取り込んだり自分のものだと主張したりすることのできない、未だ嘗て生きられたことのなかった共産主義の一形態がここに出現したのだと、人びとは感じとることができたのだ。しかつめらしい改革の試みなど存在せず、あるのはただ(それがために極めて異様な)無辜の現前だけだった。(ブランショ『明かしえぬ共同体』西谷修訳、ちくま学芸文庫、一九九七年、六四―六五頁)

「革命」と「私」

私は本書の冒頭(「はじめに」)で、「「六八年革命」は「私」が語り始めた最初の革命であった。そしてそのことは「革命」の概念を根底から変え、同時に「私」の概念を変えてしまう」と書き、その兆候を示す「壁の言葉」をいくつか引用した。その結果、「革命」と「私」、あるいは「革命」と「私」の関係がいかに変ったかを説明することは、本書に課せられた義務のようなものになってしまったと思う。六八年革命の革命としての新しさ、ブランショが右の文章で指摘しているような「伝統的革命」と「六八年革命」との違いは、本書のこれまでの記述で、十分明かにされていると思う。だが「私」の変容については、まだ釈然としない読者も多いかもしれない。ここでもう一度、「私」の問題にかえって要約的なまとめを記しておきたい。

私=自我の問題は、戦後(あるいはより広く、近代)日本における思想的な課題の中心にあったと言ってよいだろう。戦後の進歩的知識人は、「革命」「民主主義」「近代的自我」という近代主義的な三位一体の呪縛から解放されるまでに、多くの時間と多くの努力を必要としたのではないかと思う。それは私自身にとっても切実な問題であった。六八年革命はこの三位一体の虚偽を暴くという点でも決定的な契機となる事件であった。だが呪縛は解かれたとしても残された「私」の問題をどう処理すればよいのであろうか。この問題について多くの議論が行われ多くの書物が書かれている。私自身もいくつかの試論を書いている（例えば近代的自我を支えるネイションや文化概念の批判的検討、文化やアイデンティティ概念と国民国家の構造的類似の指摘、多文化主義論、等々――『国境の越え方』一九九二年、『地球時代の民族・文化理論』一九九五年、あるいは『〈新〉植民地主義論』所収の「グローバル化時代のナショナル・アイデンティティ」と題した論考、二〇〇三年、等を参照いただきたい）。

だが、私＝自我の問題で、私が最も大きな刺激を受け、最も深い感銘を受けたのは、六八年五月のソルボンヌやオデオン座の祝祭的な情景であり、それを見事に表現しているブランショの右に引用した文章であった。そこには六八年五月の革命＝祝祭の場に現出した、新しい私＝自我の姿が的確に描き出されている。もう一度、読んでいただきたい。ブランショは「爆発的なコミュニケーション」という言葉を強調した上で、不意に訪れた幸福な出会いの瞬間を次のように描いている。

> 各人に階級や年齢、性や文化の相違をこえて、初対面の人と彼らがまさしく見なれた――未知の人であるがゆえにすでに仲のいい友人のようにして付き合うことができるような、そんな開域〔……〕ことばの自由によって、友愛の中ですべての者に平等の権利を取り戻させ、

あらゆる功利的関心の埒外で共に在ることの可能性をおのずから表出させる〔……〕。

共に在ることの可能性。「私」論は個々人の差異に関心が集中しがちであるが、ここで問われているのは、自由で自発的なコミュニケーションの可能性とそれを保証する条件であり、何が語られるかさえも二義的な問題である。これは極めて独創的な「私論」であり斬新なコミュニケーション論だろう。「沸き立つ情熱が表明され」る「透明で内在的なコミュニケーション」、それを保証する場において自発的に変容をとげた「私」であった。ここでロラン・バルトの「読者」の定義（「多元性が収斂する場」「あらゆる引用が、一つも失われることなく記入される空間」本書二九一頁）を想起するのは見当違いではないと思う。そこでは私は独自であって同時に無名の存在であると言っても良いだろう。「壁の言葉」がすべて無署名であり、パリ市中に張られた「人民アトリエ」のポスターがすべて無署名・共同制作であったことが思い出される。

「未だ嘗て生きられたことのなかった共産主義の一形態がここに出現したのだと、人びとは感じとることができたのだ」というブランショの証言を、私は幾分かはその場に身を置いたことのある者の一人として、承認したいと思う。それはマルクスがパリ・コミューンにかいま見た、国家の死滅後の未来社会像であり、アルチュセールが五月の高揚のなかで夢想した、社会主義という過酷な移行期の果てに予見される、「市場関係の不在」すなわち「階級的搾取と国家支配の不在」によって条件づけられた未来社会のイメージでもあった。

それはユートピアにすぎないという反論が直ちに寄せられるだろう。だが既成の秩序のなかで既成の概念を使って冷静に組み立てられた未来社会像と、六八年五月のような祝祭的革命のなかに現出した未来社会像のどちらを信じるかと問われれば、私は躊躇なく後者を選びたいと思う。

最後にもう一度、「壁の言葉」にかえり、「革命」と「私」の関係にかんするふたつの言葉を引用して本書のとりあえずの締め括りにさせていただきたい。

アナーキー、それは私（L'anarchie c'est je）（ナンテール）

革命、それは私のこと（La Révolution, c'est le Je）（ソルボンヌ）

あとがき

本書の編集に当たった方々が、六八年五月のパリの熱狂と祝祭的な気分を表わすさまざまな工夫を施してくれたことに感謝したい。

本書は幸運にめぐまれて誕生した。だがその幸福な外観にもかかわらず、本書の執筆が難行したことも記しておかなければならないだろう。執筆が難行したのは、「六八年革命」の重要性と複雑さによるところが大きいが、同時にそれを捉える方法の問題があったと思う。

世界史的な大転換期の新しいタイプの「革命」を描くためには、新しい手法が必要であった。したがって本書の執筆は、私にとって六八年を描くにふさわしい方法の暗中模索を意味することになる。成功するか、失敗するかは別として、それは当然、既成の歴史記述とは異なる、回想記や自伝でもない、新しいタイプの記述の試みになるべきはずであった。

六八年は「私」が語り始めた最初の革命であったとすれば、その「私」をどのように描けばよいのであろうか。私は偶然その場にあった「私」自身の体験や記憶にこだわり、その「私」とのかかわりにおいて、この新しいタイプの「革命」を描こうとした。それ以外に六八年を描く方法は私には考えられなかったからである。だがこのやり方は「私」を描こうとするときに不可避的なさまざまな困難、快と不快をひきこんでしまう。

出来事はその場所を離れては存在しない。当時、偶然、京都ではなくパリにいた私は、本書では外国人「偽学生」という視座を設定して、出来事の復原を図ると同時に、その場所と時代のイデオロギーからわが身を引き離すという、一見矛盾した作業を同時に行うことになった。しかもその時代はいまだ終わっていない。執筆が難渋している間に、ふたつの大きな事件が起こり、そのことが執筆をいっそう難渋させることになった。

そのひとつは、二〇一〇年一二月一七日に、チュニジアのシディ・ブジッドで失業中の青年が抗議の焼身自殺を図った事件から始って、チュニジア全土に及び、さらにエジプトその他の近隣諸国に波及していった「ジャスミン革命」（「アラブ革命」）である。テレビの映像を見て、私は一瞬、六八年五月の再来ではないかと疑った。

それは自然発生的な、武器を持たない民衆の、とりわけ若者たちの、怒りの爆発であると同時に、解放と歓喜の祝祭型の新しいタイプの革命である。そしてその背後には新自由主義的なグローバル化が周辺部に及ぼした経済の深刻な状況がある……。アラブ世界の専門家たちが語るこうした言葉は、ほとんどそのすべてが、六八年革命について語られた言葉と一致しているのは驚くべきことではないだろうか。今もなお続いている「アラブ革命」は、「八九年革命」や「郊外暴動」と同様、世界史的な転機としての「六八年革命」の意味を改めて問い、新たな照明を投げかける事件であった。

第二の事件は、二〇一一年三月一一日に発生して、その想像を絶する被害と後遺症が今も続いている（おそらく今後、何十年も続くであろう）東日本大震災と福島の原発災害である。それが日本の局地的な事件でなく、世界史的な事件であることを指摘したのは、日本の報道よりもむしろ外国の報道であった。この六八年革命と一見無縁に見える事件は、六八年革命の意味と本質を改めて考えさせる。私は本書で六八年革命の「反システム」「反近代」「反文明」的な運動としての性格を強調した。世界の諸国は、六八年革命を鎮圧した四三年後に、彼らが発した根本的な問いや批判に改めて直面しているのである。だがここで今私たちが問題にすべきなのは、文明や科学を生み出さざるをえなかった「人間の性《さが》」などではなく、現に私たちの生活を危険に晒している、具体的な「国家」の政策や「資本」の動きであり、科学技術の政治性だろう。

東日本大震災と福島原発が図らずも暴き出したもうひとつの問題として、被災地における国内植民地的状況がある。原発地図を見れば、福島に限らず、原発が置かれているのは周辺部の貧しい農村・漁村地域が多い。原発で働く現地の労働者の多くは、かつての農民や漁民である。同じ状況は日本各地の臨海工業地帯についても言えるだろう。また地震や津波の被害が深刻化しているのも、多くは貧しい周辺地域であることをどう考えればよいのであろうか。「新植民地主義」「国内植民地」といった用語と概念を当てはめることによって見えてくる現実が現に存在していることを、テレビの映像は私たちに教えている。

二〇一〇年五月のパリ再訪についても記しておきたい。本書の原稿を書き始めて数日もたたないうちに、私は自分の記憶力に疑問をもち始めた。それは資料の不足といったことではなく、四〇年も昔の出来事のある種のリアリティを呼びさますことの困難であった。ある種のリアリティとは、六八年世代、つまり当時の若者たちの表情や肉声であり、五月の街の風や空の色であり、草花や樹木の匂いであり、靴の下に感じる舗石の堅さであり、ソルボンヌの回廊や階段教室の冷たく澱んだ感触、等々であった。私は直ちにパリを再訪して、旧友や新しい友人たちに会い、可能な限り街を歩いてみた後でなければこの本は書けない、と思いこんでしまったようである。

パリ滞在は五月一〇日から二一日までの短期間であったが、バスチーユ広場に面したホテル（バスチーユ通り一番地）に投宿し、できるだけ多くの人に会って話を聞き、パリの市中を歩き、ナンテールや郊外のサン＝ドニにも足をのばすことができたのは幸運であった。以下、感謝の気持をこめて、その一二日間に会って話を聞くことのできた知人や友人たちのせめてお名前だけでも記させていただきたい。私が本書の記述の真実性にいくらかでも確信をもちえたとすれば、それはこのときにお会いした十数人の六八年世代の方々の、その後の四〇年にわたる生活と生き様を多少とも知りえたことが大きいと思う。

ミシェル・ポソム（美術大学教授・建築家）、マリー＝フランソワーズ（アレクサンダー・テクニーク教師）、マリー＝フランシーヌとジル・シオネ（太宰治の読者たちを映した『日々の呟き［La vie murmurée］』の監督）、ピエール・ラリー（ドキュメンタリー映画監督）、エレーヌ・ベルナディンと家族の方々、ジャン＝ジャック・ラビア（元ナンテール大学教授）、コリーヌ・グアション（編集者）、ジョルジュ・ブリュノー（画家）、マーシャ・アルベルティーニ（公務員）、ピエール＝エドモン・ロベール（ソルボンヌ大学教授）とそのゼミ生たち、マーガレット・イヤセラ（元ニース大学教授）、ヒデヤ・マツモト（数学者）。以上、お会いした順に記したつもりであるが、人によっては何回も会っていたりするので順不同である。

最後に記したヒデヤ・マツモトとマーガレット・イヤセラは六八年五月の熱狂を共にすること

ができた仲間であった。私の「記録」に幾度か登場し、さまざまな場所に「同行」し、フランスの知的・政治的状況を教授してくれたのはヒデヤであった。またマーガレットは本書執筆中にも文献や資料調査など遠方からの協力を惜しまなかった。お二人には長い歳月にわたりたいへんお世話になり、たいへんな迷惑をかけている。この機会に改めてお礼の言葉を記させていただきたい。

六八年問題は、結局、私の全生涯にかかわる問題であった。友人や先輩や恩師や、その他偶然に出会って話をかわした人々も含めて、私は実に多くの人々の顔や言葉を思い出しながら本書の文章を書いていた。その中には本書に登場した人もいるし、あえて名前を記さなかった人もいる。本書の執筆にかんしても直接、間接に実に多くの方々のお世話になった。いちいちお名前を記すことはできないが感謝の気持を記させていただきたい。なお本書にはさまざまな著書、翻訳書からの引用が多い。利用させていただいた書物の著者、訳者の方々にお礼申しあげたい。また六八年当時に出た書物には、引用に際し人名等々統一のため勝手に訂正させていただいたところがあることをお許し願いたい。

自他の記憶によるところが大きい本書には、思い違いや読み違いもあると思う。ご指摘いただければありがたい。また反論も多いと思う。ご批判、ご叱正がいただければ幸いである。六八年五月のような自由で開かれた討論の場が実現すればどんなにいいだろう。

最後に、さまざまな意味で常軌を逸した本書の出版をお認めいただいた平凡社のご好意と、直接編集を担当していただいた新書編集部の松井純さんと昼間賢さんのご尽力に感謝したい。松井さんの英断がなければこの本は世に出なかったと思う。またソルボンヌで学び、長期にわたるフランス滞在の間に、文学を中心に郊外の問題にも深い関心をもって研究を続けてこられた昼間さんとの出会いは本書の幸運であった。

（二〇一一年六月一三日記）

わたしたちの一人として

西川祐子

はじめに

『パリ五月革命　私論——転換点としての68年』は、完成された作品である。著者西川長夫とわたしは二〇一〇年、事件の四二年後の同じ季節のパリで、本書を書くための回想インタビューと野外調査および文献調査を行った。著者はその後一年を費やして旅日誌、映像と録音による記録、新聞雑誌、冊子とビラなど、一九六八年から保存してきた資料を読み直し、自身が同じテーマで書いた過去の文章を含む参照引用文献と改めて対話しながら本の全体を構成、統一した文体で書いた。わたしは年表と文献表を作成した。二〇一一年七月に平凡社新書595として出版。西川長夫はその後一年して療養生活にはいり、二〇一三年一〇月に胆管癌にて死去。書き下ろし作品としては本書が彼の最後の作となった。

わたしはこの完結した作品を解説する立場にない。著者が最初に書いているように、一九六八年当時、同じ空間と時間を生きたため、作品と著者を解説し批評するために必要な距離をとることが、わたしには難しい。完成作品をより強固に補強することもわたしの能力を超える。編集部からは、著者がつねに持ち歩いていたカメラのこちら側にいたもう一人のわたしが見たこと、聴いたこと、触れたことを語れ、という助言があった。あの年、わたしと友人たちはカメラの向こう側にもこちら側にもいて、無数のわたしたちはたくさんのことを語り合った。

書きはじめてからも、わたしが書くこの文章が「私論」の著者のテクストに混乱と破綻をもたらさないか、という不安がある。しかし、読者もまた綻びから作品の内部に侵入し、多声合唱にくわわるなら、どうだろう。完成した作品はふたたび混沌のなかから新しい命をくみあげはしないか。埋葬が重要なのではない。死者の言葉が生者の声と合わさってよみがえる再生を願う。

1 陰鬱な冬にむかえられて

一九六七年の一〇月、パリ到着後はじめて入ったカフェで、もっとも安いメニューをさがして見回すと、通りに面したガラス窓に couscous（クスクス）と白い絵具で書いてあった。小麦粉の小さな粒の粉食に香料のきいた肉と野菜のスープがかかる北アフリカ、マグレブ圏起源の食物だが、わたしたちは何も知らなかった。相方はフランス語では語尾の s は発音しないはずとばかり、クウクウと発音したものだから、ギャルソンはわざと聴こえないふりをする。窓ガラスに書かれた字を指さすと周りのテーブルからクスクス、クスクス、クスクスと忍び笑いではない陽気な声がいくつもあがった。見回すと食事中の男たちの破顔一笑があった。自分の皿を指さしてこれだい、と教える男がいる。白い顔、黒い顔、しかし黄色はすくない。ポルト・ドルレアンにあった大学都市よりも停留所ひとつだけソルボンヌに近いアレジア駅近くではなかったか。大学都市の日本館に夫婦用の部屋がなく、近くのホテルで待機中であった。あたりは大学都市の駅と同じくパリ南、庶民的なまちであった。

幸先はよさそうだった。やっと大学都市のオランダ館に入居した。西川長夫はロラン・バルトから招待されたフランス政府給費留学生、わたしは選抜試験をうけた給費留学生だった。わたしたちは日本の大学の専任講師となる二年前までがそうであったように、もう一度奨学金とアルバイトで生きる学生生活にもどった。それはむしろ嬉しいことであった。一度教壇に立った後にふたたび、受講者席に座ることによる発見があまたありそうで、どきどきした。

ところが自分でも思いがけないことに、わたしは一九六七年から六八年にかけての冬のあいだパリという都会に全然、なじめなかった。給費留学生試験の年齢制限最後の年に思いきって受験、幼児二人の子どもを京都市内に住む双方の親たちにゆだねての出立だった。パリに到着して年末まで二カ月あまり、わたしは垂れこめた曇り空からのしかかってくるような石の高層建造物と、かたい敷石と、大小の広場、交差点に立ついかめしい顔立ちの銅像、石像から強力に拒否されているという不安と圧迫感にさいなまれた。パリの冬は夜が長く、日中も暗く凍える。陰鬱だった。京都から履いてきた日本製の靴は底が薄くてまるで冷たい石畳の上をじかに歩くようであった。雪や氷をふむと水分が靴にしみこみ冷気がのぼってきて体中の震えがとまらない。

先輩たちが書いてくれた、荷物にいれてもってくるべき品リストには、ボールペンや靴下、ナイロンのストッキングまで書いてあって不思議であった。一ドルが三六〇円、外貨持ち出しは制限され、フランスの物価は高く、日常用品はわたしたちに買えない値段ということだ、と着くなりにわかった。それだのに最初の買い物が頑丈な革製ブーツであった。これなしには冬が越せない。次の年の五月に瓦礫のなかを長時間歩くためにも役立った。茶色の長靴は靴箱のなかで場所をしめたが、その後二〇年、三〇年と、履きつづけた。

二カ月間、わたしは自分の好物だと思っていたチーズを口に入れることができなかった。乳製品をうけつけないのではなく、どうやら発酵食品の「地の味」と匂いがよそ者の参入をはばんでいると感じるらしかった。パリの地下鉄にはラッシュアワーが四回あった。勤め人たちが昼食を自宅で食べてもう一度職場に戻る。ふたたび職場へ戻る電車のなかにたちこめる食後の匂い、とくにワインとチーズの濃厚な香りに撃退された。体臭を消すためにふりかけているらしい香水の強烈な匂いが追い打ちをかけた。当時、都市では住宅に浴槽がないのがあたりまえであった。大学都市の宿舎でもホテルでも、一人分のお湯の定量が決まっていて、それをうまく使いこなすまでに時間がかかった。日本の都市生活にはつきものであった銭湯はむろんなく、駅でようやくみつけた有料のシャワールームは狭く不衛生に思えた。

それでも衣食住という生活の基盤が保障されたありがたさは身にしみた。大学食堂の食事は不味いという定評があったが、わたしはそうは思わなかった。まず食材が本物であることに驚いた。京都の生活ではハム、ソーセージといえば、魚肉混合であるのが普通だったのに、パリ大学食堂ではシャルキュトリ（ハム・ソーセージ類）、バター、チーズそしてワインが混ぜ物なし、だ。二四時間以内に焼いたパンでなければ公定価格で売ってはいけない法律があるのに、刑務所と大学の食堂には捨てるべき古パンが回されている、ときかされても、焼いて二日目のパンを廃棄するなど考えられなかった。そのうち、学生たちがパリじゅうの大学食堂のどこの何が旨いかの情報交換をしており、大学都市には月一回クスクスの日に長蛇の列ができることがわかった。クスクスはおいしい。

大学に登録するに際しては、西川長夫はスタンダール研究で執筆に時間がかかるはずの「国家博士」に論文題目を登録しておき、他方でフランス現代思想研究に取り組むつもりだった。彼は国立高等研究院とソルボンヌの文明講座を中心にソルボンヌ界隈で時間割を組んだ。わたしはバルザック研究で、もともとはアメリカ人学生のための制度であったと思われるPh.D.にあたる「大学博士」に論文題目を登録、同時に現在のパリ第三大学、当時はソルボンヌ文学部のサンシエ分校、IPEF（外国におけるフランス語教育研究所）に通うという、語学講座と論文執筆準備のための文章講座を組み合わせて時間割を組んだ。高等研究院におけるロラン・バルトがバルザックの中篇小説『サラジーヌ』の記号論的分析を行う授業、ガエタン・ピコンがモデルニテ（近代性）について講じた授業には、一緒に出席した。

わたしは新設の私立女子大学から外国留学の機会を最初にあたえられた教師であった。フランス語教授法習得と論文執筆という現実的で具体的な課題を自分に課していた。わたし自身が教育をうけた日本の大学のフランス語フランス文学科では、文学と言語学の科目は必修であったが、語学教師になるための教授法の実践的授業はうけたことがないという自覚が、教師になることによって生まれていた。

論文について、わたしは「バルザックとダンディスム」というテーマを留学以前からきめて日本語で小論文を書いており、気に入っていた。京都大学文学部地下室書庫を散歩中に上田敏文庫と表記された本棚に近代の男性ファッション精神を創出したイギリス人、ブランメルの伝記をみつけ、バルザックの全体小説『人間喜劇』の登場人物のなかにダンディとよばれる最近流行の衣装に身をやつしてパリの社交界を渡り歩く不良青年グループがいることに気づいた。バルザックはファッション雑誌『ラ・モード』の記者から小説家になった。というか、不良仲間の一人が日刊新聞という新しいメディアを発明し、バルザックは彼と組んで新聞小説を書いた。『人間喜劇』の登場人物ダンディたちは革命に遅れて生まれ、老人支配の政治のなかで生き、資産に代わる想像力と美学でもって大衆を支配してゆこうとする青年たちである。バルザックとその仲間の自画像ということもできる。近代小説はメディアと流通機構の創出が前提であることが具体的にわかる事例だと思った。その発見が書庫のなかのフランス文学科書棚ではなく、英文科書棚の上田敏文庫であったことも面白かった。『海潮音』の翻訳者が英語、フランス語、ドイツ語、イタリア語に通じていることに不思議はないが、上田敏文庫の本棚を眺めると日本語も母語というより、同列のもうひとつの言語としてあつかわれているような気がした。

京都から指導教授を引き受けてほしいという手紙を書き、返事もうけとっていたソルボンヌのピエール＝ジョルジュ・カステックス教授からは自宅に会いにこいという手紙がきた。極東の列島から来た留学生がなんでまた「バルザックとダンディスム」という題名で論文を書きたいのか、と質問され、フランス国立図書館で『ラ・モード』誌の現物を読みたいから、と答えると、「その雑誌なら私は所有している」と言うなり、壁一面、天井まである本棚に自ら梯子をかけてよじのぼり、革表紙の装丁がなされた『ラ・モード』を一巻だけおろして見せてくれた。手彩銅版画によるモード絵が美しい雑誌なのだが、絵の頁には一枚一枚ハトロン紙をはさんで保護がなされていた。ソルボンヌ実証派を代表する文学史家がマニアックな美本収集家、蔵書家であることがわかった。豪華な雑誌はすぐさま書棚へ返された。

会見中にドアが開いてエプロンをつけたままの女性が何かを告げて出てゆこうとするのをひきとめると、教授は「妻です。彼女は独立した職歴をもっている。美容師です」とわたしに言い、わたしのことは「この日本から来た学生はバルザックとダンディスムという題で論文を書くと言っている」と紹介した。どうやら住居と接続して美容院があるらしかった。失礼ながら「髪結いの亭主」という日本語表現があるが、教授自身の収入はこの質量ともに群をぬく美本豪華本コレクションに投入されているということの堂々たる表明だったかもしれない。教授は「あなたが希望する論文題目は自分が記憶するかぎり、まだ誰も登録していないと思うが調べておく、まずは論文執筆資格を問う語学試験があるから、それに合格してからまた来なさい、今日はこれで終わり」と告げた。テーマは気に入られたものの、教授はわたしが論文を書くとは思っていないことは明らかだった。後で先輩たちにきくと、論文執筆資格の語学試験はソルボンヌ本校以外にはない。ソルボンヌに学生が集中するのをふせぐのが目的だったようだ。日本で選抜試験をとおって到着するやもう一度試験をうける気にはなれない。前もってそのことを知っている留学生はソルボンヌ以外に登録していた。

じっさい、最初の障害が次週に行われた試験だった。試験会場は大講義室で受験生は階段教室の席に間をあけて座り、ディクテ（書き取り）からはじまる。最初の一読を聴き、第二朗読で書きはじめ、第三朗読で点検して自分で二頁ほどの長文テクストをつくったうえで、テクストにもとづいた質問に記述方式で答える。ディクテ、エクスプリカシオン・ド・テクスト（テクスト解釈）、ディッセルタシオン（作文）というフランス教育の基本形式に型どおり収まる試験である。読み上げられたテクストはフロベールの『ボヴァリー夫人』であった。わたしの記憶には、翻訳で読んだ日本語の文章は鮮やかによみがえるのに、わたしの耳は朗読のフランス語単語を聴きとらない。フランス語綴りにことごとく躓く。敗北は明らかであった。

試験場を出て、サン＝ミッシェル大通りを歩いていると、大通りの向こうから、わたしの名前を呼ぶ声がした。まさかと耳をうたがい、目をこらすと、数年前、学部学生のときにフランス語教師として京都に赴任していたジュヌヴィエーヴ・フォンチエ先生が大通りの向こう側から手を振っている。こんなところで何しているの、と叫んでいる。わたしも同じ質問を大声でした。数年ぶりに再会した昔の生徒がフランスに到着するや試験に失敗したときくと先生は大笑いし、じゃあ、ディクテの特訓をしてあげるという。サバチカルをとってパリに一年間の滞在をする先生がサン＝ジェルマン大通りを入ったところにあるフリュステンベルク広場近くに借りたスチュディオに週一度かよった。広場にはドラクロワ美術館がある。三カ月後にもう一度挑戦した試験を通過できたのは、先生のおかげであった。

おなじく京都の大学院生時代に大学の授業のかたわら受講した日仏会館のフランス語講座の講師と事務長であったクヴァル夫妻にも再会、高齢だった両親の介護のため早期引退をしてノルマンディの村に住むクヴァル夫人にたいへん世話になった。ノルマンディの小さな村はわたしだけでなく、日本からの留学生たちの親元のような場所となり、その後も長年、フランスへ行くたびに必ず寄った。友人とわたしは後にクヴァル夫人と共著で、『ノルマンディの小さな村』（ドニーズ・クヴァル、西川祐子、松本カヨ子著、朝日出版社、一九八五年）と題したフランス語読本教科書を出版している。

留学後、わたしの日本における職業生活前半は、初級フランス語教師であった。ゼミをもつわけでないから、卒業生は誰に第二外国語を習ったかをほとんど覚えていない。フランス語では日本語の人差し指を「お粥指」と呼ぶ。パンをやわらかく煮た離乳食をこの指にのせて赤ん坊に吸わせるからである。わたしは学生たちに向かってひそかに、あなたたちは忘れても、ある言語を最初に誰に習ったかは、きっとどこかに残るよ、わたしは初級フランス語という離乳食をあなたたちに食べさせたのだから、とつぶやいていた。外国人にフランス語を教える特別訓練をうけた教師が誰でもそうであるわけではないが、クヴァル夫妻とフォンチエ先生に共通するのは、共和主義精神というか、政教分離、自由、平等、博愛、そして自立精神と共存する人間愛であった。

なお、本書の「あとがき」に謝辞が記されているマーガレット・イヤセラとわたしは、わたしが二回目にうけた語学試験の会場で出会った。午後一時半にはじまり、六時半の終了時間まで五時間、答案用紙を随時に提出、退出することになっていたので、終わると広い会場には試験監督のほかにはすでに誰もいなかった。ところが出口でもう一人の受験生がわたしを待っていた。「なぜそんなに時間がかかったの」と問われ、「だって二度目の受験だもの、失敗するわけにゆかないから」と答えると、彼女は「そんなに難しかった？」といぶかしがる。並んで歩きだすと会話するたびに見上げねばならない長身のイギリス人女性であった。そのまま西川長夫と待ち合わせをしていたソルボンヌ横の中華料理店へ行き、三人で食事をした。ずいぶん長い時間、なぜ待っていてくれたのか、と尋ねると、子どもの頃、父親がロンドン大学の寮で同室だった中国人留学生と交わしたおかしな唯名論論争、実在論論争、唯物論論争のことをくりかえし語ってくれていたので「東洋人ってどんなのかなと思ってユウコの様子を見ていたの」と答えた。高校生のときにすでにフランスの大学で英語の授業の授業助手をしたというマーガレットはパリをよく知っていた。五月革命がはじまると、連日のようにパリを三人で歩き、路上の大学から多くを学んだ。長夫は、好奇心でいっぱいのマーガレットとそしてわたしの用心棒役をよく果たした。

同じく謝辞がささげられているヒデヤ・マツモトとわたしたちはオランダ館の廊下をへだてた向かい合わせの部屋に住んでいた。彼はよく車でする週末の遠出に誘ってくれた。交通機関が止まった五月、六月のパリを、わたしたちはひたすら歩いたが、ナンテールまで行くことができたのは彼のおかげであった。数学者であるマツモトはレストランやカフェで休んでいるあいだに、紙ナプキンやテーブルクロス代わりの紙に長い数式を書きはじめることがよくあった。数学者の邪魔をしないように、その間わたしもまた、通りがかりの人たちの似顔を描いて過ごした。『ル・モンド』紙の報道記事や論説に出てくる難しい単語や略号の意味を解説してくれたのも彼であった。

2 サンシエ分校のわたしたち

本書に引用されている壁の落書きのひとつ「自発性／創造性／生」（本書一一二頁）は、地下鉄のサンシエ・ドーバントン駅からサンシエ分校へ向から途中にあるY字路分岐点からあおぎ見る建物の側壁上部に書かれていた。アナーキストが書いた、いやあれはシュールレアリスムそのものだ、などと言われていた。五月以前からあり、最後までのこった壁の言葉のひとつであった。あの頃はまだ壁の落書きにグラフィティという命名はされておらず、独特の書体も発明されていなかったが、落書きがむずかしい場所をえらんで書き、完成度の高い作品を尊重し、それよりもレベルの劣る作品を重ね書きしてはならない、というグラフィティの暗黙の約束がすでにまもられていた。

ようやく登録をすませると、わたしは学生生活をサンシエ分校の語学教授法の授業と文章講座を中心に組んだ時間割にしたがって、過ごした。言葉の壁はまだまだ厚かった。大学の授業以上に日常生活ではとくに言葉は知っているのに、その単語の指示物を知らない。三重苦のヘレン・ケラーはポンプから流れる水を手にうけた瞬間にサリバン先生がもう一方の手のひらに書いてくれた字から、記号とその指示物の関係を知ったのであるが、わたしは言葉と記号を先に教えられ、言葉の指示物を知らなかった。古本屋へ行き、フランスの小学校国語の教科書をそろえて、低学年から上級まで教科書を読んでいった。わたしたちのサリバン先生はやはりクヴァル夫人であった。はじめてノルマンディの村を訪ねたおり、草むらに手を伸ばした長夫が悲鳴をあげてしりぞいた。クヴァル夫人が、「ムッシュー・ニシカワ、その年齢になってオルチ（イラクサ）を知らないなんて！　フランスでは歩きはじめた子どもに最初にこれはイタイイタイの草だよって教えるのに」と言った。

サンシエ分校の講義はソルボンヌの大教室とはちがって小規模な演習室で行われることが多く、語学の授業の同級生のほとんどが外国からの留学生であった。一緒にフランス語教授法の授業をうけるうちに、わたしはフランス語学習に際しては、日本語を母語とする自分の困難の性質が、ほかの国から来た外国人学生それぞれの困難とはかなり違うことに気づいた。多くの同級生たちは耳から先にフランス語を自分のなかに入れてゆくのにたいして、わたしは視覚に頼って字を覚え、単語を覚え、単語の意味を日本語で理解していた。そこに有利点もあるが、わたしはとくに日常会話が苦手であった。

近代日本語の母音は五つに整理されているから、フランス語の母音一六をきちんと区別することがむずかしい。フランス語には主語人称代名詞があるのに、そのうえ動詞の人称変化があるのはなぜなのか。二人称単数と複数の使い分けは日本語の丁寧表現にあたるのか、どうか。そもそも日本語の敬語表現にあたるものがフランス語にあるのかないのか。初級フランス語では、男性名詞、女性名詞の別は最初から冠詞をつけて記憶し、その指示物のもつ男性性あるいは女性性とは切り離せ、と教えるべきだが、しかし中性名詞というカテゴリーのないフランス語文化には二分法が深く、深く食いこんではいないか。すでに日本でフランス語教師をはじめていたというのに、こういった初歩的な説明、理解がむずかしい。わたしはクラスのなかで黙しがちであった。

ところが各国から来ている年下の同級生たちは、屈託なく遠慮なく語りかけてくる。雛人形そっくりの端正な顔立ちをしたイシカワさんは、教師と同級生からしょっちゅうニシカワさんであるわたしと呼び間違えられていた。彼女は日本語が母語の人だと思っていたわたしは始め毎朝、

「おはようございます」と声をかけたが「ボンジュール」しか返ってこない。フランス語習得のためにに日本語を使わないようにしているのか、と思ったのでしばらく遠慮した。ある日彼女がわたしの前の席に座り、振りむくなりフランス語で、何学部の学生かと尋ねてきた。文学、と答えると、肩をすくめて「わたしの国チリでは悠長に文学なんか勉強している暇はない。わたしは政治経済で学位をとったら帰って国造りに役立てる。東京のおじいちゃん、おばあちゃんの家に行ったことあるけど、何もかも小さかったなあ、ボンサイとか」と言った。日系移民二世だとわかった。数年後、チリには軍事政権が成立した。その後の彼女の消息はわからない。共和主義信奉者の彼女が無事に生きているだろうか、と思った。

大学食堂で女の子に、タバコもってないかときかれたことがあった。わたしはタバコをすわない。疲れた表情をし、座っているのもつらそうに見えたので飲みものをとってこようかときくと、コーヒーをお願い、と答えた。一口すると、ポケットからくしゃくしゃの自分のタバコをとり出し、まだあの国のタバコをもってるなんてイヤだ、とつぶやいて捨てた。質問したわけでないのに、子どものときから、フランスに住む従兄と婚約をしているので出国できたの、パリには昨日着いたばかりだ、と東欧の国の名前をあげた。パリに到着して知り合いになった最初の友人だからこれから家に来てほしい、従兄に紹介すると言う。貧血で倒れそうな様子が心配だったので付き添ってゆくと従兄の家はユダヤ人街にあった。おとなしそうな青年が彼女に話しかける言葉はわからなかったが、知らない人を連れてくるなんて不用心だ、ととがめているようだった。

論文執筆予定の学生に文章法を教えるクラスでは、それぞれの研究計画を短く話すことを求められた。ケニアから来た男性が、論文についてというよりも帰国後にはじめる自然動物園計画について話し出した。ヨーロッパ系の学生たちがこらえきれないというように笑い出した。わたしには笑いの意味がわからなかった。思わず、「失礼でしょう、なぜ笑うの」と発言すると、だって鉄格子のはまった車つきの檻のなかに人間たちが乗って、動物たちが自由に外にいるなんてアベコベじゃないか、おかしいよと口々に答えた。サファリ・パークはまだ知られていなかった。

ようやく越年したころ、これはヴァヴァン通りにあったか、高等研究院のガエタン・ピコンの演習でよく隣席に座りにくる金髪のカトリーヌが、席には座らず、わたしの腕をとるなり、「ちょっと、早く来て」とわたしを教室から連れ出した。出口にはこれまたいつも彼女の隣席に座りたがる黒人の少年が立っていた。教室は学校らしくない豪壮な邸宅のなかにあった。カトリーヌが二人の手をひいて階段を駆け上がる。踊り場に大きな鏡がたてかけてあった。「ほら、わたしたちって三人の王様でしょ!」とカトリーヌが叫んだ。鏡には白人であるカトリーヌ、黒人である彼、そして黄色人種のわたし、三人が並んで立っていた。一月六日「王様の日」は、聖書によれば牛小屋の上に輝くベツレヘムの星をたよりに秣桶に寝かされた幼児キリストを礼拝するため東方から三人の博士がやってくる日である。

リセ(中等、高等学校)で生活学というか、日本の学校の家庭科と図画工作をかねた教科の教師だったニコリニーとはいったいどこで知り合ったのだろう。彼女がわたしに見せた地理の高校教科書の中国大陸東側には日本列島が描かれていなかった。「地理の教科書でしょ、地図になぜ日本列島がないの?」と尋ねると「きっと忘れたんだよ」と答えは簡単であった。おつれあいも一緒に夕食に招待するから、絶対に来てほしいと言われて二人で郊外の高層住宅の一室を訪れた。工作作品、各種人形、タペストリーなどが部屋せましと置かれていた。もう一人の招待客は彼女が勤務する高校の同僚という男性で、幸徳秋水で博士論文を準備しているという話だが、彼がほんとうに日本語を理解するかどうか、わたしたちと会話させて試すというのが、彼女の計画だとわかった。

奇妙な夕食時間であった。ニコリニーは「わたしは菜食主義者なの」と言い、つぎつぎと出てくるお皿にはすべて野菜が山盛りであった。相客は西川長夫の質問に緊張しきってまじめに答えている。わたしは飲めないワインに口をつけて、しまったと後悔した。マンションの窓のはるか向こうに空港へつづく高速道路が見えるのだが、さきほどから暗闇にひかる赤いテールランプの列が乱れはじめ、ゆっくりと蛇行がはじまっている。わたしがアルコールに弱いせいの幻覚だと思った。そうではなかった。ようやく帰宅することになって外気にふるえながら一歩ふみ出したとたん、主客四人ともが見事に転んだ。地面は固い氷におおわれており、はじめて遭遇したヴェルグラ、地面の凍結であった。車の列の蛇行は、そのせいであったのだ。わたしたち二人はニコリニーの客用寝室に泊めてもらうことになり、気の毒な同僚氏は歩いて帰った。

暖かくなった一九六八年五月四日、オデオン座の国際演劇フェスティヴァル、日本の部で上演された人形浄瑠璃『曽根崎心中』にニコリニーを招待した。冬に一晩泊めてもらったお礼がしたかったので予約をいれておいた。彼女の部屋にはマリオネットが飾ってあった。人形浄瑠璃に興味をもつかもしれない。本書一〇二頁「渦中の曽根崎心中」に書かれているように、人形のしぐさと三味の音、浄瑠璃の語り、は豪華な桟敷席のあるオデオン劇場が満席という日の聴衆を完全に魅了した。とりわけ道行の場面、針一本おちてもきこえそうなほど聴衆は息をのみ、静寂の後には割れるような拍手、立ち上がってのブラヴォーがつづいた。終演後、ニコリニーに「どうだった?」と尋ねると、「わたしこんなビザール(奇妙)なもの見たことないわ」という答えであった。ビザールはふつう、けなし言葉であるが、たとえばシュールレアリスム用語となれば価値が逆転する。わたしが出会った奇人の一人であるニコリニーは桟敷と平土間をながめわたして「トゥ・パリという評をもらったことがおかしかった。ニコリニーから人形浄瑠璃は奇妙である、といが来ているよ」とささやいた。トゥ・パリはパリを代表する有名人たちみんなを指す。わたしはロラン・バルトの授業の受講生たちの多くをみかけた。

3　五月革命の短い幸福な日々を文字と映像で記録する
——ソルボンヌ、オデオン座、バリケードとデモ、シャルレッティ競技場

本書の第三章2は「前兆」と題されている。それが前兆であったかどうかは、後になってからわかる。一九六七年冬の陰鬱と閉塞感の印象は異国からやってきて疎外感につつまれていたわたしだけのものではなかった。秋の学期始まりに、文部大臣は全国で約一九万人の新入生が予想されるが、一六万人しか収容できそうにない、と発言していた。実際、授業がはじまるとソルボンヌ大講堂には通路から教壇の上までやんちゃな受講生たちであふれかえり、そこに裁判官の法衣に似た黒い装束をまとって登壇する教授の、一二音節詩アレクサンドランのような荘重な調子で

発語される講義は学生たちの耳にとどきそうもなかった。フランスは近代的社会からその後の大衆社会への転換に苦しむという印象があった。カルチエ・ラタンではヴェトナム反戦と大学改革を標語にかかげたデモがくりかえされていた。六八年三月ソルボンヌ周辺ではすでに赤毛のダニー、コーン＝ベンディットの演説に耳をかたむける人が多かった。丸顔にそばかすが目立つ青年であった。

西川長夫が一九六八年五月に撮影した写真のうち、五月一日メーデーのデモ行進をうつした写真の枚数は、たった一日の撮影であったのにけっこう多い。モノクロのフィルムをいれた小さなカメラの撮影だったかもしれない。メーデーはハプニングではなく、予定どおりの行事であったから構図を考えて落ち着いてシャッターを切ることができたはずである。事件を撮影しているという意識はなかった。あたりはスズランの香りに包まれていた。パリ近郊農家では総出で早朝の森へ出かけ、スズランをつんで花束をつくり売りにくる。五月一日は労働者の祝典となる以前、花祭りの日であった。九二頁写真2では列の先頭に立つ女性たち全員が花束をもっている。後ろにつづく男性たちは上着のボタン穴に花をさしている。ＣＧＴ（労働総同盟）と職種別地域別組合の旗の下に整然と集まっているところは数日後にカルチエ・ラタンではじまる自然発生的デモ（写真39、40）とは違う。横断幕に書かれた組織労働者たちの要求は賃上げ、有給休暇の延長、労働時間の短縮であった。このデモはしかし、バスチーユ広場で流れ解散する頃には様子が変わっていた。カルチエ・ラタンから労働者との連帯をかかげてやってきた学生たちを中心に無数のグループ議論がはじまった。

本書第三章は、四月末から五月にかけての日刻みの記録となり、ついで時刻が記述されている。当時のわたしたちは何が起きているかを十分には把握していなかったのだが、ラジオのニュース報道と催涙弾の臭い、爆発音、歓声にときどき混じる悲鳴の両方に神経を集中することをはじめていた。ゼネストの拡大につれて五月二〇日前後からはガソリンスタンド、銀行に並ぶ人の列が長くなった。

しかし現場近くにいる人間にはかえって事態の全体がわからない。クヴァル夫人から「リンゴの花が咲いた。すぐ村へ来られたし」の電話をうけてノルマンディのルーアン行き列車に乗ったので、五月一〇日から一五日までパリには不在であった。わたしたちはそれでもカメラとトランジスター・ラジオをもって出かけていた。ルーアン駅からパリへ帰ろうとして鉄道のストライキがはじまり、パリ行きが止まっていることがわかると、逆方向へ向かった。アメリカ航路の出発港オンフルールで泊まってそこからカーン大学に寄り（写真9—12）、労働者のストライキが地方へ波及、地方大学でも大学改革を要求する闘争がはじまっているところを見た。ラジオのおかげで事態の全国的展開をなんとか把握、移動の手段とタイミングの判断をすることができた。

トランジスター・ラジオは到着直後に聴きとりに苦労した耳からのフランス語学習のために、京都から取り寄せていた。もうひとつの大きなカメラはミノルタであった。わたしの父親からの餞別だった。老いを感じはじめていた父にはずっしりと重すぎた。このカメラはシャッター音も大きかった。本書八一頁以降で著者自身が語っているように、写真撮影には覚悟が必要であった。八二頁に記されているソルボンヌの学生報道委員会から「許可証」をもらったのは五月二一日。

それからはとくに幻燈用のカラーフィルムを買うことが多くなった。幻燈は会場用であるから、写真家に伝えなければならないという自覚が生まれたということだろう。写真屋さんでは明るく発色するフジカラーをよくすすめられたが、夏に向かって午後の時間が長くなるパリを撮るには、地味色発色のコダックフィルムがよかった。彼は写真機で記録、わたしはノートを持ち歩いた。カフェの紙ナプキンやテーブルクロス代わりの紙に書いておくことも多かった。

カラー写真で見ると、パリの学生たちが張り紙、壁新聞、壁の言葉のほかに、衣装とパフォーマンスによる自己演出を行っていることがわかって今更に興味深い。黒と赤が流行色であった。後にロラン・バルトが黒旗／赤旗／三色旗の象徴表現について語っている。アナーキストの黒旗、共産党の赤旗、青白赤三色のフランス国旗、この三つの旗の旗色はそれこそはっきりしてまちがいようがなかった。しかし黒布と赤布とは、これまでは考えにくいことであったが、五月、六月にはしばしば縫い合わされて翻っていた。あるいは黒旗と赤旗がぶっちがいに組み合わされた。そのほかに南ヴェトナム解放戦線の旗は赤と青に金色の星印。ブルターニュ独立運動は白地に黒の紋章だった。

本書第三章「六八年五月の写真が語るもの」以下の記述は、いま読み返しても記録の精度が高い。西川長夫は当時の総合雑誌のひとつ『展望』から六八年五月のルポルタージュを依頼する国際電話をうけたのだったか。ゼネラル・ストライキが解かれた郵便局から原稿のはいった航空郵便を投函、八月号には「パリ・六八年五月」が掲載された。わたしはこの頃、最初の年表というより、「日録」をつくりはじめていた。制作目的があったわけではなく、自分が目の前で見ている出来事が何を意味しているかを知りたかった。第一項目が労働運動、第二項目が学生運動、第三項目が世界情勢、第四項目に自分たちの足取り、目で見、耳で聴き、嗅覚や味覚にうったえてきた事々を書いた。縦軸に時刻をいれた。事態が刻々と変化する日々であった。日録が必要と感じていたのはわたしだけではない、『ル・モンド』は六月になるや五月の日録をまとめて第一面に載せている。後に出版されたナンテール文学部の教師が書いた『ガラス窓の後で』は小説であるが、ナンテール校学生たちの五月の日々が短篇小説コラージュのようにつづられており、現実の日録にもとづくと思われる。

日録作成の作業をしているうちに、わたしはとつぜん自分がフランス語の単語、成句、文章、そしてレトリック、身振り言語とパフォーマンスの意味を把握しはじめていることに気づいた。いちおうラングを学習してからフランスに来たのに、人々の唇から漏れる瞬間のパロールをとらえることができなかったわたしだった。それが五月以来というもの、パロールが翻訳なしでとびこんでくる。自分で驚く。本書一七六頁のオデオン座の討論は、わたしのノートの登場人物たちの吹き出しに記録されていたセリフからの引用である。写真家であった西川長夫はかたわらで写真34、35をはじめとする多くの写真を撮っていた。カラー写真の配色もよいが、モノクロ写真が劇場のおさえた照明の下にできる柔らかい影をとらえ、画面から人々が言葉に聞き入り、パフォーマンスにみとれる表情をよみとることができる。学生によるオデオン座占拠と解放があってはじめて国立劇場に足をふみいれた階層の人々も多かったはずである。二週間前に人形浄瑠璃公演があった同じ空間が、舞台だけでなく観客席をふくめた演劇空間になっていた。オデオン座から

le 20 mai
Odéon
L'EX ODÉON EST UNE TRIBUNE LIBRE!
LA REVOLUTION N'EST PAS SEULEMENT CELLE DES COMITÉS MAIS AVANT TOUT LA VÔTRE
LE COMITÉ D'ACTION REVOLUTIONNAIRE ACCUEILLE TOUTES LES SUGGESTIONS INTERESSANTES ET VOUS PRIE DE PARTICIPE A SON TRAVAIL ...
C'EST LUI
UN CAMARADE du CAR est à votre disposition pour l'ordre de vos DEBATS
LIEU de PAROLE ou BIEN LIEU de PARLERIE ALIÉNÉE
COMITES
1 COORDINATION
2 TRAVAIL
3 INFORMATION
SECURITE
4.
président
Je suis fils de bourgeois
Il faut ce qui est clair

la mentalité de bourgeois!
esprit bourgeois!
C'est une question d'éducation!
J'ai vécu dans la
Combien de bourgeois dans la salle?
Camarade!
Je suis chrétien, n'est-ce pas

Un ouvrier aura un fils
mon père est ouvrier.
Je suis le Bien
J'ai ma voiture ......
Mais ce que je demande
c'est la liberté, liberté totale!
le discours de M. Seguin à Renault.
le syndicat
c'est la seule organisation
gouvernement gauche
fera la même que celui de Gaulle.
tous pour vous!
ça vous fera
perdre un temps

見たドラマのもうひとつに、劇場の責任者だったジャン＝ルイ・バローの失墜と復活劇があったのだが、これは六八年五月その後の物語である。

カメラが入ることのできなかった場所のほうがむろん多かった。ソルボンヌ中庭には、「保育所に支持を。基金が不足」と書いた紙が早い時期から張られていた。募金のために空缶をもって立っている女性もいた。ソルボンヌの占拠がはじまるとじきに、子どもたちの姿をみかけるようになった。廊下やときには中庭を駆け回る男の子の髪の毛と目の色が黒いことがしばしばあった。出稼ぎ、あるいは移民労働者の子どもだったかもしれない。転ぶ子どもをかいがいしく抱き起こす小さな姉の姿を見たりすると、強情をはっていたわたしも京都で祖父母たちと暮らす自分の子どもたちを思い出さずにはいられなかった。ゼネストがはじまって以来、郵便の配達は途絶えている。手紙をもらいたいという勝手な願いから、わたしは学齢前の長女に平仮名を教え、祖父母たちはしばしば手紙を書かせていた。その手紙がこない。動揺があった。そして子どもは親でなく他人に育てられてはいけないのか、はわたし自身が子どものときから考えてきた解きがたい問題であった。

出発前の京都ではその頃、母親たちが「ポストの数ほど保育所を」を標語にして公立保育所、私立保育所を増やす運動をすすめており、共同保育も実践された。親たちの交流は日常的だった。フランスではしかし、保育所の影がうすい。目立たない場所に置かれて庭もないように見えた。写真1に「ここに疎外始まる」と書かれた小学校の壁が写されているが、フランスでは学校の壁のなかは教師の責任、扉から一歩外へ出ると親の責任という境界線が厳しい様子であった。学校近くの公園では子どもを朝、学校へ送った母親たちが編み物をしたり、会話をかわしながら正午までの時間を過ごし、二時間ある昼休みに自宅へ連れ帰って昼食を食べさせ、ふたたび学校へ送り届け、放課後まで公園で待機していた。フランス中間層の専業主婦たちはどのような時間の使い方をするのか、と不思議であった。

フランスでは一二歳までの子どもは両親の保護下にあり、逆説的ではあるが、それゆえにこそ人権がある存在とはみなされていないのではないか、という疑問がぬぐえなかった。親が子どもにする躾、従わないときの折檻が度をすぎているように見える場面にもしばしば出食わした。食事にまねかれると、食卓に子どもが並んで座ることはまず、なかった。ベビーシッターつきで別部屋にとじこめられているらしい。フランス人の友人にソルボンヌの保育所のことはどう思うか、と尋ねると、「クレシュ・ソヴァージュ（野蛮な保育所）」という答えが返ってきた。クレシュの語源は幼児キリストが寝かされていた秣桶である。形容詞ソヴァージュの反対語はシビリゼ（文明化された）なのだろうか。そういえばソルボンヌを駆け回る子どもたちはしばしば履物を履かないか、脱ぎ捨てたのか、裸足であった。ヨーロッパでは裸足が脱社会の象徴である。フランスの子どもたちは揺りかごのなかからすでに柔らかい布靴を履かされていた。もうじき革靴を履くための訓練らしかった。裸足の子どもたちは、したがって「野蛮」という価値に属するのだろう。

そうか、故郷に子どもを置いてきた母親なら、「野蛮な保育所」で働くことができるのではないか、とわたしは思った。翌日朝、ソルボンヌの保育所のドアをたたいた。ノックに応じて扉を開けたのは、学生ではなくて中年の女性であった。頭の上に髪の毛カールの筒を二つ、ピンでとめていたから、彼女はここに宿泊したのだな、とわたしは思った。「わたしはここで働きたいです」と言った。瞬時にわたしを上から下まで眺めわたした彼女にわたしは直観的理解力のようなものを感じた。この人はわたしを疑っていない。しかしあたりを素早く見回した彼女の返事は「あなた、ここへ来てはダメよ。明日にはここに警官隊が入るという情報が今はいったところです。すぐに離れてちょうだい。用心して。幸運を祈る」であった。わたしも彼女の幸運を祈った。彼女の言ったとおり、六月一八日、警官隊が入って、ソルボンヌの学生自主管理は終わった。保育所があった部屋も清掃がなされたはずである。

空中をとびかうおびただしいパロールを全部ではなく部分的であっても、とにかく把握できるようになったことが幸運をまねくとは限らない。巷の商店では、危機を感じた人々が日常用品の買いだめをはじめて、商品の棚がつぎつぎと空になっていった。砂糖がない、コーヒーがない、小麦粉もない、となった頃から空棚のかげからささやく「あいつのせいだよ」という声がきこえるようになった。「あいつ」って誰だろうと思うひまはなかった。正面に回り、面と向かって「あんたのせいで食品がなくなったじゃない。どうしてくれるのさ」という買い物客が出てくる。ほかの客は素知らぬ顔であらぬ方を見ているが、騒ぎになるだろうかと様子見していることは明らかだ。わたしは「中国女」の顔をしているのだ。「中国女（ラ・シノワーズ）」のイメージを流しているのは、一時期はカルチエ・ラタンの四つの映画館で上映されていたゴダールの『中国女』だけではなかった。下町の映画館には「北京から来た金髪の女スパイ」と謎めかした題や、イタリア映画なのか『ラ・キーナ・エ・ヴィキーナ（中国は近い）』など、「中国女」イメージの氾濫があった。

まちを歩いていると子どもたちが振り向いて、指で両目をつりあげてしかめ面をしてみせた。東洋人顔だということらしい。地下鉄のなかで中年の男性から、自分にはヴェトナムに現地妻と子どもがいるのだ、ヴェトナムが大好きと言われ、車両を変わろうとつぎのプラットフォームに降りるとついてきて腕をとる、思わず突き飛ばすと、たちまち周りに人垣ができた。呆然としていると、誰かが逃げろと声をかけ、出口を教えてくれた。ソルボンヌ中庭でもさまざまな声をかけられた。ところが「あなたもブルターニュ人ですね」とブルターニュ独立運動のパンフレットを渡されたりするのには戸惑う。ブルターニュ人もフランス人でしょうに、わたしは違うよ、と思うのだが、要するに文字どおり毛色が変わっているということか。彼らの目に映るわたしは、「中国女」というよりも、カミュの小説『異邦人』の女性形である「異国女」と日本語に翻訳するほうがよさそうだと思ったりした。

シャルレッティ競技場の大集会は五月の運動の頂点であり、これ以上つづける困難もまた意識されていた。「コンティニュオン・ル・コンバ（闘争をつづけよう）」の声と手拍子は会場になりひびいたが、路上でのデモや発言が禁止されてゆく六月になるとどこからともなく、声ではなく手近なものをたたく二拍子がきこえてきた。するとほぼすべての人が無言のうちに「闘争をつづけよう」とくりかえす表情をうかべていた。年表の六月分が示すように、警官隊がソルボンヌ、オデオン、美術学校から学生たちを排除してゆく。警官隊がふみこんだ美術学校からは印刷機だけがすでに運び出されていた、というニュースがあった。チラシ、手渡しビラ、壁新聞とポスター、と六八年五月の学生たちが利用したメディアは紙媒体であった。ソルボンヌ中庭の張り紙を撮影した写真を拡大して見ると、「紙が不足しています。紙の寄付をつのる」と読める。美術学校で大量に制作したポスター（本書九七、一七九頁）は見事な出来であり、日々進化していった。一九世紀の七月王政では、風刺画家が描いた国王ルイ・フィリップの似顔絵が検閲、発禁のたびに進化して再発行され、消費者との合意のもとに暗号化され、ルイ・フィリップの顔の輪郭に似ている洋梨の一筆書きで十分に意味が伝達された。同様にド・ゴールの肖像画も記号化されていった。一七九頁のポスターではド・ゴール将軍記号が白抜きだが、写真34のオデオン座舞台正面には同様のド・ゴール将軍が黒色で印刷されている。

六月二三日の国民議会第一次投票でド・ゴール派が勝利、ド・ゴール派がさらに大勝利をおさめる三〇日の第二次選挙の前、六月二九日金曜日に、わたしは一人でサンシエ分校をたずねた。各種行動委員会の情報誌であった『アクシオン』のバックナンバー一七、一八号を探すためであった。ソルボンヌでくりひろげられていた活動の多くがサンシエ分校へ移っていた。サンシエはわたしにとっては古巣だから建物を知っている。学齢前と見える数人の子どもたちが、校舎の前で諷刺新聞『アンラジェ（怒れる若者たち）』を売っていた。『アクシオン』最新号の販売者は三人の高校生であった。『アクシオン』の部屋はあそこ、と赤布と黒布をつないだ垂れ幕のさがる五階の窓を指さす。しかし五階へ通じる階段は机と椅子でふさがれていた。別の階段をさがして上がろうとすると、二階に丁寧に彩色された「保育所　緊急援助が必要。資金と物資がなければこれ以上、保育所をつづけることはできません」という張り紙があった。とつぜんドアが開いて出てきた女性はソルボンヌで出会った人だったのだろうか。背後の室内の壁に児童画が張られ、たたまれた小さな肌着が積み重ねてあった。「ソルボンヌと同じです。明日にも出てゆかねばならないかもしれない。経済的にも行き詰まっていますが、必要だからつづいているのです。大学内に保育所を定着させることができるかどうか、保母の定員化が実現するかどうか、すべて一〇月の新学期にははっきりすると思います」と早口で説明した。

階段を駆け下りてきた青年がすれちがいざま「あなた、僕のこと覚えてないですか。語学ラボの助手ですよ。外国人にたいしてストライキをするのはよくない、という判断になり、UNEF（フランス全国学生連合）も認めたので外国人のためのフランス語教育事務室に僕がいます。そうすると僕を警官呼ばわりするやつがいる。僕が警官に見えますかねえ」と縞模様のシャツをひっぱってみせた。もうひとつ別の階段を教えられてようやくたどりついた部屋に『アクシオン』バックナンバーがあった。ここでも新聞の売り手からどの国から来たのか、と質問された。彼は羽田闘争のことだったであろう、日本の学生のことは新聞で読んでいるけれど、学生は労働者と共闘していますか、その点フランスは進んでいると自分は思う、たとえば自分は学生ではない、でも若き失業者としてサンシエ占拠に参加しているのだと説明した。彼が「古い世代と新しい世代とのあいだにはシシオン（scission 分裂）がある。これは僕がここで覚えた言葉なのだけど、だけど若い労働者と学生はわかりあえる。すばらしい」と言った。シシオン、と新しく覚えた単語を舌の上で味わうように発音したときの彼の遠くを見る視線と幸福な表情が忘れられない。言葉を覚えた喜びと、覚えたての言葉の指示物を知っているという確信が感じられた。言葉にならない無数の思いがただよう深海からひとつの単語が新しい意味をくみ上げたことが感じられる瞬間でもあった。わたしは思わず彼に共感していた。しかし、日本列島から来たと説明したにもかかわらず、彼は「また会いましょう、ラ・キーナ（中国）さん」と別れの挨拶をした。わたしはそこでも中国女であった。

論説新聞である『ル・モンド』はその頃、写真をいっさい使用しなかったが、有名俳優の恋愛や、事件物ニュースを写真とともに載せる夕刊新聞『フランス・ソワール』は七月三〇日に、機動隊にまもられた治安警官が学生の抵抗運動の最後の拠点であった理学部とサンシエ分校を早朝に襲い、その時間にサンシエには八〇人がいた、と書き、写真報道をしている。『フランス・ソワール』は、外人部隊を連想させるカタンゲという あだ名の失業青年たちが仲間割れして、サンシエ分校にいたカタンゲのジミーが「シノワ（中国人）」とあだ名される少年に刺されて六月二七日に死亡したとも書いた。わたしが自分のサンシエ訪問を六月二九日と覚えていた理由は、新聞切り抜きを読み返しているとき、わたしは二九日にサンシエの失業青年に会ったのだから、彼は殺されたカタンゲのジミーとはちがうはず、彼はどこかで生きているにちがいない、と考えようとしたからだった。

八月のカルチエ・ラタンには「ギリシャへ行かないで、ソルボンヌで批判大学をやろう」という張り紙があった。「ヴァカンスにはギリシャへ行こう」と誘う観光旅行会社のポスターのもじりである。しかし夏のパリから学生はいなくなった。わたしは夏のあいだにカルチエ・ラタンでうけとったビラ、各種印刷物、新聞雑誌を整理して本書の年表の第二稿をつくったのではないかと思う。孤独な作業に疲れた八月二〇日、わたしは外出時にはいつもたずさえていたトランジスター・ラジオをもって、当時あったパリ環状線バス路線に乗った。バスは空いていた。ずっと乗っていた乗客はわたし一人だった。バスが環状線を半分以上進み、スターリングラード駅にさしかかったとき、ラジオのニュースがソ連と東欧五カ国軍がチェコに侵攻（チェコ事件）と、プラハの春の終わりを告げた。本書四七七頁、年表の最後の日付は八月二〇日となっている。

4　五月の後──バルト『S／Z』再読の再読

大学都市のオランダ館では、六月に自主管理委員会が形成され、ともに一八歳でともにエリザベートという名前の二人の女子学生を代表に選んでいた。二人のエリザベートは一〇月に夏休み帰省先から元気に帰ってきた。彼女たちにたいするいやがらせがあったが、二人はひるまない。自主管理委員会の罷免文書が作成され、ひそかに署名が集められようとしたが、必要な数には到達しなかった。入館者による二人のエリザベート支持はつづいた。集会で委員の一人である男子学生が二人のエリザベートの下着が何者かによって盗まれ焼かれたと報告して、単語の発音に躓いた。フランス語ではブラジャーを「スチャン・ゴルジュ（喉支え）」と婉曲表現をする。乳房、胸が禁句なので、その上部である喉という単語を使う。学生は発音するや表現の偽善性に気づいたらしく、口ごもった。個々人が使用する成句が分解されたり、言葉の語源がとつぜん意識の上に姿をあらわしたりした。政治制度や経済の仕組みよりさらに根源的にわたしたちを束縛する言語という制度にたいして敏感であった五月革命の後遺症は見えないかたちでつづいていた。病気は病気だが、治りたくない病いがある。

一九六八年一〇月にはソルボンヌで授業が再開された。五月革命の終焉は管理側から宣言され、反乱の側も総括をはじめた。総括はしばしば雑誌の特集号や刊本となって出版された。本書のために文献表を作成した二〇一一年当時、わたしはパリ五月関連本を「一九六八年と六九年に出版されたもの」と「一九七〇年以降に出版されたもの」とを別にしてみた。六八年と六九年二年間の関連図書出版数がその後四〇年の出版数とほぼ同量であることに、行動する自分を意識する自分という五月革命の特徴が表れていると気づいたからであった。五〇周年の二〇一八年にパリでも日本でも出版がはじまっているもうひとつの五月関連の新刊書の山はしかし、均衡をやぶって今後、後者の割合を増やすであろう。一九六八年は二〇一八年現在、すでに歴史学と思想史研究の対象になっている。二〇一一年出版の本書初版は、現場に立ち返るという思考がかろうじて成立する時点を逃さずに書こうとしている。なおこの決定版では、「主な文献」に新たな参考文献の追加をしていない。各種出版がいまだ進行中だからである。

本書第四章「知識人の問題」は、ときには言葉を指示物からひきはなし、言語活動そのものをも研究対象にしなければならない知識人たちが、そもそも言葉を制度として批判した六八年五月とどう向き合ったかを描いている。六八年五月に遭遇したために知識人になるとはどういうことか、をより強く意識しなければならなかった著者西川長夫が、先行する知識人たちを鏡に見立て鏡像のような自分を描いていると言えるかもしれない。西川長夫がテクストを読みながらした先行者との対話はしばしば、深夜から夜明けの時間に机の上で行われた。このたび本書を再読すると、第四章には、読者の一人であるわたしがこれまで気づかなかったことが多い。3「ロラン・バルトと『作者の死』」には、バルトが高等研究院で六八年秋に再開した記号論の授業におけるバルトと学生群像が描かれている。西川長夫はバルトにたいする関心から、わたしはバルトが分析の対象としたバルザック小説への関心から、この授業に出席した。

一九世紀を代表する小説家といわれるバルザックは、第二次大戦後に姿をあらわした小説群がようやくヌーヴォー・ロマンと呼ばれもした方向性をとりはじめ、以前の文学との決裂を表明するにつれ、古典のあつかいをうける。あきらかに現代小説側に立つと思われるバルトがこの古典作家の作品をどうあつかうか。わたしはバルトのバルザック論を聴くつもりだった。

ところがバルトは「わたしの仕事にバルザックのレクチュール（lecture 読み方）を見ようとしてはいけません。これはレクチュールというもののレクチュール（une lecture de la lecture）なのです」（『レ・レトル・フランセーズ』一九七〇年五月二〇日号）と、バルザック論を封印している。バルトによれば、現代生活では本の多くは一度しか読まれない。限りなく生産されるあまたの商品と同じく、一度消費されて終わり、読み返されることが少ない。読者は意味の単線をたどって終わる。しかしテクストは本来、多義的である。文学教育においてはひとつの意味だけを与えることが目的とされるが、テクスト解釈を多義性の確認へと変えなければならない。さらには消費行為と考えられている読書を読者による生産行為に転化するとき、読書の知的よろこびが生まれる。作者の死が読者の誕生となるであろう、とバルトは言う。

バルトの「作者の死」論は、ちょうどその頃、バルトとは逆方向から、作者の死ではなく誕生を考えはじめており、一九六九年六月には大学博士論文として提出したわたしの関心をひいた。『ラ・モード』誌の記者であったバルザックを小説家にしたのは投書欄をとおして作者と文通した読者であった。ジャーナリズムは近代小説の作者と読者を同時に育成する。生産と流通と消費が制度として確立したとき、バルトの言う消費者としての読者が層として生まれる。読者の積極性、読書の生産性を奪還しようとする読者論には共感することができた。

しかしバルトの講義の理論部分は、わたしには難解にすぎた。本書にもあるように、受講生のほとんどが理解に達してはいなかったであろう。だが、教室には講義するバルトと受講生のあいだに日に日に親密な共犯関係が形成されていった。そこには理論の理解よりも多く、バルトの話術とパフォーマンスのたくらみ、引用の魅力、彼が暗示する美的快楽の共有が大きく働いていた。

小説『サラジーヌ』には、近代小説以前の物語がもつ額縁構造がある。物語には、「これは本当にあったことです」と言いながら読者を虚構世界へとみちびく語り手がいる。語り手は一九世紀パリの最も豪壮な邸宅でひらかれている宴会場のカーテンの奥にかくれて、窓の向こうの月の光に照らされた冬枯れの庭園に死を見、カーテンのこちら側の明るい広間でくりひろげられるはかない生の饗宴との対照について思いをめぐらす。おりしも古びた衣装をまとった一〇〇歳の老人が音楽にひきよせられて隠れ部屋からさまよい出る。その姿に戦慄しながらも好奇心をおさえられず老人の素性を尋ねる若い社交界の夫人にたいして、語り手は一夜のあいびきと引き換えに謎解きを提案する。イタリア歌劇のカストラート（去勢歌手）であったザンビネルラに、それとは知らず恋慕してザンビネルラの「保護者」枢機卿がさし向けた刺客に殺されるフランス人彫刻家サラジーヌの悲劇である。一〇〇歳の老人はそれから八〇年後のザンビネルラ、宴会がひらかれた邸宅の住人たちは去勢歌手が一代で築いた巨万の富を相続した傍系親族という謎解きがなされる。額縁の物語では、語り手は聞き手である社交界の夫人から、謎解きの結末を聴いたがゆえに、自分は恋愛不能におちいったと言われる。物語の語り手は物語の聞き手との取引に失敗する。

小説冒頭の宴会の場にかざられている画家ヴィアンが描く「獅子の毛皮に横たわる美少年アドニス」の絵は、彫刻家サラジーヌがザンビネルラの裸体を想像しながら制作した粘土像から起こした大理石の彫像をもとに描かれている。去勢歌手二〇歳の姿が塑像、彫像から絵画へと転移され、その絵の前にかつて彫刻家にとって理想美のモデルであったザンビネルラが、ひ弱な老人の姿で幽霊のように立つ。その絵はさらに画家ジロデに、月の女神に愛された美少年エンデュミオンの着想を与えたという小説の冒頭と結末に、バルトはとりわけ執着しているようであった。

わたしはバルトが教室の聴講生たちにジロデの絵を見せたと記憶するのであるが、写真を幻燈で映し出したのだろうか。ボナパルト通り、サン゠ジェルマン教会の向かいの建物であったバルトの授業は冬の午後六時から八時であったから、暗幕がなくても教室の壁に幻燈写真を映し出すことは可能だったであろう。わたしが自分の記憶に自信がないのは、わたしの記憶には幻燈よりも鮮やかに「ジローデ・トリゾン作（巴里ルーヴル博物館蔵）エンヂ〔デュ〕ミオンの眠（三色刷り）」という説明付きの挿画がすでに存在したからだった。子どもの頃わたしが祖父の本棚でみつけた『神話伝説大系　希臘羅馬篇』（近代社、一九二七年）、枕のような厚さの本の挿画の多くはルーヴル美術館蔵の名画であった。

この絵では西風が月桂樹の茂みをかきわけて月の女神を通すと、女神は眠れる美少年を冷たい月の光で愛撫する。月光として描かれているので女神の姿は見えない。子ども心に不思議な効果を与える絵であった。乳白色で描かれている少年の身体は豊満で、両性具有という概念の表象であるということをわたしは理解していたのではないだろうか。月の光の冷たさが不思議な清潔感を印象づける絵であった。バルトが性別コードを使い、精密な手続きをとりながら解読する名画が、「中国女」の記憶にすでに存在しているということを同席している誰もが知らず、決して理解しないと予測することができた。

本書が語るように、ロラン・バルトは当時、日本論つまり『記号の帝国』の執筆を計画していた。当時はまだサイードによる権力関係を意味するオリエンタリズム概念の確立は行われておらず、バルトもオリエントという単語は使用しても、オリエンタリズムでなくエグゾチスムを言っていた。しかし、わたしはバルトの「日本」にも後にいうオリエンタリズムを感じて戸惑った。オリエンタリズムには自己認識のための他者および外界が必要であり、同一集団に所属するものと所属しないものの二分法にはほとんど必ず善／悪、あるいは強／弱の含意が付着し、性別コードで表現がなされる。一九世紀を生きた原作者バルザックはともかく、二〇世紀の思想家であるバルトも第三の性のような緩やかな領域を許容するのでなく、二分法を逆説的に強化しているのではないか、と疑問をいだいた。

西川長夫は同じことを、「中国女」あるいは「東から来た女」とみなされたわたしとはまた違う受け取り方で考えていたのではないか。「東から来た男」、自分を誇り高い若い研究者と自覚していた彼は、庇護を拒否して対等な議論を要求、ロラン・バルトのオリエンタリズムの期待にこたえることがなかった。どこか喜劇的なこのすれちがいに当事者が気づいていないはずはない。西川長夫がバルトを語る文章の後半にある一種のやさしさは、その気づきを物語るように思える。もっと言うならば、バルトが体験した長い結核療養生活、病院のベッドのなかで長時間をかけてくりかえしたにちがいない深い読書、その反動であるかもしれない遠くへの旅を愛する性癖、死の淵をいくどかのぞいた人のいだく束の間の現在にたいする哀惜、快楽主義に西川長夫が共感しないはずはなかった。五月革命を論じた本書全体にただよう幸福感がそのことを証明してはいないだろうか。

おわりに

わたしが感じていた西欧社会のオリエンタリズムを分析し、言葉化した思想家の一人にジュリア・クリステヴァがいる。ロラン・バルトによって「異国の女」と呼ばれたクリステヴァは一九六七、六八年当時のバルトの講義に同席していたはずである。彼女の代表的著作に『外国人——我らの内なるもの』（池田和子訳、法政大学出版局　ウニベルシタス叢書313、一九九〇年）がある。クリステヴァは、他者とは自分自身の無意識ではないか、あるいは普遍的なものとは我々自身の異質性ではないか、と問うている。西川長夫の生涯の思索は、国民国家批判と新植民地主義批判というふたつの概念となった。このふたつの概念もまた、対象を射抜くと同時に「我らの内なるもの」を射る。読者は、西川長夫のふたつの概念の源泉のひとつとなる体験を本書に読むことができよう。本書の解説は、本書の読者それぞれがこれから書く。そのとき死者たちを埋葬する忘却土の下から、新しい芽生えがあることを願う。

パリ五月革命は理解という出会いの場であり、瞬間であった。瞬間の協同体を言うたび、瞬間の無責任を詰問される。瞬間をつみかさねて責任をとるしかない。そして良く出会った者たちはどこかでふたたび会うであろう。くりかえされる再会を願って。

二〇一八年八月三一日

西川祐子

付

以下は西川長夫が本書以前に執筆した六八年五月革命関連の文章リストである。こうしてみると、西川長夫は一九六八年から亡くなる二〇一三年までくりかえし本書のテーマを考えつづけていたことがわかる。

「パリ・五月の記録――ソルボンヌの内庭より」『展望』一九六八年八月号、一一八―一四四頁。
「一つの出会い「五月革命」の記憶」『新潟日報』一九六九年一一月二一日付。
「五月の記憶」『人間と科学』一九七〇年三号、五―二二頁。

「ルイ・アルチュセールについて――フランスの思想状況にかんする私的なレポート(1)」『立命館文学』一九七〇年一〇月号、一九―三九頁。

「アンリ・ルフェーヴルについて――フランスの思想状況にかんする私的なレポート(2)」『立命館文学』一九七一年四月号、二八―四七頁。

「旅の思想――森有正における「日本回帰」について」『展望』一九七八年八月号、一四七―一七一頁。

「(解説)「五月革命」と『パロールの奪取』」、ミシェル・ド・セルトー『パロールの奪取――新しい文化のために』法政大学出版局、一九九八年、一一一―一一九頁。

「(資料)消えない言葉――パリ、五月の記録」、同右、一二一―一六一頁。

「パリ・一九六八年五月の記録」、西川長夫『フランスの解体?――もうひとつの国民国家論』人文書院、一九九九年、四〇―七九頁。

「一九六八年五月　壁の言葉」、同右、八〇―一二四頁。

「バルザック論が書けない理由」、鹿島茂・山田登代子編『バルザックを読むII――評論篇』藤原書店、二〇〇二年、一六一―一七四頁。

「パリの六八年」『環』第三三号(「特集　世界史のなかの68年」)、二〇〇八年四月、九六―九八頁。

「日本におけるフランス――マチネ・ポエティク論」、西川長夫『日本回帰・再論――近代への問い、あるいはナショナルな表象をめぐる闘争』人文書院、二〇〇八年、七五―一一一頁。

「旅の思想――森有正における「日本回帰」について」、同右、一一二―一五三頁。

「西川長夫が語るパリ五月革命」、藤木秀朗・坪井秀人編『反乱する若者たち—— 1960 年代以降の運動・文化』名古屋大学大学院文学研究科、二〇一〇年、三—一九頁。

「六八年革命再論」、西川長夫『植民地主義の時代を生きて』平凡社、二〇一三年、一八八—二一一頁。

西川長夫・長崎浩・市田良彦「〈対論〉「私」の反乱」『思想』二〇一五年七月号、八—二〇頁。

なお、本書を書くために用いられた資料は現在、京都大学人文科学研究所に寄贈されている。同研究所ホームページを参照されたい。

関連年表

日付	出来事（★はフランス国外とも関連する出来事）
一九六七年	
一一月九日（木）	パリ大学ソルボンヌの新学年開講式。同じ時間に、ソルボンヌに近いスフロ通りで警官隊に囲まれて、選抜制導入のフーシェ案に反対する学生集会が行われていた。
一九六八年	
一月二六日（金）	前日来、ナンテール分校では、学内で開かれたスペイン関係の会に学生が抗議する動きがあった。この日、学生四〇人余りがホールで集会。大学当局は警官隊を学内へ導入。これにたいし約一〇〇〇人の学生が抗議デモ。
二九日（月）	★日本では東大医学部自治会の無期限スト。二月二六日、成田空港阻止集会。四月一五日、日大全学共闘会議結成。六月七日、ヴェトナム反戦全国統一行動。一〇月二一日、全学連の新宿占拠。
三〇日（火）	★南ヴェトナム民族解放戦線軍と北ヴェトナム軍が大攻撃を開始（テト攻勢）。
三月一八日（月）	パリ右岸のマンハッタン銀行にプラスチック爆弾が仕掛けられた事件に関連ありとして、ヴェトナム反戦委員会に属する学生たちが逮捕される。
二二日（金）	ヴェトナム反戦委員会が前記の逮捕事件にたいする抗議声明。ナンテール分校ではコーン＝ベンディットなどの呼びかけによる抗議集会が行われ、多数の学生が大学の管理棟を占拠、「一四二人宣言」をだし、反帝国主義闘争をテーマにした討論集会を二九日に行うと決定（三月二二日運動の誕生）。
二八日（木）	ナンテール学部長グラパンは二九日の討論集会を認めず、二日間の講義中止を決定。警官隊が大学のキャンパスを包囲。パリのカルチエ・ラタンではＵＮＥＦがＣＧＴ他の支持を得て、数年来の懸案であったパリ地区の大学の施設増設の促進を求めるデモを行う。
二九日（金）	ナンテールでは三〇〇人の学生が集まり、討論集会を四月二日に延期することを決める。

四月二日(火) 早朝ナンテールの大階段教室を学生一二〇〇人が占拠、討論。「批判大学の日」。

四日(木) 大学はこの日から一八日まで、復活祭の休暇に入る。
★アメリカで黒人運動指導者キング牧師暗殺。全米に抗議運動。
五日(金) ★チェコ共産党中央委総会が複数党制などを決議(プラハの春)。

一一日(木) ★ベルリンでドイツ学生運動(SDS)の活動家R・ドゥチュケが狙撃され、抗議デモが起こる。

一二日(金) フランス各地でドイツの学生運動にたいする連帯デモ。

二三日(火) ★アメリカ、コロンビア大学で学生による建物占拠。

二五日(木) トゥールーズ大学で左翼グループと右翼オクシダンの乱闘、警官隊導入。

二六日(金) ストラスブールでドイツの学生運動に連帯する学生デモ。

二七日(土) コーン=ベンディットは警察に拘束され、六時間の尋問と家宅捜索をうける。ナンテール分校で発生した暴力事件で負傷したFNEF所属の学生からの訴えによる。

五月一日(水) CGTとPCFの呼びかけにより、一九五四年以来禁止されていたメーデーのデモ隊がレピュブリック広場からバスチーユ広場まで行進。ヴェトナム解放民族戦線の旗も見られた。共産党機関紙『ユマニテ』は参加者一〇万人、警視庁は二万五〇〇〇人と発表。

二日(木) 三月二二日運動の活動家八人のもとに、パリ大学区長名で五月六日にソルボンヌの懲罰委員会に出頭するようにとの召喚状が届く。ソルボンヌ文学部の学生組織の部屋に右翼オクシダンの犯行とみられる放火事件。ナンテール分校では三月二二日運動による「反帝国主義の日」が予定されていたが、ホールの使用を禁止された学生たちが階段教室を占拠。グラパン学部長は講義と実習の一時停止を決定、ナンテール分校は閉鎖状態。

三日(金) ソルボンヌでナンテール閉鎖にたいする抗議集会。午後五時頃ロッシュ大学区長の要請により警官隊が導入され学生を排除。カルチエ・ラタンで学生と警官隊の激しい衝突、催涙ガス弾の使用。コーン=ベンディットとUNEFのソヴァジョを含む五九六名(翌日の『ル・モンド』紙による)が逮捕される。SNESupが高等教育関係者に無期限ストを呼びかける。教育大臣ペイルフィットのラジオ声明。公共交通、印刷などの組合のストがつづく。
★ヴェトナム和平予備会談の会場がパリに決定。

四日（土） 『ユマニテ』紙は学生運動を非難。ソルボンヌに多数の行動委員会（Comité d'action）が形成される。

他方オデオン座では国際演劇フェスティバルが開催中。日本の文楽、『勧進帳』と『曽根崎心中』が上演され好評を博す。

五日（日） 日曜日であるにもかかわらず、第一〇裁判所でデモ参加者の裁判が行われ、禁固刑、罰金刑の判決が下る。UNEFの抗議、SNESupの書記長ジェスマールは記者会見をひらいて学生運動との連帯を表明、組合員に抗議運動を呼びかける。

六日（月） コーン＝ベンディット他の学生が懲罰委員会へインターナショナルを歌いながら出頭する。UNEFとSNESupの呼びかけで、二万人の抗議デモ。カルチエ・ラタンで機動警官隊が学生デモ隊と激突、催涙弾、棍棒にたいする投石の応酬がある。流血。四〇〇人以上の逮捕。運動が大学のある地方都市へ拡大。パリでは高校生のストがはじまる。

七日（火） UNEFの呼びかけでダンフェール＝ロシュロー広場からエトワール広場まで五万人のデモ。「仲間の解放！」「われわれはグルピュスキュール！」のシュプレヒコールがわきあがる。対話三条件として、逮捕学生の釈放、カルチエ・ラタンから警官隊の退去、大学閉鎖の解除を要求。国会前を通過、凱旋門の無名兵士の墓前でインターナショナルを歌う。高校生にも運動が広がる。逮捕者六十数人。『アクシオン』紙第一号の発行、三万五〇〇〇部とも六〇〇〇部とも言われる。

八日（水） 教育大臣はラジオとテレビで大学区長を擁護しつつも大学の制度改革を約束。テレビはカルチエ・ラタンの衝突を中継放送。警官の暴行、バリケード、駐車中の自家用車への放火。ペイルフィットが暴力にたいする非難表明。国会は五時間審議。ノーベル賞受賞者たちが共同でド・ゴール大統領に逮捕者の恩赦とソルボンヌ再開要求の電報をおくるが無視される。サルトル、ルフェーブル他が学生支持声明。ソルボンヌ近くアル・オ・ヴァンにある理学部でUNEF、SNESupなど七〇〇〇人集会がひらかれ、CGTなど組合も参加。ジェスマール、ソヴァジョ、コーン＝ベンディット他が発言。サン＝ジェルマン大通りに二万人デモ。ソルボンヌ近くのエドモン・ロスタン広場で解散。

九日（木） ソルボンヌの講義再開の報道がラジオ・テレビで流されるが、カルチエ・ラタンは警官隊で固められていた。ＵＮＥＦ、ＳＮＥＳｕｐはスト続行を指令。ソルボンヌ近辺に約二〇〇〇人の学生が集まり、それぞれ小集団で演説や討論をはじめる。サン＝ミッシェル大通りでコーン＝ベンディットとアラゴンが論争。コーン＝ベンディットは学生たちにミュチュアリテで集会を、と呼びかける。三〇〇〇人が集まる。各国の学生運動代表による支持声明。他方、ＣＧＴとＣＦＤＴがＵＮＥＦに共同のデモを提案。

一〇日（金）　ナンテールの授業再開。ＣＡＬ（この日以来結成といわれる）のデモ。事件を報道したＯＲＴＦのテレビ番組パノラマに放映中止命令。プロデューサー、ディレクターたちの抗議声明がはじまる。ダンフェール＝ロシュロー広場からエドモン・ロスタン広場まで五万人以上のデモ。バリケード約六〇。深夜、バリケードに機動隊が突入。朝五時まで乱闘、自動車炎上六〇台、一八〇台が損傷。「バリケードの夜」と呼ばれる。負傷者四〇〇名、逮捕者四六〇名。

★パリでヴェトナム和平予備会談はじまる。

一一日（土）　ＣＧＴ、ＣＦＤＴなどが反弾圧のゼネストを一三日に行うと決定。一八時サンシエ分校の占拠。ポンピドゥー首相が深夜のテレビに出演、ソルボンヌ閉鎖解除、逮捕学生の釈放、入試制度を見直すと演説。

一二日（日）　ＯＲＴＦがスト。労組と学生が翌日に予定されたゼネストについて共同声明。ポンピドゥー首相が学生にソルボンヌ再開を約束。

一三日（月）　連帯ゼネスト拡大。レピュブリック広場からダンフェール＝ロシュローへ向かう戦後最大規模のデモ行進。主催側発表一〇〇万人、警察発表二〇万人。ジェスマール、ソヴァジョ、コーン＝ベンディットが先頭に立つ。行列のなかほどにミッテラン。「ド・ゴール人殺し！」「ＣＲＳ＝ＳＳ！」「権力は路上にあり」「労働者、学生いっしょに！」「一〇年でもう十分！」「ベルリン、ローマ、ワルシャワ、パリ！」などのシュプレヒコール。学生運動の行動を非難してきた『ユマニテ』紙が労働者と学生の統一を、と書く。ソルボンヌから警官隊の撤退、学生による占拠と自主管理がはじまる。占拠委員会が申し込みをうけつけ、各講堂のスケジュール表は催し物企画で埋まる。果てしない討論会。ソルボンヌの教室で「野蛮な（ソヴァージュ）」保育所と呼ばれる共同保育が行われ、中庭ではグランドピアノの演奏など、多彩な文化活動期がはじまる。

一四日（火）　★パリでヴェトナム和平公式会談がはじまる。
ド・ゴール大統領がルーマニア訪問へ出発。シュド・アヴィアシオンのナント工場で労働者による工場占拠。国民議会で内閣不信任案が小差で否決。

一五日（水）　学生によるオデオン座占拠。

一六日（木）　工場のストライキがフランス各地へ拡大。自主管理の動き。ソヴァジョ、コーン＝ベンディット、ジェスマールの三人がテレビに出演し、大統領と内閣の退陣を要求。首相もテレビで非難の応酬。UNEFが、「学生権力」樹立、大学自治、イデオロギー部門（報道）にたいする闘争、労働者と農民との連帯の四点が今後の運動目標と総括。SNCF（フランス国鉄）のスト。

一七日（金）　ルノーのビアンクール工場労働者にたいする連帯を表明して三〇〇〇人の労働者が工場前へ。ORTFのスト。郵便電話局のスト。

一八日（土）　学生たちがルノーの工場へ赴く。トリュフォー、ゴダール、ルルーシュ、ベリ、マルがカンヌ映画祭を阻止。

一九日（日）　ド・ゴールがルーマニアから帰国。パリの地下鉄スト。ソルボンヌの学生たちがルノーのビアンクール工場へ赴く。ド・ゴールが「改革はウイ、シアンリ（騒動）はノン」と発言。

二〇日（月）　ゼネストが工場、企業事務所へ拡大し、全国的な経済麻痺。議会では左翼連合議長ミッテランが政府の退陣と総選挙を要求。ORTFラジオ三チャンネルのスト。公共交通機関停止、石油不足、路上にゴミの山が出現。スト参加は六〇〇万から七〇〇万人。サルトルがソルボンヌで学生と討論。

二一日（火）　スト参加は九〇〇万人。教育、繊維、デパート、銀行に及ぶ。世界のジャーナリストがヴェトナム和平会議のためにパリに集合し、五月闘争の報道が世界に広まる。

二二日（水）　ストは門番、ホテルにまで及ぶ。CGTは労働者を学生たちから切り離し合法闘争を図る。数日前から出国していたコーン＝ベンディットのフランス再入国が拒否される。抗議デモ五万人は「われわれはみんなドイツ系ユダヤ人」とシュプレヒコール。内閣不信任案は否決。

二三日（木）　ゼネストによるフランス全土の麻痺。ド・ゴール大統領は臨時閣議を招集。カルチエ・ラタンで学生と警官の衝突。バリケード、投石、催涙弾。

二四日（金）　各地で農民デモ。パリではリセの学生の異議申し立て。美術家たちも造反。ド・ゴールがラジオ演説で自己の信任を問う国民投票を予告。カルチエ・ラタンにバリケード、警官隊と衝突。第二のバリケードの夜。パリの株式取引所で放火騒ぎ。

二五日（土）　ナント、ストラスブール、ボルドーなど地方都市でデモ。パリに工兵隊をのせた軍用車が出動。首相が労使をまねき国民投票につき三者会談。

二六日（日）　三者交渉（政府、労働組合、企業）がつづく。ジェスマールがSNESup書記長を辞任。三月二二日運動とUNEFの対立も表面化。

二七日（月）　三者会談によるグルネル協定の受け入れをめぐって、諸組合の態度はそれぞれ異なる。CGTのセギーほか組合幹部がビアンクール工場他へ説得に赴くが拒否され、ストは続行。UNEFとCFDTが組織したシャルレッティ・スタジアムにおける三万五〇〇〇人の大集会。

二八日（火）　ド・ゴールとポンピドゥー会談、対立が伝えられる。ペイルフィットの辞任。ミッテランはド・ゴール後の大統領選挙に出馬を示唆、首相にマンデス＝フランスを推す。夜のソルボンヌに、コーン＝ベンディットが赤毛を黒く染めて現れる。このころ、ソルボンヌでは大講堂で討論会が開催され、中庭や教室では無数の行動委員会、グルピュスキュールや各種文化活動グループ、ブルターニュ独立運動やパレスチナ支援等の活動団体がそれぞれ机を出して参加を呼びかけ、印刷物の配布を行う。どのグループにも女性の運動家が数多く存在したが、女性がグループを代表することは少なく、女性問題が表面に出ることも多くなかった。しかしソルボンヌの共同保育所、中庭に機関誌『二〇世紀の女性』配布の机をおきつづけたMDF（「女性民主運動」）、デカルト講堂で討論会「女性と革命」を成功させたFMA（「女性の、男性の、未来」）の活動などは、二年後にはMLF（「女性解放運動」）の形をとる社会変動をひそかに予告するものであった。

二九日（水）　CGTと共産党提唱のデモ隊一〇万人がバスチーユ広場からサン＝ラザール駅へ向かい「アデュー・ド・ゴール」と合唱。マンデス＝フランスは責任をひきうける用意があると声明、しかし共産党は態度保留。後になって、この日ド・ゴールは閣議後の帰宅途中、隠密に西ドイツへ向かい、軍首脳部と会談したことが判明。

三〇日（木）　パリ他、各地に陸軍機甲部隊が配置される。ド・ゴールは閣議再開。閣議後、ラジオで五分間、三一日(金) 国民への呼びかけ放送。辞任拒否、全体主義的共産主義の危険にたいする市民行動の呼びかけ、国民投票中止、国民議会解散という内容。パリで八〇万人のド・ゴール派デモ。マルロー、モーリアックの参加。ミッテランがド・ゴールのラジオ演説は内戦の呼びかけであると批判。共産党は自党主導の人民政府を主張。

六月一日(土) 政府は内閣改造。CGTが選挙をさまたげないと声明。左翼連合が共産党に統一候補をたてることを提案し、共産党はこれを拒否。パリ市内にガソリンがでまわる。世論の風向きが変わる兆し。

三日(月) UNEFの呼びかけたデモに三万から四万人が参加、モンパルナスからオーステルリッツ駅へ向から。コーン＝ベンディットの姿もあった。「ストはつづく。闘いをつづけよう」「選挙は裏切りだ」「ファシズムを通すな」「われわれはますます怒っている」などのシュプレヒコールがつづく。

四日(火) ORTFを軍隊が占拠。

五日(水) 政府はこの日に企業再開を意図していたが、多くの企業ではまだ協議がつづく。銀行は再開。ルノーのビアンクール工場の労働者はスト続行を決議する。プジョーの工場はピケを張る。午後六時にトロカデロ広場で、ド・ゴール派が一万五〇〇〇人の集会。

パリの地下鉄が部分的に運転再開。

★アメリカ大統領選挙の予備選のため遊説中のロバート・ケネディが狙撃され、六月六日、死去。

六日(木) ルノー社はスト中のフラン工場へ警察官導入を要請し、早朝から機動隊が実力行使をしてストを破り、工場の警備に就いた。CGT、CFDT、FOがこれに抗議、三月二二日運動他の学生グループがパリの全学生に向けてルノーのフラン工場へのデモに参加するよう呼びかける。しかしほとんどが警察の警戒線に阻止される。

七日(金) 朝、フラン工場の近くで数千人の抗議集会が開かれ、CGT、CFDT、SNESup、三月二二日運動が参加。CRSとのあいだで衝突。負傷者五〇人、逮捕者二四〇人。学生たちはその後、サン＝ラザール駅近辺に集まり、ビアンクールとフランの工場へ向から。右翼との衝突も起こる。他方、ド・ゴール大統領はテレビ対談に出演、選挙の結果により共和国と自由が確保され、進歩、独立、平和も獲得される、と語る。凱旋門では退役軍人の集会。

八日(土)	劇場、美術館の再開。郵便局はふたたびスト。
一〇日(月)	選挙戦がはじまる。再度スト中であったプジョー社ソショー工場に会社側の要請をうけてCRSが乱入、労働者を工場内から排除、衝突は一八時間におよび、死者一人、負傷者多数。ルノー社のフラン工場近くで労働者支援中の学生たちが警官から逃れて川に飛び込み、高校生が一人溺死。夜一〇時半頃にはサン＝ミッシェル大通りで約五〇人の学生が「仲間が殺された」と叫んでデモ行進をはじめ、一時間後には四〇〇〇人に膨らむ。「選挙は裏切りだ」と叫び、選挙ポスター掲示板、警察の車に放火、火炎瓶を投げる。政府による外国人追放がつづく。
一一日(火)	UNEFは東駅で抗議集会の後、カルチエ・ラタンへ向かい、これにタクシー乗務員組合などが合流、警官隊が放水車とブルドーザーで実力行使、デモ隊はバリケードと投石で対抗。第三のバリケードの夜。ルノーのフラン工場のスト支援のため大行進を呼びかけていた。『ル・モンド』紙が方針を変えて学生運動の指導者たちを非難。
一二日(水)	政府による選挙期間中のデモの禁止とグルピュスキュール解散命令。
一三日(木)	ソルボンヌ占拠委員会は再組織を宣言、「カタンゲ」他の呼び名があった暴力的なグループとの紛争が明らかにされる。外国人の国外追放があいつぐ。コーン＝ベンディットはイギリスでテレビに出演。
一四日(金)	学生たちは、清掃を理由にソルボンヌを閉鎖し、「カタンゲ」を追放。警官隊はオデオン座を襲撃し占拠者を排除。黒旗と赤旗の代わりに三色旗が掲げられる。
一五日(土)	サラン将軍(アルジェリアで秘密軍事組織を指揮し、収監されていた)の恩赦。
一六日(日)	正午、警視長官グリモーが同行し、司法警察官がソルボンヌに入る。夕刻、CRSが行動委員会と学生たちを排除。
一七日(月)	大学都市のメゾン・アンテルナショナルの大ホールでサルトルを迎えて学生討論会。ナタリー・サロートも同席。
一八日(火)	警官隊がソルボンヌを占拠。
二三日(日)	国民議会第一次投票でド・ゴール派の勝利。
二七日(木)	警官隊がエコル・デ・ボ・ザール(美術学校)から学生たちを排除。

二九日（土）	政治学院では、学生が自主的に占拠を終える。
三〇日（日）	国民議会第二次投票でド・ゴール派大勝利。マンデス＝フランスが落選。
七月一日（月）	パリ大学法学部では学生が自主的に占拠を中止。
二日（火）	グラパン学部長は新学期までナンテールを閉鎖すると宣言。
五日（金）	警官隊がパリ大学サンシエ分校と理学部から学生たちを排除。
六日（土）	教育大臣が大学区長に全学部を七月一二日までに閉鎖するよう通達。警官隊がニース大学の三つの学部から学生たちを排除。
八日（月）	各地の大学において学生が強制退去させられる。
一〇日（水）	ポンピドゥー首相辞職。
一二日（金）	モーリス・クーヴ・ド・ミュルヴィルによる組閣。
八月二〇日（火）	★ソ連と東欧五カ国軍がチェコに侵攻（チェコ事件、プラハの春の終わり）。

作成　西川祐子

GARAUDY, Roger, *Toute la vérité, mai 1968*, Grasset, 1970.
GASQUET, Vasco, *Les 500 affiches de mai 68*, Balland, 1978.
GRIMAUD, Maurice, *En mai fais ce qu'il te plaît*, Stock, 1977.
——, *Je ne suis pas né en mai 68 : Souvenirs et carnets 1934-1992*, Tallandier, 2007.
GRIMPRET, Matthieu et Chantal DELSOL, *Liquider mai 68 ?*, Presses de la renaissance, 2008.
HAMON, Hervé et Patrick ROTMAN, *Génération*, t. 1, *Les années de rêve*, t. 2, *Les années de poudre*, Seuil, 1987-88.
JOFFRIN, Laurent, *Mai 68, une histoire du mouvement*, Seuil, 1988.
LACOUT, Dominique, *Mai 68, le journal*, photos de Gilles CARON, Calmann-Lévy, 1998.
LANI-BAYLE, Martine et Marie-Anne MALLET éds., *Quarante ans après mai 68*, Téraèdre, 2008.
LE GOFF, Jean-Pierre, *Mai 68, l'héritage impossible*, La Découverte, 1998.
LOYER, Emanuelle, *Mai 68 dans le texte*, Complexe, 2008.
MERLE, Robert, *Derrière la vitre*, Gallimard, 1970.
NARODETZKI, Jean-Franklin *et al*., *Mai 68, à l'usage des moins de vingt ans*, Acted Sud, 1998.
RAJSFUS, Maurice, *Mai 68. Sous les pavés, la répression, juin 1968-mars 1974*, Le Cherche Midi, 1998.
RAMBAUD, Patrick, *Les aventures de mai, feuilleton historique*, Grasset / Le Monde, 1998.
ROSS, Kristin, *Mai 68 et ses vies ultérieures*, Complexe, 2005.
ROTMAN, Patrick, *Mai 68 raconté à ceux qui ne l'ont pas vécu*, Seuil, 2008.
ROTMAN, Patrick et Charlotte ROTMAN, *Les Années 68*, Seuil, 2008.
SARTRE, Jean-Paul et Dionys MASCOLO, *Du rôle de l'intellectuel dans le mouvement révolutionnaire*, Eric Losfeld, 1971.
SIRINELLI, Jean-François, *Mai 68 : l'événement Janus*, Fayard, 2008.
SORBON-LEPAVÉ, Pierre, *Le journal insolite de mai 1968,* Raymond Castells, 1998.
SUR, Jean, *68 forever*, Arléa, 1998.
TOURNIER, Maurice, *Les mots de mai 68*, Toulouse, Presses Universitaires du Mirail, 2007.
VERDIER, Odile et Philippe VERDIER, *Le petit livre de mai 68*, Rocher, 1998.
WEBER, Henri, *Que reste-t-il de mai 68 ? Essai sur les interprétations des événements*, Seuil, 1988.
WOLINSKI, Georges et Claude CONFORTÈS, *Je ne veux pas mourir idiot*, Jean-Jacques Pauvert, 1988.

作成　西川祐子

SIMON, Jean-Pierre, *La révolution par elle-même, tracts révolutionnaires de la crise de mai jusqu'à l'affaire tchécoslovaque*, Albin Michel, 1968.

TALBO, Jean-Philippe, *La grève à Flins*, Maspero.

LES TEMPS MODERNES, n° 265-267, 1968.

TOURAINE, Alain, *Le mouvement de Mai ou le communisme utopique*, Seuil, 1968.

UNEF / SNESup, *Le livre noir des journées de mai*, Seuil, 1968.

VIÉNET, René, *Enragés et situationnistes dans le mouvement des occupations*, Gallimard, 1968.

ZEGEL, Sylvain, *Les idées de mai*, Gallimard, 1968.

1970年以降に出版されたもの

ARIÈS, Paul et Florence LERAY, *Cohn-Bendit, l'imposture*, Max Milo, 2010.

ARTIÈRES, Philippe et Michelle ZANCARINI-FOURNER éds., *68, une histoire collective*, La Découverte, 2008.

ARTOUS, Antoine *et al*., *La France des années 68*, Syllepse, 2008.

AURON, Yaïr, *Les juifs d'extrême gauche en mai 68*, Albin Michel, 1998.

AUTOGESTION ET SOCIALISME, n° 2223, *La Gauche l'extrême-gauche et l'autogestion*, 1973.

BARRAU, Grégory, *Le mai 68 des catholiques*, Les Éditions de l'Atelier, 1998.

BAYNAC, Jacques *et al*., *Mai 68, Le débat*, Gallimard, 2008.

BRILLANT, Bernard, *Les Clercs de 68*, PUF, 2003.

CALLU, Agnès (dir.), *Le mai 68 des historiens*, Septentrion, 2010.

CAUTE, David, *1968 dans le monde*, Laffont, 1988.

COHN-BENDIT, Daniel, *Le grand bazar, mai et après*, Denoël / Gonthier, 1975.

——, *Une envie de politique*, La Découverte / Le Monde, 1998.

——, *Que faire ?*, Hachette, 2009.

DANSETTE, Andrien, *Mai 1968*, Plon, 1971.

DELALE, Alain et Gilles RAGACHE, *La France de 68*, Seuil, 1978.

DEPARDON, Raymond, *1968, une année autour du monde*, Seuil, 2008.

DREYFUS-ARMAND, Geneviève *et al*. (dir.), *Mai 1968 : les mouvements étudiants en France et dans le monde*, Bibliothèque de documentation internationale contemporaine, 1988.

——, *Les années 68, le temps de la contestation*, Complexe, 2000.

FAURÉ, Christine, *Mai 68 jour et nuit*, Gallimard, 1998.

FERRY, Luc et Alain RENAUT, *La Pensée 68*, Gallimard, 1988.

FILOCHE, Gérard, *68-98, histoire sans fin*, Flammarion, 1998.

FOHLEN, Claude, *Mai 1968, révolution ou psychodrame ?*, PUF, 1973.

GALLANT, Mavis, *Chroniques de mai 68*, Deux temps, 1988.

ESPRIT, numéro spécial, *Mai 68*, 1968.

ESPRIT, numéro spécial, *La révolte des étudiants dans le monde*, 1969.

ÉTATS GÉNÉRAUX DU CINÉMA, *Le Cinéma s'insurge*, Eric Losfeld, 1968.

FRANCE-SOIR, numéro spécial, *Les journées de mai*, 1968.

FRÉDÉRIC, Claude, *Libérer l'ORTF*, Seuil, 1968.

GLUCKSMAN, André, *Stratégies et révolution en France 1968*, Christian Bourgois, 1968.

HUNNIUS, F. C., *Student Revolts, the new left in west Germany*, London, War Resisters' International, 1968.

JOHNSSON, Philippe et Claude MOLITERNI, *Paris mai-juin 1968*, 94 documents d'Edouard Dejay, Éditions S. E. R. G., 1968.

KERBOURC'H, Jean-Claude, *Le piéton de mai*, Julliard, 1968.

KLEIN, William, *Mai 68, Grands soirs et petits matins*, Film Paris New York, 1968.

LABRO, Philippe, *Les barricades de mai*, Solar, 1968.

LABRO, Philippe et l'équipe de l'édition spéciale, *Ce n'est qu'un début*, Publications Premières, 1968.

LEFEBVRE, Henri, *l'irruption de Nanterre au sommet*, Anthropos, 1968.

LEWINO, Walter, *L'imagination au pouvoir*, photos de Jo SCHNAPP, Eric Losfeld, 1968.

MENDÈS FRANCE, Pierre, *Pour préparer l'avenir, propositions pour une action*, Denoël, 1968.

MORIN, Edgar *et al.*, *Mai 68 La brèche*, Fayard, 1968.

LE MOUVEMENT DU 22 MARS, *Ce n'est qu'un début, continuons le combat*, Maspero, 1968.

MOUVEMENT SOCIAL, n° 64, numéro spécial, *La Sorbonne par elle-même, mai-juin 1968*, Michelle PERROT *et al*. éds., 1968.

LE NOUVEL OBSERVATEUR, numéro spécial, *La France face aux jeunes*, 1968.

PAILLET, Marc, *Table rasé, 3 mai-30 juin*, Laffont, 1968.

RIOUX, Lucien et René BACKMANN, *L'explosion de mai, 11 mai 1968, histoire complète des "événements"*, Laffont, 1968.

SARTRE, Jean-Paul, *Les communistes ont peur de la révolution*, John Didier, 1968.

SAUVAGEOT, J., GEISMAR, A., COHN-BENDIT, D., DUTEUIL, J., *La révolte étudiante, les animateurs parlent*, Seuil, 1968.

SCHNAPP, Alain et Pierre VIDAL-NAQUET, *Journal de la commune étudiante, textes et documents*, Seuil, 1969.

SERVAN SCHREIBER, Jean-Jacques, *Le réveil de la France mai / juin 1968*, Denoël, 1968.

主なフランス語文献

この文献表は網羅的ではなく、1968年と69年の出版物を中心に編まれている。

1968年と69年に出版されたもの

Anonyme, *Quelle université ? Quelle société ?*, Seuil, 1968.

Anonyme, *Un mois de mai orageux, 113 étudiants parisiens expliquent les raisons du soulèvement universitaire*, Toulouse, Privat, 1968.

ARON, Raymond, *La révolution introuvable : réflexions sur les événements de Mai*, Fayard, 1968.

AYACHE, Alain, *Les citations de la révolution de mai*, Pauvert, 1968.

BARJONET, André, *La révolution trahie de 1968*, John Didier, 1968.

BENSAÏD, Daniel et Henri WEBER, *Mai 68 : une répétition générale*, Maspero, 1968.

BERGMANN, Uwe *et al*., *La révolte des étudiants allemands*, Gallimard, 1968.

BERTOLINO, Jean, *Les "trublions"*, Stock, 1969.

BESANÇON, Julien, *Les murs ont la parole*, Tchou, 1968.

BOUYER, Christian, *Odéon est ouvert*, Nouvelles éditions Debresse, 1968.

BUHLER, Alain, *Petit dictionnaire de la révolution étudiante*, John Didier, 1968.

CLUB JEAN MOULIN, *Que faire de la révolution de mai ?*, Seuil, 1968.

COHN-BENDIT, *Le gauchisme, remède à la maladie sénile du communisme*, Seuil, 1968.

COMITÉS D'ACTION LYCÉENS, *Les lycéens gardent la parole*, Seuil, 1968.

DE CERTEAU, Michel, *La prise de parole, pour une nouvelle culture*, Desclée de Brouwer, 1968.

DE CÉSPEDES, Alba, *Chansons des filles de mai*, Seuil, 1968.

DÉFENSE DE L'OCCIDENT, n° 73, numéro spécial, *La Comédie de la révolution, mai 1968*, Maurice BARDÈCHE et François DUPRAT éds., Défense de l'Occident, 1968.

DE GOUSTINE, Luc, *10 mai 1968*, Seuil, 1968.

DE MASSOT, François, *La grève générale mai-juin 1968*, L'Harmattan, 1969.

DUPRAT, François, *Les journées de Mai 68, les dessous d'une révolution*, Nouvelles Éditions Latines, 1968.

DURANDEAUX, Jacques, *Les journées de Mai 68, rencontres et dialogues*, Desclée de Brouwer, 1968.

DUROCHER, Bruno, *Poèmes de la révolution mai 1968*, Caractères, 1968.

DUTSCHKE, Rudi, *Écrits Politiques 1967-1968*, Christian Bourgois, 1968.

EPISTÉMON (alias Didier ANZIEU), *Ces idées qui ont ébranlé la France*, Fayard, 1968.

月。

小熊英二『1968』（上・下）新曜社、2009年７月。

アラン・バディウほか『1968年の世界史』藤原書店、2009年10月。

ヴィクター・セベスチェン『東欧革命1989』三浦元博、山崎博康訳、白水社、2009年11月。

加藤登紀子『登紀子1968を語る』情況出版、2009年12月。

藤木秀朗、坪井秀人編『反乱する若者たち　1960年代以降の運動・文化』名古屋大学大学院文学研究科、2010年５月。

三橋俊明『路上の全共闘1968』河出ブックス、2010年６月。

平井玄『愛と憎しみの新宿　半径１キロの日本近代史』ちくま新書、2010年８月。

四方田犬彦、平沢剛『1968年文化論』毎日新聞社、2010年９月。

ルイ・アルチュセール『再生産について』（上・下）西川長夫ほか訳、2010年10月。

作成　西川祐子

山崎耕一、山崎カトリーヌ『ドキュメント「5月革命」』第三書房、1988年3月。

イマニュエル・ウォーラーステイン『ポスト・アメリカ　世界システムにおける地政学と地政文化』丸山勝訳、藤原書店、1991年9月。

今村仁司『近代性の構造』講談社、1994年2月。

岡本宏編『「1968年」時代転換の起点』法律文化社、1995年2月。

ピエール・ブルデュー『ホモ・アカデミクス』石崎晴己、東松秀雄訳、藤原書店、1997年3月。

モーリス・ブランショ『明かしえぬ共同体』西谷修訳、ちくま学芸文庫、1997年6月。

ミシェル・ド・セルトー『パロールの奪取　新しい文化のために』佐藤和生訳、法政大学出版局、1998年5月。

リュック・フェリー、アラン・ルノー『68年の思想 現代の反－人間主義への批判』小野潮訳、法政大学出版局、1998年6月。

西井一夫編『シリーズ20世紀の記憶　1968年』毎日新聞社、1998年11月。

西川長夫『フランスの解体？　もうひとつの国民国家論』人文書院、1999年10月。

『アンテルナシオナル・シチュアシオニスト6　一つの時代の始まり［五月革命の権力］』木下誠監訳、インパクト出版会、2000年3月。

リュック・フェリー、アラン・ルノー『68年-86年 個人の道程』法政大学出版局、2000年10月。

渡部直己『かくも繊細なる横暴』講談社、2003年3月。

小嵐九八郎『蜂起には至らず』講談社、2003年4月。

絓秀実『革命的な、あまりに革命的な』作品社、2003年5月。

四方田犬彦『ハイスクール1968』新潮社、2004年2月。

海老坂武『かくも激しき希望の歳月　1966-1972』岩波書店、2004年5月。

絓秀実編『思想読本11　1968』作品社、2005年1月。

モーリス・ブランショ『ブランショ政治論集　1958-1993』安原伸一朗、西山雄二、郷原佳以訳、月曜社、2005年6月。

『現代思想』総特集「フランス暴動」34巻3号、青土社、2006年2月。

陣野俊史『フランス暴動　移民法とラップ・フランセ』河出書房新社、2006年2月。

マーク・カーランスキー『1968　世界が揺れた年』（前編・後編）来住道子訳、ソニー・マガジンズ、2006年3月。

絓秀実『1968年』筑摩書房、2006年10月。

鈴木道彦『越境の時』集英社、2007年4月。

山本三春『フランス ジュネスの反乱　主張し行動する若者たち』大月書店、2008年6月。

富永茂樹編『転回点を求めて　1960年代の研究』世界思想社、2009年3月。

毎日新聞社編『1968年に日本と世界で起こったこと』毎日新聞社、2009年6

アンドレ・ゴルツ『困難な革命』上杉聰彦訳、合同出版、1969年6月。

武藤一羊編『学生運動』、叢書「現代革命の思想」第8巻、筑摩書房、1969年9月。

コーン＝ベンディット『左翼急進主義　共産主義の老人病にたいする療法』海老坂武、朝比奈誼訳、河出書房新社、1969年9月。

海原峻『既成左翼から新左翼へ』田畑書店、1969年10月。

アンリ・ルフェーヴル『「五月革命」論　突入　ナンテールから絶頂へ』森本和夫訳、筑摩書房、1969年11月。

ジャン＝ポール・サルトル『否認の思想　'68年5月のフランスと8月のチェコ』海老坂武訳、人文書院、1969年12月。

1970年以降に出版されたもの

フランス全学連ほか編『五月革命の記録』江原順訳、晶文社、1970年1月。

セルジュ・マレ『新しい労働者階級』海原峻、西川一郎訳、合同出版、1970年3月。

『構造』特集「コンミューンと権力論」89号、経済構造社、1970年5月。

ベラ・グランベルジェ、ジャニーヌ・シャスゲ＝スミルゲル編著『拒絶の世界　パリ5月革命の精神分析』（上・下）岸田秀訳、ぺりかん社、1970年6-7月。

ロジェ・ルイス『ひとつの闘い　フランス放送協会の〈五月〉』倉田健訳、田畑書店、1970年6月。

アラン・トゥレーヌ『現代の社会闘争』寿里茂、西川潤訳、日本評論社、1970年6月。

ジェームズ・クネン『いちご白書　ある大学革命家のノート』青木日出男訳、角川書店、1970年9月。

高橋和巳『わが解体』河出書房新社、1971年3月。

海老坂武『否認の言語へのノート』晶文社、1971年3月。

ヘルベルト・マルクーゼ『一次元的人間』生松敬三、三沢謙一訳、河出書房新社、1974年4月。

シャルル・ピアジェ編『リップはどう闘ったか　労働者管理の新たな展開』海原峻訳、柘植書房、1975年4月。

ジャン＝ポール・サルトル、フィリップ・ガヴィ、ピエール・ヴィクトール『反逆は正しいⅠ』鈴木道彦、海老坂武訳、人文書院、1975年11月。

ジャン＝ポール・サルトル、フィリップ・ガヴィ、ピエール・ヴィクトール『反逆は正しいⅡ』鈴木道彦、山本顕一訳、人文書院、1975年12月。

ベルナール＝アンリ・レヴィ『人間の顔をした野蛮』西永良成訳、早川書房、1978年6月。

アンドレ・グリュックスマン『思想の首領たち』西永良成訳、中央公論社、1980年2月。

鈴木道彦『異郷の季節』みすず書房、1986年9月。

主な日本語文献

この文献表は網羅的ではなく、1968年と69年の出版物を中心に編まれている。

1968年と69年に出版されたもの

『現代の眼』特集「絶望的フランスと現代革命」104号、現代評論社、1968年8月。

『世界』特集「1968年夏」273号、岩波書店、1968年8月。

ダニエル・コーン＝バンディほか『学生革命』海老坂武訳、人文書院、1968年10月。

日本大学文理学部闘争委員会・書記局内編集委員会編『叛逆のバリケード』日本大学文理学部闘争委員会、1968年10月。

高橋徹編『叛逆するスチューデント・パワー』講談社、1968年10月。

ヘルベルト・マルクーゼほか『ユートピアの終焉』清水多吉訳、合同出版、1968年10月。

ルディ・ドゥチュケ他『学生の反乱』船戸満之訳、合同出版、1968年12月。

3月22日運動『五月革命』西川一郎訳、合同出版、1968年12月。

東大紛争文書研究会編『東大紛争の記録』日本評論社、1969年1月。

ジュリアン・ブザンソン編『壁は語る』広田昌義訳、竹内書店、1969年2月。

『文化評論』特集「大学自治の新しい展望」90号、日本共産党中央委員会、1969年3月。

『情況』臨時増刊号「反乱は拡大する」情況社、1969年3月。

デイビッド・リースマン、クリストファー・ジェンクス『大学革命』國弘正雄訳、サイマル出版会、1969年3月。

秋田明大編『大学占拠の思想』三一書房、1969年3月。

『中央公論』第1特集「知的ラディカリズムへの模索」第2特集「西へ波及する学生運動」980号、1969年4月。

東大闘争全学共闘会議編『ドキュメント東大闘争　砦の上にわれらの世界を』亜紀書房、1969年4月。

ルシアン・リウー、ルネ・バックマン『5月のバリケード』岡村孝一訳、早川書房、1969年4月。

トニー・クリフ、イアン・バーチャル『フランスの叛乱・五月闘争はつづく』池田栄志訳、現代思潮社、1969年4月。

『展望』125号、中島岑夫「大学闘争をどう受けとめるか」他、筑摩書房、1969年5月。

『レ・タン・モデルヌ　1968年266-267号』特集「現代革命の可能性」篠田浩一郎ほか訳、筑摩書房、1969年5月。

アンドレ・グリュックスマン『革命の戦略』坂本賢三訳、雄渾社、1969年5月。

[著者]
西川長夫（にしかわ・ながお）
1934年、朝鮮・平安北道江界郡生まれ。京都大学大学院博士課程修了。立命館大学名誉教授。専門は比較文化論、フランス研究。著書に『フランスの解体？』『日本回帰・再論』（以上、人文書院）、『増補 国境の越え方』（平凡社ライブラリー）、『戦争の世紀を越えて』『〈新〉植民地主義論』『植民地主義の時代を生きて』（以上、平凡社）、訳書にアルチュセール『マルクスのために』（共訳、平凡社ライブラリー）、ハント『フランス革命と家族ロマンス』（共訳、平凡社）など多数。2013年、京都にて死去。

平凡社ライブラリー 875
決定版《けつていばん》 パリ五月革命《ごがつかくめい》 私論《しろん》 転換点としての1968年

発行日…………2018年11月9日 初版第1刷

著者……………西川長夫
発行者…………下中美都
発行所…………株式会社平凡社
〒101-0051 東京都千代田区神田神保町3-29
電話 (03)3230-6579[編集]
(03)3230-6573[営業]
振替 00180-0-29639

印刷・製本……中央精版印刷株式会社
DTP…………平凡社制作
装幀……………中垣信夫

ISBN978-4-582-76875-6
NDC分類番号235.07 B6変型判(16.0cm) 総ページ488

平凡社ホームページ http://www.heibonsha.co.jp/

平凡社ライブラリー　既刊より

ルイ・アルチュセール……………………………マルクスのために
ルイ・アルチュセール……………………………再生産について　上・下――イデオロギーと国家のイデオロギー諸装置
河野健二編……………………………………………プルードン・セレクション
ピエール＝ジョゼフ・プルードン………………貧困の哲学　上・下
K・マルクス…………………………………………共産主義者宣言
K・マルクス…………………………………………ルイ・ボナパルトのブリュメール18日〔初版〕
ポール・ラファルグ…………………………………怠ける権利
毛沢東…………………………………………………毛沢東語録
L・フェーヴル………………………………………歴史のための闘い
西川長夫………………………………………………〔増補〕国境の越え方――国民国家論序説
エメ・セゼール………………………………………帰郷ノート／植民地主義論
P・シャモワゾー ほか……………………………クレオールとは何か
梁石日…………………………………………………アジア的身体
金時鐘…………………………………………………「在日」のはざまで
尹健次…………………………………………………「在日」を考える
四方田犬彦……………………………………………われらが〈他者〉なる韓国